卫生法学

袁新秀　刘善玖　主编

北京师范大学出版集团
BEIJING NORMAL UNIVERSITY PUBLISHING GROUP
安徽大学出版社

图书在版编目(CIP)数据

卫生法学/袁新秀,刘善玖主编. —合肥:安徽大学出版社,2013.8(2017.12 重印)

高等学校规划教材. 公共卫生系列

ISBN 978-7-5664-0498-5

Ⅰ. ①卫… Ⅱ. ①袁… ②刘… Ⅲ. ①卫生法-法的理论-中国-高等学校-教材 Ⅳ. ①D922.161

中国版本图书馆 CIP 数据核字(2013)第 196987 号

卫生法学

袁新秀　刘善玖　主编

出版发行:北京师范大学出版集团
安徽大学出版社
(安徽省合肥市肥西路 3 号 邮编 230039)
www.bnupg.com.cn
www.ahupress.com.cn

印　　刷:安徽省人民印刷有限公司
经　　销:全国新华书店
开　　本:184mm×260mm
印　　张:24
字　　数:596 千字
版　　次:2013 年 8 月第 1 版
印　　次:2017 年 12 月第 3 次印刷
定　　价:39.50 元

ISBN 978-7-5664-0498-5

策划编辑:李　梅　武溪溪
责任编辑:武溪溪
责任校对:程中业
装帧设计:李　军
美术编辑:李　军
责任印制:赵明炎

编写说明

卫生法学是研究卫生法的产生、发展及其规律的新兴法律科学，是医学和法学相互渗透交融而形成的一门交叉学科。随着我国卫生法律制度建设的不断加强和完善，卫生法学涉及的范围也越来越广，关系到人体生命健康的方方面面，卫生法学日益受到重视并不断得到发展。国家将《卫生法规》作为全国执业医师资格考试的必考科目，“卫生法学”成为医学生的必(选)修课程，卫生法学的一系列教材便应运而生。

开设“卫生法学”课程的目的旨在帮助医学生了解卫生法学的基础理论和基本知识，熟悉我国现行的卫生法律制度，明确医务人员在医药卫生工作中的权利和义务。它对拓宽医学生的知识领域、培养合格的医学人才具有重要的意义。

为适应我国卫生法制建设的需要，增强医学生的卫生法律素养，作者根据多年来从事卫生法学教学的经验编写了《卫生法学》一书。全书共18章，分为“卫生法学基础理论”、“现行卫生法律制度”、“现代医学发展中的法律问题”三个部分。第一部分包括第1～3章，主要对卫生法学的基本理论和基本知识进行介绍；第二部分包括第4～17章，重点介绍了卫生法在不同领域的具体法律制度；第三部分为第18章，介绍了现代医学发展中的法律问题。本书以维护和保障公民生命健康权益为主线，将卫生法学的基本理论和具体的卫生法律制度有机结合，既与国家执业医师资格考试科目之一——《卫生法规》的考试要求相衔接，又汲取了卫生立法的最新成果——《精神卫生法》、《职业病防治法》、《侵权责任法》等法律、法规的内容，力求体现出系统性、科学性、实用性、针对性和时代性。本文可作为医学院校学生的教学用书，也可作为卫生专业技术人员、卫生管理干部和执业医师资格考试参试者的参考用书。

本书由袁新秀和刘善玖担任主编，陈明华和赵雪华参与审稿，并提出修改建议。在本书的编写过程中，我们得到了赣南医学院各方面领导的支持与帮助，特别是学校教务处领导对本书的框架体系给予指导，承担了教材出版的许多协调工作，付出了大量心血。对此，我们致以诚挚的谢意！

卫生法学是一门新兴的交叉学科，许多理论问题有待进一步研究和探讨。编者虽然不断努力，但深感学识水平有限，缺点和错误恐难避免，诚请专家学者及读者不吝赐教，使之日臻完善。

袁新秀　刘善玖

2013年7月

目 录

第二篇 现行卫生法律制度

第三篇　现代医学发展中的法律问题

绪　论

第一节　卫生法学的概念及其研究对象

一、卫生的概念

“卫生”有两层含义：一指养生，二指个人、集体的生活卫生和生产卫生的总称。在古代，“卫生”一词的含义主要指“养生”，有“护卫生命”的意思。随着社会生产力的发展，人类由被动适应自然发展到主动适应和改造自然，对于影响生命健康的疾病，也从被动适应走向主动防治。“卫生”的概念也在发生变化，含义变得更为广泛。现代意义的“卫生”，是指为增进人体健康、预防疾病、改善和创造符合生理要求的生产环境、生活条件所采取的个人和社会的措施。“卫生法”中的“卫生”，通常取后一种含义。

卫生的实质是人在社会中的行为，即每个人对待生命、健康的行为和社会措施。个人行为，指的是个人的一种健康的生活方式，包括良好的卫生习惯和卫生行为，如个人的作息时间、生活方式、饮食起居、习惯嗜好等。社会措施则是指国家出于整体利益的考虑，所采取的增进健康、预防疾病，进而提高人的生命质量的社会行为。社会措施包括防治疾病、提高生命质量、关爱精神健康的措施，预防妨碍人体健康行为的措施，阻止和惩处妨碍健康行为的措施等。

二、卫生法学的概念

法学，又称“法律学”，即法律科学的通称。法学是研究法律现象及其规律的一门社会科学。卫生法学是以卫生法律现象为研究对象的各种科学活动及其认识成果的总称。它以卫生法作为研究对象，研究卫生法的产生、存在、发展，卫生法的渊源、本质，卫生法的表现形式和作用，卫生法的实施和诉讼，卫生法在国家法律体系中的地位，卫生法与其他部门法之间的相互关系，等等。总之，卫生法学是研究卫生法这一社会现象及其发展规律的一门新兴的法律科学，是法学的分支学科，是自然科学与社会科学相互交融和渗透，并随着传统生物医学模式向新的生物—心理—社会医学模式转变而产生和发展起来的一门新兴的边缘交叉学科。

三、卫生法学的特征

卫生法学融医学、药物学、卫生学、法学等多个学科的基本理论于一体，形成了一门年轻而独立的学科。它服务于医药卫生事业的实践，促进卫生事业的发展，维护公民的生命安全和身心健康。其特征可以概括为以下几个方面。

(一)卫生法学具有广泛的社会性

卫生法学具有像医药卫生一样广泛的社会应用性。生命健康是一项基本人权,从某种意义上说,生命健康本身就是资源,是社会经济发展的基本条件之一。通过医药卫生事业使人们尽可能获得最高水平健康,以保障经济的持续发展和促进社会的进步,这一观点已成为国际社会的共识。卫生法学的重要目的,就是要宣传卫生法律知识,增强全体公民的卫生法制观念,推进卫生事业全面走上法制轨道,以提高人们的健康素质。依法管理卫生事业是卫生事业发展的根本保证,是促进社会经济发展的必要条件,体现了卫生法学的社会性。

(二)卫生法学具有严密的科学性

卫生法学与现代科学技术紧密结合,并伴随着科学技术的进步而进步。卫生法学的研究对象之一——卫生法律规范,包含了卫生领域诸如工作方法、技术规程和卫生标准等许多的内容。在制定卫生法律规范时,必须以医学、药学、卫生学等自然科学为基础。同时,为保护人类健康这一特定对象,又必然将直接关系到人类健康的科学工作方法、程序、卫生标准等确定下来,使之成为必须遵守的技术性法规,使公民的生命健康权得到保障。因此,卫生法学具有科学性。

(三)卫生法学具有边缘学科的交叉性

卫生法学具有法学与医学、卫生学等相互支持、相互渗透的特征。卫生法学是生物学、医学、卫生学、药物学等自然科学与法学相互结合的产物。它涵盖了医学、药学、卫生学、生物学、法学等学科,综合运用了社会科学和自然科学等领域的研究成果,从卫生实践活动中抽象出具有普遍性的、具有指导意义的原理和方法,将卫生技术规范与法的基本理论很好地结合起来,从而运用法律手段促进卫生事业的发展,促进人类健康。因此,卫生法学和医学等具有从不同角度研究保护人类健康这一共同目标的互相支持、互相渗透的交叉性。

(四)卫生法学具有综合性

卫生法学具有多学科相互融通的特征。有效保护人类健康是一个具体而又复杂的社会系统工程。以保护人类健康为根本目的的卫生法学,必须将法学、伦理学、社会学、心理学、管理学等学科的有关内容融合进来,才能实现自己的宗旨。同时,卫生法调整社会关系涉及行政、民事、刑事等多种法律关系。因此,卫生法学不仅要有法学基础理论,而且要与行政法学、民法学、刑法学等密切相关,表现出很强的综合性。

四、卫生法学的研究对象

卫生法学是一门以卫生法律现象及其发展规律为研究对象的法律学科,具有很强的实践性。一方面,它从理论上分析卫生法的特征、基本原则、效力、作用以及卫生法律体系;另一方面,它从实践的角度研究在生物学、医学、卫生学、药学等自然科学发展的过程中,如何通过对卫生法学理论的运用更好地发挥其保护人体健康的作用。

作为一门系统的科学,卫生法学不仅要研究卫生法律现象本身,而且还要通过对卫生法律现象进行综合分析,研究它们的发展规律。我国卫生法学研究对象涉及卫生防疫、医政管理、药政管理、中医、妇幼卫生、科学教育、计划财务和人事管理等方面的一系列卫生法律规范,对保障人民健康和国民经济发展起着重要作用,也为我国卫生法制建设奠定了基础。

总之,卫生法学研究的对象不仅有静态的卫生法,而且有动态的卫生法。

第二节 卫生法学的历史发展

一、世界卫生法学的发展与成熟

卫生法学作为一门独立的学科，大致形成于20世纪60年代后期。当时，在世界范围内卫生立法得到迅猛发展，其主要原因是：卫生事业在整个国家社会经济中占有独特的地位，而在其发展过程中又产生了许多新的社会关系，需要制定相应法律规范予以调整。医学新技术的广泛应用，在为人类造福的同时也带来了一些副作用，需要通过立法在加强管理、防止滥用的同时，保护新技术的研究与转化。同时，随着社会的进步与发展、教育的普及、文化水平的提高及卫生事业的发展，人们对健康与疾病的理解更为全面和深刻。医患双方的冲突和纠纷日渐增多，需要有专门的实体法和程序法来调整和规范。因此，世界上许多国家都非常重视卫生立法，并将其作为实施国家卫生方针政策和实现卫生事业重大战略目标的手段。这些卫生立法涉及临床医学、公共卫生、疾病防治、职业卫生、人类生殖、人口政策、药品管理、食品安全、传统医学、精神卫生和健康教育等许多问题，从而推动了卫生法学这一新兴学科的诞生和发展。

英国是资本主义发展最早的国家，其卫生立法工作也走在了前面。它在1601年颁布了《伊丽莎白济贫法》，旨在缓解工业革命带来的城市人口激增、贫民窟情况严重的局势。该法中有明确的规定，要求部分教区对贫民提供包括医疗在内的救济。这部近现代意义上最早的资产阶级卫生立法的影响力持续长达300年之久。此后相隔200余年，也就是1848年，英国颁布了《卫生法》，1859年颁布了《药品食品法》，1878年制定了《全国检疫法》，后来又陆续制定了《妇幼保健法》、《国家卫生服务法》等。与此同时，美国、日本、法国、德国等其他资本主义国家的卫生立法也在这个时期有了较为迅速的发展，这些国家相应制定了一系列的医事制度及有关药物制剂的管理法规。1874年，日本制定的《医务工作条例》是其开始建立医事制度的标志，以后专门性的卫生法律、法规不断制定，主要有1925年颁布的《药剂师法》，1933年的《医师法》和《诊所管理规则》，1942年的《国民医疗法》等。1866年，美国纽约市通过了《都会保健与药物法》，1914年制定了《联邦麻醉剂法令》等。

二、中国卫生法学的产生与发展

标志我国卫生立法工作新篇章的是中华人民共和国的成立。在此之前的卫生立法涉及了一些医药卫生方面的具体制度，这些制度的建立为新中国成立后的卫生立法奠定了基础。党的十一届三中全会以来是我国卫生法的繁荣发展时期，各种卫生工作逐步走上法制化轨道。1982年关于发展我国医疗卫生事业、保护人民健康的规定被写入宪法后，为新时期下的卫生立法提供了法律依据。改革开放特别是社会主义市场经济体制的逐步形成和完善，使得卫生改革不断深化。卫生法制建设的推进完善了以医事管理制度、公共卫生、医疗事故处理等为主要内容的卫生法律法规。在这一时期，为了加快卫生立法的步伐，1985年卫生部成立了医疗立法调研起草小组，拟定出医政立法规划。1986年卫生部编制了“七五”时期卫生立法计划。此后不到5年的时间，卫生部相继组建了政策法规司、卫生监督司等职能部门，以更好地开展相关的卫生法律工作。1992 年 1 月，卫生部在《卫生事业第八个五年计划及 2000 年规划设想》中指出："加强卫生法制建设，'八五'期间，要建立一批带有根本性的卫生工作法规，到 2000 年初步形成相对完整、配套的卫生法制体系，把卫生工作和卫生事业发展建设纳入法制管理的轨道。"1997 年 1 月，中共中央、国务院在《关于卫生改革与发展的决定》中指出："推进卫生法制建设，要加快卫生立法步伐，完成以公共卫生、与健康相关产品、卫生机构和专业人员的监督管理为主要内容的卫生法律、法规，建立、健全相配套的各种卫生标准。加强卫生法制的宣传教育，增强公民卫生法律意识。"从而更进一步地为新时期的卫生立法指明了方向。

随着我国依法治国、建设社会主义法治国家方略的实施，我国现在已经初步建立起适应社会主义市场经济体制和人民的生命安全与健康需要的、较为完备的卫生法律体系，包括《医疗事故处理条例》、《药品管理法》、《传染病防治法》、《职业病防治法》、《红十字会法》、《母婴保健法》、《食品安全法》、《献血法》、《执业医师法》、《侵权责任法》、《精神卫生法》等临床医疗、药品管理、卫生服务、监督执法等一系列卫生法律制度。

随着卫生法制建设的发展，卫生法学这一新兴学科也随之产生和发展。1989 年，卫生部在沈阳召开了首届全国卫生法学理论研讨会。同年，中华医学会医学教育学会医学法学专业学科组建成立。1992 年 11 月，由卫生部政策法规司主办的《中国卫生法制》杂志创刊发行。1993 年 9 月，中国第一个专业法学社团——中国卫生法学会在北京成立，标志着卫生法学这门学科在我国的正式建立。近年来，从卫生法学研究队伍的建立到理论研讨的开展，从卫生法学专业刊物的创刊到卫生法规的编纂等，卫生法学研究活动取得了可喜的成绩。此外，根据与世界卫生组织的合作项目，卫生部定期举办卫生法研讨班，开展卫生立法的国际学术交流。1998 年，中国卫生法学会首次派代表参加了第 12 届世界医学法学大会，并成为该组织成员。在第 15 届世界医学大会上，中国卫生法学会为中国成功申请获得第 17 届世界医学法学大会的主办权。通过学术交流，中国将进一步了解世界卫生法学进展，世界也在注视和了解我国的卫生法制建设进程，这必将有利于加快我国卫生立法的步伐，促进我国医学科学和卫生事业的发展。

我国卫生法学也存在不足。我国卫生法尚没有一部统一法典，只有国家有关医药卫生法律规范的总称，因此，尚未形成卫生法学的理论体系。我国的卫生立法也存在滞后于卫生事业的发展，形式单一、规范效率低，卫生立法与社会主义市场经济脱节等问题。

第三节　卫生法学与相关学科的关系

一、卫生法学与法学

法学，是以法和法律现象及其发展规律为研究对象的一门社会科学；卫生法学，则是以卫生法为研究对象的一门法学的分支学科。显然它们是一般与特殊的关系。卫生法学在法学基础理论的指导下，开拓、发展自己的专门研究领域，而法学则可以吸收卫生法学中带有普遍意义的原则和规律来丰富自己。但是应该指出的是，法学对卫生法学的指导处于主导地位。因此，学习和研究卫生法学应该努力掌握法学基础理论知识。

二、卫生法学与医学

医学是研究人类生命过程以及防治疾病的科学。卫生法学和医学的使命都是为了保护人体健康，从这一点上来说两者是相通的。医学科学的发展使立法思想受到影响和启迪，对传统法律部门提出了新的问题和挑战，促进了许多法律法规的产生。医学知识和研究成果被运用到卫生立法过程中，使法的内容更加科学化；卫生法律则为医学的发展创造了良好的社会环境，保证国家对卫生事业的有效管理，形成有利于卫生事业发展的运行机制。通过卫生立法可以控制医学无序、失控和异化带来的社会危害性，促进医学的发展。

三、卫生法学与医学伦理学

伦理学是研究道德的一门科学。卫生法律规范和道德规范的共同之处在于都具有调整人们在医疗卫生活动中的行为和产生的社会关系的作用，都具有调整人际关系、维护正常医疗卫生保健秩序、保护公民生命健康权、促进卫生事业健康发展的重要使命。两者既有联系又有区别。

(一)卫生法与道德规范的联系

卫生法体现了道德的要求，是培养、传播和实现道德约束力的武器。道德体现了卫生法的要求，是维护、加强和实施卫生法的重要精神力量。所以卫生法学和伦理学是相互渗透，互为补充、相辅相成的。

(二)卫生法律规范和道德规范的区别

1. 从表现形式看，卫生法是拥有立法权的国家机关依照法定程序制定的，一般都是成文的；医德一般是不成文的，而是存在于人们的意识和社会舆论之中。

2. 从调节的范围看，医德调整的范围要宽于卫生法，凡是卫生法所禁止的行为，也是医德所谴责的行为；但违反医德的行为不一定会受到卫生法律的制裁。

3. 从解决的问题看，卫生法要解决的是合法与违法、罪与非罪的问题，而道德规范解决的是是与非、善与恶、正当与不正当的问题。

4. 从实施的手段看，卫生法的实施以国家强制力为后盾，通过追究法律责任来制止一切损害人体健康的行为；医德主要依靠社会舆论、人们的内心信念和传统习俗使医务人员维护人体健康及协调医患关系。

四、卫生法学与社会学

社会学是从社会整体出发，通过社会关系和社会行为来研究社会的结构、功能和发生发展规律的学科。卫生法学与社会学的分支学科——社会医学关系密切。社会医学以医学和社会学为基础，综合研究人类健康与社会因素的关系，社会因素中包括法律因素与个体及群体健康的相互作用。因此，卫生法学与社会医学有着近似的研究客体，都具有自然科学和社会科学的双重性。两者的目的都在于制定相应的社会卫生措施，保护和增进人体身心健康，提高生活质量与环境质量，充分发挥健康的社会功能，提高人体的健康水平。

五、卫生法学与管理学

管理学是研究管理工作中理论、知识、方法及其规律的一门学科。卫生管理是管理学的组成部分。卫生管理的方法有多种,法律方法仅是其中的一种。所谓卫生管理中的法律方法,是指运用卫生立法、司法和遵纪守法教育等手段,规范和监督卫生组织、有关生产经营单位及其成员的行为,以使卫生管理目标得以顺利实现,即通常说的卫生法制管理。所以,卫生法律规范是卫生管理工作的活动准则和依据。

六、卫生法学与经济学

经济学是研究社会经济发展过程中经济关系和经济活动现象及其应用的学科。法所反映的阶级意志,归根结底是由这一阶级的物质生活条件,即社会生产关系决定的。反过来,法又作用于社会生产关系,推动或者阻碍社会生产力的发展。卫生法学同样具有以上的性质和作用。同时,卫生法学的研究对象中就包含一定的经济内容,如卫生事业在国民经济中所占有的比重、卫生事业的投入和保障、卫生资源的合理配置、卫生事业经费的筹措、人民健康和经济发展之间的关系等。因此,研究卫生法学时要注意研究经济学的知识。

第四节　学习卫生法学的意义和方法

一、学习卫生法学的意义

(一)学习卫生法学是依法治国,建设社会主义法治国家的需要

加强法制宣传教育是实行依法治国的重要基础。卫生事业是社会主义事业的重要组成部分,依法管理卫生事业是实现依法治国,建设社会主义法治国家的重要内容。加强法制宣传教育,包括卫生法制教育,不断提高广大干部群众的法制观念和法律意识,包括卫生法制观念和卫生法律意识,才能实现依法治国,建设社会主义法治国家的目标。当代大学生是新世纪的人才,必要的法律知识和较高的法律意识,是今后一切合格的社会主义建设者的必备素质。所以,大学生学习法律知识,包括卫生法律知识,是依法治国的需要。

(二)学习卫生法学是卫生事业改革和发展医学科学的需要

我国的卫生事业是以服务人民健康为中心的。为适应社会主义市场经济体制深化改革,医学模式正由生物医学模式向生物—心理—社会医学模式转变,以适应广大人民群众不断增长的多层次卫生需求的转变。我国的卫生事业是社会主义初级阶段重要的社会保障体系,要成为人人都需要的、群众受益并以承担一定社会福利为主要职能的社会公益事业。为实现这一目标,卫生事业必须走向法制管理的轨道。不仅卫生机构的设置、各类人员的执业要纳入法制管理,医务人员的行医行为、病人的求医行为和遵医行为也要纳入法制管理中。因此,对于卫生技术人员和医学院校学生来说,学习卫生法学可以调整自己的知识结构,拓宽自己的治学领域,了解与自己职业密切相关的卫生法律规范,明确自己在医药卫生工作中享有的权利和承担的义务,从而增强卫生法律意识,正确履行岗位职责,为保护人体健康、促进卫生事业的改革发展做出自己的贡献。

(三)学习卫生法学是提高卫生行政执法水平的需要

我国卫生事业的重要功能之一是社会公共卫生管理。卫生行政执法是政府管理全社会卫生的基本方式,是实现预防为主战略、保护人体健康的基本手段。卫生行政执法水平的高

低，不仅关系到改善社会公共卫生状况、提高社会卫生水平和人民生活质量的问题，而且关系到规范市场经济秩序、优化投资环境、促进经济发展的问题。因此，提高卫生行政执法水平，必须要有一支既有丰富的专业知识，又能熟悉自己执法范围的卫生法律法规，了解整个卫生法律体系基本情况的高素质的卫生行政执法队伍。而学习卫生法学理论，将有助于卫生行政管理人员和卫生执法人员更好地做到依法行政、有法必依、执法必严、违法必究，不断提高卫生行政执法水平。

（四）学习卫生法学是维护公民健康权利的需要

对广大公民来说，通过学习和了解卫生法学基本知识，树立卫生法制观念，可以在自己的健康权利受到侵害时，正确运用法律武器来维护自己的合法权益，对健康权有一个全面、科学、系统的认识。同时，在自己的工作和日常生活中，应依法遵守公共卫生法律规定，规范卫生行为，维护医疗卫生单位和医护人员的合法权益，提高遵守卫生法律法规的自觉性。

二、学习卫生法学的方法

（一）唯物辩证法

法是人类社会发展到一定历史阶段的产物，是历史的范畴。在阶级社会里，法是上升为国家意志的统治阶级意志的体现。所以，学习卫生法学必须以马克思主义的辩证唯物主义和历史唯物主义的世界观和方法论为指导，运用唯物辩证法，正确认识卫生法作为阶级社会上层建筑的重要组成部分之一，是其赖以生存的经济基础发展变化结果的反映。同时，还必须运用全面的、历史的、发展的观点，把卫生法这一社会现象放在一定的历史条件下，研究它产生的经济基础，研究社会政治等因素对它的影响。只有这样，才能对卫生法的历史、现状及其发展趋势，卫生法的本质和作用做出全面、正确的认识和理解，从而创建具有中国特色的卫生法和卫生法学，促进和保障社会主义卫生事业的不断发展。

（二）比较

比较是学习卫生法学的重要方法之一。因为：

1. 了解世界各国的卫生法律制度和国际卫生立法的情况，既要吸收各国卫生法律制度中的科学性内容，又要去除其不合理成分；既要避免盲目照搬，又要克服全盘否定。

2. 要从我国国情出发加以取舍和改造，有分析、有选择地学习和吸收。用比较的方法学习卫生法学、研究外国的卫生法律制度时，至少要考虑到国情的不同：即社会制度的不同，生产力发展水平的不同，自然条件的不同，民族文化和传统习惯的不同。通过比较，从我国实际出发吸收外国的科学成果，并且在不断总结我国卫生法制管理实践经验基础上，形成和发展具有中国特色的社会主义卫生法学。

（三）理论联系实际

理论与实践相结合是马克思主义理论研究的出发点和归宿。卫生法学是一门应用理论学科，具有很强的实践性。学习卫生法学，必须以邓小平理论、“三个代表”重要思想和科学发展观为指导，密切结合我国政治、经济体制改革和民主政治建设的实际，深入研究我国现行的卫生法律规范和卫生法制管理实践，总结建国以来卫生法制管理的经验，使卫生法学理论在实践中不断加以检验、发展，进一步健全社会主义卫生法制，发挥卫生法在建设具有中国特色社会主义道路中的作用。同时，通过这种方法，将卫生立法、卫生法的实施、卫生监督执法、卫生法律纠纷和诉讼同个人的思想实际、生活实际、专业工作实际结合起来，有助于提高运用卫生法学的基本理论去发现、分析、解决问题的能力，增强卫生法律意识，规范自己的行为，运用法律武器维护国家的利益，为促进人民健康服务。

学习卫生法学的基本方法除上述几种以外，还有其他一些方法，如归纳法和演绎法、模拟法庭法等。

总之，学习卫生法学，要以马克思主义的唯物辩证法为总的方法论指导，同时综合运用各种学习方法，吸收和采用多种学科的知识，联系实际，实事求是，这样才能真正掌握和发展卫生法学，为社会主义卫生事业做出应有的贡献。

思考题

1. 试比较卫生法与卫生法学的区别。
2. 简述卫生法学的特征。
3. 简述卫生法律规范和道德规范的不同。

第一篇

卫生法学基础理论

第一章　卫生法概述

第一节　卫生法的概念和调整对象

一、卫生法的概念

在我国当代卫生法学理论上，卫生法的概念存在狭义和广义两种含义。狭义的卫生法，是指国家立法机关按照法定程序所制定、认可的，由国家强制力保证实施，旨在调整保护人体生命健康并规范与人体生命健康相关活动中形成的各种社会关系。在我国是指由全国人民代表大会及其常务委员会所制定的卫生法律规范。

广义的卫生法，是指特定的国家机关依照法定权限和法定程序制定或认可，并以国家强制力保证实施的，旨在调整保护人体生命健康并规范与人体生命健康相关活动中形成的各种社会关系的卫生法律规范的总称，即泛指一切卫生法律规范，包括涉及人体生命健康的法律、行政法规、地方性法规、民族自治条例和单行条例、部门规章和地方规章等。卫生法是国家意志和利益在卫生领域的具体体现，是国家开展卫生管理的重要工具。目前已有大量涉及面广、内容丰富的卫生法律、法规和规章，初步形成了我国的卫生法律体系。因此，作为卫生法学教材中卫生法的概念，一般取其广义的含义。

二、卫生法的调整对象

卫生法的调整对象，是指卫生法在规范与人体生命健康相关活动中所形成的各种社会关系。这些社会关系主要是人与人之间的行为关系，即自然人与自然人、自然人与法人、法人与法人之间的关系。随着卫生法的发展，其调整对象的广泛性、复杂性、多层次性和纵横交错的特点日益显现，但从卫生法调整的社会关系的性质划分，主要包括卫生行政关系、卫生民事关系和卫生刑事关系。

(一)卫生行政关系

卫生行政关系是指卫生法律规范调整的具有行政管理或监督属性的关系，主要产生于卫生组织、管理和监督活动中。卫生行政主体根据卫生法律法规的授权，对卫生工作进行组织，对管理相对人从事与人体生命健康相关的活动进行行政管理，依法开展监督检查，对违法行为予以纠正和惩戒。卫生法调整的这类社会关系和社会秩序的实现，是国家保护人体生命健康及公共卫生管理职能有效运行的重要保障。在广泛的日常生活中，与人们密不可分的食品生产、流通、消费中的质量安全关系也属于卫生行政关系。

（二）卫生民事关系

在医药卫生活动中，有很大一部分内容是医药卫生保健服务者与公民或者法人之间形成的社会关系，如医药卫生产品责任关系。这种社会关系，从性质上是民事法律关系，即平等主体之间的关系，但医患关系不是单纯的民事法律关系，而是特殊的民事法律关系。

（三）卫生刑事关系

卫生法的根本目的是保护人体生命健康，因此，对于那些严重损害人体生命健康的食品生产销售行为、药品生产经营行为，卫生法规定责任人除了要承担民事损害赔偿责任外，还要承担相应的刑事责任。对此，我国《刑法》中有专门一章“危害公共卫生罪”，一些专门的卫生法律如《传染病防治法》、《药品管理法》、《食品安全法》、《执业医师法》等也作了相应规定。

三、卫生法调整社会关系的主要内容

从总体上讲，卫生法的调整对象的主要内容是国家卫生行政机关、医疗卫生机构及组织、企事业单位、个人、国际组织之间及其内部因预防和治疗疾病，改善人们生产、学习和生活环境及卫生状况，保护和增进人体健康而产生的各种社会关系。它涉及社会公共卫生管理（公共卫生、疾病控制、健康相关产品）、卫生行政管理（医疗卫生保健机构、卫生专业人员、卫生资源）、健康权益保障和生命科学、传统医学、医学教育、科研等方面。

（一）卫生组织关系

卫生组织是指各级卫生行政部门和各级各类医疗卫生机构及组织。卫生组织关系是指国家通过以卫生法律条文的形式将各级卫生行政部门和各级各类医疗卫生机构及组织的法律地位、组织形式、隶属关系、职权范围以及权利义务等固定下来，形成合理的管理体系和层级管理关系。

（二）卫生管理关系

卫生管理是国家从社会生活总体角度进行的全局性的统一管理，是国家行政管理的重要内容和职责，对于维护公民健康权利、保障医疗市场正常运营、稳定卫生秩序具有重要意义。卫生管理关系包括卫生行政部门对医药卫生机构及其人员的设置、执业资格的审批和监督，对与人体生命健康相关的产品的生产、销售设置的市场准入制度和市场监督制度，对从事与人体生命健康相关的活动的行政相对人实施应急管理等活动中形成的管理者与行政相对人之间的社会关系。主要包括国家在医政管理、药政管理、食品安全管理、公共卫生管理、疾病预防控制管理中形成的管理者与被管理者之间的行政管理法律关系。但卫生管理关系并不仅限于行政法律关系，还包括相当数量的民事法律关系和刑事法律关系，如医患之间形成的平等民事法律关系、食品和药品生产经营者与消费者之间形成的平等民事法律关系。再如，无论是在医政管理、药政管理活动中，还是在食品安全、公共卫生以及疾病防控管理、职业病防治活动中，或是在应对突发公共卫生事件的应急管理活动中，都有可能发生因有关人员的故意或过失行为而给国家、社会和公民个人造成损害，对于构成犯罪的，要承担相应的刑事责任。由此形成的刑事法律关系也属于卫生法的调整范围。

(三)卫生服务关系

卫生服务关系是指卫生行政机关、医疗卫生机构及组织、有关企事业单位、社会团体和公民向社会公众提供的医疗预防保健服务、卫生咨询服务、卫生设施服务等活动所产生的法律关系。这种卫生服务关系是横向的社会关系，提供服务与接受服务的民事主体之间的权利义务关系平等。

(四)医疗卫生技术人员管理关系

医疗卫生技术人员是从事卫生事业的主力军，是人类生命与健康的“工程师”、“守护神”。他们承担着防病治病、救死扶伤、保障健康、维护卫生秩序的重要职责。医疗卫生技术人员管理关系主要包括国家对各级各类医药卫生机构的设置与管理，如国家对医疗机构设置实行的区域卫生规划；医药卫生人力资源的配置与管理，即对医师、药师、护士等各级各类卫生技术人员的配置、执业与管理等。这些方面形成的各种社会关系，均是卫生法的调整对象。

(五)生命健康权益保障关系

人体生命健康权是指人的机体组织和生理功能的安全受到法律保护的权利。卫生法的首要宗旨和根本目的是保护人体生命健康。凡是与人体生命健康相关的各种活动中所形成的社会关系，都应成为卫生法的调整对象。如公民生命健康权益法律保护、特殊人群的生命健康权益法律保护、环境与人体生命健康、公民的生育权、公民处置个人身体器官的权利、公民无偿献血及捐献自己身体器官的权利、公民选择安乐死的权利等一系列活动中形成的人际关系，都是卫生法调整的对象。

(六)现代医学与生命科学技术关系

现代医学与生命科学技术不断发展，日新月异。它给人类带来巨大利益和福祉的同时，也向法律提出了前所未有的挑战。卫生法不仅要调整与生命健康相关的法律关系，在新的生命科学技术应用的过程中会产生许多新的法律问题，形成新型的社会关系，如人工生殖技术中的若干法律问题、基因工程中的法律问题、无性生殖的法律问题、器官移植中的法律问题、安乐死中的法律问题、脑死亡的法律问题等，这些都是其他的一般法律无法解决的，只能亟待卫生法予以规范和调整。

(七)国际卫生关系

我国已经参加了众多的国际卫生方面的公约和国际卫生条例。在参与国际卫生活动中形成的社会关系，就是国际卫生关系，这是国际卫生法的调整对象的主要内容。

四、卫生法的作用

卫生法的作用是指卫生法的实施对公民的行为以及最终对社会关系和社会秩序所产生的实际影响，是国家权力运行和国家意志实现的具体表现。因此，卫生法的作用从内容上划分为规范作用和社会作用。

(一)卫生法的规范作用

卫生法的作用是通过法律的实施，进而影响公民和单位的行为来实现的。卫生法作为法律体系的组成部分，对人们的行为产生规范、指引、预测、强制、教育作用。

1. 指引作用　是指卫生法对个人行为所起的引导作用。卫生法律规范不仅引导人们在法律范围内活动，还通过对违反卫生法律规范所设义务的人将承担的不利法律后果的规定来指引人们权衡得失，自觉守法。

2. 预测作用　是指人们根据卫生法，可以预先估计相互间将产生怎样的行为以及行为的后果等，从而对自己的行为作出合理的安排，适时调整自己的行为。

3. 评价作用　是指卫生法作为人们对他人行为的评价标准所起的作用。卫生法的评价可分为两大类，即专门的评价和社会的评价。

4. 强制作用　是指卫生法以国家强制力制止恶行，并迫使不法行为人作出赔偿、补偿或予以惩罚以维护法律秩序的作用。卫生法的强制作用是卫生法存在的最后屏障。

5. 教育作用　是卫生法通过其本身的存在以及运作产生广泛的社会影响，教育人们实施正当行为的作用。这种作用的对象是一般人的行为。卫生法的教育作用可分为静态的教育作用和动态的教育作用。

(二)卫生法的社会作用

卫生法的社会作用包括政治性作用和公共管理作用，且其公共管理作用在现代社会中的地位日益提升。

1. 贯彻党的卫生政策，保证国家对卫生工作的领导　国家对社会的管理方式是多种多样的，首先是制定国家政策，其中包括制定卫生政策，用以规范各级政府的卫生工作和人们的卫生行为。通过卫生立法，使党和国家的卫生政策具体化、法律化，成为具有相对稳定性、明确规范性和国家强制性的法律文件，以便于卫生行政主体和司法机关可以依据明确的合法与非法的界限和裁量标准具体操作，实现从“人治”走向“法治”，从而使党和国家的卫生政策通过卫生法律的桥梁作用得以落实和实现。

2. 确认和保障公民生命健康权益　卫生工作的目的是防病治病，保护人类健康。为了确保公民的生命健康权益的实现，卫生法规定了国家、国家卫生行政机关、相关医疗卫生机构、医务人员、卫生执法人员等具有特殊义务的群体以及公民的法定义务，以实现对人体生命健康最大限度的保护。同时，自然人、法人和其他组织也可以对照卫生法律规范，判断和约束自己的行为，自觉遵守卫生法律法规，改变不良卫生习惯，提高生命健康保护意识。

3. 促进经济发展，推动医学科学的进步　人类社会的发展离不开具有一定体力和脑力的劳动者，而卫生法正是通过其规范和社会作用的发挥，在公共卫生服务、疾病预防控制、相关健康产品管理、医疗管理等诸多领域实现着对人体生命健康权益的保障，也就是最终为了保护生产力，为经济建设发挥巨大的推动和促进作用。同时，医学科学本身也要进步，卫生法的制定与实施又成为保证和加速医学发展的重要手段。我国颁布了许多卫生法律法规和规章，使医药卫生事业从行政管理上升为法制管理，从一般技术规范和医德规范提高到法律规范，为医学的进步提供了强有力的支撑。随着当代医学与生命科学技术的渗透融合，卫生法也面临着一系列新课题，这些都需要法律作出确认和调整。只有通过卫生法的正确引导和规范，才能真正确保医学维护人类健康的前进方向，医学科学新技术、新成果才能造福人类。

4. 维护国家主权，促进国际卫生交流与合作　随着世界经济发展和对外开放的扩大，我国与国外的友好往来日益增多，涉及的医疗卫生事务更加宽泛和复杂。我国政府已正式承认《国际卫生条约》，并参加缔结了《麻醉品单一公约》和《精神药物公约》等。我国的卫生立法既要有开放的远见卓识，又必须注意与有关国际条约、公约的协调一致。这样既有利于维护国家主权，保护我国公民的健康，又有利于保障彼此的权利和义务，促进国际卫生事业的发展。

第二节 卫生法的渊源与体系

一、卫生法的渊源

法律规范的渊源是指法律规范由何种国家机关创制并表现为何种法律文件形式。

卫生法的渊源，是指卫生法律规范的各种具体表现形式。在我国，卫生法由不同国家机关制定，它们在卫生法体系中各自居于不同地位，具有不同的法律效力和适用范围。我国卫生法的渊源主要有以下几种。

(一)宪法

宪法是国家的根本大法，是国家最高权力机关通过法定程序制定的具有最高法律效力的规范性法律文件。因此，宪法是我国卫生法的首要渊源，是制定卫生法的重要依据，并在卫生法律体系中具有最高的法律效力。

我国宪法中有关保护公民生命健康权益的内容主要有：《宪法》第 21 条规定："国家发展医疗卫生事业，发展现代医药和我国传统医药，鼓励和支持农村集体经济组织举办各种医疗卫生设施，开展群众性的卫生活动，保护人民健康。"《宪法》第 26 条规定："国家保护和改善生活环境和生态环境，防治污染和其他公害。"《宪法》第 45 条规定："中华人民共和国公民在年老、疾病或者丧失劳动能力的情况下，有从国家和社会获得物质帮助的权利。国家发展为公民享受这些权利所需要的社会保险、社会救济和医疗卫生事业。"这些条文是制定卫生法律法规的来源和依据。

(二)卫生法律

卫生法律指的是狭义的卫生法，是仅次于宪法的卫生法的主要渊源。卫生法律有卫生基本法和卫生基本法以外的卫生法律之分。卫生基本法是由全国人民代表大会制定和修改的关于医疗卫生、维护公民健康方面的专门法律。目前我国尚未制定出统一的卫生基本法。卫生基本法以外的卫生法律是由全国人民代表大会常务委员会制定和修改的卫生单行法和其他部门法中涉及医疗卫生、维护公民健康的法律规定。我国现行的卫生法律都是由全国人民代表大会常务委员会制定的，主要有《食品安全法》、《药品管理法》、《国境卫生检疫法》、《红十字会法》、《职业病防治法》、《传染病防治法》、《执业医师法》、《献血法》、《精神卫生法》等。

(三)卫生行政法规

卫生行政法规，是以宪法和卫生法律为依据，针对某一特定的调整对象而制定的。它有两种类型：第一种是由国家最高行政机关即国务院制定修改的有关卫生行政管理的规范性法律文件，其效力处于宪法、法律之下而高于地方性卫生法规，如《艾滋病防治条例》、《突发公共卫生事件应急条例》等。第二种是由国家卫生和计划生育委员会(以下简称"国家卫计委")，即原卫生部提出法规草案，经国务院批准，由原卫生部发布的，如《学校卫生工作条例》、《化妆品卫生监督条例》等。

(四)地方性卫生法规

地方性卫生法规,是指省、自治区、直辖市,省会所在地的市,经济特区所在地的市和经国务院批准的较大的市的人民代表大会及其常务委员会,根据本行政区域具体情况和实际需要,依法在其职权范围内,在不与宪法、法律、行政法规相抵触的前提下,制定和修改的规范性卫生法律文件。

地方性卫生法规是卫生法的数量较大的渊源。地方性卫生法规只在本行政管辖区域内具有效力。

(五)卫生规章

卫生规章,是卫生法律和法规的补充,分为部门卫生规章和地方卫生规章。从制定的程序和发布的形式看,卫生规章有三种类型:第一种是国家卫计委(原卫生部)制定发布的;第二种是由国家卫计委(原卫生部)与其他部门联合制定发布的;第三种是由各省、自治区、直辖市,各省、自治区人民政府所在地的市,经济特区所在地的市和经国务院批准的较大的市的人民政府,根据卫生法律,在其职权范围内制定和发布的有关地区卫生管理方面的规范性文件。

(六)卫生自治条例与单行条例

卫生自治条例与单行条例,是由民族自治地方的人民代表大会根据宪法、民族区域自治法和组织法的规定,在其职权范围内根据当地民族的政治、经济、文化的特点,制定、修改、发布的有关本地区卫生方面的规范性法律文件。

(七)卫生标准、卫生技术性规范和卫生操作规程

由于卫生法具有技术控制和法律控制的双重性质,因此,卫生标准、卫生技术规范和操作规程一经批准发布,就是卫生技术法规,具有法律约束力,成为卫生法渊源的一个重要的组成部分。这也是由卫生法的特征所决定的。这些标准、规范和规程可分为国家和地方两级。

(八)国际卫生条约

国际卫生条约,是指由我国与外国缔结的双边或多边卫生协定,或我国加入并生效的有关国际组织制定的卫生公约。它可由全国人民代表大会常务委员会决定同外国缔结卫生条约或卫生协定,或由国务院按职权范围同外国缔结卫生条约或协定。

国际卫生条约虽然不属于国内法的范畴,但一旦生效,除我国声明保留的条款外,和国内法具有同等约束力。

(九)其他卫生法渊源

除了上述卫生法渊源,可作为卫生法渊源的还有:

1.法律解释　这里主要是专指由特定的人或组织对特定的法律规范的内容和含义所作的说明。在我国正式有效的法律解释包括立法解释、司法解释和行政解释。如《最高人民法院关于对医疗事故争议案件人民法院应否受理的复函》、最高人民法院和最高人民检察院在2003年5月13日起实施的《关于办理妨害预防、控制突发传染病疫情等灾害的刑事案件具体应用法律若干问题的解释》等,都属于司法解释。卫生部《关于香烟中添加罂粟壳问题的函复》则属于行政解释。

2.军事卫生法规和卫生规章　如《中国人民解放军传染病防治条例》、《军队卫生监督规定》等。

3.特别行政区有关卫生事务的规范性法律文件　特别行政区是根据我国宪法规定设立的，这是我国“一国两制”构想在法律上的体现。目前，在我国设立的香港和澳门特别行政区，实行与我国大陆不同的法律制度，其中也包括有关的卫生法律制度。但不管实行什么性质的法律制度，特别行政区有关卫生事务的规范性法律文件，仍然是我国卫生法不可缺少的渊源之一。

二、卫生法律体系

卫生法律体系是指由国家现行保护公民生命健康权益的法律规范按照其自身的性质、调整的社会关系和调整方式，分类组合而形成的一个呈体系化的有机联系的统一整体。

由于卫生法所调整的社会关系具有广泛性、复杂性和多样性，所以，我国的卫生法律体系目前尚未有卫生基本法，而是由许多单行的卫生专门法律、卫生行政法规、地方性卫生法规及卫生规章等组成。按照内容、性质进行归类，卫生法律体系的内容大致可分为以下几个方面。

（一）公共卫生监督管理法律制度

公共卫生是国家卫生工作的基础，是保障人体生命健康的重要领域，其法律制度的内容包括：

1.公共场所卫生法律制度　国家开展爱国卫生运动，对公共活动场所、学校、劳动环境等的选址、设施、环境状态等的卫生要求和科学标准，如《学校卫生工作条例》、《公共场所卫生管理条例》等。

2.突发公共卫生事件应急处理法律制度　突发重大传染病疫情、群体性不明原因疾病、重大食物中毒和职业中毒等事件，因对经济、社会、人体生命健康会造成重大伤害而成为应对重点，为此国家建立了应急报告、监测预警、信息发布等制度。如《突发公共卫生事件应急条例》、《突发公共卫生事件与传染病疫情监测信息报告管理规定》、《食物中毒事故处理办法》、《核事故医学应急管理规定》等。

（二）医政监督管理法律制度

主要包括国家对医疗机构和医护人员制定的有关医疗执业活动、医疗技术应用、医疗质量、血液安全和有关医事纠纷处理的法律制度。如《执业医师法》、《护士条例》、《护士管理办法》、《医疗机构管理条例》、《处方管理办法》、《医疗事故处理条例》等。

（三）生命健康权益保护法律制度

主要包括国家对医疗事故处理的原则，国家对人口与计划生育实行的主要政策和制度，对计划生育技术的监督管理，国家对医疗保障、初级卫生保健等方面的法律制度。如《人口与计划生育法》、《人类辅助生殖技术管理办法》等。

（四）特殊人群健康保护法律制度

主要体现在对弱势群体给予的特殊保护，如老年人、残疾人、精神病人、妇女和儿童，其生命健康相对于一般人群更容易受到伤害，国家立法予以相应的保障。我国制定了《母婴保健法》、《母乳代用品销售管理办法》、《未成年人保护法》、《残疾人保障法》、《老年人权益保护法》、《精神卫生法》、《女职工劳动保护规定》等，实行对特殊人群生命健康权益保护的法律制度。

(五)与健康相关产品的卫生管理监督法律制度

为确保与健康相关产品对人体的无毒无害,国家制定了相关的法律制度加强管理,主要包括国家对食品、药品、血液及血液制品、生物制品、保健用品、化妆品、生活饮用水等产品及其包装实行的卫生标准及对其生产经营活动的监督管理;对专用于医疗的产品如医疗器械、一次性卫生用品、消毒用品、医用生物材料等的卫生标准及其监督管理;医疗活动产生的废弃物及其处理的监督管理;与人体生命健康相关产品广告宣传的规范管理等法律制度。如《食品安全法》、《药品管理法》、《药品不良反应报告和监测管理办法》、《血液制品管理条例》、《保健食品管理办法》、《消毒管理办法》、《医疗废物管理条例》等。

(六)疾病预防与控制法律制度

主要包括国家对传染病、职业病和地方病以及对艾滋病、结核病等多种疾病的防治实行的基本原则和法律制度,以及有关检测标准和采取的主要措施等。如《传染病防治法》、《职业病防治法》、《艾滋病防治条例》、《传染性非典型性肺炎防治管理办法》、《结核病防治管理办法》等。

(七)环境污染防治法律制度

环境是人们生活必须接触的客观物质世界,对人体生命健康产生直接或间接的影响。我国的环境污染防治法律制度主要包括《环境保护法》、《大气污染防治法》、《水污染防治法》、《环境噪声污染防治法》、《海洋环境保护法》、《放射性污染防治法》、《环境标准管理办法》等。

(八)中医药与民族医药管理法律制度

中医药和民族医药是我国各族人民长期同疾病作斗争的智慧结晶,需要给予法律保护和发展。目前,我国这方面的法律制度主要有《中医药条例》、《中药品种保护条例》、《传统医学师承和确有专长人员医师资格考核考试办法》、《国务院关于扶持和促进中医药事业发展的若干意见》等,为我国中医药和民族医药法制化管理奠定了基础。

第三节　卫生法的特征和基本原则

一、卫生法的特征

卫生法作为我国社会主义法律体系中一个新兴法律部门,必然具有一般法律规范所具有的特征,如由国家专门立法机关制定、修改和认可,以权利和义务为主要内容,并以国家强制力保证实施等。但卫生法作为法学与医学相结合的产物,又具有自身的特征。

(一)以保护公民生命健康权为根本宗旨

公民生命健康权是公民人身权中最基本的一项权利。卫生法以保障公民生命健康权为根本宗旨,这正是它区别于其他法律部门的主要标志。《药品管理法》第 1 条规定:"为加强药品监督管理,保证药品质量,增进药品疗效,保证人民用药安全,维护人民身体健康,特制定本法。"《食品安全法》第 1 条也明确规定:"为保证食品安全,保障公众身体健康和生命安全,制定本法。"其他卫生法如《传染病防治法》、《职业病防治法》等也有类似规定,都把以保护人体健康作为立法的目的。

(二)与自然科学紧密相连

卫生法的许多具体内容是依据基础医学、临床医学、预防医学、药物学的基本原理及研究成果制定的。现代医学科学的发展推动着卫生立法的发展,为卫生立法和执法奠定了坚实的科学基础,使卫生法不断趋于完善和进步。同时,医学科学在探索人类健康和生命的过程中,充满着难以预料的风险,需要一定的社会条件作保证,其中包括法律的保护和导向作用。因此,卫生法与医学等自然科学紧密联系,相互促进,使卫生法更符合现代社会的需要,更有利于人体生命健康权益的保护。

(三)融入大量的道德规范和技术规范

在保护人体生命健康的医疗卫生保健活动中,不可避免地会涉及公民的隐私权、名誉权、肖像权和身体权等。医疗卫生保健人员在执业活动中,尊重和保护公民的这些权益,是他们职业道德规范的主要内容。这些职业道德规范的内容已经越来越多地进入卫生法领域。

技术规范则是人们在长期同自然作斗争、保护人体生命健康活动中所总结出的经验,是必须遵守的规则。人们在长期的医药卫生实践中,逐渐总结出一套防治疾病的方法和操作规程,为后人和历代医药卫生人员所遵循。而国家通过一定程序将这些科学方法、技术操作规范和技术标准以法律的形式确定下来,使之成为卫生法的重要内容,更有力地保障公民的人体生命健康。

(四)内容具有广泛性

卫生法保护公民的生命健康权利,是一项复杂、庞大和具体的社会工程。人们日常工作、生活、学习、娱乐以及衣食住行等各个方面的环境和条件,无不对人们的生命健康产生影响。因此,只要是对人体生命健康产生影响的,无论是产品和环境,还是活动和行为,都应受到法律的调整和规范,从而保护人们的生命健康。因此,卫生法在内容上具有广泛性。

(五)调节手段的综合性和多样性

由于卫生法不仅涉及人们在劳动、学习中的卫生条件和居住环境,而且涉及对疾病的治疗、预防和控制;不仅关系到优生优育和社会保健事业的发展,而且关系到公民自身健康权利与其他基本权利的关系;不仅要处理因卫生问题而产生的许多复杂的人际关系,而且要解决一系列卫生质量中的技术问题和物质保障。这就决定了卫生法不能像其他有些法律,由于调整的社会关系相对单一,而仅仅采用一种或两种调节手段便可以了。就卫生行政主体来说,它不仅需要用层级监督手段来处理部门与部门之间、部门与机构之间、部门和机构与其人员之间的内部关系,而且需要用行政监督手段来管理本辖区的机关、团体、企事业单位、公民个人所进行的公共卫生行为和医疗保健活动。就医疗保健机构来说,不仅需要用民事手段和经济手段来处理医患关系,而且需要用行政手段和经济手段来处理内部关系。此外,卫生法还要借用刑法、诉讼法等部门法的调整手段,以有效保护公民的生命健康权利。卫生法调整内容的广泛性和调整对象的多样性、综合性,决定了其调节手段的多样性和综合性。

(六)反映社会共同需要

这是由卫生法的立法宗旨和根本任务所决定的。卫生法的任务是改善人们的生产和生活环境,以保护人体生命健康,促进经济发展,这是全人类和全社会的根本利益所在。随着社会的进步,人类的生命健康受到越来越多的关注,卫生问题已成为全人类所面临的共同问题。因此,与其他法律法规有所不同,卫生法表现出很强的社会共同性和科学性,反映全社会的共同需要，这是卫生法的一个重要特征。

二、卫生法的基本原则

卫生法的基本原则是指体现在各种卫生法律、法规之中的，对调整保护人体生命健康而发生的各种社会关系具有普遍指导意义的准则。这些准则是国家卫生工作的根本方针和政策在法律上的具体体现。

卫生法除具有法律面前人人平等、罪罚法定、诚实信用、程序正义等法律的一般原则外，还特有以下基本原则。

(一)保护公民生命健康权益的原则

健康是人人追求的目标，是人类最基本的需要之一。生命健康权是一项基本人权，保护公民生命健康权益，是我国一切卫生工作和卫生立法、执法的根本宗旨和最终目的，也是卫生法首要的基本原则。根据这一原则，我国每个人都依法享有改善卫生条件、获得基本医疗保健的权利，以增进身体健康，提高生命质量。我国法律法规中充分体现了保护公民生命健康的原则。如《食品安全法》第 1 条“为保证食品安全，保障公众身体健康和生命安全，制定本法”;《传染病防治法》第 1 条“为了预防、控制和消除传染病的发生和流行，保障人体健康和公共卫生，制定本法”，等等。此外，刑法规定了侵犯公民人身权利罪，民法规定了公民享有生命健康权。

(二)预防为主的原则

预防为主的原则，是指对待疾病首先从预防着手，以达到减少疾病和消灭疾病的目的。做到无病防病，有病治病，防治结合，立足于防。预防为主是我国卫生工作的根本方针，也是保护人体生命健康的需要和根本措施，它是卫生立法及司法必须遵循的一条重要原则。预防和治疗，是医疗卫生保健工作的两大基本组成部分，是有机联系、缺一不可的两个方面。在这两个方面中，预防显得尤为重要。

(三)依靠科技进步的原则

卫生事业是科技含量很高的一个领域，尤其生命科学，是当今世界科技发展最活跃、最重要的领域之一。它将不断地给医学发展提供巨大的动力，使人类对自身生命现象和疾病本身的认识不断进入新的阶段。实践证明，卫生事业的发展，健康目标的实现，归根到底有赖于科学技术的发展。因此，以维护公民生命健康权益为宗旨的卫生法，必然把依靠科技进步作为基本原则之一。

(四)中西医协调发展的原则

中国的传统医学历史悠久，是我国各族人民同疾病作斗争的丰富经验的总结，在西方医学传入中国前为保护中国人民的生命健康做出了重要贡献。中西医协调发展的原则要求在对疾病的诊疗护理中，正确处理中国传统医学和西方医学的关系。既要认真学习现代医学，努力发展和提高现代医学的科学技术水平，也要努力研究、整理、继承和发展祖国传统医学，使中西医共同担负起维护和增进人体生命健康的重任。

(五)动员全社会参与的原则

人的生命健康来自于对疾病的预防、控制和有效治疗。对疾病的相关知识的了解、早期发现和预防，来自于每个人的参与和重视。因此，卫生法的实施有赖于全社会的广泛参与，有赖于每个人的自觉参与和遵守。

动员全社会参与的原则就是指卫生工作必须做到政府领导、部门配合、社会支持、群众参与，使医疗卫生事业成为全民的事业。动员全社会参与的原则首先要求各级政府领导卫生工作，中央和各地方政府都要把发展卫生事业列入国家和地方的经济和社会发展总体规划。其次要求卫生行政部门要认真组织实施卫生工作。第三要求各社会团体积极参与卫生工作，每个公民都参与到卫生事业中来，使卫生事业成为全民的事业。

(六)国家卫生监督的原则

国家卫生监督是指卫生行政机关或国家授权的卫生职能部门，对管辖范围内有关单位和个人执行国家颁布的卫生法律、法规、规章、条例、办法的情况予以监督检查的活动。要使医疗卫生工作承担起保障人体生命健康的职责，国家就必须对包括涉及医疗卫生的活动、行为、产品等一切医疗卫生事务进行规范和管理，对侵害人体生命健康的违法行为予以制裁。同时，各有关管理相对人也必须在国家卫生监督之下，以卫生法律法规为行为准则，接受卫生法律法规的制约。因此，实行国家卫生监督原则必须把专业性监督与社会监督、群众监督紧密结合起来，严格依法办事，保障人体生命健康。国家卫生监督主要包括医政监督、药政监督、公共卫生监督和其他有关卫生监督。

(七)患者权利自主的原则

保护患者权利是卫生法的基础，而患者权利自主原则是患者权利的核心。所谓“患者权利自主原则”，是指患者具有自我决定权，经过深思熟虑就有关自己疾病的医疗问题可以做出合理的、理智的并表示负责的自我决定。它包括患者有权自主选择医疗机构、医生及其医疗服务的方式；除法律、法规另有规定外，患者有权自主决定接受或者不接受某一项医疗服务；患者有权拒绝非医疗性服务等。

20 世纪 70 年代以来，卫生法发生了一个新的变化，即许多国家越来越重视患者权利的保护问题，有的甚至制定了专门的患者权利保护法，如荷兰、丹麦、美国等。在我国，维护病人权利，尊重患者自主意识，同样有它的必然性。我国目前还没有专门的患者权利保护法，但我国现行的卫生法律法规都从不同角度对患者权利，如医疗权、知情权、同意权、选择权、参与权、隐私权、申诉权、赔偿请求权等作了明确、具体的规定。

第四节 卫生法律关系

一、卫生法律关系的概念

法律关系是指根据法律规范产生的，以主体间的权利与义务关系的形式表现出来的一种社会关系。卫生法律关系是指卫生法在调整人们行为的过程中形成的法律上的权利和义务关系。包括由卫生法所调整的国家机关、企事业单位和其他社会团体之间，它们的内部机构以及它们与公民之间在医疗卫生管理监督和医疗卫生预防保健服务过程中所形成的权利和义务关系。

根据卫生法律关系各主体间的法律地位是否平等，卫生法律关系分为纵向卫生法律关系和横向卫生法律关系。

纵向卫生法律关系，是指一方当事人依据职权要求对方当事人作出或者不作出一定行为的法律关系。即依法享有国家卫生行政管理职权的国家机关在实施医疗卫生管理中，与企事业单位、社会组织和公民之间发生的计划、组织、指挥、协调和监督等的隶属关系；医药卫生行政机关或者医药企事业单位内部的具有职务关系的上下级之间的隶属关系。因此，纵向卫生法律关系又称隶属型卫生法律关系。在这类卫生法律关系中，各方当事人之间的法律地位是不平等的，相互间的权利和义务也是不对等的。

横向卫生法律关系，是指存在于法律地位平等的当事人之间的卫生法律关系。包括医药卫生预防保健机构同国家机关、企事业单位、社会组织和公民之间，在医疗卫生、药品经营等服务过程中所形成的权利义务关系。在这种服务关系中，双方当事人的法律地位是平等的，相互之间的权利义务也是对等的。因此，横向卫生法律关系又称平权型卫生法律关系。

二、卫生法律关系的特征

卫生法律关系是法律关系的一种，和其他法律关系一样，卫生法律关系也具有三大特征：是以法律规范为前提形成的社会关系；是以法律上的权利与义务为纽带形成的社会关系；以国家强制力作为保障手段。但是，由于卫生法调整对象的广泛性和复杂性，卫生法律关系呈现为一种纵横交错的法律关系，所以卫生法律关系还有其自身的特点。

1. 从法律关系形成的目的和过程看，卫生法律关系是在卫生管理和医疗卫生预防保健服务过程中，基于保障和维护人体生命健康而结成的法律关系。没有人体的生命健康问题，也就没有卫生法律关系。其他法律关系不以保障人体生命健康为特定目的，这是卫生法律关系与其他法律关系的根本差异。

2. 从法律关系形成的依据看，卫生法律关系是由卫生法所确认和调整的社会关系，必须以相应的卫生法律规范的存在为前提。国家为了确保公共卫生安全和人体生命健康，通过卫生立法，对直接关系到人体健康的卫生关系加以具体规定，保护其不受非法侵害。当这些卫生关系为卫生法所确认和保护时，就上升为卫生法律关系，具有了卫生法律形式。

3. 从法律关系参加者的具体情况及行为性质看，卫生法律关系是一种纵横交错的法律关系。卫生法律关系是一种既存在于平等主体之间，又存在于不平等主体之间的法律关系。

4. 卫生法律关系的主体具有特殊性。卫生法是一个专业性很强的部门法，这就决定了卫生法律关系主体的特殊身份，即通常是卫生行政部门和从事医疗卫生预防保健工作的组织。

三、卫生法律关系的构成要素

法律关系的构成要素是指法律关系应由哪几个方面组成。卫生法律关系同其他法律关系一样，也是由主体、客体和内容三个方面的要素构成。

（一）卫生法律关系的主体

卫生法律关系的主体是指卫生法律关系的参加者，即在卫生法律关系中享有权利并承担义务的当事人。主体是卫生法律关系产生的先决条件，是客体的占有者、使用者和行为的实践者，没有主体和主体的活动，也就不能产生卫生法律关系。在我国，卫生法律关系的主体包括国家机关、企事业单位、社会团体和公民。

1. 国家卫生行政机关　根据卫生法涉及的内容，国家卫生行政机关泛指各级卫生行政部门、各级药政监督管理部门、卫生检疫部门、劳动与社会保障部门等。

2.医疗卫生机构　医疗卫生机构是指依法设立的各级各类医疗卫生组织。包括医疗机构、预防机构、保健机构、医院、疾病预防控制中心(站、所)、药检所、妇幼保健院等机构。

3.企事业单位　企事业单位主要是指与人体生命健康有关的食品、药品、化妆品等生产、经营企业及医药研究单位等。

4.社会团体　社会团体包括中国红十字会、各种卫生专业人员组成的学术性团体(学会)和协会等。

5.公民　公民是指具有某国国籍的自然人。公民作为卫生法律关系的主体既可以是纵向卫生法律关系中的主体,也可以是横向卫生法律关系中的主体。如各级各类医疗卫生预防保健机构的执业卫生技术人员,一方面,他们因需要申办医师、药师、护士、技师等执业许可而同依法享有管辖权的卫生行政部门结成卫生行政法律关系;另一方面,他们因承担医疗卫生预防保健的服务职责,既要同所在单位结成内部的卫生管理关系,又要同服务对象结成医患法律关系。居住在我国的外国公民和无国籍人,也可以成为我国卫生法律关系的主体。

(二)卫生法律关系的客体

卫生法律关系的客体,是指卫生法律关系主体的权利和义务所共同指向的对象。它是联系卫生法律关系主体间权利和义务的纽带,是卫生法律关系不可缺少的构成要素。卫生法律关系的客体包括以下内容:

1.公民的生命健康利益　生命健康是每个公民生存的客观基础,是公民正常生活和从事各种活动的重要前提,包括公民的生命、身体、生理功能等。我国的卫生法律、法规明确规定了公民的生命健康权是其重要的保护客体。因此,公民的生命健康利益是卫生法律关系的最重要、最基本的客体。

2.行为　行为是指卫生法律关系中的主体行使卫生权利和履行卫生义务的活动。以行为的形式出现的客体有医药保健服务、疾病预防、公共卫生监督管理、健康相关产品的生产和经营、突发公共卫生事件的应急管理等。

3.物　物是指现实存在的、能够被人所支配、利用,具有一定价值和使用价值的物质财富。以物的形式出现的客体有食品、药品、化妆品、保健用品、医疗器械、生物制品、生活饮用水、中药材等。

4.智力成果或精神产品　智力成果主要是指主体从事智力活动所取得的成果。以智力成果的形式出现的客体有论文、论著、医疗仪器和新药的发明等医药知识产权。

(三)卫生法律关系的内容

卫生法律关系的内容是指卫生法律关系的主体依法所享有的权利和承担的义务。这些权利和义务都同样受到国家法律的保护。当义务人拒不履行义务或不依法履行义务时,权利人可以依法请求司法机关或医疗卫生行政部门采取必要的强制措施,以保障其权利的享有;当权利人的权利受到对方的侵害时,受害人可以依法请求司法机关或医疗卫生行政部门给予法律保护,要求依法追究对方的行政责任、民事责任或刑事责任。

四、卫生法律关系的产生、变更和消灭

(一)卫生法律关系的产生

卫生法律关系的产生,是指卫生法律关系主体间形成了权利与义务关系。卫生法律关系的主体取得了某些权利或承担了某些义务,或者取得了某些权利同时又承担了某些义务,

这就意味着卫生法律关系的产生或确立。

(二)卫生法律关系的变更

卫生法律关系的变更,是指构成卫生法律关系的要素发生了变化,如卫生法律关系的主体、客体或权利义务的内容发生了变化。卫生法律关系的主体、客体和内容三者中的任何一项或几项要素发生变化,即引起卫生法律关系的变更。

(三)卫生法律关系的消灭

卫生法律关系的消灭,是指卫生法律关系主体间的权利与义务关系的终止。遇有下列情形之一的,卫生法律关系归于消灭:义务全部履行完毕;权利主体放弃全部该权利;权利或义务主体消灭,且无权利或义务的承受人;权利主体丧失主张该权利的时效。

(四)卫生法律关系产生、变更和消灭的条件

卫生法律关系的产生、变更和消灭,不是随意的,而是依据一定的卫生法律法规的规定为前提,随着一定的卫生法律事实的出现而产生、变更或消灭的。引起卫生法律关系产生、变更和消灭的条件有两个:一是卫生法律规范,二是卫生法律事实。在法理学上,称一定的法律规范是一定的法律关系产生、变更和消灭的前提,称一定的法律事实是一定的法律关系产生、变更和消灭的依据。

所谓"卫生法律事实",是指卫生法律规定的能够引起卫生法律关系产生、变更和消灭的卫生法律行为和卫生法律事件。

1.卫生法律行为　卫生法律行为是与当事人的意志有关,由当事人主观意愿的行为引起的,能够引起卫生法律关系产生、变更和消灭的客观事实。卫生法律行为是卫生法律关系产生、变更或消灭的最普遍的法律事实。如患者到医院的挂号就诊行为,导致医师与患者之间的医疗合作法律关系的形成,治疗任务完成,卫生法律关系自行消灭。

2.卫生法律事件　卫生法律事件是指与当事人的主观意志无关,不以当事人主观意志为转移的,能够引起卫生法律关系产生、变更和消灭的客观现象。卫生法律事件分为两类:一类是自然事件,如地震、水灾等,以及病人因非医疗因素死亡而终止医患法律关系;另一类是社会事件,即来自当事人主观意志之外的诸如战争、突发公共卫生事件、国家医疗卫生政策的重大调整、卫生法律的重大修改等,从而导致卫生法律关系的产生、变更或消灭。

第五节　卫生法律行为

一、卫生法律行为的概念

卫生法律行为是指由卫生法律规范规定和调整的,能够引起卫生法律关系的产生、变更和消灭的法律行为。法律行为包括直接意义上的作为,也包括不作为(即对于一定行为的抑制)。通常又把前者称为积极的法律行为,后者称为消极的法律行为。

二、卫生法律行为的特征

(一)法律性

这是卫生法律行为区别于一般社会行为的根本特征。卫生法律行为是由卫生法规范的、具有法律意义、可以用法律进行评价的行为，由此区别于一般的社会行为。

（二）社会性

卫生法律行为作为人的活动，具有社会性的特征。卫生法律行为并不是一种孤立的行为，而是其他社会行为的一种形式或一个方面。它不仅受人的生理心理机制的支配，而且受社会规范的调控，这种规范的作用是使其保持一定的社会倾向性，最终达到保护人体健康，每个人都生活在一种安全、舒适的社会环境中的目的。

（三）意志性

卫生法律行为是能够为人的意志所支配的行为，具有意志性。它是人所实施的行为，受人的意志所支配，反映了人们对一定的社会价值的认同、一定利益和行为结果的追求以及一定的活动方式的选择。如卫生保健行为通过相关的立法活动，实施健全保健机构、开展健康教育等措施，以最终实现让每个人都有权享受卫生保健的目标；卫生行政执法虽然是国家卫生管理行政权运转的一种特殊方式，但其根本目的是为了全面保障公民的生命健康权益，更好地促进卫生事业的发展。

三、卫生法律行为的分类

（一）个人、集体和国家的卫生法律行为

这是以卫生法律行为的主体来区分的。个人的卫生法律行为主要是指作为卫生法律关系主体的公民，如医疗服务关系中的患者、医疗卫生机构的工作人员的各项活动。集体的卫生法律行为包括各类医疗卫生机构、企事业单位和社会团体，如医院、药品生产企业、红十字会等从事的医疗卫生保健服务活动。国家的卫生法律行为是国家卫生行政机关代表国家进行领导、管理和组织卫生工作的一系列行为。

（二）单方的和双方的卫生法律行为

这是依照引起卫生法律行为是基于一方意思表示还是双方意思表示为标准进行的分类。单方的卫生法律行为是指基于一方当事人的意思表示或行为而发生法律效力的法律行为。这种卫生法律行为是指仅凭一方的意思表示而无需得到对方同意的意思表示，便可成立的法律行为，如无偿献血、骨髓捐献登记等。双方的卫生法律行为是指基于双方当事人的意思表示一致而发生法律效力的法律行为，如医疗服务关系中医院与患者签订的诊疗合同。

（三）抽象的和具体的卫生法律行为

依照卫生法律行为的效力对象、生效范围的不同，卫生法律行为可分为抽象的和具体的卫生法律行为。抽象的卫生法律行为是针对不特定对象作出的、具有普遍法律效力的行为，如有立法权的国家立法机关、行政机关制定卫生法律法规的行为。具体的卫生法律行为是针对特定对象作出的、仅有一次性法律效力的行为，例如在卫生行政执法中，卫生行政机关针对不符合法律规定的单位、个人作出罚款、吊销卫生许可证等具体的行政处罚决定。

（四）要式的和非要式的卫生法律行为

这是以卫生法律行为是否需要以一定的形式或生效要件而作出的分类。要式的卫生法律行为是必须依一定形式或遵循一定的程序方可生效的行为，如医疗机构必须进行执业登记，在领取了医疗执业许可证后方可开展有关的诊疗活动，这里的执业登记就是一种典型的要式行为。非要式的卫生法律行为是指无需一定方式或程序即可生效的行为，如红十字会在接受国内外组织和个人的捐赠时不需要采用特定的形式。

(五)有偿的和无偿的卫生法律行为

以卫生法律行为有无对价为标准,可以将卫生法律行为分为有偿的卫生法律行为和无偿的卫生法律行为。有偿的卫生法律行为是指双方必须为对方给付的行为,即一方为获得某种利益,必须向他方付出相应经济代价的行为。所谓有偿,是指双方存在利益上的交换事实,并非指双方所获利益的绝对相等。同时,卫生法律行为的有偿可表现为支付金钱,也可表现为提供技术、劳务或服务等。最普遍的是在医疗卫生服务过程中,病人得到医院为其提供的医疗服务后,要向医院支付一定的诊疗费用。无偿卫生法律行为是指一方单纯获得某种利益而无须支付任何经济代价的行为,即无偿法律行为中,不存在"对价关系"。如国内外组织给红十字会捐赠款物以用于救助和公益事业、无偿献血、捐赠骨髓和人体器官等。

(六)合法的和违法的卫生法律行为

根据卫生法律行为是否合法,可分为两类:一类是合法行为,即符合现行卫生法律法规规定的行为。由此而引起法律关系的产生、变更和消灭的情况非常广泛。例如,医疗技术人员的录用、诊疗服务合同的缔结等。另一类是违法行为,即违反现行卫生法律法规的行为,既包括做出了法律所禁止的行为,也包括不做出法律所要求的行为。根据违法的性质和对社会危害的程度,违法行为可以分为严重违法行为和一般违法行为两类。严重违法行为通常指触犯刑法的行为,这种行为构成犯罪,属于依照法律应当受到刑罚处罚的违法行为。一般违法行为是指犯罪以外的违法行为。例如《执业医师法》第 42 条规定:"卫生行政部门工作人员或者医疗、预防、保健机构工作人员违反本法有关规定,弄虚作假、玩忽职守、滥用职权、徇私舞弊,尚不构成犯罪的,依法给予行政处分;构成犯罪的,依法追究刑事责任。"

第六节 卫生法律责任

一、卫生法律责任的概念和特征

卫生法律责任是指行为人(自然人、法人)由于不履行或拒绝履行卫生法律法规所确定的义务,侵犯了他人的合法权益,而对其违法行为、违约行为应承担的带有强制性的不利法律后果。卫生法律责任具有以下特点:

(一)行为具有违法性

卫生法律责任与卫生违法行为相联系,只有在构成卫生违法的前提下,才有可能追究行为主体的法律责任。

(二)具有国家强制性

卫生法律责任的履行具有国家强制性,对于拒绝承担法律责任的违法主体,由国家强制力来保证执行。

(三)由卫生法律法规明确规定

卫生违法行为很多,但不一定都要承担法律责任。只有在卫生法律、法规、规章中作了明确规定的违法行为,行为主体才能被追究法律责任。

(四)由法定机关追究

卫生法律责任只能由国家授权的专门机关在法定的职权范围内依法予以追究。

二、卫生法律责任的种类

根据行为人卫生违法行为的性质、情节、动机和社会危害程度的不同，卫生法律责任可分为行政责任、民事责任、刑事责任。

(一)行政责任

卫生行政责任是指医疗卫生机构及其工作人员或从事与卫生事业有关的企事业单位工作人员或公民，违反卫生法中有关卫生行政管理方面的规范，尚未构成犯罪所应承担的法律后果。卫生行政责任的主要形式有行政处罚和行政处分两种。

1. 卫生行政责任的构成要件　行政责任的构成要件有三个，缺一不可。这三个要件是：

(1)违法行为侵害的客体只能是卫生行政管理法规所保护的社会关系。行为人违反了卫生行政管理工作法规的禁止性或义务性规定，对一定的社会关系构成了危害，这是追究行为人行政责任的前提。

(2)违法行为人主观上必须有过错。过错是行为人在实施违法行为时的一种心理状态，包括故意和过失两种情况。故意是指行为人预见到自己的行为可能造成损害后果，仍然希望或者放任损害后果发生的心理状态。过失是指行为人对其行为可能造成的损害后果应当预见而未预见，或虽已预见但轻信损害结果不会发生的一种心理状态。如果行为人无过错，则不应追究其行政责任。

(3)违法失职行为已经超出了批评教育的限度。对于轻微的违法失职，危害后果轻微的，一般采取批评教育的方式，帮助违法失职行为人认识与改正错误。但如果违法失职行为超过了批评教育的限度，就应依法追究其卫生行政责任。

2. 卫生行政责任的承担方式。

(1)行政处罚。行政处罚是指卫生行政机关或授权的卫生监督机构对违反卫生行政管理法规的单位或个人的一种行政制裁。

根据行政处罚法和我国现行的卫生法律规定，卫生行政处罚的种类主要有：警告、罚款、没收违法所得、没收非法财物、责令停产停业、暂扣或者吊销卫生许可证和生产许可证或营业执照等。

(2)行政处分。行政处分是指行政机关或企事业单位依照行政隶属关系，对违反卫生行政管理秩序、违反政纪或失职人员给予的行政制裁。其种类有警告、记过、记大过、降级、降职、撤职、留用察看和开除等8种形式。

(二)民事责任

卫生民事责任是指医疗卫生及其工作人员或从事与卫生事业有关的机构违反了卫生法律规定，侵害了公民的生命健康权、财产权，依法应向受害人承担的以财产为主的损害赔偿的法律责任。

1. 卫生民事责任的构成要件。

(1)必须有卫生违法行为的存在。行为的违法性是构成民事责任的必要条件之一。违反卫生法的行为有作为和不作为两种表现形式，只有当行为人以作为的方式违反卫生法禁止性规定，或以不作为的行为方式不履行卫生法中义务性规定，才构成违反卫生法的行为。

(2)必须有损害事实的存在。只有在违法行为引起了损害后果的情况下，行为人才负民事责任，包括财产方面的损害和非财产方面的损害。损害事实是构成民事责任的一个必要条件。卫生法所称的损害事实诸如:医务人员在诊疗护理活动中因过失造成患者死亡、残疾、器官损伤而导致功能障碍的损害事实;药品生产经营企业违反药品管理法的规定,造成使用者药品中毒或其他损害的事实;食品生产经营企业违反食品安全法的规定,给他人造成损害的事实等等。

(3)违法行为与损害事实之间存在因果关系。所谓"因果关系",是指客观现象之间的一种本质必然的联系。卫生违法行为与损害事实之间的因果关系是指由于违法行为人的作为或不作为导致一方损害结果的发生。违法行为与损害事实之间是否具有因果关系,应认真对客观事实进行科学分析,实事求是地研究违法行为与损害结果之间是否存在符合客观规律的必然联系,从而作出准确的判断。

(4)行为人主观上必须有过错。民法中确定行为人的民事责任,行为人不管是故意,还是过失,都要承担民事赔偿责任。在特定情况下,行为人即使主观上没有过错而造成他人财产、人身损害的,也应承担民事赔偿责任。

2.承担民事责任的方式　违法行为人承担民事责任的方式,就是对受侵害方权益的补救方法,是法律保护民事权益的具体方法,也是制裁不法行为的具体措施。我国《民法通则》规定,承担民事责任的方式主要有:停止侵害,排除妨碍,消除危险,返还财产,恢复原状、修理、重作或更换,赔偿损失,支付违约金,消除影响,恢复名誉,赔礼道歉等10种。

(三)刑事责任

卫生刑事责任是指因行为人实施了违反卫生法律法规的行为,严重侵害了卫生管理秩序及公民的生命健康权益,构成犯罪,依刑法所应承担的法律后果。

1.卫生刑事责任的构成要件　依据刑法理论,犯罪的构成应包括四个要件。

(1)犯罪主体。犯罪主体是指实施了危害社会的行为,依法应负刑事责任的自然人或单位。自然人犯罪主体是指达到了刑事责任年龄,具有刑事责任能力,实施了危害社会的行为并且依法应负刑事责任的人。对于某些特殊犯罪,行为人除具备一般主体条件外,还需具有特定的职务和身份才能成为犯罪主体,即特殊主体。如医疗事故罪的主体必须是执行职务的医务人员。单位犯罪主体是指实施了危害社会的行为并且依法应负刑事责任的企事业单位、机关、团体。

(2)犯罪客体。犯罪客体是指我国刑法所保护的被犯罪行为所侵害的社会关系。刑法所保护的社会关系非常广泛,但只有当某种社会关系被犯罪行为所侵害时,这种社会关系才能成为犯罪客体。如我国刑法保护正常的药品管理秩序和消费者的人体健康,只有当行为人生产、销售假药或劣药,破坏了药品管理秩序,危害人体健康时,药品管理秩序和消费者的人体健康方能成为犯罪客体。

(3)犯罪的主观方面。犯罪的主观方面是指犯罪主体对自己所实施的犯罪行为及其危害后果所持的心理态度,包括犯罪的故意或过失、犯罪的动机和目的等因素。其中,犯罪的目的是指行为人希望通过犯罪行为达到某种危害社会结果的心理态度。犯罪的动机是指刺激行为人实施犯罪行为以达到犯罪目的的某种内心冲动或内心起因。

(4)犯罪的客观方面。犯罪的客观方面是指犯罪行为的各种外在表现或客观事实,包括危害行为、危害结果及危害行为与结果之间的因果关系等因素。

2.卫生刑事责任的承担方式　根据我国《刑法》规定,承担刑事责任的方式是刑罚,它包括主刑和附加刑。主刑有管制、拘役、有期徒刑、无期徒刑和死刑,它们只能单独适用。附加刑有罚金、剥夺政治权利、没收财产，它们可附加适用，也可以独立适用。对于犯罪的外国人，还可以独立适用或附加适用驱逐出境。

我国刑法对违反卫生法的行为所应承担的刑事责任做了明确规定。刑法中有关违反卫生法，生产、销售伪劣商品的罪名有：生产、销售假药罪；生产、销售劣药罪；生产、销售不符合安全标准的食品罪；生产、销售有毒有害食品罪；生产、销售不符合标准的医用器材罪；生产、销售不符合卫生标准的化妆品罪。有关危害公共卫生的罪名有：妨害传染病防治罪；传染病菌种、毒种扩散罪；妨害国境卫生检疫罪；非法组织卖血罪；强迫卖血罪；非法采集、供应血液，制作、供应血液制品罪；采集、供应血液，制作、供应血液制品事故罪；医疗事故罪；非法行医罪；非法进行节育手术罪；非法提供麻醉药品、精神药品罪；传播性病罪等。

思考题

1. 卫生法的法律渊源有哪些？
2. 简述卫生法律关系的概念及构成要素。
3. 简述卫生法律行为的概念及特征。
4. 简述卫生法律责任的特点及分类。

第二章　卫生法的制定与实施

第一节　卫生法的制定

一、卫生法制定的概念

卫生法制定，又称卫生法立法，是指国家机关依照法定的权限和程序，制定、修改、补充或废止卫生法律和其他规范性卫生法律文件的一种专门性活动。它既包括拥有国家立法权的国家机关制定卫生法律的活动，也包括依法授权的其他国家机关制定从属于法律的各种卫生法律规范的活动。

卫生法制定有广义和狭义之分。广义卫生法制定是指有权立法的国家机关依法制定卫生法律规范的专门性活动。在我国，除了全国人民代表大会及其常务委员会制定卫生法律之外，也包括国家行政机关、地方有权机关等制定卫生法规、规章和其他规范性文件的活动。狭义卫生法制定仅指具有立法权的特定机关制定卫生法律规范的专门性活动。

二、卫生法制定的依据

（一）宪法是卫生法制定的法律依据

宪法为国家的根本大法，也是任何部门法的立法合宪性基础。任何部门法必须遵循宪法的相关原则性和抽象性规定。宪法中有关公民健康权益保障、卫生事业发展、卫生工作的任何规定都是高度概括的、原则性的规定，对我国的卫生立法具有指导作用。卫生立法是对宪法中的相关规定的进一步具体化，且这种具体化不是随心所欲的，而是要以宪法中的相应规定为法律依据。

（二）卫生方针、政策是卫生法制定的政策依据

在我国，党和国家的卫生方针、政策是党和国家代表全党、全国人民提出的现阶段的卫生事业、卫生工作的任务与行为准则。凝聚全党、全国人民高度智慧的党和国家的卫生方针、政策，经过立法程序上升为国家意志，成为卫生法律法规后，则成为所有社会主体均要遵守的行为准则。可见，卫生立法离不开党和国家的卫生方针、政策。我国现阶段的卫生立法就要以《中共中央、国务院关于进一步深化医药卫生体制改革的意见》等卫生方针、政策为依据。

（三）我国现阶段的社会物质生活条件是卫生法制定的客观依据

国情对立法的作用在于立法对于国情的依赖性，既表现为立法制度对于国情的依赖，也表现为立法技术对于国情的依赖。我国卫生立法的国情就是现阶段的社会物质条件，具体包括人口年龄结构及性别结构等人口要素、地理要素、物质生活的繁荣程度、生命科学技术的发展程度等方面。卫生立法不能离开这些现实的社会物质生活条件，既不能超越，也不能滞后，才能使卫生法律法规客观地反映自然规律要求，使卫生法律法规所调整的社会关系更趋科学化。

(四)医药卫生的客观规律是卫生法制定的科学依据

医药卫生是研究人类生命过程以及防治疾病的科学。医药卫生和卫生法的使命都是为了保护人体健康，从这一点上来说两者是相通的。医学科学的发展使立法思想受到影响和启迪，医学知识和研究成果被运用到卫生立法过程中，使法的内容更加科学化。在制定卫生法律法规时，必须以医学、药学、卫生学等自然科学发展的客观规律为基础。同时，为保护人类健康这一特定对象，又必然将直接关系到人类健康的科学工作方法、程序、卫生标准等确定下来，成为必须遵守的技术性法规，使公民健康权得到保障，使卫生法具有科学性。

三、卫生法制定的基本原则

卫生法制定的基本原则是指卫生法制定中必须遵循的指导思想和准则。由于卫生立法自身的特殊性，卫生法制定除了要遵守《中华人民共和国立法法》确立的宪法原则、法治原则、民主原则和科学原则等法定的立法原则之外，还应当有自身的基本原则。

(一)以保障公民生命健康权益为宗旨的原则

保障和促进公民生命健康权益的实现是卫生工作的基本目标，它既是卫生法制定的出发点和落脚点，也是落实《宪法》保护公民生命健康权益基本要求的具体体现。因此，紧紧抓住保障和维护生命健康这一原则不仅是建立和完善卫生法律制度的关键所在，也是将党和国家卫生工作方针具体化、规范化的直接反映。

(二)遵循医学科学发展客观规律的原则

卫生工作具有社会科学和自然科学双重属性。医药卫生事业是建立在自然科学基础上的，医药卫生活动在人类社会活动中是一项极为重要的科学技术活动，直接关系到公民的生命健康。卫生法与其他部门法最大的区别在于其科技性非常明显，尤其是受医学科学技术的影响较为明显。卫生法制定必须严格遵循医学科学发展的客观规律，否则会阻碍医学科学技术的发展，进而影响卫生事业的发展，影响公民生命健康权益的维护。当然，卫生法制定并不是被动地适应医学科学发展的。鉴于医学科学技术具有的双面性，如辅助生殖技术等医学科学对人类的负面影响始终存在，就应当通过卫生法制定来限制其负面影响，进而增强其正面效应。

(三)多种利益关系相互协调的原则

我国幅员辽阔，人口众多，地区经济和社会发展不平衡。同时，医疗卫生保健涉及多个政府部门，涉及社会方方面面，涉及每一个公民的生命和健康。加上我国还将长期处于社会主义初级阶段，国家利益、集体利益、个人利益之间，当前利益和长远利益、局部利益和整体利益之间，不同机构、地区、行业、单位、民族利益之间，仍存在着社会卫生资源不足和人们不断增长的医疗卫生需求之间的矛盾，仍存在着优质卫生资源缺乏与分布不均和地区卫生发展的不平衡等问题。因此，卫生法制定必须着眼于科学合理地规范国家机关、公民、法人和其他组织的卫生权利与义务，协调多种利益关系，才能确保卫生法律具有较好的执行力。

(四)立足我国卫生国情与借鉴国外卫生立法先进经验相结合的原则

我国现代社会卫生立法较为滞后,没有多少卫生立法的经验可以利用。而国外的卫生立法历史悠久,立法技术较为成熟,立法成果较为丰富。因此,国际社会的卫生立法成果、立法技术能够为我国卫生立法提供很好的借鉴。但卫生立法又受本国社会经济发展状况、国民健康状况等诸多因素的影响,卫生立法必须建立在尊重本国国情的基础上,对国外卫生立法经验要批判性借鉴,防止脱离实际、生搬硬套。因此,我国卫生立法既要充分借鉴国外的成熟立法经验,更要关注我国国情,把国外先进经验与我国卫生事业发展的实际相结合,卫生法制定才能体现中国特色,具有更强的生命力。

四、卫生法制定的体制

卫生立法体制是指关于国家的哪些机关享有卫生立法权,以及它们享有的卫生法制定的权限应该如何划分的问题。

我国现阶段同国情相适应的卫生立法体制是在中央集中统一领导下的两级多层次的卫生立法体制,即在保证社会主义法制统一性的前提下,中央和地方适当分权,充分发挥中央和地方两个方面的积极性。

我国依法享有卫生立法权的国家机关可分为:

(一)卫生法律及其制定机关

国家立法权是由最高国家立法机关以国家名义行使的,主要用来制定调整最基本的、带有全局性的社会关系的法律规范,其在立法权体系中居于最高地位。全国人民代表大会及其常务委员会行使国家立法权。卫生法律的制定就是全国人民代表大会及其常务委员会行使国家立法权的体现。目前现行的卫生单行法全部由全国人民代表大会常务委员会制定。

(二)卫生行政法规及其制定机关

国务院根据宪法和法律,制定卫生行政法规。应当由全国人民代表大会及其常务委员会制定卫生法律的事项尚未制定法律的,全国人民代表大会及其常务委员会有权作出决定,授权国务院可以根据实际需要,对其中的部分事项先制定卫生行政法规。授权制定卫生行政法规的立法事项,经过实践检验,待制定卫生法律的条件成熟时,国务院应当及时提请全国人民代表大会及其常务委员会制定卫生法律。此外,国务院有权向全国人民代表大会及其常务委员会提出医疗卫生立法议案,依法制定卫生法律实施细则等执行性卫生行政法规。

(三)地方性卫生法规及其制定机关

省、自治区、直辖市和较大的市人民代表大会及其常务委员会根据本行政区域的具体情况和实际需要,在不同宪法、卫生法律、卫生行政法规相抵触的前提下,可以制定地方性卫生法规。民族自治地方人民代表大会有权在其职权范围内制定有关卫生方面的自治条例和单行条例。

(四)卫生规章及其制定机关

卫生规章包括部门卫生规章和地方卫生规章。

1.部门卫生规章　国务院各部、委员会及具有行政管理职能的直属机构,可以根据卫生法律和国务院的卫生行政法规、决定、命令,在本部门的权限范围内,制定部门卫生规章。部门卫生规章规定的内容应当是执行卫生法律或国务院卫生行政法规、决定、命令的事项。涉及两个以上国务院部门职权范围的事项,应当提请国务院制定卫生行政法规或者由国务院有关部门联合制定卫生规章。目前发布的部门卫生规章主要由国家卫计委、国家食品药品监督管理总局、国家中医药管理局制定。

2. 地方卫生规章　省、自治区、直辖市和较大的市人民政府，可以根据卫生法律、卫生行政法规和省、自治区、直辖市的地方性卫生法规，制定地方卫生规章，其规定的内容主要是执行卫生法律、卫生法规、地方性卫生法规和属于本行政区域具体卫生行政管理的事项。

五、卫生法制定的程序

卫生法制定程序是指国家立法机关依法制定、修改、补充和废止规范性卫生法律文件的活动所必须遵循的法定步骤和方法。卫生法律的制定、修改和废止的步骤和方法适用于《立法法》规定的程序，卫生行政法规的制定和修改主要适用《行政法规制定程序条例》，卫生规章的制定主要适用《规章制定程序条例》，卫生规章的修改、废止参照《规章制定程序条例》有关规定执行。卫生法的修改或废止由原制定机关进行。根据我国《立法法》所作的立法程序的规定，卫生法制定的程序一般包括卫生法律议案的提出、审议、通过和公布四个环节。

（一）法律议案的提出

提出法律议案是指被授予专门权限的有关机关和人员向立法机关提出议案。根据《立法法》的规定，国务院具有卫生法律议案的提案权。从卫生法律草案的一般形成过程来说，在卫生法律议案提出之前，都要由国家卫计委组织法律草案起草小组，开展调查研究和起草工作，经国务院讨论通过后，由国务院作为法律议案提出。

（二）法律议案的审议

审议法律议案，是指法律制定机关对列入议事日程的法律议案进行正式审议和讨论。我国《立法法》规定，向全国人民代表大会提出的法律议案，要经过全国人民代表大会常务委员会审议提出。在大会审议时，还要由法律委员会根据代表审议提出意见、进行审议并提出报告，再由主席团决定提交大会讨论通过。向全国人民代表大会常务委员会提出的卫生法律草案，在列入议事日程后，首先在全国人民代表大会常务委员会会议上就卫生法律议案起草情况进行说明，经初步审议后，交全国人民代表大会有关委员会综合各方面意见进行审议，向下一次全国人民代表大会常务委员会会议提出审议报告，再由全国人民代表大会常务委员会进一步审议通过。向地方各级人民代表大会提出的卫生法规议案，由同级人民代表大会主席团提请大会讨论，或者交付议案审查委员会审查后再提请人民代表大会讨论。

（三）法律议案的通过

法律议案的通过是指法律制定机关对法律表示正式同意，从而使法律议案成为法律。根据法律规定，全国人民代表大会通过法律议案时，由主席团决定采取无记名投票或举手表决或其他方式进行。卫生法律议案由全国人民代表大会以全体代表的过半数通过；全国人民代表大会常务委员会审议的法律议案，由常委会全体成员的过半数通过。

（四）法律的公布

法律的公布是指法律制定机关将通过的法律用一定的形式予以正式公布。我国法律规定，全国人民代表大会常务委员会通过的卫生法律，由国家主席签署主席令予以公布，及时在全国人民代表大会常务委员会公报和在全国范围内发行的报纸上刊登。

第二节 卫生法的效力

一、卫生法效力的概念

卫生法的效力，一般是指卫生法作为一种国家意志所具有的约束力。具体表现为卫生法律规范对主体行为的普遍约束作用，这种约束力不以主体自身的意志为转移，而是以国家强制力作为保障。卫生法的效力包括效力等级和效力范围两个方面。具体生效或适用的范围，主要包括卫生法的时间效力、空间效力、对人的效力三个方面。

二、卫生法的效力等级

卫生法的效力等级是指在卫生法的各个层次的法律渊源中，由于其制定主体、程序、时间、适用范围等因素的不同，各种卫生法律规范的效力也不同，由此形成的卫生法的效力等级体系。

(一)卫生法效力等级的一般规则

根据宪法和立法法的规定，宪法具有最高的法律效力，一切卫生法律、卫生行政法规、地方性卫生法规、卫生自治条例与单行条例、卫生部门规章和地方政府卫生规章都不得与宪法规定相抵触。宪法至上，宪法位于卫生法效力等级的最高位置，以下依次是卫生法律、卫生行政法规、地方性卫生法规、政府卫生规章等，它们具有不同的效力等级，共同构成了我国卫生法的效力等级体系。

除了宪法的最高效力外，卫生法律的效力高于卫生行政法规、地方性卫生法规和政府卫生规章。卫生行政法规的效力高于地方性卫生法规、政府卫生规章。地方性卫生法规的效力高于本级和下级地方政府卫生规章。省、自治区、直辖市人民政府制定的卫生规章的效力高于本行政区域内的较大的市的人民政府制定的卫生规章。卫生自治条例与单行条例只在本民族自治地方范围内适用。

(二)卫生法效力等级的特殊规则

1.特别法优于一般法　根据立法法规定，在同一机关制定的卫生法律、卫生行政法规、地方性卫生法规、卫生自治条例与单行条例、卫生部门规章和地方政府卫生规章中，特别规定与一般规定不一致的，适用特别规定。

2.新法优于旧法　根据立法法规定，在同一机关制定的卫生法律、卫生行政法规、地方性法规、卫生自治条例与单行条例、卫生部门规章和地方政府卫生规章中，新的规定与旧的规定不一致的，适用新的规定。适用这一规则的前提是新旧规定都是现行有效的，该适用哪个规定，采取从新原则。这与法的溯及力“从旧兼从轻”原则是有区别的。法的溯及力解决的是新法对其生效以前发生的事件和行为是否适用的问题。

3.法律文本优于法律解释　一般来说，法律文本与法律解释具有同等法律效力，但当卫生法律解释与卫生法律文本规定不一致时，应当适用法律文本的规定。

4.有关机关裁决　卫生法律之间对同一事项新的一般规定与旧的特别规定不一致，不能确定如何适用时，由全国人民代表大会常务委员会裁决。根据授权制定的卫生法规与卫生法律规定不一致，不能确定如何适用时，由全国人民代表大会常务委员会裁决。卫生行政法规之间对同一事项新的一般规定与旧的特别规定不一致，不能确定如何适用时，由国务院裁决。地方性卫生法规与部门卫生规章之间对同一事项的规定不一致，不能确定如何适用时，由国务院认为应当适用地方性法规的，应当决定适用该地方性法规的规定；认为应当适用部门卫生规章的，需提请全国人民代表大会常务委员会裁决。部门卫生规章之间、部门卫生规章与地方卫生规章之间对同一事项的规定不一致时，由国务院裁决。同一机关制定的地方性卫生法规、卫生规章，新的一般规定与旧的特别规定不一致时，由制定机关裁决。

三、卫生法的效力范围

卫生法的效力范围是指卫生法生效或适用的范围，包括卫生法时间上的效力、空间上的效力和对人的效力。

（一）卫生法的时间效力

卫生法的时间效力是指卫生法律法规从何时开始生效、何时开始失效，以及对其颁布之前的事项和行为有无溯及力。

1. 卫生法的生效　卫生法的生效是指卫生法生效的时间。我国卫生法生效的时间通常有下列情况：

（1）卫生法律、法规、规章条文中明确规定其颁布后的某一具体时间生效。其目的是为法律法规的实施提供宣传和准备时间。我国现行的卫生法大多属于此类情况。

（2）卫生法律、法规、规章条文中明确规定自公布之日起生效。

（3）卫生法律、法规、规章条文中没有明确规定其生效时间，但实践中一般视其颁布之日起生效。

2. 卫生法的失效　卫生法的失效又称卫生法的废止或终止生效，是指卫生法律规范效力的终止，不再具有约束力。卫生法的失效通常有下列情况：

（1）从新法颁布施行之日起，相应的旧法即自行废止。

（2）新法代替了内容基本相同的旧法，在新法条文中明确宣布旧法废止。如 2009 年 2 月 28 日第十一届全国人民代表大会常务委员会第七次会议通过的《中华人民共和国食品安全法》第 104 条明确规定："本法自 2009 年 6 月 1 日起施行。《中华人民共和国食品卫生法》同时废止。"

（3）立法机关明令失效，即立法机关通过发布专门的决议、命令，宣布废止其制定的某些卫生法，而导致该法失效。

（4）有的卫生法规定了生效期限，期满该法即终止效力。有的则是由于形势的发展变化，原来的某项法律已因调整的社会关系不复存在或完成了历史任务而失去了存在的条件自行失效。

3. 卫生法的溯及力　卫生法的溯及力即卫生法溯及既往的效力，是指新的法律、法规、规章对它生效以前的事件和行为是否适用的问题。如果适用就有溯及力，如果不适用就没有溯及力。这里要指出的是，我国在对违法（包括卫生违法）、犯罪的制裁方面，在溯及力上一般采取"从旧兼从轻"原则。如某行为按其发生时的法律规定为违法行为或制裁较重，而新法规定该行为不属于违法行为或制裁较轻时，则适用新法予以认定与处理。反之，如果按行为发生时的法律，该行为不属于违法或制裁较轻，新法规定属于违法或制裁较重时，则应当按照行为发生时有效的法律认定和处理。

我国卫生法原则上没有溯及力，即采取“不溯及既往”的原则。但为了更好地保护公民、法人和其他组织的权利和利益，对于作出特殊规定的除外。有些情况下，特殊法律法规规定有溯及力，如《医疗事故处理条例》第63条规定：“未定性或未处理或未结案的有溯及力。”

(二)卫生法的空间效力

卫生法的空间效力是指卫生法律规范适用的地域范围，即在哪些地方发生效力。卫生法的空间效力，主要是由立法机关所管辖的行政区域范围所决定的。通常有以下几种情况：

1.在全国范围内生效　全国人民代表大会及其常务委员会制定的卫生法律，国务院及其各部门发布的卫生行政法规、规章等规范性文件，在全国范围内有效。即除特别规定外，适用于我国主权管辖的全部领域，包括中华人民共和国领土、领空、领海以及驻外使馆、在领域外的我国船舶与航空器等交通通信设备等主权延伸意义上的部分。

2.在一定区域范围内生效　地方性卫生法规、自治条例与单行条例，以及地方人民政府制定的政府卫生规章，只在其行政管辖区域范围内有效。

3.在特定区域范围内生效　国家针对某些特定区域制定的卫生法规和规章，只在其明文规定的某特定区域范围内生效。如某些地方病防治的法规和规章。

4.卫生法的域外效力　国家有关机关制定的卫生法律法规和规章，不仅在本国管辖空间内有效，而且在域外也有一定效力，但其域外效力及其范围，由国家之间的条约加以确定或由法律本身明文规定，只在其规定的范围内有效。如《国境卫生检疫法》第25条规定：“中华人民共和国边防机关与邻国边防机关之间在边境地区的往来，居住在两国边境接壤地区的居民在边境指定地区的临时往来，双方的交通工具和人员的入境、出境检疫，依照双方协议办理，没有协议的，依照中国政府的有关规定办理。”

(三)卫生法对人的效力

卫生法对人的效力，是指卫生法律规范对什么人具有约束力(即有效)。这里的“人”包括自然人、法人及其他组织。在我国卫生法对人的效力主要有三种情况：

1.对卫生法律规范空间效力范围内的所有人均适用，包括在该空间范围内的中国公民、外国人和无国籍人。

2.对空间效力范围内某种具有特定职能的公民、法人及组织适用。如《执业医师法》、《护士条例》、《医疗机构管理条例》等。

3.对空间效力范围内的某些人适用或不适用，由该法律、法规、规章明文作出特别规定。如《医疗机构管理条例》规定：“外国人在中华人民共和国境内开设医疗机构的管理办法，由国务院卫生行政部门另行规定。”

第三节　卫生法的实施

卫生法实施是指通过一定的方式使卫生法律规范在社会生活中得到实际贯彻与具体施行的活动。卫生法实施的基本形式一般包括卫生执法、卫生司法、卫生守法和卫生法律监督四个方面。

(一)卫生执法

卫生执法是卫生法实施的重要形式。卫生执法有广义和狭义两种理解。广义的卫生执法包括一切执行和适用卫生法律的活动,包括国家行政机关、司法机关和法律法规授权、委托的组织及其公职人员,依法贯彻实施卫生法律的活动。狭义的卫生执法仅指国家卫生行政执法主体及其工作人员依法行政、依法管理社会卫生工作的活动。一般意义上的卫生执法仅指狭义的卫生执法,即卫生行政执法。卫生执法是一种国家活动,不同于一般公民、法人和其他组织实施卫生法律规范的活动,具有权威性、合法性、目的的特定性、程序性和国家强制性的特点,必须遵循合法性、合理性、高效率的原则。

(二)卫生司法

卫生司法是指国家司法机关及其司法人员,依据法定职权和法定程序,运用卫生法律处理具体案件的专门活动。按照我国司法体制,人民法院和人民检察院是我国的司法机关。除了人民法院、人民检察院及其工作人员有权行使司法权外,其他任何国家机关、社会组织和个人都不能行使此项权力,包括国家行政机关及其工作人员。这是卫生司法与卫生执法的根本区别。

国家司法机关及其工作人员在适用法律时,必须遵守法律面前人人平等原则,以事实为依据,以法律为准绳,准确地适用法律,依法及时地处理案件,即卫生司法必须遵循正确、合法、及时、合理和公正的基本要求。“正确”是指适用卫生法律时事实清楚,证据确凿,定性准确,处理适当。“合法”是指处理卫生违法案件时,必须在法律授权范围内依法办事,符合实体法的要求和程序法的规定。“及时”是指在正确、合法的前提下,在法定的期限内办理完案件,提高办案效率。“合理和公正”是指符合社会主义道德要求,符合公平要求,符合适用法的目的。

(三)卫生守法

卫生守法即卫生法的遵守,是指一切国家机关、社会组织和全体公民都必须依照卫生法的规定,行使权利(权力)和履行义务(职责)的活动。守法是卫生法律实施最基本最主要的形式,也是法治的基本内容和要求。

卫生守法的范围极其广泛,不仅包括涉及卫生的宪法、卫生法律、卫生行政法规、地方性卫生法规、卫生自治条例与单行条例、卫生规章、特别行政区的卫生法、我国参加的世界卫生组织的章程、我国参与缔结或加入的国际卫生条约、协定等,还包括卫生法实施中,有关国家机关依法作出的、具有法律效力的决定书,如人民法院的判决书、调解书、裁定书,卫生行政部门的卫生许可证、卫生行政处罚决定书等非规范性文件。此外,公共卫生秩序、居民卫生公约、卫生公德等也属于卫生守法的范围。

(四)卫生法律监督

卫生法律监督有广义和狭义之分。广义的卫生法律监督是指一切国家机关、社会组织和公民对卫生法全部运行过程的合法性所进行的监察和督促。狭义的卫生法律监督是指有关国家机关依法对卫生立法、执法、司法等运行环节的合法性进行的监察和督促。一般讲的卫生法律监督是就广义而言的。

第四节　卫生行政执法

一、卫生行政执法的概念

卫生行政执法是指卫生行政机关,法律法规授权、委托的组织及其公职人员,依照法定职权和程序对特定对象或事件进行卫生事业管理,适用卫生法律规范的活动。既包括卫生行政主体的抽象行为,也包括卫生行政主体的具体行政行为。

二、卫生行政执法的特征

卫生行政执法是我国行政执法的一个专业类别,是国家行政权的组成部分,具有以下基本特征。

(一)执法主体的特定性

有权进行卫生行政执法的主体是由法律明确规定的。根据我国卫生法律、法规和《行政处罚法》的规定,卫生行政执法的主体主要是各级卫生行政机关,只有卫生行政机关才是真正意义上的卫生行政主体,具有政府职能部门的资格。但在特定情况下,卫生法律、法规还可将卫生行政执法权授予某一组织,即法律、法规授权的组织。此外,卫生行政机关还可依法将执法权委托给其他组织行使,使其拥有执法资格,成为执法主体。除以上卫生行政执法主体外,其他任何单位和个人都无权行使卫生行政执法权。

(二)执法行为的职务性

卫生行政执法是国家卫生行政机关的法定职权和义务,并且是一种有积极作为的职权和义务。因此,卫生行政机关必须主动履行这种职权和职责,而不需要按行政相对人的意思办事,仅由卫生行政机关单方面决定即可,否则就是失职。

(三)执法活动的单方性

卫生行政执法是卫生行政执法主体根据法律、法规和规章单方面作出的决定,不受相对人和其他机构干涉。

(四)执法内容的广泛性

卫生行政管理的活动范围十分广泛,几乎遍及我国社会生活的各个领域,关系到每一个人的生老病死。这使卫生法律法规和卫生行政执法内容包括从药品管理到食品、化妆品的卫生监督,从医疗卫生管理到预防保健管理,从公共卫生管理到医疗卫生组织管理,范围十分广泛。

(五)执法权限的法定性

卫生行政执法主体所执行的法律规范只能是法律规定应由卫生行政机关执法主体执行的法律、法规。执法主体只能在其职权范围内,依照法定程序执法,不得越权执法。

(六)执法后果的强制性

卫生行政执法是国家卫生管理行政权运转的一种特殊方式,是由卫生行政执法主体代表国家进行的一种管理活动,具有强制性。任何单位和个人都必须服从和执行卫生行政执法机关的执法行为。

三、卫生行政执法的主体及其职责

卫生行政执法主体是指以自己的名义实施卫生行政执法行为，并对行为后果独立承担法律责任的组织。这些组织包括各类卫生行政主体和法律、法规授权的组织。

（一）各级政府卫生行政机关

卫生行政机关作为各级政府的组成部分，是代表国家行使卫生行政权的主要机关。在现行的卫生法律、法规中，大多授权县级以上卫计委为卫生行政执法机关。因此，各级卫计委是主要的卫生行政执法机关。

根据我国宪法、组织法和相关法律的规定，各级卫生行政机关的主要执法职责是：

1. 立法权　根据其法定职能范围，依法制定相关的规范性文件。

2. 监督、检查权　依法对所管辖范围内的社会公共卫生、与健康相关的产品及其生产经营活动、医疗卫生机构及其人员的医疗行为依法进行监督检查。

3. 审查审批权　依法对与健康相关的产品、与生命健康相关的社会活动进行审查、审批、颁发有关卫生许可证。

4. 调查处理权　依法对医疗事故、食物中毒事故、职业中毒事故，其他与卫生和健康有关的事件进行调查处理。如县级以上卫生行政部门接到食品安全事故报告后，应立即会同农业行政、质量监督、工商行政管理、食品药品监督等部门进行调查处理。

5. 实施处罚权　依法对违反卫生法的行为实施行政处罚。如县级以上卫生行政部门，对未经批准擅自开办医疗机构行医或者非医师行医的活动，依法实施予以取缔，没收其违法所得及其药品、器械，并处10万元以下罚款的处罚。

（二）食品药品监督管理机构

食品药品监督管理机构是综合监督食品、保健品、化妆品安全管理和药品监督管理的机构，负责对药品，包括医疗器械、卫生材料、药品包装材料的研究、生产、流通、使用等进行行政监督和技术监督管理。如药品监督管理部门依据《药品管理法》的相关规定，对药品批发企业、药品零售企业的经营活动进行审查审批，对符合法律规定的给予批准并发给《药品经营许可证》。

（三）国境卫生检疫机关

根据《国境卫生检疫法》的规定，在中华人民共和国国际通航的港口、机场以及陆地边境和国界江河的口岸，设立国境卫生检疫机关，依法实施传染病检疫、监测和卫生监督。

（四）法律、法规授权和受委托的组织

这些组织或机构承担着一些具体的卫生行政执法任务。其职能主要是应用医学科学技术进行卫生的监测与监督，食品、药品质量的检验与仲裁等业务。

（五）卫生行政执法人员

卫生行政执法人员是依法代表卫生行政执法机构进行具体卫生行政执法活动的工作人员。

四、卫生行政执法行为的种类

根据不同的标准，可以将卫生行政执法行为作出不同的分类。

(一)抽象卫生行政执法行为与具体卫生行政执法行为

抽象卫生行政执法行为,是指卫生行政执法主体依法在其职权范围内制定发布规范性文件的行为,是针对不特定的主体作出的适用于所有相对人的行为。如对某些卫生法律、法规在执行过程中就有关问题制定具体行为规范,作出解释,提出意见和要求等。一般而言,对抽象卫生行政执法行为不能提起行政诉讼。

具体卫生行政执法行为,是指卫生行政执法主体在行使卫生行政职权过程中,针对特定的人或事所采取的卫生行政执法具体措施的行为。这是卫生行政执法主体的主要行政行为。具体卫生行政执法行为适用的对象是特定的、具体的,只对特定的相对人产生法律效力,可以提起行政诉讼。

(二)依职权卫生行政执法行为与依申请卫生行政执法行为

以卫生行政机关是否可以主动作出卫生行政行为为标准,卫生行政行为可以分为依职权卫生行政执法行为和依申请卫生行政执法行为。

依职权卫生行政执法行为,是指卫生行政机关依据法律授予的职权,无需相对人申请就可以主动作出的卫生行政执法行为,因此又称为主动监督行为。如卫生检疫机关对我国口岸实施的卫生检疫行为、卫生监督机关对经销伪劣化妆品的违法行为所实施的卫生行政处罚等,都属于此类行为。依职权卫生行政执法行为主要包括卫生行政强制和卫生行政处罚。

依申请卫生行政执法行为,是指卫生行政机关应相对人申请才能依法实施的卫生行政执法行为,相对人不提出申请则卫生行政执法主体不主动实施。如审批、发放卫生许可证的行为。对相对人的申请,卫生行政机关必须给予答复,无论拒绝或者批准,不得无故拖延或拒不批复。依申请卫生行政执法行为主要包括卫生行政许可、卫生行政奖励等。

(三)内部卫生行政执法行为与外部卫生行政执法行为

这是以卫生行政机关依照行政隶属关系,因内部管理还是外部管理作出卫生行政行为为标准所作的分类。内部卫生行政执法行为,是指对本单位内部产生法律效力的行政行为,如卫生行政处分。外部卫生行政执法行为,是指卫生行政机关在行使管理社会卫生的公共职权过程中,针对卫生行政执法相对人即公民、法人或其他组织所作出的卫生执法行为。

五、卫生行政执法的手段

这里所指的卫生行政执法的手段,是指具体卫生行政执法行为的手段,是卫生行政执法主体依照卫生法律法规的内容和程序,单方面改变特定相对人的权利和义务的行政执法活动所采取的方式方法。

(一)卫生行政许可

卫生行政许可是指卫生行政机关或卫生监督机构根据相对人的申请,依法对其经营的项目和卫生设施进行审查后,准予其从事卫生法律规范所一般禁止的某种生产经营或服务活动的行为。卫生行政许可的方式主要是颁发有关“卫生许可证”。卫生行政许可分为一般性许可和特殊性许可。一般性许可是指没有数量限制,只要条件符合即可颁发,不受国家宏观调控限制,而受市场调节的许可。特殊性许可是指由国家对许可数量、许可质量要求进行宏观调节的许可,如食品添加剂生产、麻醉药品生产等。

1. 卫生行政许可的范围　卫生行政许可的具体范围包括:食品生产、流通、餐饮服务许可;公共场所卫生许可;饮用水卫生许可;放射卫生许可;医疗机构执业许可;职业卫生许可;

化妆品卫生许可；消毒用品、一次性卫生用品的许可；执业医师执业许可等。

2.卫生行政许可的程序。

(1)申请。卫生行政许可是卫生行政机关依申请作出的卫生行政执法行为。首先应当由公民、法人或其他组织按照卫生法律、法规、规章规定的程序和要求向卫生行政机关提出申请。申请人可以委托代理人提出卫生行政许可申请。

(2)受理。卫生行政机关接到申请后就是否办理行政许可申请作出明确答复，卫生行政执法主体应当对受理或不受理卫生行政许可申请的，出具加盖卫生行政部门专用印章和注明日期的文书。

(3)审查和决定。卫生行政执法机关对申请材料进行审查后，对符合法定条件、标准的，应当在受理申请20日内作出准予卫生行政许可的书面决定；在20日内不能做出卫生行政许可决定的，经本级卫生行政机关负责人批准，可以延长10日，并将延长期限的理由书面告知申请人。作出不予卫生行政许可的书面决定应当说明理由，告知申请人享有依法申请行政复议或者提起行政诉讼的权利。卫生行政许可决定除涉及国家秘密、商业秘密或者个人隐私外，应当予以公开，公众有权查阅。

3.卫生许可证的效力　卫生许可证是一种法律文书，一经颁发就具有证明力、确定力和拘束力。卫生许可证颁发后由于某种原因，可导致卫生许可证的撤销、中止或吊销。

(二)卫生监督检查

卫生监督检查是指卫生行政执法主体依法对相对人即公民、法人或其他组织是否遵守有关卫生法律、法规、规章等情况进行了解、调查和督促的执法活动。卫生监督检查是一种依职权卫生行政执法行为，其主要目的是监督相对人自觉遵守卫生法律规范，保证卫生法的实施。卫生监督检查是卫生行政执法中的具体行政执法行为，也是一项专业性相当强的具体工作，具有国家强制性，被检查者必须接受和配合。卫生监督检查主要分为预防性卫生监督和经常性卫生监督两大类，监督检查的方式包括调查、现场查验、物品和人员的检查、督促等。卫生监督检查在内容上划分为食品安全检查、公共场所卫生检查、传染病检查。卫生监督检查的方法包括定期卫生监督检查与不定期卫生监督检查、全面卫生监督检查与重点卫生监督检查。

卫生监督检查必须由卫生行政执法机关委派相关人员依法进行，监督检查人员要主动向相对人出示能够表明身份的证件，出示监督检查合法性的理由或依据，在检查时必须依法提取证据，依法采取临时控制措施，对监督检查的结果要采取一定的方式告知管理相对人，并告知法律救济途径。

(三)卫生行政处分

卫生行政处分是指卫生行政机关或企事业单位依照行政隶属关系，对所属单位的一般违法失职人员实施的行政制裁。行政处分的种类主要有警告、记过、记大过、降级、降职、撤职、留用察看和开除8种。

(四)卫生行政强制

卫生行政强制是指卫生行政机关在实施行政管理的过程中，为保障行政管理的顺利进行，通过依法采取强制手段使拒不履行行政义务的相对人履行义务或达到履行义务相同的状态，或者出于维护社会公共管理秩序或保护公民人身健康、安全的需要，对相对人的人身及财产自由等采取强制性的具体行政行为的总称。卫生行政强制包括卫生行政强制措施和卫生行政强制执行。

1. 卫生行政强制的特征。

(1)实施主体的特定性。卫生行政强制是一种比较严厉的具体行政行为，对相对人人身或财产具有直接强制性。因此，并非所有的行政主体都具有行政强制权，只有少数经过法律法规授权的行政机关才享有这一权力。

(2)适用条件的多样性。相对人不履行义务、存在紧急危险情形，一般为健康危险、卫生行政调查所需，且有法定依据时均可采取行政强制行为。

(3)实施手段的强制性。行政强制措施作为一种具体行政行为，只要一实施就对相对人的人身或财产产生强制作用，非经特定主体依法解除，始终有效。

(4)实施时效的即时性。行政强制行为对相对人人身、财产、行为造成一定限制，因此一般时间较短，具有即时性。

(5)实施目的的非处分性。行政强制会限制相对人的权利行使，但卫生行政强制不以制裁为目的，不直接发生相对人权利的被处分。

2. 卫生行政强制的实施方式　根据卫生法律、法规中规定的卫生行政强制涉及的对象，我国卫生行政强制实施方式可以归纳为以下几类。

(1)限制公民人身自由的卫生行政强制。我国卫生法律、法规中规定的限制公民人身自由的强制方式主要有隔离、隔离治疗、医学观察和医学留验、检疫与查验、限制活动范围、限制入境与出境等形式。如《传染病法》规定，对甲类传染病患者、病原携带者，予以隔离治疗；对疑似患者，确诊前在指定场所单独隔离治疗。拒绝隔离治疗或者隔离期未满擅自脱离隔离治疗的，可以由公安机关协助医疗机构采取强制隔离治疗措施。《艾滋病监测管理的若干规定》规定，卫生、医疗和保健机构发现艾滋病患者、疑似艾滋病患者及与艾滋病患者、艾滋病病毒感染者有密切接触者时，应当根据预防的需要，对其实施留验、限制活动范围、医学观察、定期或不定期访视等措施。外国人在中国居留期间，如被发现为艾滋病患者、艾滋病病毒感染者，当地卫生行政部门可提请公安部门令其立即出境。

(2)对场所、设施的卫生行政强制。卫生监督主体发现具有或可能具有健康危害性的场所，或者因卫生防病的需要，依法对特定场所采取强制消毒、封存、查封、限制出入等强制措施，以实现控制、消除危害的目的。如我国《传染病防治法》第 27 条规定，对被传染病病原体污染的污水、污物、场所和物品，有关单位和个人必须在疾病预防控制机构的指导下或者按照其提出的卫生要求，进行严格消毒处理；拒绝消毒处理的，由当地卫生行政部门或者疾病预防控制机构进行强制消毒处理。《传染病防治法》第 42 条规定，传染病暴发、流行时，当地政府应当立即组织力量，按照预防、控制预案进行防治，切断传染病的传播途径；必要时，报请上一级地方政府决定，可以采取限制或者停止集市、集会、影剧院演出或者其他人群聚集活动的紧急措施；封闭可能造成传染病扩散的场所。

(3)对财物的卫生行政强制。对具有危害性的与健康相关的产品或其他财产，生产经营者或者财产所有人拒不履行卫生法律规范确定的义务，或者拒不依法防止财产危害性扩散时，卫生行政机关为消除危害而采取的强制措施。主要有封存、查封和扣押，强制销毁、卫生处理，查验，检验，征用，责令追回、责令停止生产、销售和使用等措施。如我国《药品管理法》、《食品安全法》、《职业病防治法》等法律规定，对有证据表明可能危害人体健康的药品、食品及其有关材料，可以现场采取查封、扣押的行政强制措施。《传染病防治法》规定，当传染病暴发或流行时，可以采取封闭或者封存被传染病病原体污染的公共饮用水源、食品以及相关物品的强制措施。

(4)对区域的卫生行政强制。对某一区域采取封锁的卫生行政强制措施，是一种比较特殊的强制措施，也是在保护公民健康权益时所采取的重大卫生行政措施。根据我国卫生法律、法规的规定，对区域的卫生行政强制措施主要有宣布疫区、疫区封锁、封锁国境等。如我国《传染病防治法》第43条规定，甲类、乙类传染病暴发、流行时，县级以上地方人民政府报经上一级人民政府决定，可以宣布本行政区域部分或全部为疫区。省、自治区、直辖市人民政府可以决定对本行政区域内的甲类传染病疫区实施封锁；但是，封锁大、中城市的疫区或者封锁跨省、自治区、直辖市的疫区，以及封锁疫区导致中断干线交通或者封锁国境的，由国务院决定。

(5)其他行政强制措施。如取缔，这是卫生行政机关在对不具备经营资格的组织和行为予以取消和禁止的一种强制措施。取缔不具有权利处分性，只是纠正和制止无证经营等非法行为，而没有实质上剥夺相对人的某种权利。

(五)卫生行政处罚

卫生行政处罚是卫生行政机关为维护公民健康，保护公民、法人或其他组织的合法权益，依法在职权范围内对相对人违反卫生法律规范尚未构成犯罪的行为，依照法律规定的种类、幅度和程序给予惩戒和制裁的行政执法行为。

1.卫生行政处罚的特点。

(1)由特定的行政主体作出。卫生行政处罚的主体只能是卫生行政机关或由法律授权的卫生监督机构。

(2)卫生行政处罚的对象是违反卫生行政法律法规，尚未构成犯罪的相对人。

(3)卫生行政处罚是卫生行政主体针对行政相对人做出的，是卫生行政主体依法实施的一种外部行为。

(4)卫生行政处罚是对行政相对人违反卫生行政管理秩序行为的处罚。

(5)适用卫生行政处罚必须遵守程序规定，如"时效"的规定。

2.卫生行政处罚常用的形式　卫生行政处罚的形式主要有警告、罚款、没收违法所得、没收非法财物、责令停产停业、暂扣或吊销有关许可证等。

3.卫生行政处罚的种类　根据卫生行政处罚形式，可以把卫生行政处罚分为以下几种类型：

(1)申诫罚。对相对人名誉、声誉上的惩罚，如警告。

(2)财产罚。财产罚是一种适用最广的经济手段，如没收违法所得、没收非法财物、销毁财物等。

(3)行为罚。行为罚主要体现为限制、剥夺违法行为人特定的行为权利，如责令停产停业、吊销许可证等。

第五节　卫生立法的历史与发展

一、外国卫生立法的历史与发展

(一)古代社会的卫生立法

公元前3000年左右,古埃及国家就颁布了公共卫生法律。公元前2000年,古印度制定了《摩奴法典》。公元前18世纪,古巴比伦王国第六代国王汉谟拉比颁布的《汉谟拉比法典》中,有关医药卫生方面的条文就有40余款,约占全部法典的七分之一。公元前450年,古罗马奴隶制社会先后颁布的《十二铜表法》、《阿基拉法》、《科尼利阿法》等,在历史上首次规定了行医许可制度,创建了比较完备的法律体系、比较完善的医药卫生法律规范,为世界卫生立法奠定了良好的发展基础。

公元5世纪以后到公元15世纪,欧洲封建国家先后兴起,这个时期,不少国家也都加强了卫生立法,调整的范围逐渐扩大,内容涉及公共卫生、医事制度、食品和药品管理、学校卫生管理、卫生检疫等方面的卫生成文法规。中世纪初,东、西哥特王朝在罗马时代卫生法的基础上,制定了行医人员培训、考核、奖惩,禁止巫医行医的法律规定以及医院管理、医疗许可制度、公共卫生、食品卫生的法律规定。13世纪的法国、15世纪的英国出现了卫生成文法,形成了近代卫生法律的雏形。

古代社会的卫生法规定了不同等级享有不同的健康保护权,卫生法的规定摆脱不了社会习惯和教会的影响,卫生法规定的内容范围狭窄,致使医学发展缓慢。

(二)近现代社会的卫生立法

欧洲经过文艺复兴与资产阶级革命后,英国于1601年制定了《伊丽莎白济贫法》。这部带有资产阶级性质的卫生法规,其影响力持续了300年之久。到了19世纪以后,又出现了多种卫生法律、法规。西欧卫生立法不断发展,地处亚洲的日本和北美的新兴资本主义国家美国也制定了与健康卫生有关的法律、法规。

第二次世界大战后,随着各国社会经济的发展和科学技术的进步,卫生事业在整个国家社会经济中占有独特的地位,卫生立法在各国受到普遍重视,卫生立法得到了快速发展。各国分别在宪法中明确规定,公民享有维护健康的各种权利。许多国家把卫生立法作为本国实施卫生方针、政策,实现国家重大战略目标的重要手段。

20世纪60年代以后,卫生立法得到了迅速发展。各国根据国家发展的实际需要制定了大量的卫生法律,调整着卫生事业发展和医学新技术的广泛应用所带来的各种特殊社会关系和权益纠纷。从整体上看,各国卫生立法主要有以下几方面的内容。

1.公共卫生立法　为了使环境更加适宜,改善群众的劳动、生活和休息条件,降低发病率,不少国家建立了公共卫生的法律规范体系。苏联在1969年制定的《苏联各加盟共和国卫生基本法》的基础上,于1974年批准了新的《苏联国家卫生监督条例》;法国制定了《公共卫生法》;英国制定了《国家卫生服务法》、《食品卫生法规》;美国制定了《职业安全与卫生法》、《公共卫生服务法》;瑞典制定了《劳动环境法》,等等。

2.疾病防治与卫生检疫立法　各国相继制定了防治传染病和卫生检疫的法律法规,对预防接种、餐饮卫生、食品卫生和交通工具的卫生等方面作了严格规定。如日本的《传染病预防法》、法国的《传染病管理法》。

3.医疗保健立法　公民享有保健权，通过卫生立法保障人体健康正在逐渐受到各国重视。在保健方面，如瑞典的《卫生保健医疗法》、加拿大的《医疗保健法》等。在病人权利方面，如法国的《妇幼保健法》、韩国的《母子保健法》、美国的《精神保障治疗设施与社区精神卫生中心组织法规》、英国的《国家精神卫生法》等。此外，不少国家还制定了老年人保健法、身体残疾者福利法等。

4.医事立法　为了提高医疗质量，保护人体健康，预防医患纠纷，各国在医事管理方面都出台了大量的法律，主要针对医院和卫生技术人员的管理。如丹麦的《医院法》，法国的《医院管理法》、《开业医师法》、《护士法》，加拿大的《医疗服务法》，日本的《医师法》等。

5.药事立法　为了保证用药安全、有效，各国制定了较多的法律法规。如英国的《药品法》、日本的《药事法》、美国的《食品、药品、化妆品法》、德国的《药物事业法》等。

6.科技发展与个人卫生行为立法　为了提倡健康的个人卫生行为方式，各国制定了有关限制吸烟、酗酒、同性恋，反对克隆人，反对滥用精神药物，开展计划生育等的卫生立法。

二、我国卫生立法的历史与发展

(一)古代社会的卫生法

在殷墟出土的甲骨文中，包括20余种疾病的名称。这证明了在商朝已经有了医疗活动，但这一时期医巫不分。由于医疗水平低下，医学带有浓厚的“神”的色彩，也就谈不上有专门的医事法规。《韩非子》、《周易》、《春秋》、《周礼》、《左传》的记载反映出古代对繁衍健康后代的认识和重视。

周代建立了我国最早的专门医事制度。《周礼》记载，当时设有“医师”之职，为众医之长。更将医生详细划分为“食医”、“疡医”、“疾医”、“兽医”四类，并详细规定了四类医生的执业范围。《周礼》还规定了上述人员的数量，对整个医疗体系定岗定编，职责明确，形成了一个有效的医疗体系。同时把巫医分业，医疗行为成为一种高度专业化的活动。为规范这种高度专业化的活动，医事法规也随之形成。

秦汉以来，随着《黄帝内经》、《伤寒杂病论》等中医著作的问世，中医学理论日趋完备，各项法规逐步严格起来，封建社会有了比较系统的法典，有关医药卫生方面的规定也在这些法典中出现。从两晋经隋唐至五代是我国封建社会近700年的上升时期。在此期间，伴随着封建法典的不断完善和医学的发展，医药卫生管理制度逐步完善。

宋金元时期，医药卫生制度在许多方面沿袭唐制，但在卫生立法上有所发展。北宋王安石为相时，颁布了《市易法》。宋代还颁布了《安剂法》，其中规定医务人员人数及升降标准，这是我国最早的医院管理条例。宋代的法律严治庸医，规定对伤人致死的庸医要绳之以法；凡利用医药诈取财物者，以匪盗论处。更值得一提的是，宋代的法医学发展迅速，宋慈所著的《洗冤集录》成为后世法医著作的蓝本。元代法律中规定了行医资格及考试制度。

明清两代对于医家行医、考试录用、庸医处罚等都作出了规定，制定并实施了卫生法规，推动了医学的进步和发展。

(二)中华人民共和国成立之后至改革开放前的卫生立法

中华人民共和国成立后，国家比较重视运用政策、法律等手段促进包括卫生在内的各项事业的发展，特别把保障人民群众身体健康和生命安全放在突出位置。当时起临时宪法作用的《中国人民政治协商会议共同纲领》第48条规定："提倡国民体育，推广医药卫生事业，并保护母亲、婴儿和儿童的健康。"1954年我国颁布的第一部《宪法》第93条规定："劳动者在年老、疾病或者丧失劳动能力的时候，有获得物质帮助的权利。国家举办社会保险、社会救济和群众卫生事业，并且逐步扩大这些设施，以保证劳动者享受这种权利。"

20世纪五六十年代，我国卫生法从起步阶段逐步进入初步发展时期。国家制定了"预防为主"、"面向工农兵"、"中西医结合"、"卫生工作与群众运动相结合"的四大卫生工作方针，以此为依据制定了一系列卫生法律法规，确立了卫生行政管理体制，建立了卫生防疫体系和医疗服务体系，实行劳保医疗制度和公费医疗制度。国家制定了《国境卫生检验条例》、《医士、药剂师、助产士、护士、牙科技士暂行条例》、《医院诊所管理暂行条例》、《管理麻醉药品暂行条例》、《麻醉药品临时登记处理办法》、《种痘暂行办法》、《传染病管理办法》、《国务院关于消灭血吸虫病的指示》、《工厂安全生产卫生规程》、《劳动保险条例》、《公费医疗管理办法》等一系列的卫生行政法规，不仅确立了我国的基本卫生制度、卫生管理领域和卫生管理方式，而且全面规定了我国卫生行政部门的组织、职权、工作方式和责任，将卫生事业的发展纳入法制轨道，为卫生法制建设的进一步完善奠定了初步基础。

20世纪60年代初，由于受"法律虚无主义"的影响，我国的卫生立法速度有所放缓，但也制定和颁布了一些重要的卫生法规，如《食品合成染料管理办法》、《食品卫生管理试行条例》、《关于加强药政管理的若干规定》、《农村联合医疗机构和开业医生暂行管理办法》、《农村医生集体办医疗机构和开业医生暂行管理办法》等。

(三)我国改革开放后的卫生立法

党的十一届三中全会以后，社会主义民主和法制建设不断加强，卫生立法工作重新提上议事日程。经过30多年后，如今已经形成了基本的卫生法律法规体系。这些卫生法律法规对于规范卫生事业的发展、保障公民的生命健康权益、调整医药卫生领域的社会关系、推进医学科学技术进步等方面均发挥了重要作用。我国改革开放后的卫生立法大致分为三个阶段。

第一阶段(从1978年到1990年间)：以恢复重建卫生法律框架为主，重点加强了公共卫生和药品领域的卫生立法工作。这一阶段主要通过制定行政法规的形式来恢复和重建卫生法律秩序，制定了法律层次和行政法规层次的卫生法律法规。1982年颁布的《宪法》是我国卫生法发展的重要基础，它具体规定了国家发展卫生事业的目的、指导思想和内容。这一阶段全国人民代表大会制定了一系列专门性卫生法律，如1982年11月颁布的《食品卫生法(试行)》、1984年9月颁布的《药品管理法》、1986年12月颁布的《国境卫生检疫法》、1989年2月颁布的《传染病防治法》。

第二阶段(20世纪90年代的大致10年间)：以充实医疗法律法规为主，重点加强了医疗领域的卫生立法工作。社会主义市场经济体制建设的逐步形成与完善，特别是卫生体制改革的不断深化，为卫生立法工作创造了良好的社会环境和氛围。卫生法制建设的重要性、迫切性越来越明显，立法工作也取得了突破性的进展，进入了一个繁荣发展的时期。这一阶段卫生立法的侧重点主要是同人民身体健康直接相关的医药卫生类立法。如1993年颁布的《红十字会法》、1994年颁布的《母婴保健法》、1995年颁布的《食品卫生法》、1997年颁布的《献血法》和1998年颁布的《执业医师法》。

第三阶段(进入21世纪以来):卫生法不断完善,更加注重卫生法律法规体系的综合平衡发展,立法涉及医药卫生领域的各个方面。2001年修订了《药品管理法》,2001年10月颁布了《职业病防治法》,2001年12月颁布了《人口与计划生育法》,2002年颁布的《医疗事故处理条例》第一次系统地规定了患者的权利,2003年颁布的《中医药条例》是第一部综合性的中医药专门法规,2003年颁布的《突发公共卫生事件应急条例》建立了我国第一套应急管理体制和机制,2004年8月修订了《传染病防治法》,2009年2月重新制定了《食品安全法》,2011年12月修正了《职业病防治法》。值得一提的是,2012年10月26日,第十一届全国人民代表大会常务委员会第二十九次会议通过的《中华人民共和国精神卫生法》(自2013年5月1日起正式施行),是我国首部促进精神卫生事业发展,规范精神卫生服务,维护精神障碍患者合法权益的重要法律。它的颁布与实施填补了我国精神卫生领域的法律空白。另外,新出台的卫生行政法规有10余个。

目前,我国卫生领域已有11部专门法律、30余个卫生行政法规,国家卫计委(原卫生部)、食品药品监督管理总局等部门制定了400余件部门卫生规章,省、自治区、直辖市和较大的市制定了大量的有关医药卫生方面的地方性法规、地方卫生规章。这些卫生法律、卫生行政法规和规章的实施,表明具有中国特色社会主义卫生法律体系已初步形成,基本上做到了有法可依,为监督和维护公共卫生和医疗秩序、保障和促进公民健康和生命安全、确保医学科学和卫生事业的发展提供了坚实有力的法制保障。

思考题

1. 简述卫生法制定的概念和特征。
2. 如何理解卫生法的效力?
3. 简述卫生行政执法的概念及特点。
4. 简述卫生行政执法的主体及行政执法的手段。
5. 简述我国卫生立法的现状。

第三章　卫生行政法律救济制度

卫生行政法律救济，是指公民、法人或者其他组织认为卫生行政机关的行政行为造成其合法权益的损害，请求有关国家机关给予法律上的补救。我国现有的卫生行政法律救济的途径主要有卫生行政复议、卫生行政诉讼和卫生行政赔偿。

第一节　卫生行政复议

一、卫生行政复议的概念和特征

(一)卫生行政复议的概念

卫生行政复议是指公民、法人或者其他组织认为卫生行政主体的某一具体行政行为侵犯其合法权益，依法向作出该具体行政行为的行政机关的上一级行政机关或法定的其他机关提出申请，受理机关依照法定程序对引起争议的具体行政行为进行审查，并作出裁决的一项法律制度。

卫生行政复议是卫生行政机关自我纠正错误的一项重要监督制度，是解决卫生行政争议、纠正违法或不当的具体行政行为、保护相对人合法权益的一条重要途径。

(二)卫生行政复议的特征

根据《中华人民共和国行政复议法》(以下简称《行政复议法》)和我国有关卫生法律法规的规定，卫生行政复议具有以下特征：

1.卫生行政复议以当事人的申请为前提　卫生行政复议是一种依申请而产生的行政活动，卫生行政管理相对人提出申请，是卫生行政复议发生的前提条件。没有当事人的申请，复议机关不能依职权主动对某一个具体行政行为进行行政复议。可以说，没有卫生行政管理相对方的申请，就没有卫生行政复议。

2.卫生行政管理相对方提出卫生行政复议申请，必须以卫生行政机关的具体行政行为发生为前提　卫生行政管理相对方提出卫生行政复议申请，是因为其不服卫生行政机关的具体行政行为，认为原作出具体行政行为的卫生行政机关的具体行政行为侵犯了其合法权益，依法请求其同级人民政府或者其上级卫生行政机关进行复查并作出裁决予以救济的制度。如果没有具体卫生行政行为，则不能产生卫生行政复议。

3.卫生行政复议是上级行政机关对下级行政机关行政行业进行监督的一种规范性的行政活动　卫生行政复议是国家行政机关的行政行为，是人民政府对其职能部门、上级行政机关对下级行政机关的监督活动。首先，承担卫生行政复议义务只能是依法享有复议职权、履行卫生行政复议职责的国家行政机关，具有职权性。卫生行政复议活动必须符合法定的主管权、管辖权，不能超越法定的行政职责范围。其次，卫生行政复议是行政机关内部对具体行政行为进行审查和监督的活动，具有监督性。第三，卫生行政复议必须符合法定的程序，具有程序性。卫生行政复议从申请、受理、答复、审理、决定，都必须符合法定的实体要件和形式要件，符合法定的时限要求，违反了任何一项程序，都可能导致行政复议的停止或无效。

4.卫生行政复议是具有救济性的行政活动　卫生行政复议必须对原具体卫生行政行为作出维持、撤销或变更的决定，以答复提出复议申请的相对人。通过卫生行政复议对违法或不当的具体卫生行政行为进行纠正或撤销，保护行政管理相对人权益不受伤害，弥补行政管理相对人的损失，解决因行政机关行使职权而产生的行政争议。因此，卫生行政复议是对卫生行政管理活动的一种补救，具有卫生行政复议的救济性。

二、卫生行政复议的原则

卫生行政复议的目的是维护和监督卫生行政机关依法行使职权，纠正和防止违法或不当的具体行政行为，保护公民、法人和其他组织的合法权益。《行政复议法》第4条规定，行政复议机关履行行政复议职责，应当遵循合法、公正、公开、及时、便民的原则，坚持有错必纠，保障法律、法规的正确实施。因此，卫生行政复议应遵循以下基本原则。

(一)合法、公正、公开、及时和便民的原则

卫生行政复议的合法原则，是指履行卫生行政复议职责的行政机关，必须严格按照法律规定的职责和权限范围，以事实为根据，以法律为准绳，对卫生行政管理相对方申请复议的具体行政行为，按法定程序进行审查并作出裁决。因此要求：履行卫生行政复议职责的机关必须合法，具有承担卫生行政复议的法定资格；审理卫生行政复议案件应当合法，符合卫生行政复议的规定；审理卫生行政复议的程序要合法，不能违反卫生行政复议规定的步骤、形式、顺序和时限。

卫生行政复议的公正原则，是指卫生行政复议应当具有公正性，应当依法办事，合乎情理。

卫生行政复议的公开原则，是指卫生行政复议在复议的各个阶段以至全过程，都应当将卫生行政复议的活动处于公众特别是卫生行政管理相对方完全知晓的境界，使卫生行政管理相对方很好地行使自己享有的复议权利。

卫生行政复议的及时原则，是指卫生行政复议机关在保证公正的前提下，应当保证行政效率，及时作出决定。因此要求复议机关受理申请应当及时，作出决定应当及时，执行决定应当及时。

卫生行政复议的便民原则，是指卫生行政复议机关尽可能为复议申请人提供便利条件，在尽量节省时间、费用、精力的情况下，保证公民、法人和其他组织能够充分有效地行使行政复议申请权。

(二)实行一级复议制原则

一级复议原则是指卫生行政管理相对人对具体卫生行政行为的复议，只能向上一级行政机关申请复议一次，行政复议决定下达后，行政管理相对人不能再向上级行政机关再次申请行政复议。

(三)对具体行政行为合法性与适当性审查的原则

根据我国《行政复议法》的规定,卫生行政复议机关在行政复议过程中,对原具体行政行为进行全面审查,既要对具体行政行为的合法性进行审查,也要对具体行政行为的适当性、合理性进行审查。

对具体行政行为的合法性进行审查,旨在监督作出原具体行政行为的卫生行政机关是否依法行政,是否超越职权、滥用职权,程序是否违法。对原具体行政行为的适当性、合理性进行审查,是审查作出具体行政行为的卫生行政机关是否在法定的自由裁量的幅度内,是否合理、适度。

三、卫生行政复议的受案范围

卫生行政复议的受案范围,是指卫生行政复议机关依照法律规定可以受理的卫生行政争议的范围。卫生行政复议的范围包括:

1.对卫生行政机关作出的警告、罚款、没收违法所得、没收非法财物、责令停产停业、暂扣或者吊销许可证、暂扣或者吊销执照、行政拘留等行政处罚决定不服的。

2.对卫生行政机关作出的限制人身自由或者查封、扣押、冻结财产等行政强制措施决定不服的。

3.对卫生行政机关作出的有关卫生许可证、执照、资质证、资格证等证书变更、中止、撤销的决定不服的。

4.认为卫生行政机关侵犯合法的经营自主权的。

5.认为符合法定条件,申请卫生行政机关颁发卫生许可证、资格证书、执业证书,或者申请卫生行政机关审批、登记有关事项,卫生行政机关没有依法办理或不予答复的。

6.认为卫生行政机关违法要求履行其他义务的。

7.认为卫生行政机关其他行政行为违反法律、法规的规定,侵犯其合法权益的。

根据《行政复议法》的规定,以下两种情况不能申请行政复议:

(1)卫生行政机关工作人员不服卫生行政机关作出的行政处分或者对其他人事处理决定表示不服的。只能依照有关法律、行政法规的规定提出申诉。

(2)不服卫生行政机关对民事纠纷作出的调解或者其他处理的,应该依法申请仲裁或者向人民法院提起诉讼。

四、卫生行政复议的管辖

卫生行政复议的管辖是指不同层级不同职能的卫生行政机关之间在受理卫生行政复议案件方面的具体分工和权限。

(一)一般管辖

对县级以上地方人民政府卫生行政部门的具体行政行为不服的,由申请人选择,可以向该部门的本级地方人民政府申请复议,也可以向上一级卫生行政主管部门申请行政复议。

(二)特殊管辖

包括以下几种情况:

1.对国务院卫生行政部门的具体行政行为不服的,向作出该具体卫生行政行为的国务院卫生行政部门申请复议,对行政复议决定不服的,可以向人民法院提起行政诉讼,也可以向国务院申请裁决。国务院依照《行政复议法》的规定作出最终裁决。

2. 对卫生行政部门依法设立的派出机构依照法律、法规或者规章规定，并以自己的名义作出的具体卫生行政行为不服的，向设立该派出机构的卫生行政部门或者该卫生行政部门的本级地方人民政府申请行政复议。

3. 对法律、法规授权的组织的具体卫生行政行为不服的，分别向直接管理该组织的地方人民政府申请行政复议。

4. 对两个或者两个以上行政机关以共同名义作出的具体行政行为不服的，向其共同的上一级行政机关申请行政复议。

5. 对被撤销的行政机关在撤销前所作出的具体卫生行政行为不服的，向继续行使其职权的卫生行政机关的上一级行政机关申请行政复议。

五、卫生行政复议的程序

卫生行政复议是我国行政复议的一个组成部分，在没有特别规定的情况下，卫生行政复议的程序适用我国《行政复议法》的规定。主要包括申请、受理、审理、作出复议决定、执行复议决定。

(一)卫生行政复议的申请

卫生行政复议申请，是指公民、法人或者其他组织认为卫生行政机关作出的具体行政行为侵犯其合法权益，依法向有管辖权的卫生行政复议机关要求对该具体行政行为进行审查和处理的一种意思表示。

1. 申请人和被申请人　申请行政复议的公民、法人或者其他组织是申请人，公民、法人或者其他组织对行政机关的具体行政行为不服，申请行政复议的，作出具体行政行为的行政机关是被申请人。

有权申请行政复议的公民死亡的，其近亲属可以申请行政复议。有权申请行政复议的公民为无民事行为能力人或者限制民事行为能力人的，其法定代理人可以代为申请行政复议。有权申请行政复议的法人或者其他组织终止的，承受其权利的法人或者其他组织可以申请行政复议。同申请行政复议的具体行政行为有利害关系的其他公民、法人或者其他组织，可以作为第三人参加行政复议。申请人、第三人可以委托代理人代为参加行政复议。

2. 申请期限和方式　公民、法人或者其他组织认为具体行政行为侵犯其合法权益的，可以自知道该具体行政行为之日起 60 日内提出行政复议申请；但是法律规定的申请期限超过 60 日的除外。因不可抗力或者其他正当理由耽误法定申请期限的，申请期限自障碍消除之日起继续计算。

申请人申请行政复议，可以书面申请，也可以口头申请。口头申请的，行政复议机关应当当场记录申请人的基本情况，行政复议请求，申请行政复议的主要事实、理由和时间。

(二)卫生行政复议的受理

卫生行政复议的受理，是指行政复议机关对行政复议的申请进行审查后，对确认其符合法律规定的，决定立案予以受理或者认为其不符合法律规定决定不予受理的活动。

1. 受理条件　行政复议申请符合下列条件的，应当予以受理：

(1)有明确的申请人和符合规定的被申请人。

(2)申请人与具体行政行为有利害关系。

(3)有具体的行政复议请求和理由。

(4)在法定申请期限内提出申请。

(5)属于行政复议法规定的行政复议范围。

(6)属于收到行政复议申请的行政复议机关的职责范围。

(7)其他行政复议机关尚未受理同一行政复议申请,人民法院尚未受理同一主体就同一事实提起的行政诉讼。

行政复议机关收到行政复议申请后,应当在 5 日内进行审查,对不符合规定的行政复议申请,决定不予受理,并书面告知申请人;对符合规定,但是不属于本机关受理的行政复议申请,应当告知申请人向有关行政复议机关提出申请。

法律、法规规定,应当先向行政复议机关申请行政复议,对行政复议决定不服再向人民法院提起行政诉讼。行政复议机关决定不予受理或者受理后超过行政复议期限不作答复的,公民、法人或者其他组织可以自收到不予受理决定书之日起或者行政复议期满之日起 15 日内,依法向人民法院提起行政诉讼。

2.对不予受理的救济。

(1)公民、法人或者其他组织对行政复议机关决定不予受理的,可以自收到不予受理决定书之日起 15 日内向人民法院提起行政诉讼。

(2)向上级行政机关投诉,上级行政机关对下级行政机关无正当理由不受理行政复议申请的应当责令其受理。

(3)必要时,上级行政机关对下级行政机关不履行行政复议职责的案件直接受理。

3.行政复议期间不停止具体行政行为执行　行政复议期间具体行政行为不停止执行;但是,有下列情形之一的,可以停止执行:

(1)被申请人认为需要停止执行的。

(2)行政复议机关认为需要停止执行的。

(3)申请人申请停止执行,行政复议机关认为其要求合理,决定停止执行的。

(4)法律规定停止执行的。

(三)卫生行政复议的审理

卫生行政复议的审理,是指对被申请复议的具体行政行为的合法性和合理性进行审查的过程。

1.审理方式　行政复议原则上采取书面审查的办法,但是申请人提出要求或者行政复议机关负责法制工作的机构认为有必要时,可以向有关组织和人员调查情况,听取申请人、被申请人和第三人的意见。

2.审理时限。

(1)行政复议机关负责法制工作的机构应当自行政复议申请受理之日起 7 日内,将行政复议申请书副本或者行政复议申请笔录复印件发送被申请人。被申请人应当自收到申请书副本或者申请笔录复印件之日起 10 日内,提出书面答复,并提交当初作出具体行政行为的证据、依据和其他有关材料。

(2)行政复议机关对受理的审查规范性文件的申请有权处理的,应当在 30 日内依法处理;无权处理的,应当在 7 日内按照法定程序转送有权处理的行政机关依法处理,有权处理的行政机关应当在 60 日内依法处理。

(3)行政复议机关在对被申请人作出的具体行政行为进行审查时,认为其依据不合法,有权处理的,应当在30日内依法处理;无权处理的,应当在7日内按照法定程序转送有权处理的国家机关依法处理。

(四)卫生行政复议的决定

1.卫生行政复议决定的期限　行政复议机关应当自受理申请之日起60日内作出行政复议决定;但是法律规定的行政复议期限少于60日的除外。因特殊情况,不能在规定期限内作出行政复议决定的,经行政复议机关的负责人批准,可以适当延长,并告知申请人和被申请人,但是延长期限最多不超过30日。

2.卫生行政复议决定的内容　行政复议机关负责法制工作的机构应当对被申请人作出的具体行政行为进行审查,提出意见,经行政复议机关的负责人同意或者集体讨论通过后,按照下列规定作出行政复议决定:

(1)具体行政行为认定事实清楚,证据确凿,适用依据正确,程序合法,内容适当的,决定维持。

(2)被申请人不履行法定职责的,决定其在一定期限内履行。

(3)具体行政行为有下列情形之一的,决定撤销、变更或者确认该具体行政行为违法:主要事实不清、证据不足的;适用依据错误的;违反法定程序的;超越或者滥用职权的;具体行政行为明显不当的。决定撤销或者确认该具体行政行为违法的,可以责令被申请人在一定期限内重新作出具体行政行为。被申请人重新作出具体行政行为的,被申请人不得以同一事实和理由作出与原具体行政行为相同或者基本相同的具体行政行为。

(五)卫生行政复议的执行

行政复议机关作出行政复议决定,应当制作行政复议决定书,并加盖印章。行政复议决定书一经送达,即发生法律效力,被申请人应当履行行政复议决定。

被申请人不履行或者无正当理由拖延履行行政复议决定的,行政复议机关或者有关上级行政机关应当责令其限期履行。申请人逾期不起诉又不履行行政复议决定的,或者不履行最终裁决的行政复议决定的,按照下列规定分别处理:

(1)维持具体行政行为的行政复议决定,由作出具体行政行为的行政机关依法强制执行,或者申请人民法院强制执行。

(2)变更具体行政行为的行政复议决定,由行政复议机关依法强制执行,或者申请人民法院强制执行。

第二节　卫生行政诉讼

一、卫生行政诉讼的概念和特征

卫生行政诉讼,是指公民、法人或其他组织认为卫生行政机关及其工作人员的具体行政行为侵犯其合法权益,依法向人民法院提起诉讼,由人民法院进行审理并作出裁决的活动。

卫生行政诉讼是解决卫生行政管理相对人与卫生行政机关之间卫生行政争议的一项重要司法救济途径,对于保护公民、法人或者其他组织的合法权益,维护和监督卫生行政机关依法行使行政职权，促进卫生行政机关提高行政执法水平具有重要意义。

卫生行政诉讼具有以下特征：

(1)原告是卫生行政管理相对人。

(2)被告是行使卫生行政管理职权的卫生行政机关或者法律、法规授权组织。

(3)被诉讼的客体，必须是法律规定可以向人民法院起诉的卫生行政机关实施的具体行政行为。

(4)必须在法律规定的期限内向人民法院起诉，并由人民法院受理，依法审理并作出裁决。

二、卫生行政诉讼的基本原则

卫生行政诉讼的基本原则是指《行政诉讼法》规定的，贯穿于卫生行政诉讼整个过程或主要过程中，调整行政诉讼关系，指导和规范行政诉讼行为的准则。包括在诉讼活动中具有普遍指导意义的原则，如人民法院依法行使职权，对诉讼当事人适用法律一律平等、公开审判、回避和使用民族语言文字、两审终审原则等。

根据我国《行政诉讼法》的规定，涉及我国卫生行政诉讼的原则主要有以下几项：

(一)卫生行政机关负有举证责任的原则

举证责任，是指当事人对争议事项有责任加以证明，否则就要承担败诉的风险。在卫生行政诉讼中，卫生行政机关应当向人民法院提供作出原具体行政行为的证据和作出具体行政行为的法律依据。如果卫生行政机关在卫生行政诉讼中不举证或者举不出证据，将承担败诉的风险。

(二)审查具体卫生行政行为的合法性原则

卫生行政诉讼中，人民法院只对被卫生行政机关作出的具体行政行为是否合法进行审查，而不对卫生行政行为是否合理进行审查，人民法院审查卫生行政机关作出的具体行政行为是否合法的标准主要有以下几个方面：

(1)作出具体行政行为的主要证据是否确凿充分。

(2)适用法律是否正确。

(3)程序是否合法。

(4)作出具体行政行为的卫生行政机关是否有超越职权、滥用职权的行为。

(三)复议前置的原则

卫生行政诉讼对法院受案范围有明确规定，不是所有卫生行政争议都可以提起行政诉讼。在法律规定的特定条件下，卫生行政复议是卫生行政诉讼的前置条件。不经过卫生行政复议则不能提起卫生行政诉讼，如尘肺病的防治、放射卫生、特殊药品管理等引起的卫生行政争议，必须经过行政复议以后才能提起卫生行政诉讼，即复议前置。此外，在复议期间不得起诉，须待复议结束或法定期限届满，复议机构仍无结论，才能起诉。当事人一旦提起卫生行政诉讼则不能再申请复议。

(四)诉讼期间不停止具体行政行为执行的原则

《行政诉讼法》规定，诉讼期间，不停止具体行政行为的执行。这是因为卫生行政机关的具体行政行为是国家意志的表现，一经作出，便可推定其合法性，对行政机关和行政管理相对人均有约束力，必须遵守执行。国家的卫生行政管理活动，必须保持连续性和效率性，保持法律秩序处于稳定状态。行政机关的具体行政行为不能因原告的提起诉讼而停止执行。只有具备法律规定的特殊情形，具体行政行为才能停止执行。

(五)卫生行政诉讼不适用调解原则

在卫生行政诉讼中，除原告撤诉外，行政诉讼不能以调解为结案方式。因为行政机关作出的具体行政行为是法律规定的国家权力，任何机关或个人都不具有转让、放弃和随意处分这一权力的权力。当事人之间也不存在互谅互让、协商解决争议的问题。人民法院只能根据事实和法律规定对被诉具体行政行为是否合法作出裁决。但是卫生行政诉讼在涉及行政赔偿问题上，可以通过调解解决。

三、卫生行政诉讼与卫生行政复议的关系

卫生行政诉讼与卫生行政复议都是为了解决卫生行政争议，对行政机关的卫生行政管理活动进行监督，对遭到违法行为和不当卫生行政行为侵害的卫生行政相对人给予救济的制度。两者既有联系又有区别。

(一)卫生行政诉讼与卫生行政复议的共同特点

1.两者都是用以解决卫生行政争议的法定手段和方式。

2.两者的目的都是为了保障卫生行政管理相对人的合法权益，监督和维护卫生行政机关依法行政。

3.两者在程序上也都是基于卫生行政管理相对人的请求而开始的程序活动，并强调程序的公正性。

(二)卫生行政诉讼与卫生行政复议的区别

卫生行政诉讼与卫生行政复议虽然目的相同或相近，但也有区别。

1.性质不同　卫生行政复议是一种对卫生行政执法行为实行监督的特殊行政行为——准司法行政行为，是一种行政程序活动，体现了国家行政权，是行政机关的上下级内部监督。卫生行政诉讼则是一种司法活动，通过司法手段解决卫生行政争议，体现了国家司法权，是司法监督。

2.受理机关不同　卫生行政复议，一般情况下是作出该具体卫生行政行为的卫生行政机关的上一级行政机关受理；法律另有规定，由人民政府作出的某些具体的卫生行政行为，如卫生行政许可、卫生行政处罚等，则由上一级人民政府受理。卫生行政诉讼则由人民法院受理。

3.适用程序不同　卫生行政复议适用的是《行政复议法》所规定的行政复议程序。卫生行政诉讼适用的则是《行政诉讼法》所规定的司法程序。

4.审查范围不同　卫生行政复议不仅对卫生行政机关作出的具体卫生行政行为的合法性进行审查，也审查具体行政行为的合理性。卫生行政诉讼则主要是审查具体卫生行政行为的合法性。

5.法律效力不同　按照法律规定，卫生行政管理相对人如果对卫生行政复议决定不服，仍可向人民法院提起卫生行政诉讼。卫生行政诉讼则实行两审终审制，如果卫生行政管理相对人对人民法院的判决、裁定不服，只能进行上诉，二审判决为终审判决，双方当事人必须履行。

四、卫生行政诉讼的受案范围

卫生行政诉讼的受案范围，是指人民法院受理卫生行政案件的权限范围，也就是确定人民法院对卫生行政机关的哪些具体卫生行政行为拥有审判权，或者说卫生行政管理相对人对卫生行政机关的哪些具体卫生行政行为可以向人民法院提起卫生行政诉讼。

(一)受案范围

根据《行政诉讼法》的规定，公民、法人和其他组织对下列具体卫生行政行为不服的，可以提起卫生行政诉讼：

(1)对拘留、罚款、吊销卫生许可证和执照、责令停产停业、没收财物等卫生行政处罚不服的。

(2)对限制人身自由或者对财产的查封、扣押、冻结等行政强制措施不服的。

(3)认为卫生行政机关侵犯法律规定的经营自主权的。

(4)认为符合法定条件申请卫生行政机关颁发卫生许可证和执照，卫生行政机关拒绝颁发或者不予答复的。

(5)申请卫生行政机关履行保护人身权、财产权的法定职责，卫生行政机关拒绝履行或者不予答复的。

(6)认为卫生行政机关违法要求履行义务的。

(7)认为卫生行政机关侵犯其他人身权、财产权的。

除上述规定外，人民法院受理法律、法规规定可以提起诉讼的其他卫生行政案件。

(二)不予受理的事项

根据《行政诉讼法》的规定，人民法院不受理公民、法人和其他组织对卫生行政机关的下列事项提起的诉讼：

(1)制定卫生行政规章或其他具有普遍约束力的决定、命令以及卫生标准的抽象卫生行政行为；

(2)卫生行政机关对行政机关工作人员的奖惩、任免等内部行政行为；

(3)卫生行政机关对公民、法人或者其他组织之间，以及他们相互之间的民事权益进行调解或者根据法律法规的规定进行仲裁，当事人对调解、仲裁不服的；

(4)法律规定由行政机关最终裁决的具体行政行为。

五、卫生行政诉讼的管辖

卫生行政诉讼管辖是指人民法院之间受理第一审行政案件的分工和权限。卫生行政诉讼管辖可以分为级别管辖、地域管辖、指定管辖和移送管辖。

(一)级别管辖

级别管辖是指人民法院上下级之间受理行政诉讼的分工和权限。行政诉讼法规定：

(1)基层人民法院管辖除上级人民法院管辖以外的第一审卫生行政案件。

(2)中级人民法院管辖对国务院各部门或者省、自治区、直辖市人民政府所作出的具体行政行为提起诉讼的第一审卫生行政案件和辖区内重大、复杂的卫生行政案件。

(3)高级人民法院管辖本辖区内重大、复杂的第一审卫生行政案件。

(4)最高人民法院管辖全国范围内重大、复杂的第一审卫生行政案件。

(二)地域管辖

地域管辖是指按辖区划分的同级人民法院之间受理第一审行政案件的分工和权限。

1.一般地域管辖　由最初作出具体卫生行政行为的卫生行政机关所在地人民法院管辖,以“原告就被告”为原则。

2.特殊地域管辖。

(1)经复议的卫生行政案件,复议机关改变了原具体卫生行政行为的,可由最初作出具体卫生行政行为的卫生行政机关所在地或复议机关所在地人民法院管辖。

(2)对限制人身自由的卫生行政强制措施不服的卫生行政案件,由被告或原告所在地人民法院管辖。

(3)两个以上人民法院都有管辖权的卫生行政案件,原告可以选择其中一个人民法院提起诉讼,同时向两个以上有管辖权的人民法院起诉,由最先收到起诉的人民法院管辖。

(三)指定管辖和移送管辖

指定管辖是指有管辖权的人民法院由于特殊原因不能行使管辖权的,由上级人民法院指定管辖;人民法院对管辖权发生争议的,由争议双方协商解决,协商解决不成的,报共同上级人民法院指定管辖。移送管辖是指人民法院发现受理的案件不属于自己管辖时,应当移送有管辖权的人民法院。

六、卫生行政诉讼的程序

卫生行政诉讼是行政诉讼的一个组成部分,诉讼程序同样适用《行政诉讼法》所规定的诉讼程序,包括起诉、受理、审理、判决、执行等几个基本诉讼阶段。

(一)起诉

起诉,是指公民、法人或其他组织认为卫生行政机关的具体行政行为侵犯了其合法权益而向人民法院提出诉讼请求,要求人民法院行使审判权,依法予以保护的诉讼行为。根据《行政诉讼法》的规定,起诉必须符合一定条件。

(1)原告必须是认为具体行政行为侵犯了其合法权益的公民、法人或者其他组织。

(2)必须有明确的被告,即某一卫生行政机关或法律、法规授权的组织。

(3)有具体的诉讼请求和事实根据。

(4)诉讼请求属于人民法院受案范围和受诉人民法院管辖。

(5)符合法律规定的起诉程序和期限。公民、法人或者其他组织直接向人民法院提起诉讼,应当在知道作出具体行政行为之日起3个月内提出,法律另有规定的除外。

(二)受理

受理,是指人民法院对公民、法人或者其他组织提起的卫生行政诉讼请求进行初步审查,决定是否立案受理的行为。

符合起诉条件的,人民法院应当在7日内立案受理;不符合起诉条件的,应当在7日内裁决不予受理。原告对裁定不服的,可以向上一级人民法院提起上诉。

(三)审理

审理,是指人民法院受理卫生行政案件之后,对案件进行实质性审查至终审判决前所进行的各项诉讼活动的总和。

对卫生行政案件,人民法院一般均开庭公开审理,依照法定程序,由合议庭进行法庭调查和双方当事人(代理人)辩论,在辩论终结后依法裁判。

(四)判决

卫生行政诉讼的判决,是指人民法院依据法律、法规,参照规章,对审理终结的卫生行政诉讼争议作出的实体判决,也称为行政判决。判决具有强制性、合法性、终结性和实体性的特点。

我国行政诉讼实行两审终审制,即每个卫生行政案件可以经过两级人民法院审理。如果诉讼当事人不服第一审人民法院的判决或裁定的,有权在判决书送达之日起15日内,在裁定送达之日起10日内,向上一级人民法院提出上诉。第二审人民法院对上诉案件的审理,必须全面审查第一审人民法院认定的事实是否清楚,适用法律、法规是否正确,有无违反法定程序。人民法院适用第二审程序对上诉案件进行审理后作出的判决,是终审判决,判决书一经送达即产生法律效力。当事人如不服第二审判决,可以进行申诉。当事人无论是否申诉,都必须执行第二审的判决。

根据《行政诉讼法》的规定,人民法院可作出以下四种判决:

1.判决维持卫生行政机关的具体行政行为　主要是指对具体行政行为证据确凿,适用法律、法规正确,符合法定程序的,判决维持卫生行政机关的具体行政行为。

2.判决撤销或者部分撤销卫生行政机关原作出的具体行政行为　主要是指对具体行政行为有下列情形之一的判决撤销或者部分撤销:主要证据不足的;适用法律、法规错误的;违反法定程序的;超越职权的;滥用职权的。还可判决卫生行政机关重新作出具体行政行为。

3.判决卫生行政机关在一定期限内履行其法定职责　主要是对卫生行政机关不履行或者拖延履行法定职责的,判决其在一定期限内履行其法定职责。

4.判决变更卫生行政机关的具体行政行为　主要是对卫生行政机关的行政处罚显失公正的,法院判决其变更具体行政行为。

(五)执行

卫生行政案件的执行,是指人民法院依照法定程序,对已经发生法律效力的法律文书,在负有义务的一方当事人拒不履行义务时,强制其履行义务,保证实现法律文书内容的活动。

人民法院的判决生效后,义务人不执行生效判决的,卫生行政机关可以在判决书规定履行的期间届满之日起180日内或者没有注明履行期限的判决书送达当事人之日起180日内,向一审人民法院申请强制执行。如果申请人是公民的,申请期限为1年。

卫生行政机关拒绝执行生效判决的,人民法院可以采取以下措施:

(1)对应当归还的罚款或者应当给付的赔偿金,通知银行从该卫生行政机关的账户内划拨。

(2)在规定期限内不执行的,从期满之日起,对该卫生行政机关按日处50元至100元的罚款。

(3)向该卫生行政机关的上一级行政机关或者监察、人事机关提出司法建议。接受司法建议的机关,根据有关规定进行处理,并将处理情况告知人民法院。

(4)拒不执行判决、裁定,情节严重构成犯罪的,依法追究主管人员和直接责任人员的刑事责任。

第三节　卫生行政赔偿

一、卫生行政赔偿的概念和特征

卫生行政赔偿，是指卫生行政机关及其工作人员违法行使职权，侵犯公民、法人或其他组织的合法权益造成损害后果，由卫生行政机关依法予以赔偿的制度。

卫生行政赔偿具有以下几个特征：

1. 卫生行政赔偿是因卫生行政行为而产生的赔偿。卫生行政机关及其工作人员因违法行使职权的具体行政行为，对公民、法人或者其他组织的合法权益造成损害而发生的赔偿。非卫生行政行为，如立法机关的立法行为、司法机关的司法行为、卫生行政机关的民事行为及卫生行政工作人员的个人行为，都不能构成卫生行政赔偿。

2. 卫生行政赔偿的主体是卫生行政机关。无论是卫生行政机关自身或者其工作人员违法行使职权造成的损害，一律由卫生行政机关承担赔偿责任。

3. 卫生行政赔偿因卫生行政行为违法而引起。只有违法的卫生行政行为才能构成卫生行政赔偿，合法的卫生行政行为不构成卫生行政赔偿。

4. 卫生行政赔偿以合法权益造成实际损害为前提。卫生行政行为只有在违法侵犯了相对人合法权益，且造成了实际损害的，才能构成卫生行政赔偿。

5. 卫生行政赔偿的主要方式是支付赔偿金，但侵害人也可以同时或单独请求赔偿义务机关采取恢复原状、返还财产、承认错误、赔礼道歉、恢复名誉、消除影响等其他赔偿形式。

二、卫生行政赔偿责任的构成要件

（一）损害事实客观存在

国家卫生行政机关及其工作人员的具体行政行为侵犯公民、法人或者其他组织的合法权益，并造成实际存在的损害。无损害即无赔偿。

（二）具体行政行为违法

国家卫生行政机关及其工作人员的具体行政行为必须是违法行使职权的行为，包括作为和不作为两种形式的违法行为。

（三）违法行为与损害事实之间有因果关系

违法行为与损害结果之间有因果关系，是指国家卫生行政机关及其工作人员违法行使职权的行为与公民、法人或者其他组织的合法权益受到损害的事实之间必须有必然的、内在的、本质的联系。违法行为与损害事实之间存在因果关系，行为人就具备了承担责任的要件之一。如果违法行为与损害事实之间无因果关系，行为人则不承担赔偿责任。

（四）必须有法律的明确规定

法律规定是卫生行政赔偿的依据。《国家赔偿法》规定，公民、法人或者其他组织的合法权益受到国家机关或者国家机关工作人员违法行使职权造成损害的，有权要求赔偿。法律只规定行为人因违法行使职权的行为给行政管理相对人的合法权益造成损害的，才承担卫生行政赔偿责任。卫生行政机关制定法律、法规、规章以及其他规范性文件的行为、民事行为以及卫生行政机关工作人员非职务行为等给相对人合法权益造成损害的，不能构成卫生行政赔偿责任。

三、卫生行政赔偿的范围

卫生行政赔偿的范围，是指国家对哪些卫生行政行为造成的损害予以赔偿或不赔偿，即国家承担赔偿责任的领域。

依据《国家赔偿法》规定，卫生行政赔偿的范围，承担卫生赔偿责任的领域包括卫生行政机关侵犯人身权的行政赔偿和侵犯财产权的行政赔偿两大类。

(一)卫生行政机关侵犯人身权的卫生行政赔偿

卫生行政机关及其工作人员在行使行政职权时有下列侵犯人身权情形之一的，受害人有取得赔偿的权利：

(1)违法拘留或者违法采取限制公民人身自由的行政强制措施的。

(2)非法拘禁或者以其他方法非法剥夺公民人身自由的。

(3)以殴打等暴力行为或者唆使他人以殴打等暴力行为造成公民身体伤害或者死亡的。

(4)违法使用武器、警械造成公民身体伤害或者死亡的。

(5)造成公民身体伤害或者死亡的其他违法行为。

(二)卫生行政机关侵犯财产权的卫生行政赔偿

卫生行政机关及其工作人员在行使行政职权时有下列侵犯财产权情形之一的，受害人有取得赔偿的权利：

(1)违法实施罚款、吊销许可证和执照、责令停产停业、没收财物等行政处罚的。

(2)违法对财产采取查封、扣押、冻结等行政强制措施的。

(3)违反国家规定征收财物、摊派费用的。

(4)造成财产损害的其他违法行为。

(三)卫生行政机关不承担赔偿责任的范围

卫生行政机关行为属于下列情形之一的，国家不承担赔偿责任。

(1)行政机关工作人员与行使职权无关的个人行为。

(2)因公民、法人和其他组织自己的行为致使损害发生的。

(3)法律规定的其他情形。如《民法通则》规定的不可抗力造成的损害。

四、卫生行政赔偿的请求人和赔偿义务机关

在卫生赔偿案件中，存在两方当事人：一方为受到卫生行政机关及其工作人员违法侵害的赔偿请求人；另一方为承担赔偿义务的卫生行政机关。

(一)卫生行政赔偿请求人

卫生行政赔偿请求人，是指因卫生行政机关及其工作人员违法行使职权而遭受损害，有权请求国家予以赔偿的人。赔偿请求人既可以是公民，也可以是法人或者其他组织。根据《国家赔偿法》的规定，有权提出赔偿请求的人有以下几种：

(1)受到卫生行政侵害的公民、法人或者其他组织。

(2)受害的公民死亡，其继承人和其他有扶养关系的亲属。

(3)受害的法人或者其他组织终止，承受其权利的法人或者其他组织。

(二)卫生行政赔偿义务机关

卫生行政赔偿义务机关，是指依法履行赔偿义务、接受赔偿请求、支付赔偿费用、参加赔偿诉讼的卫生行政机关。

根据《国家赔偿法》的规定，侵权的主体有两类，即国家机关和国家机关工作人员。而赔偿的义务机关只有一个，即国家机关。卫生行政赔偿义务机关可以分为以下几种情形：

(1)卫生行政机关及其工作人员行使行政职权侵犯公民、法人和其他组织的合法权益造成损害的，该行政机关为赔偿义务机关。

(2)两个以上卫生行政机关共同行使行政职权时侵犯公民、法人和其他组织的合法权益造成损害的，共同行使行政职权的卫生行政机关为共同赔偿义务机关。

(3)法律、法规授权的组织在行使授予的卫生行政权力时侵犯公民、法人和其他组织的合法权益造成损害的，被授权的组织为赔偿义务机关。

(4)受卫生行政机关委托的组织或者个人在行使受委托的卫生行政权力时侵犯公民、法人和其他组织的合法权益造成损害的，委托的卫生行政机关为赔偿义务机关。

(5)原赔偿义务机关被撤销的，继续行使其职权的卫生行政机关为赔偿义务机关；没有继续行使其职权的卫生行政机关的，撤销该赔偿义务机关的行政机关为赔偿义务机关。

(6)经复议机关复议的，最初造成侵权行为的卫生行政机关为赔偿义务机关，但复议机关的复议决定加重损害的，复议机关对加重的部分履行赔偿义务。

五、卫生行政赔偿的程序

卫生行政赔偿的程序，是指赔偿请求人请求赔偿，以及卫生行政机关和人民法院处理赔偿案件的整个过程。

(一)单独请求卫生行政赔偿的程序

赔偿请求人没有提出其他卫生行政诉讼请求，单就卫生行政赔偿提出请求和诉讼。单独要求卫生行政机关赔偿的，赔偿申请人必须先向卫生行政赔偿义务机关提出，并依照法律规定递交卫生行政赔偿申请书。卫生行政赔偿义务机关应当自收到赔偿请求人的赔偿申请书之日起 2 个月内作出是否给予卫生行政赔偿和赔偿多少的决定。赔偿义务机关逾期不予赔偿或者赔偿请求人对赔偿数额有异议，赔偿请求人可以在期限届满之日起 3 个月内向人民法院提起诉讼，由人民法院按卫生行政诉讼程序审理。

(二)附带请求卫生行政赔偿

赔偿请求人在提起卫生行政复议或卫生行政诉讼的同时，一并提出卫生行政赔偿请求。人民法院可以在卫生行政诉讼案件的审理中，就赔偿进行调解或裁决。

(三)卫生行政赔偿的时效

赔偿请求人请求赔偿的时效为 2 年，自卫生行政机关及其工作人员行使职权时的行为被依法确认为违法之日起计算。赔偿请求人在赔偿请求时效的最后 6 个月内，因不可抗力或者其他障碍不能行使请求权的，时效中止。从中止时效的原因消除之日起，赔偿请求时效期间继续计算。

六、卫生行政赔偿的方式和计算标准

(一)赔偿方式

根据国家赔偿法的规定,卫生行政赔偿应以赔偿金为主要方式。能够返还财产或恢复原状的,予以返还或恢复原状。违法行使职权造成受害人名誉权、荣誉权损害的,应当在侵权行为影响范围内,为受害人消除影响、恢复名誉、赔礼道歉。这些赔偿方式,可以单独使用,也可以合并使用。

(二)赔偿计算标准

1.侵犯公民人身自由的,每日的赔偿金按照国家上年度职工日平均工资计算。

2.侵犯公民生命健康权的,赔偿金按照下列规定计算:

(1)造成身体伤害的,应当支付医疗费,以及赔偿因误工减少的收入。减少的收入每日的赔偿金按照国家上年度职工日平均工资计算,最高额为国家上年度职工年平均工资的5倍。

(2)造成部分或者全部丧失劳动能力的,应当支付医疗费,以及残疾赔偿金。残疾赔偿金根据丧失劳动能力的程度确定。部分丧失劳动能力的最高额为国家上年度职工年平均工资的10倍,全部丧失劳动能力的为国家上年度职工年平均工资的20倍。造成全部丧失劳动能力的,对其扶养的无劳动能力的人,还应当支付生活费。

(3)造成死亡的,应当支付死亡赔偿金、丧葬费,总额为国家上年度职工年平均工资的20倍。对死者生前扶养的无劳动能力的人,还应当支付生活费。

前款第(2)、(3)项规定的生活费的发放标准参照当地民政部门有关生活救济的规定办理。被扶养的人是未成年人的,生活费给付至18周岁止。

3.侵犯公民、法人和其他组织的财产权造成损害的,按照下列规定处理。

(1)处罚款、罚金、追缴、没收财产或者违反国家规定征收财物、摊派费用的,返还财产。

(2)查封、扣押、冻结财产的,解除对财产的查封、扣押、冻结,造成财产损坏或者灭失的,依照规定赔偿。

(3)应当返还的财产损坏的,能够恢复原状的恢复原状,不能恢复原状的,按照损害程度给付相应的赔偿金。

(4)应当返还的财产灭失的,给付相应的赔偿金。

(5)财产已经拍卖的,给付拍卖所得的价款。

(6)吊销许可证和执照、责令停产停业的,赔偿停产停业期间必要的经常性费用开支。

(7)对财产权造成其他损害的,按照直接损失给予赔偿。如返还执行的罚款或者罚金、追缴或者没收的金钱。解除冻结的存款或者汇款的,应当支付银行同期利息。

七、卫生行政赔偿经费来源

国家赔偿费用列入各级财政预算,卫生行政机关赔偿损失后,应当责令有故意或者重大过失的工作人员或者受委托的组织和个人承担部分或全部赔偿费用。

思考题

1. 我国现有的卫生行政法律救济的途径主要有哪些？
2. 什么是卫生行政复议？卫生行政复议有何特点？
3. 卫生行政诉讼有哪些基本原则？
4. 简述卫生行政复议和卫生行政诉讼的联系。
5. 什么是卫生行政赔偿？卫生行政赔偿责任的构成要件有哪些？

第二篇

现行卫生法律制度

第四章　医疗机构管理法律制度

第一节　医疗机构管理法律制度概述

一、医疗机构的概念和特征

医疗机构是指依法设立的，以救死扶伤、防病治病、为公众的健康服务为宗旨，从事疾病诊断、治疗活动的卫生机构的总称。医疗机构具有以下特征：

第一，医疗机构是依法成立的卫生机构。即依据国务院《医疗机构管理条例》及其实施细则的规定进行设置和登记。只有依法设置并领取《医疗机构执业许可证》的单位和个人才能开展相应的疾病诊断、治疗活动。

第二，医疗机构是从事疾病诊断和治疗活动的卫生机构。医疗机构是卫生机构中的重要组成部分。医疗机构分为医院、保健院、卫生院等13类。医疗机构区别于以开展卫生防疫、疾病预防和控制活动为主的疾病预防机构等其他卫生机构。

第三，医疗机构必须有适合名称、组织机构、设施和专业卫生技术人员，有从业场所、确定的诊疗科目、必要的经费和相应的规章制度，并能够独立承担民事责任。

二、医疗机构的分类

根据不同的划分角度，医疗机构可以划分为不同的类别。

（一）按医疗机构的功能、任务、规模分类

根据区域卫生规划和地区内医疗机构的不同功能、任务、规模、服务面积大小和技术条件等，城市三级医疗网由一级、二级、三级医疗机构组成。一级是直接为社区提供医疗、预防、保健、康复等综合服务的基层医疗机构；二级是提供医疗卫生服务的地区性医院和地区性医疗预防技术中心；三级主要是由城市大医院和医学院校的附属医院组成，它们是医疗、科研和医学教育中心。

按医疗机构的功能、任务、规模和技术条件等分类，医疗机构具体可分为以下类别：①综合医院、中医医院、中西医结合医院、民族医医院、专科医院、康复医院。②妇幼保健院。③社区卫生服务中心、社区卫生服务站。④中心卫生院、乡（镇）卫生院。⑤疗养院。⑥中医门诊部、综合门诊部、专科门诊部、中西医结合门诊部、民族医门诊部。⑦诊所、中医诊所、民族医诊所、卫生所、医务室、卫生保健所、卫生站。⑧村卫生室（所）。⑨急救中心、急救站。⑩临床检验中心。⑪专科疾病防治院（所、站）。⑫护理院（站）。⑬其他诊疗机构。

卫生防疫、国境卫生检疫、医学科研和教学等机构在本机构业务范围之外开展诊疗活动以及美容服务机构开展医疗美容业务，应根据法律规定，申请设置相应类别的医疗机构。

（二）按医疗机构的性质、社会功能及其承担的任务分类

根据医疗机构的性质、社会功能及其承担的任务不同，医疗机构可分为非营利性和营利性两类。

1.非营利性医疗机构　非营利性医疗机构是指为社会公众利益服务而设立和运营的医疗机构，不以营利为目的，其收入用于弥补医疗服务成本，实际运营中的收支结余只能用于自身的发展，如改善医疗条件、引进技术、开展新的医疗服务项目等。定为非营利性医疗机构的有：由政府出资举办承担基本医疗服务，代表区域性或国家水平的医疗机构（经县级以上地方人民政府核定）；由社会捐资兴办的医疗机构；企事业单位设立的为本单位职工服务的医疗机构；社会团体和其他社会组织举办的医疗机构（可自愿选择并经县级以上地方人民政府卫生行政部门核定）；国有、集体资产与医疗机构职工集资合办的（包括联合诊所），经自愿选择并经卫生行政部门和财政部门核准可转为非营利性医疗机构，也可改造为股份制、股份合作制和中外合资、合作医疗机构。

2.营利性医疗机构　营利性医疗机构是指医疗服务所得收益可用于投资者经济回报的医疗机构。政府不举办营利性医疗机构。可定为营利性医疗机构的有：除现有由政府举办的承担基本医疗服务，代表区域性或国家水平以外的医疗机构，可自愿选择经核定为其他非营利性医疗机构，也可申请和定位营利性医疗机构；由企事业单位设立的为本单位职工服务的医疗机构，如对外开放，可自愿选择并经县级以上地方人民政府卫生行政部门、财政部门核定，由非营利性转为营利性医疗机构；城镇个体诊所、股份制、股份合作制和中外合资、合作医疗机构。

（三）根据所有制性质和资本机构的分类

1.公有制医疗机构　公有制医疗机构即公立医疗机构，是指政府举办的纳入财政预算管理的医疗机构，也就是国营医疗机构、国家出资办的医疗机构。如公立医院、公立保健院等。公立医院是中国医疗服务体系的主体，是体现公益性、解决基本医疗、缓解人民群众看病就医困难的主体，成为群众医治大病、重病和难病的基本医疗服务平台。公立医院分3个等级，一级是社区医院，二级是县级的医院，三级是市级的医院。

2.非公有制医疗机构　非公有制医疗机构又称民营医疗机构，是指由社会出资办的医疗机构，以营利性医疗机构为主导，也有少数为非营利机构，享受政府补助。

3.中外合资、合作医疗机构　为促进卫生领域对外交流与合作，我国允许开办中外合资、合作医疗机构，即外国医疗机构、公司、企业和其他经济组织，按照平等互利的原则，经中国政府主管部门批准，在中国境内（香港、澳门及台湾地区除外）与中国的医疗机构、公司、企业和其他经济组织以合资或者合作形式设立的医疗机构。

三、医疗机构管理的法律制度建设

医疗机构是特殊的社会组织，为了加强对医疗机构的管理，促进医疗卫生的发展，保障公民健康，保护社会成员的合法权益。我国政府一直努力健全医疗机构管理的法律制度，几十年来各级立法机关颁布并实施了大量的法律、法规。1951年1月3日，当时的政务院批准颁布了我国第一个医疗机构管理方面的行政法规《医院诊所管理暂行条例》(1994年9月废止)。之后，国务院以及卫生部等又陆续制定了一些有关医疗机构管理方面的行政法规和部门规章。如卫生部于1958年3月颁布了《综合医院工作制度》、1964年7月颁布了《城市综合医院工作条例(试行草案)》等。

党的十一届三中全会以后，由于国家实行多层次、多形式和多渠道的办医政策，准许社会组织甚至个人举办医疗机构，医疗机构数量急骤增长，人民群众对医疗服务质量的要求提高，对加强医疗机构管理及立法提出了更高的要求。出于对医疗机构规范管理的需要，卫生部先后制定了不少部门规章，如《综合医院组织编制原则(试行草案)》(1978年12月2日)、《农村合作医疗章程(试行草案)》(1979年12月15日)、《全国城市街道卫生院工作条例(试行草案)》(1979年12月19日)、《全国医院工作条例》(1982年1月12日)、《医院工作制度》(1982年4月7日)、《医师、中医师个体开业暂行管理办法》(1988年11月21日)、《医院分级管理办法(试行)》(1989年11月29日)、《医院工作制度补充规定(试行)》(1992年3月7日)等。但由于立法层次较低，权威性不够，这些规章没有能发挥其规范医疗机构设立、登记、执业等活动所应有的作用。

为了加强对医疗机构的管理，稳定正常工作秩序，保证医疗质量，促进医疗卫生事业的发展，保障公民健康，1994年2月26日，国务院发布了《医疗机构管理条例》，自同年9月1日起施行。《医疗机构管理条例》的颁布实施，标志着我国医疗机构管理进一步走向法制化、标准化、规范化和科学化。它对医疗机构的规划布局、设置审批、登记执业、监督管理等作了明确规定。此后，卫生部又陆续颁布了《医疗机构管理条例实施细则》、《医疗机构监督管理行政处罚程序》、《医疗机构设置规划指导原则》、《医疗机构基本标准(试行)》、《医疗机构诊疗科目名录》、《医疗机构评审委员会章程》等规定。随着卫生改革的深入和社会需要的变化，2000年2月，国务院办公厅转发了国务院经济体制改革办公室、国家发展计划委员会、国家经济贸易委员会、财政部、劳动和社会保障部、卫生部、国家药品监督管理局、国家中医药管理局八部门发布的《关于城镇医药卫生体制改革的指导意见》。为配合建立新的医疗机构分类管理制度，国务院有关部委相继发布了《关于城镇医疗机构分类管理的实施意见》、《关于医疗卫生机构有关税收政策的通知》、《国家计委、卫生部印发关于改革医疗服务价格管理的意见的通知》等一系列规范性文件。随着医疗机构对外资的开放，为了加强对中外合资、合作医疗机构的管理，2000年5月15日，卫生部、对外经济贸易合作部发布了《中外合资、合作医疗机构暂行管理办法》，2000年12月29日，卫生部印发了《城市社区卫生服务机构设置原则》、《城市社区卫生服务中心设置指导标准》和《城市社区卫生服务站设置指导标准》，进一步完善了医疗机构的法制建设，使我国对医疗机构的管理走上了法制化的轨道。

医疗机构管理是一个事关重大、敏感复杂的问题。为了规范医疗活动，各级立法机关根据医疗发展的新形势新问题，不断制定、颁布新的医疗机构管理规章制度，促进医疗事业的有序发展。2007年1月1日起实施了《医疗广告管理办法》。2008年5月13日，卫生部在总结《医院管理评价指南(试行)》实施3年来经验的基础上，对其进行了修订，修订为《医院管理评价指南(2008版)》。2009年颁布了《医疗机构设置规划指导原则(2009版)》。为加强医院投诉管理，规范投诉处理程序，维护正常医疗秩序，保护医患双方合法权益，卫生部、国家中医药管理局组织制定了《医院投诉管理办法(试行)》，并于2009年11月26日颁布施行，2010年3月15日卫生部发布了《医疗卫生服务单位信息公开管理办法(试行)》，自2010年8月1日起施行。

第二节　医疗机构的设置

一、医疗机构设置原则

医疗机构设置规划要以卫生区域居民实际医疗服务需求为依据，以合理配置利用医疗卫生资源及公平地向全体公民提供高质量的基本医疗服务为目的，将各级各类、不同隶属关系、不同所有制形式的医疗机构统一规划设置和布局。设置的各级各类医疗机构，要考虑引导医疗卫生资源的合理配置，符合区域内一定人群的实际医疗需求，避免医疗卫生资源配置的重叠或遗漏，有利于充分合理地利用我国有限的医疗卫生资源，建立适应我国国情和具有中国特色的医疗服务体系，既能为我国公民提供公平的基本医疗服务，又能比较有效地控制医疗成本。医疗机构设置应遵循以下相关原则：

(一)公平性原则

医疗机构的设置应从当地的医疗供需实际出发，面向全体人群，充分发挥现有医疗资源的作用。现阶段医疗机构的发展要以农村、基层为重点，严格控制城市医疗机构的发展规模，保证全体居民尤其是广大农民公平地享有基本医疗服务。

(二)整体效益原则

医疗机构设置要符合当地卫生发展总体规划的要求，要充分发挥医疗系统的整体功能，合理配置医疗资源，提高医疗预防保健网的整体效益，局部要服从全局。

(三)可及性原则

医疗机构的服务半径要适宜，交通便利，布局合理，易于为群众服务。

(四)分级原则

为了合理有效地利用卫生资源，确保医疗机构的服务质量，按医疗机构的功能、任务、规模将其分为不同级别，实行标准有别、要求不同的管理，建立和完善分级医疗体系。

(五)公有制主导原则

医疗机构应坚持国家和集体举办为主，个人和其他社会团体为补充的原则。

(六)中西医并重原则

遵循卫生工作的基本方针，中西医并重，保证中医、中西医结合、民族医医疗机构有合理布局及资源配置。

二、医疗机构设置规划和设置审批的法律规定

(一)医疗机构设置规划的制度

医疗机构设置规划是区域卫生规划的重要组成部分,是卫生行政部门审批医疗机构的依据,也是城乡建设发展总体规划的组成部分。《医疗机构管理条例》规定,县级以上地方人民政府卫生行政部门应根据本行政区域内的人口、医疗资源、医疗需求和现有医疗机构的分布状况,制定本行政区域医疗机构设置规划。制定医疗机构设置规划的目的是为了合理配置卫生资源,全面统筹医疗机构的数量、规模和分布,使有限的医疗卫生资源能得到充分利用,更好地为公民提供符合成本效益的医疗、预防、保健、康复服务。

医疗机构设置规划由县级以上地方人民政府卫生行政部门依据《医疗机构设置规划指导原则》制定,经上一级卫生行政部门审核,报同级人民政府批准后,在本行政区域内发布实施。医疗机构不分类别、所有制形式、隶属关系、服务对象,其设置必须符合当地的规划布局和医疗机构设置规划。机关、企业和事业单位可以根据需要设置医疗机构,并纳入当地医疗机构的设置规划。

医疗机构设置规划分三级:

1.省级和县级的医疗机构设置规划都要以设区的市级所制定的医疗机构设置规划为基础。

2.设区的市级卫生行政部门按照区域卫生规划的原则和方法制定医疗机构设置规划。

3.县级卫生行政部门制定医疗机构设置规划的重点是100张床位以下的医疗构的具体配置和布局,省级卫生行政部门制定医疗机构设置规划的重点是500张床位以上的医院、重点专科和重点专科医院、急救中心、临床检验中心等医疗机构的配置。

(二)医疗机构的设置审批

1.设置医疗机构的申请　《医疗机构管理例》规定,设置医疗机构应当符合《医疗机构设置规划》和《医疗机构基本标准》。医疗机构不分类别、所有制形式、隶属关系、服务对象,其设置必须符合当地医疗机构设置规划和国家医疗机构基本标准。此外,中外合资、合作医疗机构的设置还必须符合有关法律法规和管理办法的规定。

任何单位或者个人设置医疗机构,要按规定的程序和要求向县级以上地方人民政府卫生行政部门提出申请,经审查批准,并取得设置医疗机构批准书后方可向有关部门申请办理其他手续。

申请设置医疗机构时,应当提交下列文件:设置申请书、设置可行性研究报告、选址报告和建筑设计平面图。设置不设床位或者床位不满100张的医疗机构,向所在地的县级人民政府卫生行政部门申请。设置床位在100张以上的综合医院、中医医院、中西医结合医院、民族医医院以及专科医院、疗养院、康复医院、妇幼保健院、急救中心、临床检验中心和专科疾病防治机构,按照省、自治区、直辖市人民政府卫生行政部门规定的设置审批权限,向卫生行政部门提出申请。机关、企业、事业单位按照国家医疗机构基本标准设置为内部职工服务的门诊部、诊所、卫生所(室),报所在地的县级人民政府卫生行政部门备案。国家统一规划的医疗机构的设置,由国务院卫生行政部门决定。

有下列情形之一的,不得申请设置医疗机构:

(1)不能独立承担民事责任的单位。

(2)正在服刑或者不具有完全民事行为能力的个人。

(3)医疗机构在职的、因病退职或者停薪留职的医务人员。

(4)发生二级以上医疗事故未满5年的医务人员。

(5)因违反有关法律、法规和规章,已被吊销执业证书的医务人员。

(6)被吊销《医疗机构执业许可证》的医疗机构法定代表人或者主要负责人。

(7)省、自治区、直辖市政府卫生行政部门规定的其他情形。

有前款第(2)、(3)、(4)、(5)、(6)项所列情形之一者,不得充任医疗机构的法定代表人或者主要负责人。

在城市设置诊所的个人,必须同时具备下列条件:

(1)经医师执业技术考核合格,取得《医师执业证书》。

(2)取得《医师执业证书》或者医师职称后,从事5年以上同一专业临床工作。

(3)省、自治区、直辖市卫生行政部门规定的其他条件。

在乡镇和村设置诊所的个人的条件,由省、自治区、直辖市卫生行政部门规定,县级以上地方人民政府卫生行政部门依据当地《医疗机构设置规划》及其细则审查和批准医疗机构的设置。

中外合资、合作医疗机构的设置和发展必须符合区域卫生规划和医疗机构设置规划,并执行医疗机构基本标准,能够提供国际先进的医疗机构管理经验、管理模式和服务模式,能够提供具有国际领先水平的医学技术和设备,可以补充或完善当地在医疗服务能力、医疗技术、资金和医疗设施等,同时应当符合以下条件:

(1)必须是独立法人。

(2)投资总额不得低于2000万元人民币。

(3)中方在中外合资、合作医疗机构中占有的股份比例或权益不得低于30%。

(4)合资、合作期限不超过20年。

(5)省级以上地方人民政府卫生行政部门规定的其他条件。

地方各级人民政府设置医疗机构,由政府指定或者任命的拟设医疗机构的筹建负责人申请。法人或者其他组织设置医疗机构,由其代表人申请。个人设置医疗机构,由设置人申请;两人以上合伙设置医疗机构,由合伙人共同申请。

2.医疗机构设置的审批　卫生行政部门对设置医疗机构的申请,应当自受理之日起30日内依据当地医疗机构设置规划进行审查,对符合医疗机构设置规划和卫生部制定的医疗机构基本标准的,发给设置医疗机构批准书;对不予批准的要以书面形式告知理由。设置中外合资、合作医疗机构的,其申请获国务院卫生行政部门批准后,还需按有关规定向外经贸部提出申请。予以批准的,取得《外商投资企业批准证书》,凭此证书到国家工商行政管理部门办理注册登记手续,并向规定的卫生行政部门申请领取《医疗机构执业许可证》。中外合资、合作医疗机构不得设置分支机构。

申请设置医疗机构有下列情形之一的,不予批准:

(1)不符合当地《医疗机构设置规划》。

(2)设置人不符合规定的条件。

(3)不能提供满足投资总额的资信证明。

(4)投资总额不能满足各项预算开支。

(5)医疗机构选址不合理。

(6)污水、污物、粪便处理方案不合理。

(7)省、自治区、直辖市卫生行政部门规定的其他情形。

卫生行政部门应当在核发《设置医疗机构批准书》的同时,向上一级卫生行政部门备案。上级卫生行政部门有权在接到备案报告之日起30日内纠正或者撤销下级卫生行政部门作出的不符合当地《医疗机构设置规划》的设置审批。

变更批准书中核准的医疗机构的类别、规模、选址和治疗科目的,必须重新办理设置审批手续。

第三节　医疗机构登记和校验的法律规定

一、医疗机构执业登记的规定

医疗机构执业,必须进行登记,领取《医疗机构执业许可证》。这是医疗机构合法行医的前提。任何单位或者个人未取得《医疗机构执业许可证》时不得开展诊疗活动。为内部职工服务的医疗机构未经许可和变更登记不得向社会开放。医疗机构被吊销或者注销执业许可证后,不得继续开展诊疗活动。

医疗机构的执业登记,由批准其设置的地方人民政府卫生行政部门办理。

(一)执业登记申请

申请执业登记必须具备下列条件:

(1)有设置医疗机构批准书。

(2)符合医疗机构的基本标准。

(3)有适合的名称、组织机构和场所。

(4)有与其开展的业务相适应的经费、设施和卫生技术人员。

(5)有相应的规章制度。

(6)能够独立承担民事责任。

(二)执业登记应提交的材料

申请医疗机构执业登记必须填写《医疗机构申请执业登记注册书》,并向登记机关提交下列材料:

(1)《设置医疗机构批准书》或者《设置医疗机构备案回执》。

(2)医疗机构用房产权证明或者使用证明。

(3)医疗机构建筑设计平面图。

(4)验资证明、资产评估报告。

(5)医疗机构规章制度。

(6)医疗机构法定代表人或者主要负责人以及各科室负责人名录和有关资格证书、执业证书复印件。

(7)省、自治区、直辖市卫生行政部门规定提交的其他材料。

申请门诊部、诊所、卫生所、医务室、卫生保健所和卫生站登记的,还应当提交附设药房

(柜)的药品种类清单、卫生技术人员名录及其有关资格证书、执业证书复印件以及省、自治区、直辖市卫生行政部门规定提交的其他材料。

(三)审核批准

卫生行政部门在受理医疗机构执业登记申请后，应当自申请人提供全部材料之日起45日内按照规定的条件对申请人提交的材料进行审查和实地考察、核实，并对有关执业人员进行消毒、隔离和无菌操作等基本知识和技能的现场抽查考核。经审核合格的，发给《医疗机构执业许可证》；审核不合格的，将审核结果和不予批准的理由以书面形式通知申请人。

1.不予登记的情形　申请医疗机构执业登记有下列情形之一的，不予登记：

(1)不符合《设置医疗机构批准书》核准的事项。

(2)不符合《医疗机构基本标准》。

(3)投资不到位。

(4)医疗机构用房不能满足诊疗服务功能。

(5)通讯、供电、上下水道等公共设施不能满足医疗机构正常运转。

(6)医疗机构规章制度不符合要求。

(7)消毒、隔离和无菌操作等基本知识和技能的现场抽查考核不合格。

(8)省、自治区、直辖市卫生行政部门规定的其他情形。

2.登记的事项　医疗机构执业登记的事项包括：

(1)类别、名称、地址、法定代表人或者主要负责人。

(2)所有制形式。

(3)注册资金(资本)。

(4)服务方式。

(5)诊疗科目。

(6)房屋建筑面积、床位(牙椅)。

(7)服务对象。

(8)职工人数。

(9)执业许可证登记号(医疗机构代码)。

(10)省、自治区、直辖市卫生行政部门规定的其他登记事项。

门诊部、诊所、卫生所、医务室、卫生保健所、卫生站除登记前款所列事项外，还应当核准登记附设药房(柜)的药品种类。

3.登记的变更与注销　医疗机构分立或者合并，应当根据不同情况申请办理相应手续。保留医疗机构的，申请办理变更登记；新设置医疗机构的，申请设置许可和执业登记；终止医疗机构的，申请注销登记。

医疗机构变更名称、地址、法定代表人或者主要负责人、所有制形式、服务对象、服务方式、注册资金(资本)、诊疗科目、床位(牙椅)的，必须向登记机关申请办理变更登记。

机关、企业和事业单位设置的为内部职工服务的医疗机构向社会开放，也必须按规定申请办理变更登记。

医疗机构歇业，必须向原登记机关办理注销登记，经登记机关核准后，收缴《医疗机构执业许可证》。医疗机构非因改建、扩建、迁建原因停业超过1年的，视为歇业。

4.登记机关和登记机关管辖权的划分　医疗机构在原登记机关管辖权限范围内变更登

记事项的，由原登记机关办理变更登记；在变更登记超出原登记机关管辖权限时，由有管辖权限的卫生行政部门办理变更登记。

医疗机构在原登记机关管辖区域内迁移的，由原登记机关办理变更登记。向原登记机关管辖区域外迁移的，应当取得迁移目的地卫生行政部门发给的《设置医疗机构的批准书》，并经原登记机关核准办理注销登记后，再向迁移目的地卫生行政部门申请办理执业登记。

二、执业登记的校验

医疗机构在执业期间，应按规定定期向登记机关办理校验。

(一)校验应提交的文件

办理校验应当交验《医疗机构执业许可证》，并提交下列文件：

(1)《医疗机构校验申请书》。

(2)《医疗机构执业许可证》副本。

(3)省、自治区、直辖市卫生行政部门规定提交的其他材料。

(二)校验期

床位在100张以上的综合医院、中医医院、中西医结合医院、民族医医院以及专科医院、疗养院、康复医院、妇幼保健院、急救中心、临床检验中心和专科疾病防治机构的校验期为3年，其他医疗机构的校验期为1年。医疗机构应当于校验期满前3个月向登记机关申请办理校验手续，并提交规定的文件。卫生行政部门应当在受理校验申请后30日内完成校验。

(三)其他情况

有下列情形之一的，卫生行政部门可以根据情况给予1～6个月的暂缓校验期：

(1)不符合医疗机构设置标准。

(2)限期改正期间。

(3)省、自治区、直辖市卫生行政部门规定的其他情形。

不设床位的医疗机构在暂缓校验期内不得执业。暂缓校验期满仍不能通过校验的，卫生行政部门注销其医疗机构执业许可证。

不得对经登记取得的《医疗机构执业许可证》进行伪造、涂改、出卖、转让、出售。若遗失，应当及时申明，并向原登记机关申请补发。

三、医疗机构名称管理的法律规定

医疗机构名称管理制度是为了规范医疗机构名称、方便病人和保护医疗机构对名称的占有权而拟定的一项法律制度。

(一)医疗机构名称的组成和命名原则

1.医疗机构名称的组成　医疗机构的名称由识别名称和通用名称依次组成。医疗机构的通用名称为：医院、中心卫生院、卫生院、疗养院、妇幼保健院、门诊部、诊所、卫生所、卫生站、卫生室、医务室、卫生保健所、急救中心、急救站、临床检验中心、防治院、防治所、防治站、护理院、护理站、中心以及卫生部规定或者认可的其他名称。

医疗机构可以下列名称作为识别名称：地名、单位名称、个人姓名、医学学科名称、医学专业和专科名称、诊疗科目名称和核准机关批准使用的名称。

2.医疗机构命名的原则　医疗机构的命名必须符合以下原则：

(1)医疗机构的通用名称以《医疗机构管理条例实施细则》规定名称为限。

(2)医疗机构的识别名称可以合并使用。

(3)名称必须名副其实。

(4)名称必须与医疗机构类别或者诊疗科目相适应。

(5)各级地方人民政府设置的医疗机构的识别名称中应当含有省、市、县、区、街道、乡、镇、村等行政区划名称,其他医疗机构的识别名称中不得含有行政区划名称。

(6)国家机关、企业和事业单位、社会团体或者个人设置的医疗机构的名称中应当含有设置单位名称或者个人的姓名。

(二)医疗机构命名的禁止性规定

医疗机构不得使用下列名称:

(1)有损于国家、社会或者公共利益的名称。

(2)侵犯他人利益的名称。

(3)以外文字母、汉语拼音组成的名称。

(4)以医疗仪器、药品、医用产品命名的名称。

(5)含有"疑难病"、"专治"、"专家"、"名医"或者同类含义文字的名称以及其他宣传或者暗示诊疗效果的名称。

(6)超出登记的诊疗科目范围的名称。

(7)省级以上卫生行政部门规定不得使用的名称。

(三)医疗机构名称的核准

医疗机构名称由国务院卫生行政部门或者中医药管理局核准。以下医疗机构名称由卫生部核准,属于中医、中西医结合和民族医医疗机构的,由国家中医药管理局核准:

(1)含有外国国家(地区)名称及其简称、国际组织名称的。

(2)含有"中国"、"全国"、"中华"、"国家"等字样以及跨省地域名称的。

(3)各级地方人民政府设置的医疗机构的识别名称中不含有行政区划名称的。

以"中心"作为医疗机构通用名称的医疗机构名称,由省级以上卫生行政部门核准;在识别名称中含有"中心"字样的医疗机构名称的核准,由省、自治区、直辖市卫生行政部门规定。含有"中心"字样的医疗机构名称必须同时含有行政区划名称或者地名。

除专科疾病防治机构以外,医疗机构不得以具体疾病名称作为识别名称,确有需要的由省、自治区、直辖市卫生行政部门核准。

(四)医疗机构名称的使用

医疗机构名称经核准登记,于领取《医疗机构执业许可证》后方可使用,在核准机关管辖范围内享有专用权。医疗机构只准使用一个名称。确有需要,经核准机关核准可以使用两个或者两个以上名称,但必须确定一个第一名称。

卫生行政部门有权纠正已经核准登记的不适宜的医疗机构名称,上级卫生行政部门有权纠正下级卫生行政部门已经核准登记的不适宜的医疗机构名称。

医疗机构名称不得买卖、出借。未经核准机关许可,医疗机构名称不得转让。

(五)医疗机构名称的争议和处理

两个以上申请人向同一核准机关申请相同的医疗机构名称,核准机关依照申请在先原则核定。属于同一天申请的,应当由申请人双方协商解决;协商不成的,由核准机关作出裁决。

两个以上医疗机构因已经核准登记的医疗机构名称相同发生争议时，核准机关依照登记在先原则处理。属于同一天登记的，应当由双方协商解决；协商不成的，由核准机关报上一级卫生行政部门作出裁决。

第四节　医疗机构执业的法律规定

一、医疗机构的执业规则

1. 医疗机构执业应当进行登记，领取《医疗机构执业许可证》。任何单位或者个人，未取得《医疗机构执业许可证》的不得开展诊疗活动。为内部职工服务的医疗机构未经许可和变更登记，不得向社会开放。医疗机构被吊销或者注销执业许可证后，不得继续开展诊断、治疗活动。

2. 医疗机构开展执业活动，必须遵守有关法律、法规和医疗技术规范，按照核准登记的诊疗科目开展诊疗活动，将《医疗机构执业许可证》、诊疗科目、诊疗时间和收费标准悬挂于明显处所，以方便服务对象看到。医疗机构的印章、银行账户、牌匾以及医疗文件中使用的名称应当与核准登记的医疗机构名称相同；使用两个以上名称的，应当与第一名称相同。

3. 医疗机构不得使用非卫生技术人员从事医疗卫生技术工作。工作人员上岗工作，必须佩带载有本人姓名、职务或者职称的标牌。

4. 医疗机构应当按照政府物价等有关部门核准的收费标准收取医疗费用，详列细项，并出具收据。正确使用医疗机构标识。

5. 医疗机构应当严格执行无菌消毒、隔离制度，采取科学有效的措施处理污水和废弃物，预防和减少医院感染。

6. 医疗机构对危重病人应当立即抢救。对限于设备或者技术条件不能诊治的病人，应当及时转诊。

7. 医疗机构施行手术、特殊检查或者特殊治疗时，必须征得患者同意，并应当取得其家属或者关系人同意并签字；无法取得患者意见时，应当取得家属或者关系人同意并签字；无法取得患者意见又无家属或者关系人在场，或者遇到其他特殊情况时，经治医师应当提出医疗处置方案，在取得医疗机构负责人或者被授权负责人员的批准后实施。医疗机构在诊疗活动中，应当对患者实行保护性医疗措施，并取得患者家属和有关人员的配合。医疗机构应当尊重患者对自己的病情、诊断、治疗的知情权利。在实施手术、特殊检查、特殊治疗时，应当向患者作必要的解释。因实施保护性医疗措施不宜向患者说明情况的，应当将有关情况通知患者家属。

8. 医疗机构发生医疗事故，按照国家有关规定处理。医疗机构对传染病、精神病、职业病等患者的特殊诊治和处理，应当按照国家有关法律、法规的规定办理。医疗机构必须按照有关药品管理的法律、法规，加强药品管理，不得使用假劣药品、过期和失效药品以及违禁药品。

9. 医疗机构必须承担相应的预防保健工作，承担县级以上人民政府卫生行政部门委托的支援农村、指导基层医疗卫生工作等任务。发生重大灾害、事故、疾病流行或者其他意外情况时,医疗机构及其卫生技术人员必须服从县级以上人民政府卫生行政部门的调遣。

二、医疗机构医疗文件及相关文书管理的法律规定

1. 未经医师(士)亲自诊查病人,医疗机构不得出具疾病诊断书、健康证明书或者死亡证明书等证明文件;未经医师(士)、助产人员亲自接产,医疗机构不得出具出生证明书或者死产报告书。

2. 医疗机构的门诊病历的保存期不得少于15年;住院病历的保存期不得少于30年。

3. 标有医疗机构标识的票据和病历本册以及处方笺、各种检查的申请单、报告单、证明文书单、药品分装袋、制剂标签等不得买卖、出借和转让。医疗机构不得冒用标有其他医疗机构标识的票据和病历本册以及处方笺、各种检查的申请单、报告单、证明文书单、药品分装袋、制剂标签等。

4. 医疗机构为死因不明者出具的《死亡医学证明书》,只作是否死亡的诊断,不作死亡原因的诊断。如有关方面要求进行死亡原因诊断的,医疗机构必须在指派医生对尸体进行解剖和死因检查后方能作出死因诊断。

三、医疗机构医疗质量管理的法律规定

1. 医疗机构应当按照卫生行政部门的有关规定、标准加强医疗质量管理,实施医疗质量保证方案,确保医疗安全和服务质量,不断提高服务水平。

2. 医疗机构应当加强对医务人员的医德教育,组织医务人员学习医德规范和有关教材,督促医务人员恪守职业道德。

3. 医疗机构应当定期检查、考核各项规章制度和各级各类人员岗位责任制的执行和落实情况。医疗机构应当经常对医务人员进行"基础理论、基本知识、基本技能"的训练与考核,把"严格要求、严密组织、严谨态度"落实到各项工作中。

第五节 医疗机构医疗广告管理的法律规定

医疗广告是指医疗机构通过一定的媒介或者形式,向全社会或者公众宣传其运用科学技术诊疗疾病的活动。2006年11月,国家工商行政管理总局、卫生部联合公布了新的《医疗广告管理办法》,并于2007年1月1日开始实施。工商行政管理机关负责医疗广告的监督管理。卫生行政部门、中医药管理部门负责医疗广告的审查,并对医疗机构进行监督管理。

一、医疗广告内容的管理

(一)医疗广告内容包含项目的规定

医疗广告内容仅限于以下项目:①医疗机构第一名称。②医疗机构地址。③所有制形式。④医疗机构类别。⑤诊疗科目。⑥床位数。⑦接诊时间。⑧联系电话。

其中①至⑥项发布的内容必须与卫生行政部门、中医药管理部门核发的《医疗机构执业许可证》或其副本载明的内容一致。

(二)医疗广告表现形式的规定

医疗广告的表现形式不得含有以下情形：

(1)涉及医疗技术、诊疗方法、疾病名称、药物的。

(2)保证治愈或者隐含保证治愈的。

(3)宣传治愈率、有效率等诊疗效果的。

(4)淫秽、迷信、荒诞的。

(5)贬低他人的。

(6)利用患者、卫生技术人员、医学教育科研机构及人员以及其他社会社团、组织的名义、形象作证明的。

(7)使用解放军和武警部队名义的。

(8)法律、行政法规规定禁止的其他情形。

二、医疗广告发布的管理

(一)医疗广告发布前的审查制度

医疗机构发布医疗广告，应当在发布前申请医疗广告审查。未取得《医疗广告审查证明》的不得发布医疗广告。

(二)医疗广告发布申请与审查

1.发布医疗广告的申请　医疗机构发布医疗广告，应当向其所在地省级卫生行政部门申请，并提交以下材料：

(1)《医疗广告审查申请表》。

(2)《医疗机构执业许可证》副本原件和复印件，复印件应当加盖核发其《医疗机构执业许可证》的卫生行政部门公章。

(3)医疗广告成品样件。电视、广播广告可以先提交镜头脚本和广播文稿。中西医结合、民族医医疗机构发布医疗广告，应当向其所在地省级中医药管理部门申请。

2.发布医疗广告的审查　省级卫生行政部门、中医药管理部门应当自受理之日起20日内对医疗广告成品样件内容进行审查。卫生行政部门、中医药管理部门需要请有关专家进行审查的，可延长10日。对审查合格的医疗广告，省级卫生行政部门、中医药管理部门发给《医疗广告审查证明》，并将通过审查的医疗广告样件和核发的《医疗广告审查证明》予以公示；对审查不合格的医疗广告，应当书面通知医疗机构并告知理由。省级卫生行政部门、中医药管理部门应对已审查的医疗广告成品样件和审查意见予以备案保存，保存时间自《医疗广告审查证明》生效之日起至少2年。

省级卫生行政部门、中医药管理部门应在核发《医疗广告审查证明》之日起5个工作日内，将《医疗广告审查证明》抄送本地同级工商行政管理机关。《医疗广告审查证明》的有效期为1年。到期后仍需继续发布医疗广告的，应重新提出审查申请。

3.医疗广告发布的规定　发布医疗广告应当标注医疗机构第一名称和《医疗广告审查证明》文号。

医疗机构发布户外医疗广告，应在取得《医疗广告审查证明》后，按照《户外广告登记管理规定》办理登记。医疗机构在其法定控制地带标示仅含有医疗机构名称的户外广告，无需申请医疗广告审查和户外广告登记。

禁止利用新闻形式、医疗资讯服务类专题节(栏)目发布或变相发布医疗广告。有关医疗机构的人物专访、专题报道等宣传内容,可以出现医疗机构名称,但不得出现有关医疗机构的地址、联系方式等医疗广告内容;不得在同一媒介的同一时间段或者版面发布该医疗机构的广告。

医疗机构应当按照《医疗广告审查证明》核准的广告成品样件内容与媒体类别发布医疗广告。医疗广告内容需要改动或者医疗机构的执业情况发生变化,与经审查的医疗广告成品样件内容不符的,医疗机构应当重新提出审查申请。

广告经营者、广告发布者发布医疗广告,应当由其广告审查员查验《医疗广告审查证明》,核实广告内容。

有下列情况之一的,省级卫生行政部门、中医药管理部门应当收回《医疗广告审查证明》,并告知有关医疗机构:

(1)医疗机构受到停业整顿、吊销《医疗机构执业许可证》的。

(2)医疗机构停业、歇业或被注销的。

(3)其他应当收回《医疗广告审查证明》的情形。

三、违法医疗广告的处罚

1. 医疗机构违反医疗广告管理办法的规定发布医疗广告,县级以上地方卫生行政部门、中医药管理部门应责令其限期改正,给予警告;情节严重的,核发《医疗机构执业许可证》的卫生行政部门、中医药管理部门可以责令其停业整顿、吊销有关诊疗科目,直至吊销《医疗机构执业许可证》。未取得《医疗机构执业许可证》发布医疗广告的,按非法行医处罚。

2. 医疗机构篡改《医疗广告审查证明》内容发布医疗广告的,省级卫生行政部门、中医药管理部门应当撤销《医疗广告审查证明》,并在 1 年内不受理该医疗机构的广告审查申请。省级卫生行政部门、中医药管理部门撤销《医疗广告审查证明》后,应当自作出行政处理决定之日起 5 个工作日内通知同级工商行政管理机关,工商行政管理机关应当依法予以查处。

3. 工商行政管理机关对违反医疗广告管理办法规定的广告主、广告经营者、广告发布者依据《广告法》、《反不正当竞争法》予以处罚,对情节严重、造成严重后果的,可以并处 1～6 个月暂停发布医疗广告、直至取消广告经营者、广告发布者的医疗广告经营和发布资格的处罚。法律法规没有规定的,工商行政管理机关应当对负有责任的广告主、广告经营者、广告发布者给予警告或者处以 1 万元以上 3 万元以下的罚款;医疗广告内容涉嫌虚假的,工商行政管理机关可根据需要会同卫生行政部门、中医药管理部门作出认定。

第六节　医疗机构监督管理的法律规定

一、医疗机构监督管理的机构及其职责

(一)监督管理的机构

国务院卫生行政部门负责全国医疗机构的监督管理工作。县级以上地方人民政府卫生行政部门负责本行政区域内医疗机构的监督管理工作。中国人民解放军卫生主管部门负责

对军队的医疗机构实施监督管理。中国人民解放军和中国人民武装警察部队编制外的医疗机构，由地方卫生行政部门按照有关法律进行管理。中国人民解放军后勤卫生主管部门负责向地方卫生行政部门提供军队编制外医疗机构的名称和地址。

县级以上地方人民政府卫生行政部门设立医疗机构监督管理办公室，在同级卫生行政部门的领导下开展工作。

在医疗机构的监督管理工作中，要充分发挥医务管理学会和卫生工作者协会等学术性和行业性社会团体的作用。

(二)监督管理机构的职责

1.县级以上地方人民政府卫生行政部门的监督职责　县级以上地方人民政府卫生行政部门行使下列监督管理职权：

(1)负责医疗机构的设置审批、执业登记和校验。

(2)对医疗机构的执业活动进行检查指导。

(3)负责组织对医疗机构的评审。

(4)对违反本条例的行为给予处罚。

各级卫生行政部门对医疗机构的执业活动检查、指导主要包括：①执行国家有关法律、法规、规章和标准情况。②执行医疗机构内部各项规章制度和各级各类人员岗位责任制情况。③医德医风情况。④服务质量和服务水平情况。⑤执行医疗收费标准情况。⑥组织管理情况。⑦人员任用情况。⑧省、自治区、直辖市卫生行政部门规定的其他检查、指导项目。

2.各级医疗机构监督管理办公室的职责。

(1)拟订医疗机构监督管理工作计划。

(2)办理医疗机构监督员的审查、发证、换证。

(3)负责医疗机构登记、校验和有关监督管理工作的统计，并向同级卫生行政部门报告。

(4)负责接待、办理群众对医疗机构的投诉。

(5)完成卫生行政部门交给的其他监督管理工作。

3.医疗机构监督员的主要职责　县级以上卫生行政部门设医疗机构监督员，履行规定的监督管理职责。医疗机构监督员由同级卫生行政部门聘任。医疗机构监督员应当严格执行国家有关法律、法规和规章，其主要职责是：

(1)对医疗机构执行有关法律、法规、规章和标准的情况进行监督、检查、指导。

(2)对医疗机构执业活动进行监督、检查、指导。

(3)对医疗机构违反条例和细则的案件进行调查、取证。

(4)对经查证属实的案件向卫生行政部门提出处理或者处罚意见。

(5)实施职权范围内的处罚。

(6)完成卫生行政部门交付的其他监督管理工作。

医疗机构监督员有权对医疗机构进行现场检查，无偿索取有关资料，医疗机构不得拒绝、隐匿或者隐瞒。医疗机构监督员在履行职责时应当佩戴证章、出示证件。医疗机构监督员证章、证件由卫生部监制。

二、医疗机构评审制度

为加强对医疗机构的监督管理，国家实行医疗机构评审制度，即由专家组成的评审委员会按照医疗机构评审办法和评审标准，对医疗机构的基本标准、服务质量、技术水平、管理水平等进行综合评价。医疗机构评审包括周期性评审和不定期重点检查。县级以上地方人民政府卫生行政部门负责组织本行政区域医疗机构评审委员会，医疗机构评审委员会由医院管理、医学教育、医疗、医技、护理和财务等有关专家组成。评审委员会成员由县级以上地方人民政府卫生行政部门聘任。卫生行政部门根据评审委员会的评审意见，对达到评审标准的医疗机构发给评审合格证书，对未达到评审标准的医疗机构提出处理意见。

县级以上中医(药)行政管理部门成立医疗机构评审委员会，负责中医、中西医结合和民族医医疗机构的评审。

医疗机构评审委员会在对医疗机构进行评审时，发现有违反《医疗机构管理条例》和实施细则的情节，应当及时报告卫生行政部门；医疗机构评审委员会委员为医疗机构监督员的，可以直接行使监督权。

第七节　法律责任

《疗机构管理条例》及其实施细则对违反医疗机构管理规定的行为作出了相应的处罚规定。

一、对未取得《医疗机构执业许可证》擅自执业的处罚

对未取得《医疗机构执业许可证》擅自执业的，责令其停止执业活动，没收非法所得和药品、器械，并处以 3000 元以下的罚款；有下列情形之一的，责令其停止执业活动，没收非法所得和药品、器械，处以 3000 元以上 1 万元以下的罚款：

(1)因擅自执业曾受过卫生行政部门处罚。

(2)擅自执业的人员为非卫生技术专业人员。

(3)擅自执业时间在 3 个月以上。

(4)给患者造成伤害。

(5)使用假药、劣药蒙骗患者。

(6)以行医为名骗取患者钱物。

(7)省、自治区、直辖市卫生行政部门规定的其他情形。

二、对逾期不校验《医疗机构执业许可证》仍从事诊疗活动的处罚

逾期不校验《医疗机构执业许可证》仍从事诊疗活动的，由县级以上人民政府卫生行政部门责令其限期补办校验手续；在限期内仍不办理校验的，吊销其《医疗机构执业许可证》。

三、对出卖、转让、出借《医疗机构执业许可证》的处罚

医疗机构转让、出借《医疗机构执业许可证》的，没收其非法所得，并处以 3000 元以下的罚款；有下列情形之一的，没收其非法所得，处以 3000 元以上 5000 元以下的罚款，并吊销《医疗机构执业许可证》：

(1)出卖《医疗机构执业许可证》。

(2)转让或者出借《医疗机构执业许可证》是以营利为目的。

(3)受让方或者承借方给患者造成伤害。

(4)转让、出借《医疗机构执业许可证》给非卫生技术专业人员。

(5)省、自治区、直辖市卫生行政部门规定的其他情形。

四、对医疗机构诊疗活动超出登记范围的处罚

1.除急诊和急救外,医疗机构诊疗活动超出登记的诊疗科目范围,情节轻微的,处以警告。

2.有下列情形之一的,责令其限期改正,并可处以3000元以下罚款。

(1)超出登记的诊疗科目范围的诊疗活动累计收入在3000元以下。

(2)给患者造成伤害。

3.有下列情形之一的,处以3000元罚款,并吊销《医疗机构执业许可证》:

(1)超出登记的诊疗科目范围的诊疗活动累计收入在3000元以上。

(2)给患者造成伤害。

(3)省、自治区、直辖市卫生行政部门规定的其他情形。

五、对任用非卫生技术人员从事医疗卫生技术工作的处罚

任用非卫生技术人员从事医疗卫生技术工作的,责令其立即改正,并可处以3000元以下的罚款;有下列情形之一的,处以3000元以上5000元以下罚款,并可以吊销其《医疗机构执业许可证》:

(1)任用两名以上非卫生技术人员从事诊疗活动。

(2)任用的非卫生技术人员给患者造成伤害。

医疗机构使用卫生技术人员从事本专业以外的诊疗活动的,按使用非卫生技术人员处理。

六、对出具虚假证明文件的处罚

医疗机构出具虚假证明文件,情节轻微的,给予警告,并可处以500元以下的罚款;有下列情形之一的,处以500元以上1000元以下的罚款,对直接责任人员由所在单位或者上级机关给予行政处分。

(1)出具虚假证明文件造成延误诊治的。

(2)出具虚假证明文件给患者精神造成伤害的。

(3)造成其他危害后果的。

七、对其他违法情形的处罚

医疗机构有下列情形之一的,登记机关可以责令其限期改正:

(1)发生重大医疗事故。

(2)连续发生同类医疗事故,不采取有效防范措施。

(3)连续发生原因不明的同类患者死亡事件,同时存在管理不善因素。

(4)管理混乱,有严重事故隐患,可能直接影响医疗安全。

(5)省、自治区、直辖市卫生行政部门规定的其他情形。

思考题

1. 简述医疗机构的含义。
2. 医疗机构执业登记应具备哪些条件？
3. 简述医疗机构的执业规则。
4. 申请设置医疗机构不予批准的情形有哪些？
5. 医疗机构执业不予登记的情形有哪些？

第五章 执业医师管理法律制度

第一节 执业医师法律制度概述

一、执业医师法的概念

执业医师法是指由国家制定的，用于调整医师在执业活动中形成的各种社会关系的法律规范的总称。执业医师是指取得执业医师资格或者助理执业医师资格，经注册在医疗、预防、保健机构（包括计划生育服务机构）中执业的专业医务人员。

二、执业医师管理法制建设

我国自古就有关于规范医师执业行为的文献记载及相关的法律条文，如《周礼》、《唐律》、《元典章》、《大明会典》等。

新中国成立后，国家就非常重视依法管理医师队伍。1951 年，政务院颁布了《医师暂行条例》、《中医师暂行条例》、《牙医师暂行条例》。十一届三中全会以后，国务院、卫生部颁布了一系列规范性文件，使执业医师管理法法规逐步得到了完善，如《卫生技术人员职称及晋升条例（试行）》（1979 年）、《医院工作人员职责》（1982 年）、《医师、中医师个体开业暂行管理办法》（1988 年）、《外国医师来华短暂行医管理办法》（1993 年 1 月 1 日）等，但依然无法满足建立健全社会主义市场经济，开放医疗服务市场对加强医师执业活动管理的要求。为了加强医师队伍的建设，提高医师的职业道德和业务素质，保障医师的合法权益，保护人民健康，卫生部从 1985 年就开始了医师法的起草与修订工作。1998 年 6 月 26 日，第九届全国人民代表大会第三次会议通过了《中华人民共和国执业医师法》（以下简称《执业医师法》），于 1999 年 5 月 1 日起施行。此后，卫生部相继颁布实施了《医师执业注册暂行办法》（1999 年 7 月 16 日）、《医师资格考试暂行办法》（1999 年 7 月 16 日）、《传统医学师承和确有专长人员医师资格考核考试暂行办法》（1999 年 7 月 23 日）、《中国人民解放军实施〈中华人民共和国执业医师法〉办法》、《医师外出会诊管理暂行规定》（2005 年 4 月 30 日）等配套规章，使我国的执业医师管理走上了法制化、规范化的轨道。

三、《执业医师法》的主要内容

《执业医师法》的制定与实施对加强医师队伍建设，保护人民健康具有重要作用。该法共有 6 章 48 条，由总则、考试和注册、执业规则、考核和培训、法律责任、附则等 6 个部分组成，其中医师资格考试、执业注册制度、医师执业规则、法律责任是其核心内容。

四、《执业医师法》的适用范围

《执业医师法》的适用范围是依法取得执业医师资格或者执业助理医师资格，经注册在医疗、预防、保健机构中执业的专业医务人员，包括乡村医生、境外来华短暂行医的医师，包括计划生育服务机构中的医师。军队医师，由于其特殊性，则在遵循《执业医师法》所确立的基本原则的基础上，依照相关具体法律规范文件进行管理。可见，《执业医师法》的法律适用对象是各级各类医疗卫生机构中的执业医师。

五、执业医师的管理机构

从世界各国的医师执业管理的情况来看，一般有两种类型：一是国家卫生行政部门；二是医师协会（公会）。

《执业医师法》明确规定，国务院卫生行政部门主管全国的医师工作。县级以上地方人民政府卫生行政部门负责管理本行政区域内的医师工作。

根据《执业医师法》有关医师可以依法组织和参加医师协会的规定，2002 年 1 月 9 日，中国医师协会在北京依法正式成立，医师有了自己的全国性行业组织。中国医师协会的宗旨是发挥行业指导、服务、自律、协调、监督作用，团结和组织全国医师遵纪守法，弘扬职业道德，提高医疗水平和服务质量，维护医师的合法权益，为人民健康和国家建设服务。目的是促进医师管理从行政管理为主向行业自律性管理为主的转变。

军队的医师工作由中国人民解放军总政治部、后勤部统一主管。军队各级政治机关、后勤机关按照职责分工，负责本级医师的管理工作。

传统医学师承和确有专长人员的资格认定和考核由省级中医药主管部门组织实施，各考核机构具体执行其医师资格考试的组织管理与实施，按《医师资格考试暂行办法》的有关规定执行。

第二节 医师资格考试制度

医师资格考试制度，是国家实行医师执业资格控制的一种制度，是加强医师队伍建设的需要，体现了“公平、平等、竞争、择优”的原则，最大限度保证了医师队伍的质量，杜绝不具有医师水平的人员存在于医师队伍中危害公民生命健康。通过执业医师资格考试，将医师管理纳入科学化、法制化的轨道，规范了医疗服务市场，适应了社会发展进步的需要，逐步做到了与国际接轨。

一、国外医师资格考试制度

世界发达国家都把医师执业考试列为从业的必需条件，医师资格考试制度也是当今世界医师行业管理的普遍做法。医师资格考试制度在英国、德国等欧洲国家已实行了数百年，美国实行了 90 多年，日本、韩国及东南亚国家也多在二战后实行。其中，医师资格考试的具体方式，各国则有不同的规定。

美国于1915年成立全国医学考试委员会。1916年在华盛顿进行第一次考试。目前美国医师执业是相对独立的阶段考试。第一阶段为医师职业必备的医学基础知识;第二阶段是从事医师职业必备的临床医学基础知识;第三阶段为临床技能考试。每年安排两次第一、第二阶段考试和一次第三阶段考试,每阶段考试均为2天。

日本在1870年就建立了医师资格考试制度。二战后依照美国医师资格考试模式进行了改革,实行全国统一的资格考试制度。最初定为六年制以上高等医学院校本科生毕业资格考试,并经过毕业后1年临床实习。后改为毕业生直接参加国家医师资格考试,但日本法律规定:“考试合格后,一般还需在大学附属医院进行为期2年的临床实习,而后才能成为独立的医师。”考试1年1次,考试内容是医师应具备的临床医学和公共卫生知识。

德国医师资格考试由国家统一组织,是典型的考教分离的考试体制。考试分四段,即医师预备考试、第一段考试、第二段考试、第三段考试。各阶段考试中三次不及格者即淘汰。德国高等医学教育学制六年,完成两年课程后准许参加医师预备考试,考试内容为生理学、化学、物理学、生物学、解剖学、医学心理学、医学社会学,考试方式为笔试和口试;完成三年课程后准许参加第一段考试,时间为2天,考试内容为病理学、遗传学、微生物学、免疫学、神经病理学、医师学、交流技艺、临床诊断、急救处置、放射学、药学、毒理学、病理生理学、临床化学等,考试方式为笔试;进入临床实习前(第六年)要通过第二段考试,时间为4天,考试内容为非手术领域临床医学内容、神经学领域内容、手术领域临床医学内容、一般医学和生态学内容,考试方式为笔试;通过上述三次考试并在医院实习1年后可参加第三段考试,考试方式为口试,考试时间为4～5小时,考试内容为内科、外科和考生在实习期间选择的一个专科。

二、我国医师资格考试制度

我国实行医师资格考试制度。医师资格考试是医师执业资格的准入考试,是评价申请医师资格者是否具备执业所必需的专业知识与技能的考试。

(一)医师资格考试的方法与种类

我国医师资格考试实行国家统一考试、统一组织、统一标准,每年举行一次。医师资格统一考试的办法,由国务院卫生行政部门制定,考试由省级以上人民政府卫生行政部门组织实施。目的是保证医师的素质和医疗水平,使医师法关于医师资格考试制度落到实处,最大限度地保证医师队伍的质量。

医师资格考试分为执业医师资格考试和执业助理医师资格考试。考试类别分为临床、中医(包括中医、民族医、中西医结合)、口腔、公共卫生四类。考试方式分为实践技能考试和医学综合笔试。

1999年11月,我国举行了第一次国家医师资格考试。

(二)医师资格考试的条件

1.申请执业医师资格考试的条件　根据《执业医师法》的规定,具有下列条件之一的,可以参加执业医师资格考试:

(1)具有高等学校医学专业本科以上学历,在执业医师指导下,在医疗、预防、保健机构中试用期满1年的。

(2)取得执业助理医师执业证书后,具有高等学校医学专科学历,在医疗、预防、保健机构中工作满 2 年的。

(3)取得执业助理医师执业证书后，具有中等专业学校医学专业学历，在医疗、预防、保健机构中工作满 5 年的。

(4)以师承方式学习传统医学满 3 年或者经多年实践医术确有专长的，经县级以上人民政府卫生行政部门确定的传统医学专业组织或者医疗、预防、保健机构考核合格并推荐的。

(5)临床医学、口腔医学、中医学(含民族医)、中西医结合医学专业的临床博士、硕士生和七年制及以上长学制医学专业毕业生在学习期间有相当于大学本科的 1 年毕业实习和 1 年以上严格的临床实践训练，可在毕业当年参加执业医师资格考试。

公共卫生预防医学硕士、博士研究生在学习期间必须保证具有 1 年以上的临床实践训练或公共卫生实践的经历，方可在毕业当年参加医师资格考试。

2. 申请执业助理医师资格考试的条件　根据《执业医师法》的规定，具有下列条件之一的，可以参加执业助理医师资格考试：

(1)具有高等学校医学专业专科学历或者中等专业学校医学专业学历，在执业医师指导下，在医疗、预防、保健机构中试用期满 1 年的。

(2)以师承方式学习传统医学满 3 年或者经多年实践医术确有专长的，经县级以上人民政府卫生行政部门确定的传统医学专业组织或者医疗、预防、保健机构考核合格并推荐的。

(三)考试的组织与管理

国务院卫生行政部门成立医师资格考试委员会，负责全国医师资格考试工作。各省、自治区、直辖市卫生行政部门牵头成立医师资格考试领导小组，负责本辖区的医师资格考试工作。具体的考务组织与管理由国家医学考试中心、考区、考点三级分别负责。

申请参加医师资格考试的人员，应当在规定期限内，到户籍所在地的考点办公室报名，并提交下列材料：

(1)二寸免冠正面半身照片 2 张。

(2)本人身份证明。

(3)毕业证书复印件。

(4)试用机构出具的试用期满 1 年并考核合格的证明。

(5)执业助理医师申报执业医师资格考试的，还应当提交《医师资格证书》复印件、《医师执业证书》复印件、执业时间和考核合格证明。

(6)报考所需的其他材料。

试用机构与户籍所在地跨省分离的，由试用机构推荐，可在试用机构所在地报名参加考试。经审查，符合报考条件的，由考点发放《准考证》。

(四)《医师资格证书》的取得

医师资格是指国家确认的、准予从事医师职业的资格，是公民从事医师职业必须具备的条件和身份。医师资格证书是证明其本人具有执业医师资格的法律文件，必须依法取得。医师资格考试成绩合格者，授予执业医师资格或执业助理医师资格，领取卫生部统一印制的《医师资格证书》。《医师资格证书》一经取得，终生拥有，不得非法剥夺。

第三节 医师执业注册制度

《执业医师法》第 13 条规定，“国家实行医师执业注册制度”。取得医师资格，准备从事医师工作，需要领取医师执业证书的执业人员，应当向所在地县级以上人民政府卫生行政部门申请注册。

一、注册管理

国务院卫生行政部门负责全国医师执业注册监督管理工作。县级以上地方人民政府卫生行政部门是医师执业注册的主管部门，负责本行政区域内的医师执业注册监督管理工作。县级以上地方人民政府卫生行政部门应当将准予注册和注销注册的人员名单予以公告，并由省级人民政府卫生行政部门汇总，报国务院卫生行政部门备案。

中医（包括中医、民族医、中西医结合）医疗机构的医师执业注册管理由中医（药）主管部门负责。

二、注册程序

1. 申请　凡取得执业医师资格或者执业助理医师资格的，在医疗、预防、保健机构执业的医师、助理医师（包括在计划生育技术服务机构中的医师），均可向所在地县级以上人民政府卫生行政部门申请注册。注册内容包括执业人姓名、执业机构、执业地点、执业资格、执业类别、执业范围等。拟在医疗、保健机构中执业的人员，应当向批准该机构执业的卫生行政部门申请注册。拟在预防机构中执业的人员，应当向该机构的同级卫生行政部门申请注册。拟在机关、企业和事业单位的医疗机构中执业的人员，应当向核发该机构《医疗机构执业许可证》的卫生行政部门申请。拟在计划生育技术服务部门、血办、血站、防疫站、口岸检验检疫部门执业的人员向该机构所辖卫生行政部门申请注册。

申请医师执业注册，应当提交下列材料：

（1）医师执业注册申请审核表。

（2）二寸免冠正面半身照片 2 张。

（3）《医师资格证书》原件及复印件。

（4）由注册主管部门指定的医疗机构出具的申请人 6 个月内的健康体检表。

（5）申请人身份证明（复印件）。

（6）医疗、预防、保健机构的拟聘用证明；或《医疗机构执业许可证》、《计划生育技术服务机构执业许可证》，卫生防疫站、血站、口岸卫生检验检疫机构提供本单位人事部门出具的在编人员证明；聘用外单位人员，需提交原单位同意书和当地卫生行政主管部门未注册证明。

（7）省级以上卫生行政部门规定的其他材料。

执业助理医师取得执业医师资格后，继续在医疗、预防、保健机构中执业的，应当按照有关规定，申请执业医师注册。申请人除提交以上材料外，还应当提交原《医师执业证书》。注册主管部门在办理执业注册手续时，应当收回原《医师执业证书》，核发新的《医师执业证书》。

获得执业医师资格或执业助理医师资格后 2 年内未注册者，申请注册时，还应提交在省级以上卫生行政部门指定的机构接受 3～6 个月的培训后经考核合格的证明。

医疗、预防、保健机构可以为本机构中的医师集体办理注册手续。

2. 审核与注册　注册主管部门应当自收到注册申请之日起 30 日内，对申请人提交的申请材料进行审核。审核合格的，予以注册，并发给卫生部统一印制的《医师执业证书》。对不符合注册条件的，注册主管部门应当自收到注册申请之日起 30 日内，书面通知申请人，并说明理由。申请人如有异议的，可以依法申请行政复议或者向人民法院提起行政诉讼。

3. 重新申请注册　重新申请注册的，除提交规定的申请注册需交的材料外，还应提交医师重新执业注册审核表和县级以上卫生行政部门指定的医疗、预防、保健机构或组织出具的业务水平考核结果证明。

有下列情形之一的，应当重新申请注册：

(1)中止医师执业活动 2 年以上的。

(2)规定不予注册的情形消失的。重新申请注册的人员，应当首先到县级以上卫生行政部门指定的医疗、预防、保健机构或组织，接受 3～6 个月的培训，并经考核合格，方可依照有关规定重新申请执业注册。

4. 不予注册　《执业医师法》、《医师执业注册暂行办法》规定，有下列情形之一的，不予注册：

(1)不具有完全民事行为能力的。

(2)因受刑事处罚，自刑罚执行完毕之日起至申请注册之日止不满 2 年的。

(3)受吊销《医师执业证书》行政处罚，自处罚决定之日起至申请注册之日止不满 2 年的。

(4)甲类、乙类传染病传染期、精神病发病期以及身体残疾等健康状况不适宜或者不能胜任医疗、预防、保健业务工作的。

(5)重新申请注册，经卫生行政部门指定机构或组织考核不合格的。

(6)卫生部规定不宜从事医疗、预防、保健业务的其他情形的。

受理申请的卫生行政部门对不符合条件不予注册的，应当自收到申请之日起 30 日内书面通知申请人，并说明理由。申请人有异议的，可以自收到通知之日起 15 日内，依法申请行政复议或者向人民法院提起行政诉讼。

三、注册变更与注销

1. 注册变更　医师变更执业地点、执业类别、执业范围等注册事项的，应当到注册主管部门办理变更注册手续，并提交医师变更执业注册申请审核表、《医师资格证书》、《医师执业证书》以及省级以上卫生行政部门规定提交的其他材料。但经医疗、预防、保健机构批准的卫生支农、会诊、进修、学术交流、承担政府交办的任务和卫生行政部门批准的义诊等除外。

医师申请变更执业注册事项属于原注册主管部门管辖的，申请人应到原注册主管部门申请变更手续；医师申请变更执业注册事项不属于原注册主管部门管辖的，申请人应当先到原注册主管部门申请办理变更注册事项和医师执业证书编码，然后到拟执业地点注册主管部门申请办理变更执业注册手续。

跨省、自治区、直辖市变更执业注册事项的，除依照前款规定办理有关手续外，新的执业地点注册主管部门在办理执业注册手续时，应收回原《医师执业证书》，并发给新的《医师执业证书》。

医师在办理变更注册手续过程中，在《医师执业证书》原注册事项已被变更，又尚未完成新的变更事项许可前，不得从事医师执业活动。

2.注册注销　《执业医师法》第16条规定，医师注册后有下列情形之一的，其所在的医疗、预防、保健机构应当在30日内报告准予注册的卫生行政部门，办理注销注册：

(1)死亡或者被宣告失踪的。

(2)受刑事处罚的。

(3)受吊销医师执业证书行政处罚的。

(4)因考核不合格，暂停执业活动期满，经培训后再次考核仍不合格的。

(5)中止医师执业活动满2年的。

(6)有国务院卫生行政部门规定的不宜从事医疗、预防、保健业务的其他情形的。

卫生行政部门对具有上述情况的，应当给予注销注册，收回《医师执业证书》。

被注销注册的当事人如有异议，可以自收到注销注册通知之日起15日内，依法申请行政复议或向人民法院提起诉讼。

3.建立相关档案　医师执业注册主管部门，应当对《医师执业证书》的准予注册、发放、注销注册和变更注册等，建立统计制度和档案制度。县级以上地方人民政府卫生行政部门应当对准予注册、注销注册或变更注册的人员名单予以公告，并由省级卫生行政部门汇总，报卫生部备案。

4.个体行医　个体行医是指执业医师以个人名义从事医疗、预防、保健业务的行为。申请个体行医的执业医师，须经注册后在医疗、预防、保健机构中执业满5年，并按照国家规定办理审批手续。即按现行的《医疗机构管理条例》的规定，获得《医疗机构执业许可证》。未经批准，不得行医。个体行医应严格按照批准的地点、诊疗科目及业务范围执业，每年校验一次，变更地点、诊疗科目、业务范围和诊所名称应由原登记机构办理变更登记。县级以上地方人民政府卫生行政部门对个体行医的医师，应当按照国务院卫生行政部门的规定，经常监督检查。

第四节　医师执业管理

获得医师资格和执业注册许可的医师，在执业活动中，除享有普通公民应有的公民权外，法律给予了从事医师职业而享有的权利，强化了对医师合法权利、应尽义务、执业规则等方面的规范和保护。

一、医师执业的权利

医师执业的权利是指取得医师资格、依法注册的医师，在执业活动中依法享有的权利。任何人不得侵犯或剥夺医师的法定权利。医师在执业活动中依法享有下列权利：

(1)在注册的执业范围内，进行医学诊疗检查、疾病调查、医学处置、出具相应的医学证明文件，选择合理的医疗、预防、保健方案。

(2)按照国务院卫生行政部门规定的标准,获得与本人执业活动相当的医疗设备基本条件。

值得注意的是,医师不能因为条件不具备而拒绝对患者进行医疗诊治工作;当条件实在不具备时,医师应当将患者转院到具备条件的医疗机构中诊治。

(3)从事医学研究、学术交流,参加专业学术团体活动。

(4)参加医学专业培训,接受继续医学教育,不断更新知识,调整知识结构,不断补充新知识、新信息、新方法,培养造就跨世纪的医学人才。

(5)在执业活动中,人格尊严、人身安全不受侵犯。

《宪法》第38条规定:“公民人格尊严不受侵犯。”在执业活动中,因医患矛盾,引起患者或其家属侵犯医师人格尊严和人身安全事件常有发生,如侮辱、诽谤、谩骂甚至殴打医师,影响极为恶劣,严重干扰医师正常执业活动。法律已确认,一切扰乱医疗秩序、谩骂或殴打医务人员的行为都是违法行为,应当受到社会舆论的谴责和法律的制裁,侵犯医师人格尊严、人身安全,造成损害的,必须依法承担法律责任。

(6)依法获取工资报酬和津贴,享受国家规定的福利待遇,获得职业报酬,还可以获得补偿和津贴,特定的医疗业务、放射性医疗任务等应享有国家规定的放射工作补贴。

(7)对所在机构的医疗、预防、保健工作和卫生行政部门的工作提出意见和建议,依法参与所在机构的民主管理。

二、医师执业的义务

医师执业的义务是法律赋予医师在执业活动中必须履行的责任。医师在取得执业医师资格并享有相应权利的同时,在执业活动中应依法履行下列义务:

(1)遵守法律、法规,遵守技术操作规范的义务。

(2)树立敬业精神,遵守职业道德,履行医师职责,尽职尽责为患者服务。

(3)关心、爱护、尊重患者,保护患者的隐私。

(4)努力钻研业务,更新知识,提高专业技术水平。

(5)宣传卫生保健知识,对患者进行健康教育的义务。

三、医师执业规则

医师执业规则是指医师在执业活动中必须遵循的行为规范、行为准则。为了确保人民生命健康,医师在执业活动中应依法遵守国家的相关法律法规、诊疗规范、技术常规及以下行为规则:

(1)医师实施医疗、预防、保健措施,签署有关医学证明文件,必须亲自诊查、调查,并按照规定及时填写医学文书,不得隐匿、伪造或者销毁医学文书及有关资料。医师不得出具与自己执业范围无关或者与执业类别不相符的医学证明文件。

(2)对急危患者,医师应当采取紧急措施进行诊治;不得拒绝急救处置。

(3)医师应当使用经国家有关部门批准使用的药品、消毒药剂和医疗器械。除正当诊断治疗外,不得使用麻醉药品、医疗用毒性药品、精神药品和放射性药品。

(4)医师应当如实向患者或者其家属介绍病情,但应注意避免对患者产生不利后果。医师进行实验性临床医疗,应当经医院批准并征得患者本人或者其家属同意。

(5)医师不得利用职务之便,索取、非法收受患者财物或者牟取其他不正当利益。

(6)遇有自然灾害、传染病流行、突发重大伤亡事故及其他严重威胁人民生命健康的紧急情况时,医师应当服从县级以上人民政府卫生行政部门的调遣。

(7)医师发生医疗事故或者发现传染病疫情时,应当按照有关规定及时向所在机构或者卫生行政部门报告。医师发现患者涉嫌伤害事件或者非正常死亡时,应当按照有关规定向有关部门报告。

(8)执业助理医师应当在执业医师的指导下,在医疗、预防、保健机构中按照其执业类别执业。在乡、民族乡、镇的医疗、预防、保健机构中工作的执业助理医师,可以根据医疗诊治的情况和需要,独立从事一般的执业活动。

第五节　医师考核与培训

一、执业医师的考核

考核是指一定组织按照事先确定的原则、内容、方法和程序对所属工作人员进行的考察评价活动,依此对其工作人员实施奖惩、任用、培训。

(一)考核的主体

县级以上地方人民政府卫生行政部门负责指导、检查和监督医师考核工作。

县级以上地方人民政府卫生行政部门委托的机构或者组织,即医疗、预防、保健机构或者医疗机构评审委员会、医师协会或者其他医学组织,按照医师执业标准,对医师的业务水平、工作成绩和职业道德状况进行定期考核。对医师的考核结果,考核机构应当报告准予注册的卫生行政部门备案。

(二)考核的标准、形式和内容

医师考核标准是医师的执业标准,包括医师的执业规则以及医师的其他行业标准。医师考核实行定期考核,平时考核是定期考核的依据。考核内容包括医师的业务水平、工作业绩和职业道德。

(三)考核的结果

考核机构应当将考核结果报告给准予注册的卫生行政部门备案。考核结果主要分合格与不合格 2 种。对考核不合格的医师,县级以上地方人民政府卫生行政部门可以责令其暂停执业活动 3～6 个月,并接受培训和继续医学教育。暂停执业活动期满,再次进行考核,对考核合格的,允许其继续执业;对考核不合格的,由县级以上地方人民政府卫生行政部门注销注册,收回医师执业证书。对收回、注销执业证书的行政处罚,当事人不服的,可申请行政复议或提起行政诉讼。

《执业医师法》规定,医师在执业活动中有下列情形之一的,县级以上地方人民政府卫生行政部门应当给予表彰或者奖励:

(1)在执业活动中,医德高尚,事迹突出的。

(2)对医学专业技术有重大突破,作出显著贡献的。

(3)遇有自然灾害、传染病流行、突发重大伤亡事故及其他严重威胁人民生命健康的紧急情况时，救死扶伤、抢救诊疗表现突出的。

(4)长期在边远贫困地区、少数民族地区条件艰苦的基层单位努力工作的。

(5)国务院卫生行政部门规定应当予以表彰或者奖励的其他情形的。

二、执业医师的培训

培训是指以提高医师水平和素质为目的的各种教育和训练活动。参加培训，接受继续医学教育既是医师的权利，也是医师的义务。

县级以上地方人民政府卫生行政部门应当制定医师培训计划，对医师进行多种形式的培训，为医师接受继续医学教育提供条件。应当采取有力措施，对在农村和少数民族地区从事医疗、预防、保健业务的医务人员实施培训，以现代医学科学发展为重点，学习新知识、新理论、新技术、新方法，以短期培训、业余培训为主。

医疗、预防、保健机构应当按照规定和计划保证本机构医师的培训和继续医学教育。

县级以上人民政府卫生行政部门委托的承担医师考核任务的医疗卫生机构，应当为医师的培训和接受继续医学教育提供和创造条件。

第六节　法律责任

一、行政责任

违反《执业医师法》所应承担的行政责任包含行政处分和行政处罚。

1.《执业医师法》第 36 条规定，以不正当手段取得医师执业证书的，由发给证书的卫生行政部门予以吊销；对负有直接责任的主管人员和其他直接责任人员，依法给予行政处分。

以不正当手段取得医师执业证书的行为，主要是指违反《执业医师法》关于医师注册制度的规定，而获取医师执业证书的行为。主要包括以下几种行为：

(1)没有取得《执业医师法》所规定的医师资格的。如未参加医师资格考试，伪造考试成绩合格证书；或者医师资格考试中作弊、骗取考试合格证书，进而经注册取得执业证书的。

(2)具有《执业医师法》第 15 条规定的情形，当事人本人或所在医疗、预防、保健机构负责为本机构的医师集体办理注册手续的有关人员对不予注册的相关情形加以隐瞒，骗取注册进而获得执业证书的行为。

(3)卫生行政部门的工作人员徇私舞弊，弄虚作假，明知当事人未取得医师资格，或者具有《执业医师法》第 15 条规定的不予注册的情形，却准予其注册，并给其颁发医师执业证书的。

(4)卫生行政部门工作人员玩忽职守，因工作疏忽大意而未发现当事人具有《执业医师法》第 15 条规定的情形，准予其注册并颁发执业证书的。

对上述以不正当手段取得《医师执业证书》的人员给予行政处罚，由发给证书的卫生行政部门立即吊销其《医师执业证书》；对负有直接责任的主管人员和其他直接责任人员（医疗、预防、保健机构的主管人员和有关责任人员以及卫生行政部门的工作人员），依法给予行政处分。

2.《执业医师法》第 37 条规定，医师在执业活动中，违反执业医师法规定，有下列行为之一，尚未构成犯罪的，由县级以上人民政府卫生行政部门给予警告或者责令暂停 6 个月以上 1 年以下执业活动；情节严重的，吊销其执业证书：

(1)违反卫生行政规章制度或者技术操作规范，造成严重后果的。

(2)由于不负责任延误急危患者的抢救和诊治，造成严重后果的。

(3)造成医疗责任事故的。

(4)未经亲自诊查、调查，签署诊断、治疗、流行病学等证明文件或者有关出生、死亡等证明文件的。

(5)隐匿、伪造或者擅自销毁医学文书及有关资料的。

(6)使用未经批准使用的药品、消毒药剂和医疗器械的。

(7)不按照规定使用麻醉药品、医疗用毒性药品、精神药品和放射性药品的。

(8)未经患者或者其家属同意，对患者进行实验性临床医疗的。

(9)泄露患者隐私，造成严重后果的。

(10)利用职务之便，索取、非法收受患者财物或者牟取其他不正当利益的。

(11)发生自然灾害、传染病流行、突发重大伤亡事故以及其他严重威胁人民生命健康的紧急情况时，不服从卫生行政部门调遣的。

(12)发生医疗事故或者发现传染病疫情，患者涉嫌伤害事件或者非正常死亡，不按照规定报告的。

3.《执业医师法》第 39 条规定，未经批准擅自开办医疗机构行医或者非医师行医，尚未构成犯罪的，由县级以上人民政府卫生行政部门予以取缔，没收其违法所得及其药品、器械，并处 10 万元以下的罚款；对医师吊销其执业证书。

4.《执业医师法》第 40 条规定，阻碍医师依法执业，侮辱、诽谤、威胁、殴打医师或者侵犯医师人身自由、干扰医师正常工作、生活的，依照治安管理处罚条例的规定处罚。

5.《执业医师法》第 41 条规定，医疗、预防、保健机构未依法履行报告职责，导致严重后果的，由县级以上人民政府卫生行政部门给予警告；并对该机构的行政负责人依法给予行政处分。

6.《执业医师法》第 42 条规定，卫生行政部门工作人员或者医疗、预防、保健机构工作人员违反本法有关规定，弄虚作假、玩忽职守、滥用职权、徇私舞弊，尚不构成犯罪的，依法给予行政处分。

二、民事责任

1.《执业医师法》规定，医师在医疗、预防、保健工作中造成事故的，依照法律或者国家有关规定处理。

2.未经批准擅自开办医疗机构行医或者非医师行医，给患者造成损害的，依法承担赔偿责任。

3.违反医师义务和执业规则，给患者造成损害的，承担相应的损害赔偿责任。

三、刑事责任

1.未经批准擅自开办医疗机构行医或者非医师行医，构成犯罪的，依法追究刑事责任。

2.医师在执业活动中，有《执业医师法》第37条规定的行为之一，构成犯罪的，依法追究刑事责任。

3.未经批准擅自开办医疗机构行医或者非医师行医，构成犯罪的，依法追究刑事责任。

4.阻碍医师依法执业，侮辱、诽谤、威胁、殴打医师或者侵犯医师人身自由、干扰医师正常工作、生活，构成犯罪的，依法追究刑事责任。

5.卫生行政部门工作人员或者医疗、预防、保健机构工作人员违反《执业医师法》有关规定，弄虚作假、玩忽职守、滥用职权、徇私舞弊，构成犯罪的，依法追究刑事责任。

《刑法》中的刑事责任规定：

1.《刑法》第335条规定，医务人员由于严重不负责任，造成就诊人死亡或者严重损害就诊人身体健康的，处3年以下有期徒刑或者拘役。

2.《刑法》第336条规定，未取得医师执业资格的人非法行医，情节严重的，处3年以下有期徒刑、拘役或者管制，并处或者单处罚金；严重损害就诊人身体健康的，处3年以上10年以下有期徒刑，并处罚金；造成就诊人死亡的，处10年以上有期徒刑，并处罚金；未取得医师执业资格的人擅自为他人进行节育复通手术、假节育手术、终止妊娠手术或者摘取宫内节育器，情节严重的，处3年以下有期徒刑、拘役或者管制，并处或者单处罚金；严重损害就诊人身体健康的，处3年以上10年以下有期徒刑，并处罚金；造成就诊人死亡的，处10年以上有期徒刑，并处罚金。

思考题

1.简述执业医师法和执业医师的概念。

2.简述参加执业医师资格考试的条件。

3.简述执业医师准予注册、不予注册、注销注册、变更注册、重新注册的适用条件及法定要求。

4.简述执业医师的执业规则。

第六章 护士执业管理法律制度

第一节 护士执业法律制度概述

一、执业护士法的概念

执业护士法是指由国家制定的,用于调整护士在执业活动中各种社会关系的法律规范的总称。执业护士法是以确定护士执业资格,规范护士执业注册,调整护士执业规则及其与执业护士相关的法律规范的总称。目前,我国规范护士执业的法律法规有《护士条例》、《护士执业资格考试办法》等。《护士条例》从护士的执业资格、权利义务、医疗机构的相关职责等多方面对护理工作进行了规定。

护士,是指经执业注册取得护士执业证书,依照《护士条例》规定从事护理活动,履行保护生命、减轻痛苦、增进健康职责的卫生技术人员。

二、执业护士管理的法制建设

护理工作是医疗卫生工作的重要组成部分,是一项涉及维护和促进人体健康的医疗活动,具有专业性、服务性的特点。近年来,随着医疗卫生事业的发展,我国护理事业发展比较迅速。护理工作为维护和促进人民群众的健康发展发挥了积极作用。护士作为卫生技术人员,在医疗、预防、保健、康复等工作中发挥着重要作用,承担着重要职能。

建国以来,国家先后发布了《医士、药剂、助产士、牙科技士暂行条件》、《关于加强护理工作的意见》(卫生部 1979 年发布)。卫生部 1993 年颁布了《护士管理办法》等法规、规章的文件,但由于没有建立起严格的准入与职业管理制度,没有一个统一的尺度来衡量合格护士的标准,致使大量未经专业培训和未经正规专业培训的人员涌进护士队伍,致使护理工作存在一些不容忽视的问题。

为了维护护士的合法权益,严格规范护理行为,强化医疗卫生机构的职责,以促进护患关系和谐发展,保障医疗安全和人体健康,2008 年 1 月 23 日,国务院第 206 次常务会议通过了《护士条例》,并于 2008 年 5 月 12 日开始实施。为规范全国护士执业资格考试工作,加强护理专业队伍建设,根据《护士条例》第 7 条规定,卫生部、人力资源与社会保障部联合发布了《护士执业资格考试办法》,自 2010 年 7 月 1 日起施行。

三、《护士条例》立法目的

护理是一项涉及维护和促进人的健康的医疗活动，具有专业性、服务性的特点。随着我国医疗卫生事业的发展，护理事业发展比较迅速。护理工作为维护和促进人民群众的健康发挥了积极作用。同时，护理工作也存在一些不容忽视的问题，主要表现在三个方面：

1. 护士的合法权益缺乏法律保障　目前，在新老人事体制并行的情况下，部分医疗机构存在着正式编制人员和编外聘用合同制人员的双轨管理机制。为降低护士人力成本，一些医疗机构大量减少正式编制的护士，增加编外合同制护士。一些医疗机构聘用的合同制护士不享有参加继续教育、职称晋升的权利，不享有国家规定的节假日待遇。这些问题不仅侵犯了护士的劳动权益，而且严重影响了护士队伍的稳定，不利于护理专业的发展，不利于对患者提供优质的护理服务。

2. 部分护士责任心不够　一些护士不能全面、严格地履行护理职责，忽视基础护理工作，主动服务意识不强，导致护患关系紧张，影响了医疗质量，甚至引发医疗事故。一些医院的护理工作简单化，护士仅注重执行医嘱，忽视了主动观察病人病情变化、巡视病房和基础护理等工作，忽视了对病人的生活照顾、心理护理和康复指导，忽视了与病人的沟通、交流。

3. 医护比例严重失调　部分医疗卫生机构重医疗、轻护理，随意减少护士职数。特别是有些医院认为护士不能为医院带来较大的经济效益，因此没有把护士队伍建设和护理工作发展纳入医院整体发展规划中。由于病房护士少，病人需要的生活照顾不能满足，医院就让病人花钱聘护工，护工虽然满足了病人的生活照顾需要，但却给危重病人的护理带来了安全隐患，特别是由于护工承担部分带有治疗性的护理工作，使护士应履行的观察病人病情变化的职责成为虚有，给医疗安全带来很多隐患。

为了维护护士的合法权益，规范护理行为，促进护患关系和谐发展，保障医疗安全和人体健康，有必要制定一部有关护士执业的行政法规。

四、《护士条例》的适用范围

《护士条例》适用于按《护士执业资格考试办法》经过注册取得护理执业证书，依照《护士条例》规定从事护理活动，履行保护生命、减轻痛苦、增进健康职责的护理专业人员。

五、管理机构及其职责

（一）监督管理机构及其职责

国务院卫生主管部门负责全国的护士监督管理工作。县级以上地方人民政府卫生主管部门负责本行政区域的护士监督管理工作。

国务院有关部门、县级以上地方人民政府及其有关部门以及乡（镇）人民政府应当采取措施，改善护士的工作条件，保障护士待遇，加强护士队伍建设，促进护理事业健康发展。国务院有关部门和县级以上地方人民政府应当采取措施，鼓励护士到农村、基层医疗卫生机构工作。

县级以上地方人民政府及其有关部门对本行政区域内做出贡献的护士，按照省、自治区、直辖市人民政府的有关规定给予表彰、奖励。

(二)管理机构及其职责

医疗卫生机构在规范护理行为、保障护士合法权益,促进护理事业发展方面负有管理责任。

目前,护士都是在一定的医疗卫生机构中执业,护士义务的履行需要医疗卫生机构直接进行监督,护士权利的实现有赖于医疗卫生机构提供物质保障。医疗卫生机构主要有以下三个方面的职责:

1.按照卫生部的要求配备护士　护士配备是否合理,直接关系到医院的工作质量,更直接影响到护理质量、患者安全。因此,《护士条例》规定,医疗卫生机构配备护士的数量不得低于卫生部规定的护士配备标准。《护士条例》施行前,尚未达到护士配备标准的医疗卫生机构,应当按照卫生部规定的实施步骤,自《护士条例》施行之日起 3 年内达到护士配备标准。

2.保障护士合法权益。

(1)应当为护士提供卫生防护用品,并采取有效的卫生防护措施和医疗保障措施。

(2)应当执行国家有关工资、福利待遇等规定,按照国家有关规定为在本机构从事护理工作的护士足额缴纳社会保险费用。

(3)对在艰苦边远地区工作,或者从事直接接触有毒有害物质、有感染传染病危险工作的护士,所在医疗卫生机构应当按照国家有关规定给予津贴。

(4)应当制定、实施本机构护士在职培训计划,并保证护士接受培训;根据临床专科护理发展和专科护理岗位的需要,开展对护士的专科护理培训。

3.加强护士管理。

(1)应当按照卫生部的规定,设置专门机构或者配备专(兼)职人员负责护理管理工作;不得允许未取得护士执业证书的人员、未依照《护士条例》规定办理执业地点变更手续的护士以及护士执业注册有效期届满未延续执业注册的护士,在本机构从事诊疗技术规定的护理活动;在教学、综合医院进行护理临床实习的人员应当在护士指导下开展工作。

(2)应当建立护士岗位责任制并进行监督检查。护士因不履行职责或者违反职业道德受到投诉的,其所在医疗卫生机构应当进行调查;经查证属实的,医疗卫生机构应当对护士做出处理,并将调查处理情况告知投诉人。

第二节　护士执业资格考试制度

我国实行护士执业资格考试制度。国家护士执业资格考试是评价申请护士执业资格者是否具备执业所必需的护理专业知识与工作能力的考试。

一、护士执业资格考试内容与原则

护士执业资格考试实行国家统一考试制度。统一考试大纲,统一命题,统一合格标准。护士执业资格考试原则上每年举行一次,具体考试日期在举行考试 3 个月前向社会公布。护士执业资格考试包括专业实务和实践能力两个科目。一次考试通过两个科目为考试成绩合格。为加强对考生实践能力的考核,原则上采用“人机对话”考试方式进行。

护士执业资格考试遵循公平、公开、公正的原则，实行回避制度。考试工作人员有下列情形之一的，应当回避：①是考生近亲属的。②与考生有其他利害关系，可能影响考试公正的。

二、护士执业资格考试报名条件

在中等职业学校、高等学校完成国务院教育主管部门和国务院卫生主管部门规定的普通全日制3年以上的护理、助产专业课程学习，包括在教学、综合医院完成8个月以上护理临床实习，并取得相应学历证书的，可以申请参加护士执业资格考试。

申请参加护士执业资格考试的人员，应当在公告规定的期限内报名，并提交以下材料：

(1)护士执业资格考试报名申请表。

(2)本人身份证明。

(3)近6个月二寸免冠正面半身照片3张。

(4)本人毕业证书。

(5)报考所需的其他材料。

申请人为在校应届毕业生的，应当持有所在学校出具的应届毕业生毕业证明，到学校所在地的考点报名。学校可以为本校应届毕业生办理集体报名手续。

申请人为非应届毕业生的，可以选择到人事档案所在地报名。

具有护理、助产专业中专和大专学历的人员，参加护士执业资格考试并成绩合格，可取得护理初级(士)专业技术资格证书；护理初级(师)专业技术资格按照有关规定通过参加全国卫生专业技术资格考试取得。

具有护理、助产专业本科以上学历的人员，参加护士执业资格考试并成绩合格，可以取得护理初级(士)专业技术资格证书；在达到《卫生技术人员职务试行条例》规定的护师专业技术职务任职资格年限后，可直接聘任护师专业技术职务。

三、护士执业资格考试的组织与管理

卫生部和人力资源社会保障部成立全国护士执业资格考试委员会。全国护士执业资格考试委员会下设办公室，办公室设在卫生部，负责具体工作。

护士执业资格考试考务管理实行承办考试机构、考区、考点三级责任制。承办考试机构具体组织实施护士执业资格考试考务工作。各省、自治区、直辖市及新疆生产建设兵团设立考区。省、自治区、直辖市人民政府卫生行政部门及新疆生产建设兵团卫生局负责本辖区的考试工作。省、自治区、直辖市人民政府卫生行政部门及新疆生产建设兵团卫生局可根据实际情况，会同人力资源和社会保障部门成立护士执业资格考试领导小组。考区根据考生情况设置考点，报全国护士执业资格考试委员会备案。考点设在设区的市。

第三节　护士执业注册制度

《护士条例》第7条规定，护士执业，应当经执业注册取得护士执业证书。

一、护士执业注册条件与管理

护理工作直接关系到病人身体健康和医疗安全。护士以其专业化知识和技术为患者提供护理服务,满足人民群众的健康服务需求。护士的专业水平、整体素质与医疗安全、患者的康复、患者对医院服务的满意程度关系密切。临床工作中,与病人接触最多的也是护士。为了确保从事护理工作的护士具有保障病人健康和医疗安全的执业水平,条例总结我国护士管理的经验,参照国际通行做法规定,只有受过专门训练并经执业注册取得护士执业证书的人员才能从事护理工作。申请护士执业注册应当具备四个条件:①具有完全民事行为能力。②在中等职业学校、高等学校完成教育部和卫生部规定的普通全日制3年以上的护理、助产专业课程学习,包括在教学、综合医院完成8个月以上护理临床实习,并取得相应学历证书。③通过卫生部组织的护士执业资格考试。④符合卫生部规定的健康标准。

二、护士执业注册的程序

1.申请　护士执业注册申请,应当自通过护士执业资格考试之日起3年内提出;逾期提出申请的,除应当具备规定的条件外,还应当在符合国务院卫生主管部门规定条件的医疗卫生机构接受3个月临床护理培训并考核合格。

申请护士执业注册的,应当向拟执业地省、自治区、直辖市人民政府卫生主管部门提出申请。

2.审核与受理　收到申请的卫生主管部门应当自收到申请之日起20个工作日内作出决定,对具备本条例规定条件的,准予注册,并发给护士执业证书;对不具备本条例规定条件的,不予注册,并书面说明理由。

护士执业注册有效期届满需要继续执业的,应当在护士执业注册有效期届满前30日向执业地省、自治区、直辖市人民政府卫生主管部门申请延续注册。收到申请的卫生主管部门对具备本条例规定条件的,准予延续,延续执业注册有效期为5年;对不具备本条例规定条件的,不予延续,并书面说明理由。

护士执业注册有效期为5年。注册是行政机关行使许可权的一种形式。取得护士执业资格的人经护士执业注册后,便成为法律意义上的护士,享有护士的权利,并履行护士的义务。

三、护士执业注册的变更与注销

(一)注册变更

护士在其执业注册有效期内变更执业地点的,应当向拟执业地省、自治区、直辖市人民政府卫生主管部门报告。收到报告的卫生主管部门应当自收到报告之日起7个工作日内为其办理变更手续。护士跨省、自治区、直辖市变更执业地点的,收到报告的卫生主管部门还应当向其原执业地省、自治区、直辖市人民政府卫生主管部门通报。

(二)注销注册及不予注册

护士有《行政许可法》规定的应当予以注销执业注册情形的,原注册部门应当依照《行政许可法》的规定注销其执业注册。对不具备规定条件的,不予注册,并书面说明理由。

第四节　执业护士的权利与义务

获得护士执业资格和执业注册许可的医师，在执业活动中，除享有普通公民应有的公民权外，法律给予了从事护士职业而享有的权利，强化了对护士合法权利、应尽义务、执业规则等方面的规范和保护。

一、护士的权利

护士在执业活动中依法享有以下权利：

（一）享受福利待遇的权利

执业护士有按照《工伤保险条例》、《国务院关于建立城镇职工基本医疗保险制度的决定》、《关于事业单位、民间非营利性组织工作人员工伤有关问题的通知》、《关于护士工龄津贴的若干规定》等国家有关规定获取工资报酬、享受福利待遇、参加社会保险的权利。

（二）获得职业防护的权利

执业护士有获得与其所从事的护理工作相适应的卫生防护、医疗保健服务的权利。从事直接接触有毒有害物质、有感染传染病危险工作的护士，有依照有关法律、行政法规的规定接受职业健康监护的权利；患职业病的，有依照法律、行政法规的规定获得赔偿的权利。

（三）提升业务能力的权利

执业护士有按照国家有关规定获得与本人业务能力和学术水平相应的专业技术职务、职称的权利；有参加专业培训、从事学术研究和交流、参加行业协会和专业学术团体的权利。

（四）获得履行护理职责的权利

执业护士有获得疾病诊疗、护理相关信息的权利和其他与履行护理职责相关的权利，可以对医疗卫生机构和卫生主管部门的工作提出意见和建议。

（五）获得表彰奖励的权利

国务院有关部门对在护理工作中做出杰出贡献的护士，应当授予“全国卫生系统先进工作者”荣誉称号或者颁发白求恩奖章，受到表彰、奖励的护士享受省部级劳动模范、先进工作者待遇；对长期从事护理工作的护士应当颁发荣誉证书。

二、护士的义务

执业护士不仅享有执业权利，同时要履行相应的义务。护患关系指以护理工作者为一方，以患者为另一方，患者在医疗过程中与护士结成的人际关系。护患关系从患者就诊即建立，直至出院后才告完结。因此，可以说护患关系贯穿于护理的全过程。规范护士执业行为，提高护理质量，是保障医疗安全、防范医疗事故、改善护患关系的重要方面。据此，《护士条例》明确规定护士应当承担以下五方面的义务。

（一）遵守法律、法规、规章和诊疗技术规范的义务

这是护士执业的根本准则，即合法性原则。这一原则涵盖了护士执业的基本要求，包含了护士执业过程中应当遵守的大量具体规范和应当履行的大量义务。通过法律、法规、规章和诊疗技术规范的约束，护士履行对患者、患者家属以及社会的义务。如严格按照规范进行护理操作；为患者提供良好的环境，确保其舒适和安全；主动征求患者及其家属的意见，及时改进工作中的不足；认真执行医嘱，注重与医生之间的相互沟通；积极开展健康教育，指导人们建立正确的卫生观念和培养健康行为，唤起民众对健康的重视，促进地区或国家健康保障机制的建立和完善。

（二）紧急救护患者的义务

护士在执业活动中，发现患者病情危急，应当立即通知医师；在紧急情况下为抢救垂危患者生命，应当先行实施必要的紧急救护。

（三）发现情况及时报告的义务

护士在执业活动中发现医嘱违反法律、法规、规章或者诊疗技术规范的，应当及时向开具医嘱的医师提出；必要时，应当向该医师所在科室的负责人或者医疗卫生机构负责医疗服务管理的人员报告。

（四）尊重、关心、爱护患者，保护患者隐私的义务

护士在执业活动中应当尊重、关心、爱护患者，保护患者的隐私。这实质上是对患者人格和权利的尊重，有利于与患者建立相互信任、以诚相待的护患关系。

（五）参与公共卫生和疾病预防控制工作的义务

执业护士有义务参与公共卫生和疾病预防控制工作。发生自然灾害、公共卫生事件等严重威胁公众生命健康的突发事件，护士应当服从县级以上人民政府卫生主管部门或者所在医疗卫生机构的安排，参加医疗救护。

第五节　法律责任

一、卫生行政责任

（一）卫生主管部门的行政责任

其工作人员未依照《护士条例》规定履行职责，在护士监督管理工作中滥用职权、徇私舞弊，或者有其他失职、渎职行为，尚未构成犯罪的，依法给予处分。

（二）医疗卫生机构的行政责任

1. 医疗卫生机构有下列情形之一的，由县级以上地方人民政府卫生主管理部门依据职责分工责令限期改正，给予警告；逾期不改正的，根据国务院卫生主管部门规定的护士配备标准和在医疗卫生机构合法执业的护士数量核减其诊疗科目，或者暂停其6个月以上1年以下执业活动；国家举办的医疗卫生机构有下列情形之一、情节严重的，还应当对负有责任的主管人员和其他直接责任人员依法给予处分：

(1)违反本条例规定，护士的配备数量低于国务院卫生主管部门规定的护士配备标准的。

(2)允许未取得护士执业证书的人员或者允许未依照本条例规定办理执业地点变更手续、延续执业注册有效期的护士，在本机构从事诊疗技术规范规定的护理活动的。

2. 医疗卫生机构有下列情形之一的，依照有关法律、行政法规的规定给予处罚；国家举办的医疗卫生机构有下列情形之一、情节严重的，还应当对负责的主管人员和其他直接责任人员依法给予处分：

(1)未执行国家有关工资、福利待遇等规定的。

(2)对在本机构从事护理工作的护士，未按照国家有关规定足额缴纳社会保险费用的。

(3)未为护士提供卫生防护用品，或者未采取有效的卫生防护措施、医疗保健措施的。

(4)对在艰苦边远地区工作，或者从事直接接触有毒有害物质、有感染传染病危险工作的护士，未按照国家有关规定给予津贴的。

3. 医疗卫生机构有下列情形之一的，由县级以上地方人民政府卫生主管部门依据职责分工责令限期改正，给予警告：

(1)未制定、实施本机构护士在职培训计划或者未保证护士接受培训的。

(2)未依照条例规定履行护士管理职责的。

(三)执业护士的行政责任

1. 护士在执业活动中有下列情形之一的，由县级以上地方人民政府卫生主管部门依据职责分工责令改正，给予警告；情节严重的，暂停其 6 个月以上 1 年以下执业活动，直至由原发证部门吊销其《护士执业证书》：

(1)发现患者病情危急未立即通知医师的。

(2)发现医嘱违反法律、法规、规章或者诊疗技术规范的规定，未依照本条例第 17 条的规定提出或者报告的。

(3)泄露患者隐私的。

(4)发生自然灾害、公共卫生事件等严重威胁公众生命健康的突发事件，不服从安排参加医疗救护的。

2. 护士在执业活动中造成医疗事故的，依照医疗事故处理的有关规定承担法律责任。

3. 护士被吊销执业证书的，自执业证书被吊销之日起 2 年内不得申请执业注册。

二、刑事责任

1. 卫生主管部门的工作人员未依照本条例规定履行职责，在护士监督管理工作中滥用职权、徇私舞弊，或者有其他失职、渎职行为，构成犯罪的，依法追究刑事责任。

2. 扰乱医疗秩序，阻碍护士依法开展执业活动，侮辱、威胁、殴打护士，或者有其他侵犯护士合法权利行为的，由公安机关依照《治安管理处罚法》的规定给予处罚；构成犯罪的，依法追究刑事责任。

思考题

1. 简述护士执业资格考试的内容与原则。

2. 简述护士执业资格考试的报名条件。

3. 申请护士执业注册应当具备哪些条件？

4. 简述执业护士的权利与义务。

第七章 医事纠纷处理法律制度

第一节 医事纠纷处理法律制度概述

一、医事纠纷的概念及特征

医事纠纷通常又称医疗纠纷，有广义与狭义之分。广义的医事纠纷是指医疗相对人对医疗机构的医疗服务表示不满意所引发的医疗争议。通常是指在以病人为中心的医疗实践活动中，医患双方对诊疗护理结果及其原因的认定有分歧，当事人提出追究责任或经济赔偿的医疗争议事件。它不以是否存在有医疗违法行为为前提条件，也不一定以追究医方的法律责任为目的，如通常人们所说的只求"讨个说法"就属于这种情形。狭义的医事纠纷，是指医疗相对人认为医疗机构确实有医疗违法行为及认为自己的合法权益已经受到侵害，它必须以追究对方当事人存在有法律意义上的过错责任为目的，而向卫生行政部门或司法机关提请处理所引起的纠纷。通常人们所说的医事纠纷（医疗纠纷）多针对狭义而言。

医事纠纷必须同时具备三个基本特征：①医事纠纷只能发生在医疗机构与医疗相对人之间。②医事纠纷是以医疗机构是否有医疗违法行为的存在为争议的焦点。③医事纠纷的提起是以维护医疗相对人（患方）的合法权益为动因的。

医疗纠纷与医疗事故既有联系又有区别。医疗纠纷不都是医疗事故，医疗事故也并不都会形成医疗纠纷。医疗纠纷很常见，但是最终认定构成医疗事故的只占其中很少一部分。医疗纠纷是医患双方就医疗服务过程及质量产生的争议，并意味着医疗机构有医疗过失。医疗事故是指医疗机构及其医务人员在诊疗护理工作中，违反医疗卫生管理法律、行政法规、部门规章和诊疗护理规范、常规，过失造成患者人身损害的事故。医疗事故是对医疗纠纷争议事实的认定，即经过法定程序认定医疗机构及其医务人员在医疗服务过程中由于过失侵害了患者的人身权利并造成了损害。

二、医事纠纷处理法制建设

医事纠纷处理法律规定是调整解决医事纠纷、正确处理医疗损害、保障医事活动中医患双方合法权益、维护医疗单位正常工作秩序所产生的各种社会关系的法律规范的总和。

医事纠纷是一种特殊的民事纠纷。积极预防和正确处理医事纠纷，最大限度减少医疗损害，对于维护医患双方的合法权益，发展医疗卫生和医学科学事业，有着重要意义。在医疗实践中，医患双方对不良后果及其产生的原因在认识上经常发生分歧和矛盾，双方因医疗责任或赔偿损失也时常引发医疗纠纷。而我国在处理医疗损害、医疗事故和医疗纠纷中长期以来无法可依，受事故侵害者的合理要求得不到适当赔偿，医疗机构及其医务人员的正当医疗措施得不到正确的公允的评价。为了维护医患双方的权益，保障正常的医疗秩序与社会稳定，1987 年 6 月 29 日，国务院颁布了我国第一个处理医疗事故争议的专门法规《医疗事故处理办法》。从医疗事故认定、赔偿、处罚等不同方面对医疗事故处理进行规范。随后卫生部根据该办法又陆续制定了若干部门规章，并对执行中遇到的许多具体问题进行了行政解释。各省、自治区、直辖市人民政府也制定了相应的《医疗事故处理办法实施细则》。我国医疗事故的处理开始纳入规范化和法制化管理的轨道。《医疗事故处理办法》的实施，对解决医疗事故和医疗纠纷运用法律手段予以调整和制约是显而有效的。由于历史原因以及市场经济的迅猛发展，《医疗事故处理办法》在医疗事故定性、事故的分级、鉴定以及一些条款上已不能适应社会发展，尤其是该办法规定医疗事故的认定由卫生行政管理部门认定，因此医疗纠纷在处理过程中，将主管医疗事故处理的医疗行政管理部门也牵涉其中，暴露了处理医事纠纷的法律制度在解决医疗损害赔偿法律效力方面的滞后，应当加以补充和完善。

2002 年 4 月 4 日，国务院公布了《医疗事故处理条例》(以下简称《条例》)，并于同年 9 月 1 日起施行。《条例》规定医疗事故的认定由社会学术团体(医学会)担任，从而将医疗卫生行政主管部门从纠纷中解脱出来。卫生部随后发布了《医疗事故技术鉴定暂行办法》、《医疗事故分级标准(试行)》、《病历书写基本规范(试行)》(2010 年 3 月 1 日废止，取而代之的是《病历书写基本规范》)、《医疗事故争议中尸检机构及专业技术人员资格认定办法》、《医疗事故技术鉴定专家库学科专业组目录(试行)》、《医疗机构病历管理规定》和《重大医疗过失行为和医疗事故报告制度的规定》等配套规章。从 2002 年 4 月到 2010 年 7 月，《医疗事故处理条例》适用于医疗纠纷的处理，解决了大量的医疗事故纠纷。

近年来医疗纠纷逐年上升，社会普遍关注。2007 年，全国法院受理医疗损害案件 1.1 万件，2008 年为 1.38 万件。妥善解决医疗纠纷，既要保护患者的合法权益，也要保护医院和医务人员的合法权益，还要有利于医学科学进步以及医药卫生事业发展。《中华人民共和国侵权责任法》(以下简称《侵权责任法》)的出台具有划时代意义。《侵权责任法》于 2009 年 12 月 26 日由第十一届全国人民代表大会常务委员会第十二次会议审议通过，并于 2010 年 7 月 1 日起正式施行。关于医疗损害责任这一部分，是全新的法律规定，11 条内容规范了医疗损害中主要的基本问题：医疗纠纷处理法律适用问题、医疗损害鉴定问题、多头赔偿问题等。

在《侵权责任法》施行以前处理医疗损害侵权纠纷处理的实践中，适用的法律、法规主要是《民法通则》和《最高人民法院关于审理人身损害赔偿案件适用法律若干问题的解释》及国务院颁布的《医疗事故处理条例》，但在《侵权责任法》颁布实施后，如何在医疗损害侵权纠纷案件中准确适用该法，成为处理医疗损害纠纷实践中面临的现实问题。《侵权责任法》是国家法律，是上位法、新法，《医疗事故处理条例》是国务院颁布的行政法规，是下位法、旧法。根据上位法优于下位法、新法优于旧法的法律适用原则，下位法不得与上位法相抵触，如有抵触，则抵触的内容无效，应适用上位法的规定。因此，《侵权责任法》实施后并不意味着《条例》的废止。

第二节　医疗损害责任法律规定

一、医疗损害责任的概念及构成要件

(一)医疗损害责任的概念

医疗损害是指医疗机构及其医务人员在医疗活动中,违反医疗卫生管理法律、行政法规、行政规章和诊疗护理规范、常规,过失造成患者人身损害结果。

医疗损害责任,是指医疗机构及其医务人员在医疗活动中,未尽相关法律、法规、规章和诊疗技术规范所规定的注意义务,在医疗过程中发生过错,并因这种过错导致患者人身损害所形成的民事法律责任。《侵权责任法》第 54 条规定,患者在诊疗活动中受到损害,医疗机构及其医务人员有过错的,由医疗机构承担赔偿责任。

(二)医疗损害责任的构成要件

医疗损害责任的构成要件包括以下几个方面:

1.医疗机构及其医务人员有诊疗行为　诊疗行为是指医疗机构及其医务人员运用医学理论和方法维护人体生命健康所必需的行为。包括诊断、治疗、护理、保健等具体诊疗行为以及相关的管理行为。只有诊疗行为导致的人身损害才适用医疗损害责任的规定。非诊疗行为即因非医疗行为导致的人身损害,适用的是人身损害赔偿的一般规定。非诊疗行为包括:

(1)因医疗机构的设施有瑕疵导致患者摔伤、自残、自杀。

(2)因医疗机构管理有瑕疵导致损害,如抱错婴儿。

(3)医务人员的故意伤害行为。

(4)非法行医。

2.患者有损害结果且损害结果必须具有客观性、真实性和确定性　对患者造成的危害程度,是指必须符合法律规定的给患者造成死亡、重度残疾;造成患者中度残疾、器官组织损伤导致严重功能障碍;造成患者轻度残疾、器官组织损伤导致一般功能障碍;造成患者明显人身损害的其他后果。是否为医疗损害,交由负责医疗事故技术鉴定工作的医学会组织鉴定或提请有资质的司法鉴定机构进行司法鉴定。

3.诊疗行为与损害结果之间有因果关系　因果关系是确认是否构成医疗损害责任的基本条件,诊疗行为与危害结果之间没有因果关系,不能认定为医疗损害。在多因一果情况下,要综合分析患者的病情和个体差异,具体分析各个原因在损害结果中的不同地位和所起的作用,避免以偏概全。

4.医疗机构及其医务人员有过错　医疗过错是指医疗机构及其医务人员未尽到应尽的注意义务。医务人员的注意义务是最基本的义务,是医务人员在从事医疗活动中,应当对患者尽到应有的谨慎和注意,对其实施的每一个环节,包括诊断、检查、手术等过程中具有的危险性加以注意并进行相关说明,以免造成患者受到不应有的损害。《侵权责任法》第 57 条规定:“医务人员在诊疗活动中未尽到与当时的医疗水平相应的诊疗义务,造成患者损害的,医疗机构应当承担赔偿责任。”

(三)推定医疗机构有过错的情形

《侵权责任法》第 58 条规定,患者有损害,因下列情形之一的,推定医疗机构有过错:

(1)违反法律、行政法规、规章以及其他有关诊疗规范的规定。

(2)隐匿或者拒绝提供与纠纷有关的病历资料。

(3)伪造、篡改或者销毁病历资料。

二、医疗损害责任的分类

根据《侵权责任法》第七章“医疗损害责任”的有关规定,医疗损害责任可分为三类。

(一)医疗技术损害责任

医疗技术损害责任,是指医疗机构及其医务人员从事病情的检验、诊断,治疗方法的选择,治疗措施的执行,病情发展过程的追踪以及术后护理等医疗行为,不符合当时既存的医疗专业知识或技术水准的过失行为,医疗机构应当承担的损害赔偿责任。医疗技术损害责任适用过错责任原则。

(二)医疗伦理损害责任

医疗伦理损害责任,是指医疗机构及其医务人员从事各种医疗行为时,未对患者充分告知或者说明病情,未提供对病患及时有用的医疗建议,未维护患者与病情相关的隐私权,或未征得患者同意,即采取某种医疗或停止继续治疗措施等,违反了医疗职业道德良知或职业伦理应遵守的规则的过失行为,医疗机构应承担的损害赔偿责任。医疗伦理损害责任适用过错推定原则。

(三)医疗产品损害责任

医疗产品损害责任,是指医疗机构在医疗过程中使用有缺陷的药品、消毒药剂、医疗器械以及血液及血液制品等医疗产品,造成患者人身损害应承担的赔偿责任。《侵权责任法》第 59 条规定,药品、消毒药剂、医疗器械的缺陷,或者输入不合格的血液造成患者损害的,患者可以向生产者或者血液提供机构请求赔偿,也可以向医疗机构请求赔偿。患者向医疗机构请求赔偿的,医疗机构赔偿后,有权向负有责任的生产者或者血液提供机构追偿。医疗产品损害责任适用无过失责任原则。

三、医疗机构不承担赔偿责任的情形

《侵权责任法》第 60 条规定,患者有损害,因下列情形之一的,医疗机构不承担赔偿责任:

(1)患者或者其近亲属不配合医疗机构进行符合诊疗规范的诊疗。

(2)医务人员在抢救生命垂危的患者等紧急情况下已经尽到合理诊疗义务。

(3)限于当时的医疗水平难以诊疗。

前款第一项情形中,医疗机构及其医务人员也有过错的,应当承担相应的赔偿责任。

患者或者其近亲属不配合医疗机构诊疗的常见情形有:①缺乏医疗卫生常识,经详细解释仍无效。②不如实提供病史。③不配合检查。④不遵守医嘱。⑤不服从医院管理。

在上述情形中,医疗机构及其医务人员在诊疗活动中如存在违法违规行为,则认定为有过错,造成损害的应承担赔偿责任。

四、医疗机构承担医疗损害赔偿责任的情形

(一)未尽到说明义务

《侵权责任法》第55条规定,医务人员在诊疗活动中应当向患者说明病情和医疗措施。需要实施手术、特殊检查、特殊治疗的,医务人员应当及时向患者说明医疗风险、替代医疗方案等情况,并取得其书面同意;不宜向患者说明的,应当向患者的近亲属说明,并取得其书面同意。

医务人员未尽到前款义务,造成患者损害的,医疗机构应当承担赔偿责任。

医务人员在诊疗过程中应当把患者的病情、采取的诊疗措施(包括有无替代方法)、及可能存在的风险告知患者,履行法律规定的告知义务,保障患者的知情同意权。医务人员履行了告知义务,但患者拒绝或放弃知情同意权,如放弃继续诊疗的决定、故意怠慢作出是否同意的决定等,造成损害的,医疗机构不承担赔偿责任。

医疗机构未尽到说明义务的赔偿责任的构成要件:①行为违法性要件,即未依法履行告知义务。②损害结果要件,即患者要有损害事实的后果。③因果关系要件,即患者的损害结果与医疗机构未告知有因果关系。④主观过错要件,即医疗机构故意的不愿告知、过失的没有告知。

(二)未尽到与当时的医疗水平相应的诊疗义务

《侵权责任法》第57条规定,医务人员在诊疗活动中未尽到与当时的医疗水平相应的诊疗义务,造成患者损害的,医疗机构应当承担赔偿责任。

医务人员在从事医疗活动中,应当对患者尽到应有的谨慎和注意,以免造成患者受到不应有的损害。医务人员的注意义务是最基本的义务。要求医务人员在诊疗活动中积极履行其应尽的职责,对其实施的每一个环节所具有的危险性加以注意。

医务人员注意义务的内容包括:有义务具备相同时间、地域等客观条件下医务人员通常所应具备的医学知识和技术;有义务使用相同时间、地域等客观条件下医务人员在诊疗同类疾病时所使用的技术;有义务在诊疗活动中作出最佳合理的判断。

医务人员未尽注意义务的情形:未尽医疗活动中不良结果的预见义务;未尽医疗活动中不良结果的回避义务;未尽医疗活动中的转诊、会诊义务。

确定医务人员的医疗水平与其注意义务的对应关系,应参考实施医疗行为时医疗水平的时间性和地域性,实施医疗行为时医务人员的资质。医务人员有义务具备相同时间、地域等客观条件下医务人员通常所应具备的医学知识和技术、在诊疗同类疾病时所使用的技术并在诊疗活动中作出最佳合理的判断。

(三)泄露患者隐私

《侵权责任法》第62条规定,医疗机构及其医务人员应当对患者的隐私保密。泄露患者隐私或者未经患者同意公开其病历资料,造成患者损害的,应当承担侵权责任。

五、紧急情况下医疗措施的实施

《侵权责任法》第56条规定,因抢救生命垂危的患者等紧急情况,不能取得患者或者其近亲属意见的,经医疗机构负责人或者授权的负责人批准,可以立即实施相应的医疗措施。

对患者采取紧急救治措施是法律规定的医疗机构及其医务人员应当履行的法定义务。

在患者病情危急，严重威胁其生命，医疗机构及其医务人员在符合紧急医疗规范的情况下实施的医疗措施，造成患者出现一些不良后果，不应当承担法律责任。

(一)紧急情况下实施相应医疗措施的条件

1.抢救生命垂危的患者的紧急情况。

2.不能取得患者或其近亲属的同意。

(二)紧急情况下实施相应医疗措施的程序

经医疗机构负责人或者授权的负责人批准，可以立即实施相应的医疗措施。

六、医疗损害的预防

医疗损害是不可避免的，但绝非是必然发生的。预防医疗损害的发生，不仅是卫生行政部门、医疗机构及其医务人员合力共创的事情，更是医患双方合力共同对付疾病的事情。预案是事前制定的一系列应急反应程序，明确应急机制中各成员部门及其人员的组成、具体职责、工作措施以及相互之间的协调关系，预案在其针对的情况出现时启动。医疗机构应当制定防范、处理医疗事故的预案，预防医疗事故的发生，减轻医疗事故的损害。预防医疗损害，医疗机构及其医务人员应做到：

(一)加强病历资料管理

《侵权责任法》第61条规定，医疗机构及其医务人员应当按照规定填写并妥善保管住院志、医嘱单、检验报告、手术及麻醉记录、病理资料、护理记录、医疗费用等病历资料。患者要求查阅、复制前款规定的病历资料的，医疗机构应当提供。

1.病历书写规范　病历是诊疗行为的法定载体，是记录诊疗行为的书证。在医疗损害争议中，病历是医患双方关注的焦点，也是判定责任的重要依据之一。

病历书写是指医务人员通过问诊、查体、辅助检查、诊断、治疗、护理等医疗活动获得有关资料，并进行归纳、分析、整理形成医疗活动记录的行为。病历书写应符合法律、法规规定，客观地记录诊疗事实，原始病历只有一份。

医疗机构及其医务人员书写病历应符合《病历书写基本规范》的基本要求：

(1)病历书写应当客观、真实、准确、及时、完整、规范。

(2)病历书写应当使用蓝黑墨水、碳素墨水，需复写的病历资料可以使用蓝或黑色油水的圆珠笔。计算机打印的病历应当符合病历保存的要求。

(3)病历书写应当使用中文，通用的外文缩写和无正式中文译名的症状、体征、疾病名称等可以使用外文。

(4)病历书写应规范使用医学术语，文字工整，字迹清晰，表述准确，语句通顺，标点正确。

(5)病历书写过程中出现错字时，应当用双线画在错字上，保留原记录清楚、可辨，并注明修改时间，修改人签名。不得采用刮、粘、涂等方法掩盖或去除原来的字迹。上级医务人员有审查修改下级医务人员书写的病历的责任。

(6)病历应当按照规定的内容书写，并由相应医务人员签名。实习医务人员、试用期医务人员书写的病历，应当经过本医疗机构注册的医务人员审阅、修改并签名。进修医务人员由医疗机构根据其胜任本专业工作实际情况认定后书写病历。

(7)病历书写一律使用阿拉伯数字书写日期和时间，采用24小时制记录。

(8)对需取得患者书面同意方可进行的医疗活动,应当由患者本人签署知情同意书。患者不具备完全民事行为能力时,应当由其法定代理人签字;患者因病无法签字时,应当由其授权的人员签字;为抢救患者,在法定代理人或被授权人无法及时签字的情况下,可由医疗机构负责人或者授权的负责人签字。

因实施保护性医疗措施不宜向患者说明情况的,应当将有关情况告知患者近亲属,由患者近亲属签署知情同意书,并及时记录。患者无近亲属的或者患者近亲属无法签署同意书的,由患者的法定代理人或者关系人签署同意书。

2.病历管理制度　病历是医务人员在医疗活动过程中形成的文字、符号、图表、影像、切片等资料的总和,包括门(急)诊病历和住院病历。病历属于医药卫生科技档案,是国家档案的重要组成部分,依据《档案法》及《档案法实施办法》、《医药卫生档案管理暂行办法》的规定,统一领导,分级管理。

依据《医疗机构病历管理规定》,医疗机构应建立病历管理制度,妥善保管病历。设置专门部门或者配备专(兼)职人员,具体负责病历和病案的保存与管理工作。在医疗机构建有门(急)诊病历档案的,其门(急)诊病历由医疗机构负责保管;没有在医疗机构建立门(急)诊病历档案的,其门(急)诊病历由患者负责保管。住院病历由医疗机构负责保管。医疗机构应当建立门(急)诊病历和住院病历编号制度。门(急)诊病历和住院病历应当标注页码。

3.病历管理原则　医疗机构拥有病历的所有权,也是病历保管的义务人。

(1)医疗机构应当严格病历管理,严禁任何人涂改、伪造、隐匿、销毁、抢夺、窃取病历。

(2)除涉及对患者实施医疗活动的医务人员及医疗服务质量监控人员外,其他任何机构和个人不得擅自查阅该患者的病历。

(3)因科研、教学需要查阅病历的,需经患者就诊的医疗机构有关部门同意后查阅。阅后应当立即归还。不得泄露患者隐私。

(4)在医疗机构建有门(急)诊病历档案患者的门(急)诊病历,患者转治或多科室就诊的,或化验单(检验报告)、医学影像检查资料需用的,应当由医疗机构指定专人送达后续就诊科室。在患者每次诊疗活动结束后24小时内,其门(急)诊病历应当收回。

(5)在患者住院期间,其住院病历由所在病区负责集中、统一保管。病区应当在收到住院患者的化验单(检验报告)、医学影像检查资料等检查结果后24小时内归入住院病历;住院病历在患者出院后由设置的专门部门或者专(兼)职人员负责集中、统一保存与管理;住院病历因医疗活动或复印、复制等需要带离病区时,应当由病区指定专门人员负责携带和保管。

病历的保管年限:门诊病历15年,住院病历30年。死亡病历长期保存。

4.病历使用　病历是患者在医疗机构中接受问诊、查体、诊断、护理等医疗活动过程中有记载的所有医疗文件资料,是诊治疾病的重要依据,是保险机构为保险合同提供的法定证明材料,也是处理医患纠纷的法定证明材料,同时也是公安、司法机关办理案件所要采集证据的法定证明。

医疗机构应当受理下列人员和机构复印或者复制病历资料的申请:

(1)患者本人或其代理人。

(2)死亡患者近亲属或其代理人。

(3)保险机构。

《侵权责任法》规定，患者要求查阅、复制法律规定的病历资料的，医疗机构应当提供。患者可查阅、复印的病历资料为客观病历。

5.病历的分类　病历分为主观病历和客观病历两类。主观病历是指记录医务人员对患者病情的诊断、分析、研究等内容的医疗文件。如病程记录、病例讨论记录、会诊记录等。客观病历是指记录患者客观症状、体征、检查资料以及知情同意文书等内容的医疗文件，如住院志、医嘱单、检验报告、手术及麻醉记录、病理资料、护理记录、医疗费用等病历资料。

（二）尊重患者的知情同意权

《侵权责任法》第 55 条规定，医务人员在诊疗活动中应当向患者说明病情和医疗措施。需要实施手术、特殊检查、特殊治疗的，医务人员应当及时向患者说明医疗风险、替代医疗方案等情况，并取得其书面同意；不宜向患者说明的，应当向患者的近亲属说明，并取得其书面同意。医务人员未尽到说明义务，造成患者损害的，医疗机构应当承担赔偿责任。

保障患者的知情权是保障医疗安全、避免医疗纠纷、预防医疗损害的措施之一。保障患者知情同意权，医疗机构及其医务人员应做到：

（1）将患者的病情、医疗措施和医疗风险如实告诉患者，并履行签字制度。

（2）及时解答患者的咨询，避免对患者产生不利后果。

（3）按照规定为患者提供复印或复制病历服务。

（4）需要实施手术、特殊检查、特殊治疗的，应当及时向患者说明医疗风险、替代医疗方案等情况，并取得其书面同意。

（5）不宜向患者说明的，应当向患者的近亲属说明，并取得其书面同意。

（三）保护患者隐私权

因诊治疾病的需要，患者应如实向医务人员陈述疾病的部位和症状，凡可能涉及隐私的陈述或隐私的部位，医疗机构及其医务人员有义务严格为患者保密。非因传染病或疑似传染病防治或精神病人的监护医疗等情况，不得向他人泄露、公开、传播患者的隐私。否则，造成患者损害的，应当承担侵权责任。

七、医疗行为限制的规定

《侵权责任法》第 63 条明确规定，医疗机构及其医务人员不得违反诊疗规范实施不必要的检查。

医疗机构及其医务人员对患者实施医学检查应符合患者病情的实际需求。实施的检查遵循效果相对最好、经济负担相对最小、对患者侵害最小且检查实施便捷的原则。医疗机构及其医务人员不得违反基本诊疗规范，实施与患者疾病无关的、不必要的检查。

第三节　医疗事故处理法律规定

一、医疗事故的概念及特征

医疗事故是指医疗机构及其医务人员在医疗活动中，违反医疗卫生管理法律、行政法规、部门规章和诊疗护理规范、常规，过失造成患者人身损害的事故。

医疗事故与医患关系,不是医疗护理人员与患者之间单纯的个人与个人之间的关系,任何一个医护人员只是该医疗法人单位为患者提供医疗服务行为的组成部分之一,医患之间应当是医疗法人单位与患者之间的特殊民事法律关系。显然,医疗事故的主体,不应当只是具体的医护人员,而应当是该法人单位即医疗机构及其医务人员。作为特定的职业事故,医疗事故的内涵和外延应当具备以下特点:

(一)必须发生在医疗活动中

是医疗机构内行为人在履行职责过程中,由于过失违反法律规定的行为,并且造成了危害患者身体的结果。

(二)主体是医疗机构及其医务人员

行为人只承担与其职责行为相关的责任,而不是事故的全部责任。医疗机构应视其在为患者提供服务过程中是整体过失行为,还是个体过失行为而导致损害的不良后果,从而承担不同的责任。

(三)医疗事故的责任在于过失

责任主体及其医务人员都有过失或两者必有其一过失。

(四)医疗事故须有符合规定的损害程度

对患者造成的危害程度,是指必须符合法律规定的给患者造成死亡、重度残疾;造成患者中度残疾、器官组织损伤导致严重功能障碍;造成患者轻度残疾、器官组织损伤导致一般功能障碍的;造成患者明显人身损害的其他后果的。不及此法定标准,不认定为医疗事故。无明显不良后果,不认定为医疗事故。

(五)医疗事故其危害行为和危害结果之间有直接因果关系

因果关系是确认是否构成医疗事故的基本条件,非此,不能认定为医疗事故。在多因一果时,要综合分析患者的病性和个体差异,具体分析各个原因的不同地位和作用,避免以偏概全。临床上病人死亡、残疾或器官组织损伤导致功能障碍与疾病本身的自然转归常有密切关系。有的因疾病严重、复杂或已处晚期,而责任者的过失行为只是处于非决定性的地位,甚至处于偶合地位。这些都应科学地、实事求是地分析,使之得到公正的认定。

二、医疗事故的构成要件

(一)主体是医疗机构及其医务人员

医疗事故发生在医疗机构及其医务人员的医疗活动中,这指明了医疗事故发生的场所和活动范围,即依法取得执业许可,或者执业资格的医疗机构和医务人员在其合法的医疗活动中发生的事故。

(二)行为的违法性

医疗事故是医疗机构及其医务人员因违反医疗卫生管理法律、行政法规、部门规章和诊疗护理规范、常规而发生的事故。这是导致医疗事故的原因。

(三)过失造成患者人身损害

过失造成患者人身损害的事故即医务人员因疏忽大意或过于自信的过失行为,造成患者人身损害。

所谓“过失”显然不是故意,应从疏忽大意和过于自信的两个角度考察。疏忽大意的过失是指行为人应当预见自己的行为可能发生危害社会的结果,因为疏忽大意而没有预见,以致发生这种结果的行为。医务人员只承担造成医疗事故由于自己的过失行为的法律责任，而不承担事故责任主体全部的法律责任。过于自信的过失是指行为人已经预见自己的行为可能发生危害社会的结果，但轻信能够避免，以致发生这种结果的行为。

(四)过失行为和损害后果之间存在因果关系

过失行为和损害后果之间存在的因果关系是判定医疗事故成立的重要因素。因果关系是过失行为与损害后果之间的一种引起与被引起的关系。

三、不属于医疗事故的情形

现行的《医疗事故处理条例》规定了6种情形不属于医疗事故，包括：

(1)在紧急情况下为抢救垂危患者生命而采取紧急医学措施造成不良后果的。

(2)在医疗活动中由于患者病情异常或者患者体质特殊而发生医疗意外的。

(3)在现有医学科学技术条件下，发生无法预料或者不能防范的不良后果的。

(4)无过错输血感染造成不良后果的。

(5)因患方原因延误诊疗导致不良后果的。

(6)因不可抗力造成不良后果的。

四、医疗事故的等级与分类

(一)医疗事故的等级

根据对患者人身造成的损害程度，医疗事故分为四级：

(1)一级医疗事故：造成患者死亡，重度残疾的。

(2)二级医疗事故：造成患者中度残疾，器官组织损伤导致严重功能障碍的。

(3)三级医疗事故：造成患者轻度残疾，器官组织损伤导致一般功能障碍的。

(4)四级医疗事故：造成患者明显人身损害的其他后果的。

医疗事故的分级涉及对患者的赔偿，涉及卫生行政部门对医疗事故的行政处理和监督，因此，医疗事故的分级正确与否是公正处理医疗事故的关键。

(二)医疗事故的分类

(1)一级医疗事故分为甲、乙两等。甲等医疗事故系指死亡；乙等医疗事故系指重要器官缺少或功能完全丧失，其他器官不能代替，可能存在特殊医疗依赖，生活完全不能自理。

(2)二级医疗事故分为二级甲、乙、丙、丁四个等级。

(3)三级医疗事故分为三级甲、乙、丙、丁、戊五个等级。

(4)四级医疗事故系指造成患者明显人身损害的其他后果的医疗事故。其中规定了符合15种情形之一的均属四级，在四级中未分等级。

第四节　医疗事故的预防与处置

一、医疗事故的预防

医疗机构应当制定防范、处理医疗事故的预案，预防医疗事故的发生，减轻医疗事故的损害。

1.医疗机构及其医务人员在医疗活动中,必须严格遵守医疗管理法律、行政法规、部门规章和诊疗护理规范、常规,恪守医疗服务职业道德。

2.医疗机构应当对其医务人员进行医疗卫生管理法律、行政法规、部门规章和诊疗护理规范、常规的培训和医疗服务职业道德教育。

3.医疗机构应当设置医疗服务质量监控部门或者配备专(兼)职人员,具体负责监督本医疗机构的医务人员的医疗服务工作,检查医务人员执业情况,接受患者对医疗服务的投诉,向其提供咨询服务。

4.医疗机构应当按照国务院卫生行政部门规定的要求,书写并妥善保管病历资料,允许患者复印或者复制病历资料,并提供相应证明。

5.医疗机构及其医务人员应向患者履行如实告知的义务。

6.医疗机构应当制定防范、处理医疗事故的预案,预防医疗事故的发生,减轻医疗事故的损害。

二、医疗事故的处置

(一)医疗事故的报告

医务人员在医疗活动中发生或者发现医疗事故,可能引起医疗事故的医疗过失行为或者发生医疗事故争议的,应当立即向所在科室负责人报告,科室负责人应当及时向本医疗机构负责医疗服务质量监控的部门或者专(兼)职人员报告;负责医疗服务质量监控的部门或者专(兼)职人员接到报告后,应当立即进行调查、核实,将有关情况如实向本医疗机构的负责人报告,并向患者通报、解释。

发生医疗事故的医疗机构应当按照规定向所在地卫生行政部门报告。

(二)防止损害扩大

发生或者发现医疗过失行为,医疗机构及其医务人员应当立即采取有效措施,避免或者减轻对患者身体健康的损害,防止损害扩大。在发生医疗事故争议后,医疗机构及其医务人员应当立即采取有效措施,避免或者减轻对患者身体健康的损害,防止损害扩大。

(三)病历资料和现场实物的封存

1.医疗机构应当妥善保管病历资料,发生医疗事故争议时,死亡病例讨论记录、疑难病例讨论记录,上级医师查房记录、会诊意见、病程记录,应当在医患双方在场的情况下封存和启封,封存的病历资料可以是复印件,由医疗机构保管。

2.疑似输液、输血、注射、药物等引起不良后果的,医患双方应当共同对现场实物进行封存和启封,封存的现场实物由医疗机构保管;需要检验的,应当由双方共同指定的依法具有检验资格的检验机构进行检验;双方无法共同指定时,由卫生行政部门指定。

3.疑似输血引起不良后果,需要对血液进行封存保留的,医疗机构应当通知提供该血液的采、供血机构派人员到现场。

(四)尸检

1.患者死亡,医患双方当事人不能确定死因,或者对死因有异议的,应当在患者死亡后48小时内进行尸检;具备尸体冻存条件的,可以延长至7日。尸检应当经死者近亲属同意并签字。

2.尸检应当由按国家有关规定取得相应资格的机构和病理解剖专业技术人员进行。

3.医疗事故争议双方当事人可以请法医病理学人员参加尸检，也可以委派代表观察尸检过程。拒绝或者拖延尸检，超过规定时间，影响对死因判定的，由拒绝或者拖延的一方承担责任。

第五节　医疗事故的技术鉴定

一、医疗事故的技术鉴定机构

医疗事故应由医疗事故技术鉴定机构来确认。如何认定或由谁来确认是否属于医疗事故，统一由《医疗事故处理条例》规定。医疗事故技术鉴定由负责组织医疗事故技术鉴定工作的医学会组织专家鉴定组，经依法鉴定确认。我国医学会是由医学科学工作者、医疗技术工作者等人员，及医学科研组织、医疗机构等单位自愿组成的非盈利性医学社会组织。它是一个独立存在的社会团体法人，具有一定的专业性、中介性。

设区的市级地方医学会和省、自治区、直辖市直接管辖的县(市)地方医学会负责组织首次医疗事故技术鉴定工作。省、自治区、直辖市地方医学会负责组织再次鉴定工作。必要时，中华医学会可以组织疑难、复杂并在全国有重大影响的医疗事故争议的技术鉴定工作，对各级进行的鉴定进行审核，为处理医疗事故提供医学依据。

二、专家鉴定组的产生

(一)专家库的规定

负责组织医疗事故技术鉴定工作的医学会须建立专家库。专家库由具备一定条件的医疗卫生专业技术人员组成。专家库人员应当具备：①良好的业务素质和执业品德。②须受聘于医疗卫生机构或者医学教学、科研并担任相应专业高级技术职务 3 年以上。③具备高级技术任职资格的法医可以受聘进入专家库。医学会聘请医疗卫生专业技术人员和法医进入专家库，可以不受行政区域的限制。

医疗卫生专业技术人员和法医有义务受聘进入专家库，并担任医疗事故技术鉴定工作。

(二)专家鉴定组的规定

参加医疗事故技术鉴定的相关专家，由医患双方在医学会主持下，从专家库中随机抽取，组成专家鉴定组。专家鉴定组人数为单数，涉及主要学科的专家不得少于鉴定组成员的二分之一。专家鉴定组依法适用医学科学原理和专业知识，独立进行鉴定，对医疗事故进行鉴别和判定，实行合议制。涉及死因、伤残等级鉴定的，应当从专家库中随机抽取法医参加专家鉴定组。

三、医疗事故技术鉴定专家组的性质、任务

(一)医疗事故技术鉴定专家组的性质

医疗事故技术鉴定专家组是法律授权医学会，依照法律规定具备一定条件的医疗卫生专业技术人员，受聘进入专家库，承担医疗事故技术鉴定工作。在实施鉴定时，依据不同学

科由医学会依法成立的专家组。专家鉴定组依法独立进行医疗事故技术鉴定,任何单位或个人不得干扰医疗事故技术鉴定工作,不得威胁、利诱、辱骂、殴打医疗事故技术鉴定专家组成员。

依据只是一种证据,对鉴定结论持有异议的,人民法院有重新委托司法鉴定的情况存在;因参加鉴定的专家组成员不能出庭质证,有法院不采信技术鉴定结论的现象出现。

(二)医疗事故技术鉴定专家组的任务

专家鉴定组认真审查双方当事人提交的材料,听取双方当事人的陈述及答辩并进行审核,在事实清楚、证据确凿的基础上,综合分析患者的病情和个体差异,作出鉴定结论,制作医疗事故技术鉴定书。

(三)医疗事故技术专家鉴定组的活动原则

1.以事实为依据,以法律为准绳的原则　医疗事故技术鉴定是一项科学性、技术性、专业性很强的工作。《医疗事故处理条例》规定,要运用医学科学原理和专业知识,依据医疗机构提交的有关医疗事故技术鉴定的材料、病历档案以及尸检报告等相关材料,向医患双方当事人调查求证的材料以及双方当事人陈述、答辩,依据医疗卫生管理法律、行政法规、部门规章和诊疗护理规范进行鉴定,做出结论。

2.独立进行医疗事故技术鉴定的原则　《医疗事故处理条例》规定,设区的市级地方医学会和省、自治区、直辖市直接管辖的县(市)地方医学会负责组织首次医疗事故技术鉴定工作。省、自治区、直辖市地方医学会负责组织再次鉴定工作。对疑难、复杂并在全国有重大影响的医疗事故争议,中华医学会可以组织技术鉴定工作。

3.民主集中制原则　专家鉴定组进行医疗事故鉴定是由医学会建立的专家库中随机抽取相关专业的专家参加鉴定或者函件咨询,涉及主要学科的专家不得少于鉴定组成员的二分之一。鉴定时实行合议制,鉴定结论以专家鉴定组成员过半数通过,鉴定过程应当如实记载,对持有不同鉴定意见者,应如实记录在案。

4.利害相关的当事人应当回避的原则　参加医疗事故技术鉴定的专家有下列情形之一的,应当回避,当事人也可以以口头或者书面的方式申请其回避:

(1)是医疗事故争议当事人或者当事人的近亲属的。

(2)与医疗事故争议有利害关系的。

(3)与医疗事故争议当事人有其他关系,可能影响公正鉴定的。

5.合理交费的原则　申请医疗事故技术鉴定的双方当事人应当有一方支付鉴定费用。属于医疗事故的,鉴定费用由医疗机构支付;不属于医疗事故的,鉴定费用由提出医疗事故处理申请的一方支付。鉴定费标准由省级地方政府物价部门会同卫生行政部门制定。

四、医疗事故技术鉴定

(一)鉴定的提起

医患双方当事人协商解决医疗事故争议,需要进行医疗事故技术鉴定的,共同书面委托一所医疗机构所在地负责首次医疗事故技术鉴定的医学会进行医疗事故技术鉴定。县级以上地方人民政府卫生行政部门接到重大医疗过失行为的报告或者争议当事人要求处理医疗事故争议的申请,对需要进行鉴定的,书面移交负责首次鉴定的医学会组织鉴定。

(二)鉴定的受理

医学会应当自受理医疗事故技术鉴定之日起5日内通知医疗事故争议双方当事人提交进行医疗事故技术鉴定所需的材料。

当事人应当自收到医学会的通知之日起10日内提交有关医疗事故技术鉴定的材料，书面陈述及答辩。医疗机构提交的有关医疗事故技术鉴定材料应当包括如下内容：

(1)住院患者的病程记录、死亡病例讨论记录、疑难病例讨论记录、会诊意见、上级医师查房记录等病历资料原件。

(2)住院患者的住院志、体温单、医嘱单、化验单、医学影像检查资料、特殊检查同意书、手术同意书、手术及麻醉记录单、病理资料、护理记录等病历资料原件。

(3)抢救危急患者，在规定的时间内补记的病历资料原件。

(4)封存保留的输液、注射用物品和血液、药物等实物，或者依法具有检验资格的检验机构对这些物品、实物作出的检验报告。

(5)与医疗事故技术鉴定有关的其他材料。

在医疗机构建有病历档案的门诊、急诊患者，其病历资料由医疗机构提供；没有在医疗机构建立病历档案的，由患者提供。

医患双方应当根据规定提交相关材料。医疗机构无正当理由未依照规定如实提供相关材料，导致医疗事故技术鉴定不能进行的，应当承担责任。

双方当事人应当按规定如实提交进行医疗事故技术鉴定所需要的材料，并积极配合调查。当事人任何一方不予配合，影响医疗事故技术鉴定的，由不予配合的一方承担责任。

对不符合受理条件，遇有下列情形之一的，医学会不予受理，但应当说明理由：

(1)当事人一方直接向医学会提出鉴定申请的。

(2)争议涉及多个医疗机构，其中一所医疗机构所在地医学会已经受理的。

(3)争议已经人民法院调解达成协议或判决的。

(4)当事人已向人民法院提起民事诉讼的(司法机关委托的除外)。

(5)非法行医造成患者身体健康损害的。

(6)卫生部规定的其他情形。

对有下列情形之一的，医学会终止组织鉴定：

(1)当事人未按规定提交有关鉴定材料的。

(2)提交的材料不真实的。

(3)拒绝缴纳鉴定费的。

(4)卫生部规定的其他情形。

(三)鉴定

自接到双方当事人提交的鉴定材料、书面陈述及答辩之日起45日内组织鉴定，并应在实施鉴定7日前，将鉴定的时间、地点、要求等书面通知双方当事人。双方当事人按通知要求参加鉴定。参加鉴定的双方当事人每一方人数不超过3人。任何一方当事人无故缺席、自行退席或拒绝参加鉴定的，不影响鉴定的进行。

医学会对随机抽取的专家组成员，应当在决定鉴定的7日前通知参加，专家接到通知后认为自己应当回避的，在接到通知时及时提出书面回避申请，并说明理由；因其他原因无法参加医疗事故技术鉴定的，应及时书面告知医学会。对因故无法参加鉴定的成员，医学会应当按《医疗事故处理条例》的规定程序候补成员参加鉴定。因不可抗力原因，医疗事故技术鉴定可以延期进行。

鉴定组组长由鉴定成员推选产生，也可以由所涉及的主要学科专家中有最高专业技术职务任职资格的专家担任。鉴定由鉴定组长主持，并按程序进行。鉴定书应当根据鉴定结论作出，其文稿由专家鉴定组组长签发，同时要盖有医学会医疗事故技术鉴定专用章，及时将鉴定书送达移交鉴定的卫生行政部门。经卫生行政部门审核，对符合规定的，及时送达双方当事人；对双方当事人共同委托的，直接送达双方当事人。鉴定书内容有统一规范要求，鉴定书格式由中华医学会统一制定。

鉴定组在作出鉴定结论时应当综合分析医疗过失行为在导致医疗事故损害后果中的作用、患者原有疾病状况等因素。判定医疗过失行为的责任程度，分为完全责任、主要责任、次要责任、轻微责任等 4 种。

（四）医疗事故技术鉴定的内容

医疗事故能否得到正确处理，与医疗事故鉴定密切相关，医疗事故技术鉴定的内容主要包括：

1. 医疗行为是否违反医疗卫生管理法律、行政法规、部门规章和诊疗护理规范、常规。遵守法律、法规、医疗技术标准和规范是医疗活动的基本要求，也是保证医疗质量的基本条件。违反法律、法规、医疗技术标准规范，是发生医疗事故的原因。

2. 医疗过失行为与人身损害后果之间是否存在因果关系，是判断行为人行为是否构成医疗事故的基础和前提。

3. 医疗过失行为在医疗事故中的责任程度。由于患者病情轻重和个体差异，相同的医疗过失行为在造成的医疗事故中所起的作用并不相同。目前暂分为完全责任、主要责任、次要责任、轻微责任等 4 种。

（五）鉴定应注意的事项

1. 参加鉴定会的工作人员，应如实记录鉴定会过程和专家的意见。

2. 如因当事人拒绝配合，无法进行鉴定，应当终止鉴定，向移交的部门或双方当事人说明不能鉴定的原因。

3. 如鉴定的程序不符合规定，人员资格和专业类别不符合规定，可由原鉴定组进行重新鉴定。

4. 对重新鉴定的，不得收取费用。

5. 当事人对鉴定结论无异议，医学会应当将收取到的鉴定材料中病历资料原件退还当事人，保留复印件即可。对于提出再次鉴定的，组织首次鉴定的医学会应将收到的鉴定材料移交到再次鉴定的医学会，对鉴定书文稿和复印或复制有关的病历资料存档，保存期不得少于 20 年。

6. 对委托鉴定的双方当事人，在作出鉴定结论前，其中双方或任何一方当事人提出停止鉴定的，医疗事故技术鉴定终止。

第六节　医疗事故的行政处理与监督

《医疗事故处理条例》规定，县级以上地方人民政府卫生行政部门，对发生医疗事故的医疗机构和医务人员以及申请医疗事故鉴定的双方行使行政处理与监督的权利。

一、医疗事故的行政处理

卫生行政部门对医疗机构和医务人员具有监督职责，医疗机构和医务人员发生违法违规行为时，卫生行政部门可以依法作出行政处理。

(一)当事人申请卫生行政部门行政处理的提出

发生医疗事故争议，当事人申请卫生行政部门处理的，应当提出书面申请。申请书应当载明申请人的基本情况、有关事实、具体请求及理由等。当事人自知道或者应当知道其身体健康受到损害之日起 1 年内，可以向卫生行政部门提出医疗事故争议处理申请。

(二)卫生行政部门受理当事人行政处理申请的权限划分

发生医疗事故争议，当事人申请卫生行政部门处理的，由医疗机构所在地的县级人民政府卫生行政部门受理。医疗机构所在地是直辖市的，由医疗机构所在地的区、县人民政府卫生行政部门受理。

有下列情形之一的，县级人民政府卫生行政部门应当自接到医疗机构的报告或者当事人提出医疗事故争议处理申请之日起 7 日内移送上一级人民政府卫生行政部门处理：

(1)患者死亡。

(2)可能成为二级以上医疗事故。

(3)国务院卫生行政部门和省、自治区、直辖市人民政府卫生行政部门规定的其他情形。

(三)卫生行政部门对当事人行政处理申请的审查和受理

卫生行政部门接到医疗机构关于重大医疗过失行为的报告后，除责令医疗机构及时采取必要的医疗救治措施，防止损害后果扩大外，应当组织调查，判定是否属于医疗事故。在收到申请之日起 10 日内进行审查，作出是否受理的决定。对符合《医疗事故处理条例》规定予以受理需要进行鉴定的，应当在作出受理之日起 5 日内交由地方医学会组织首次鉴定，并书面通知申请人。对不符合《医疗事故处理条例》规定，不予受理的，应书面通知申请人并说明理由。对首次鉴定结论有异议，申请再次鉴定的卫生行政部门，自收到申请之日起 7 日内交由省级地方医学会组织再次鉴定。

(四)行政处理与诉讼的关系

对医疗事故争议行政处理和人民法院对医疗事故争议的审理裁决，都是解决医疗事故争议的途径。当事人有权选择任何一种途径解决医疗事故争议，但是当事人不能同时选择两种途径解决医疗事故争议。当事人既向卫生行政部门提出医疗事故争议处理申请，又向人民法院提起诉讼的，卫生行政部门不予受理；卫生行政部门已经受理的，应当终止受理。

二、医疗事故的行政监督

(一)对医疗事故技术鉴定资格、程序的审核

卫生行政部门收到负责组织医疗事故技术鉴定工作的医学会出具的医疗事故技术鉴定书后,应当对参加鉴定的人员资格和专业类别、鉴定程序进行审核。必要时,可以组织调查,听取医疗事故争议双方当事人的意见。

(二)对医疗事故技术鉴定结论的审核

这是卫生行政部门在行使对医疗事故争议进行行政处理的职责时,必须遵守的一项程序规定,是卫生行政部门应当履行的法定义务。

卫生行政部门经审核,对符合规定作出的医疗事故鉴定结论,应当作为对发生医疗事故的医疗机构和医务人员作出行政处理以及进行医疗事故赔偿调解的依据;经审核,发现医疗事故技术鉴定不符合规定的,应当要求重新鉴定。

(三)接受医疗机构对医疗事故处理的报告

医疗事故争议由双方当事人自行协商解决的,医疗机构应当自协商解决之日起 7 日内向所在地卫生行政部门作出书面报告,并附具协议书。

医疗事故争议经人民法院调解或判决解决的,医疗机构应当自收到生效的人民法院的调解书或者判决书之日起 7 日内向所在地卫生行政部门作出书面报告,并附具调解书或者判决书。

(四)依法将医疗事故处理情况逐级上报

县级以上地方人民政府卫生行政部门应当按照规定逐级将当地发生的医疗事故以及依法对发生医疗事故的医疗机构和医务人员作出行政处理的情况,上报国务院卫生行政部门。

第七节　医疗事故的赔偿

一、医疗事故赔偿争议的解决途径

发生医疗事故的赔偿等民事责任争议后,医疗机构和患者可以采取三条基本途径解决争议。

(一)协商解决

发生医疗事故赔偿等民事责任争议,医患双方可以协商解决。医患双方协商解决赔偿等民事责任争议,体现了医患双方依法处分民事权利、确认民事义务的自主权。协商是在医患双方平等、自愿的基础上进行。双方制作协议书,协议书应当载明双方当事人的基本情况和医疗事故的原因、双方当事人共同认定的医疗事故等级以及协商确定的赔偿数额等,并由双方当事人在协议书上签字。

(二)行政调解

已经确定为医疗事故的,卫生行政部门应医疗事故争议双方当事人请求,可以进行医疗事故赔偿调解。调解时,应当遵循当事人双方自愿原则,并应当依据《医疗事故处理条例》的规定计算赔偿数额。经调解,双方当事人就赔偿数额达成协议的,制作调解书,双方当事人应当履行；调解不成或者经调解达成协议后一方反悔的，卫生行政部门不再调解。

（三）诉讼解决

发生医疗事故赔偿等民事责任争议，医患双方不愿意协商或者经卫生行政部门调解不成的，医疗机构和患者可以直接向人民法院提起民事诉讼。诉讼是解决医疗事故赔偿等民事责任争议的最终途径。民事诉讼可以在作出医疗事故技术鉴定结论前提起，也可以在作出医疗事故技术鉴定结论后提起。

二、医疗事故赔偿的基本原则

发生医疗事故，医疗卫生机构承担的民事法律责任主要是医疗损害赔偿责任。进行医疗损害赔偿时应当考虑下列因素，确定具体赔偿数额。《医疗事故处理条例》根据我国关于人身损害的民法原则提出了确定医疗事故赔偿具体数额的三个基本原则。

（一）与具体案件的医疗事故等级相适应的原则

医疗事故一共分为四级，在四级里又分为若干伤残等级。它反映了患者人身损害的实际程度，是对患者人身损害死亡、致残或致伤及其轻重程度的客观评价。确定医疗事故赔偿的具体数额主要是根据医疗事故等级而定的，人身损害的轻重不同决定了赔偿的一般范围的不同，以此体现医疗事故赔偿的公平、合理。

（二）与医疗过失行为在医疗事故损害后果中的责任程度相适应的原则

医疗事故赔偿数额，应当与医疗过失责任程度相适应。医疗行为是一种高风险的医学技术行为，这种行为包含着对人体损害的因素和可能。因此，衡量医疗事故的责任时，既要看损害后果的程度，也须衡量诊疗过失行为在医疗事故损害后果中的责任程度。既要考虑患者自身疾病发展、个体体质，也要考虑医学科学和技术手段的局限性等相关因素对损害后果的影响，合理确定诊疗过失行为在医疗事故损害后果中所占的损害作用的比例。

（三）客观考虑医疗事故损害后果与患者原有疾病状况之间的关系

在确定医疗事故赔偿时，要充分考虑患者原有疾病状况对医疗事故损害后果的影响以及它与损害后果之间的关系，免除医疗机构及其医务人员不应该赔偿的部分。

（四）不属于医疗损害的，医疗机构不承担赔偿责任

如因药品、消毒药剂、医疗器械的缺陷，或者输入不合格的血液造成患者损害的，患者可以向生产者或者血液提供机构请求赔偿，也可以向医疗机构请求赔偿。患者向医疗机构请求赔偿的，医疗机构赔偿后，有权向负有责任的生产者或者血液提供机构追偿。

三、医疗事故赔偿的项目和标准

（一）医疗事故赔偿的项目和标准

医疗事故赔偿，按照下列项目和标准计算。

1. 医疗费　按照医疗事故对患者造成的人身损害进行治疗所发生的医疗费用计算，凭据支付，但不包括原发病医疗费用。结案后确实需要继续治疗的，按照基本医疗费用支付。

2. 误工费　患者有固定收入的，按照本人因误工减少的固定收入计算，对收入高于医疗事故发生地上一年度职工年平均工资 3 倍以上的，按照 3 倍计算；无固定收入的，按照医疗事故发生地上一年度职工年平均工资计算。

3. 住院伙食补助费　按照医疗事故发生地国家机关一般工作人员的出差伙食补助标准

计算。

4.陪护费　患者住院期间需要专人陪护的，按照医疗事故发生地上一年度职工年平均工资计算。

5.残疾生活补助费　根据伤残等级，按照医疗事故发生地居民年平均生活费计算，自定残之月起最长赔偿30年；但是，60周岁以上的，不超过15年；70周岁以上的，不超过5年。

6.残疾用具费　因残疾需要配置补偿功能器具的，凭医疗机构证明，按照普及型器具的费用计算。

7.丧葬费　按照医疗事故发生地规定的丧葬费补助标准计算。

8.被扶养人生活费　以死者生前或者残疾者丧失劳动能力前实际扶养且没有劳动能力的人为限，按照其户籍所在地或者居住地居民最低生活保障标准计算。对不满16周岁的，扶养到16周岁。对年满16周岁但无劳动能力的，扶养20年；但是，60周岁以上的，不超过15年；70周岁以上的，不超过5年。

9.交通费　按照患者实际必需的交通费用计算，凭据支付。

10.住宿费　按照医疗事故发生地国家机关一般工作人员的出差住宿补助标准计算，凭据支付。

11.精神损害抚慰金　按照医疗事故发生地居民年平均生活费计算。造成患者死亡的，赔偿年限最长不超过6年；造成患者残疾的，赔偿年限最长不超过3年。

(二)赔偿方式和时限

医疗事故赔偿费用，实行一次性结算，即医疗事故赔偿数额按照规定的标准和项目一次算清，医疗事故赔偿费用由医疗机构一次性支付。但有其他规定的，按其他法律规定处理。

第八节　法律责任

一、行政责任

(一)卫生行政部门及其工作人员的行政责任

1.卫生行政部门违反规定，有下列情形之一的，由上级卫生行政部门给予警告并责令限期改正；情节严重的，对负有责任的主管人员和其他直接责任人员依法给予行政处分：

(1)接到医疗机构关于重大医疗过失行为的报告后，未及时组织调查的。

(2)接到医疗事故争议处理申请后，未在规定时间内审查或者移送上一级人民政府卫生行政部门处理的。

(3)未将应当进行医疗事故技术鉴定的重大医疗过失行为或者医疗事故争议移交医学会组织鉴定的。

(4)未按照规定逐级将当地发生的医疗事故以及依法对发生医疗事故的医疗机构和医务人员的行政处理情况上报的。

(5)未依照本条例规定审核医疗事故技术鉴定书的。

2.卫生行政部门的工作人员在处理医疗事故过程中违反规定，利用职务上的便利收受他人财物或者其他利益，滥用职权，玩忽职守，或者发现违法行为不予查处，造成严重后果，尚不够刑事处罚的，依法给予降级或者撤职的行政处分。

(二)医疗机构及医务人员的行政责任

1.医疗机构的行政责任。

(1)医疗机构发生医疗事故的，由卫生行政部门根据医疗事故等级和情节，给予警告；情节严重的，责令限期停业整顿直至由原发证部门吊销执业许可证，对负有责任的医务人员，尚不够刑事处罚的，依法给予行政处分或者纪律处分。

(2)医疗机构违反本条例的规定，有下列情形之一的，由卫生行政部门责令改正；情节严重的，对负有责任的主管人员和其他直接责任人员依法给予行政处分或者纪律处分：①未如实告知患者病情、医疗措施和医疗风险的。②没有正当理由，拒绝为患者提供复印或者复制病历资料服务的。③未按照国务院卫生行政部门规定的要求书写和妥善保管病历资料的。④未在规定时间内补记抢救工作病历内容的。⑤未按照本条例的规定封存保管和启封病历资料和实物的。⑥未设置医疗服务质量监控部门或者配备专(兼)职人员的。⑦未制定有关医疗事故防范和处理预案的。⑧未在规定时间内向卫生行政部门报告重大医疗过失行为的。⑨未按照本条例的规定向卫生行政部门报告医疗事故的。⑩未按照规定进行尸检和保存、处理尸体的。

(3)医疗机构或者其他有关机构违反本条例的规定，有下列情形之一的，由卫生行政部门责令改正，给予警告；对负有责任的主管人员和其他直接责任人员依法给予行政处分或者纪律处分；情节严重的，由原发证部门吊销其执业证书或者资格证书：①承担尸检任务的机构没有正当理由，拒绝进行尸检的。②涂改、伪造、隐匿、销毁病历资料的。

2.医务人员的行政责任　对发生医疗事故的有关医务人员，尚不够刑事处罚的，依法给予行政处分或纪律处分；卫生行政部门并可以责令其暂停6个月以上1年以下执业活动；情节严重的，吊销其执业证书。

(三)医疗事故技术鉴定工作人员违反规定的行政责任

参加医疗事故技术鉴定工作的人员违反规定，接受申请鉴定双方或者一方当事人的财物或者其他利益，出具虚假医疗事故技术鉴定书，造成严重后果，尚不够刑事处罚的，由原发证部门吊销其执业证书或者资格证书。

(四)扰乱医疗秩序人员的行政责任

以医疗事故为由，寻衅滋事、抢夺病历资料，扰乱医疗机构正常医疗秩序和医疗事故技术鉴定工作，尚不够刑事处罚的，依法给予治安管理处罚。

二、民事责任

医疗事故案件是特殊的民事侵权案件。它所侵犯的客体是公民的生命权和健康权。医疗事故发生后，承担民事侵权法律责任的医疗机构及其医务人员，应承担相应赔偿的法律责任，对因医疗事故受到损害的患者及其家属按照规定进行民事赔偿。

三、刑事责任

(一)卫生行政部门工作人员的刑事责任

卫生行政部门的工作人员在处理医疗事故过程中违反《医疗事故处理条例》的规定，利用职务上的便利收受他人财物或者其他利益，滥用职权，玩忽职守，或者发现违法行为不予查处,造成严重后果的,依照《刑法》关于受贿罪、滥用职权罪、玩忽职守罪或者其他有关罪的规定,依法追究刑事责任。

(二)医疗机构及其医务人员的刑事责任

医疗机构及其医务人员在医疗活动中的违法违规行为已构成犯罪、触犯刑法的,应承担相应的刑事责任。

《刑法》第 335 条规定,医务人员由于严重不负责任,造成就诊人死亡或者严重损害就诊人身体健康的,构成医疗事故罪,处 3 年以下有期徒刑或者拘役。

(三)医疗事故鉴定工作人员的刑事责任

参加医疗事故技术鉴定工作的人员违反《医疗事故处理条例》的规定,接受申请鉴定双方或者一方当事人的财物或者其他利益,出具虚假医疗事故技术鉴定书,造成严重后果的,依照刑法关于受贿罪的规定,依法追究刑事责任。

(四)严重扰乱医疗工作正常秩序人员的刑事责任

以医疗事故为由,寻衅滋事、抢夺病历资料,扰乱医疗机构正常医疗秩序和医疗事故技术鉴定工作,依照《刑法》关于扰乱公共秩序罪的规定,依法追究刑事责任。

思考题

1. 简述医疗损害的概念。
2. 医疗损害责任的主体有哪些?
3. 医疗机构承担损害赔偿责任的情形有哪些?
4. 简述医疗事故的概念和法律特征。
5. 简述医疗事故的等级与分类。
6. 简述医疗事故赔偿争议的解决途径与要求。

第八章　药品管理法律制度

第一节　药品管理法律制度概述

一、药品管理法的概念

药品管理法是调整药品研制、生产、经营、监督管理，确保药品质量，保障人的用药安全有效，维护人体健康和用药合法权益活动中产生的各种社会关系的法律规范的总和。

药品管理涉及药品生产企业的管理、药品经营企业的管理、医疗单位制剂的管理、药品的管理、特殊药品的管理、一般药品包装的管理、药品价格和广告的管理、药品进出口的管理及药品监督等。

药品，是指用于预防、治疗、诊断人的疾病，有目的地调节人的生理机能并规定有适应症或者功能主治、用法和用量的物质，包括中药材、中药饮片、中成药、化学原料药及其制剂、抗生素、生化药品、放射性药品、血清、疫苗、血液制品和诊断药品等。

药品与其他商品一样，通过一定渠道进入消费领域，具有商品的一般属性。但由于药品关系到人的身体健康和生命安危，关系到千家万户的幸福与安宁，所以它又是特殊的商品。因其特殊性，更需要加强对药品的依法管理，药品这种特殊商品的特殊性主要表现为：

第一，药品作用具有两重性。药品可以防病治病、恢复健康，但由于多数药品又有不同程度的毒副作用，只有管理有序，用之适当，才能治病救人，保护健康。反之，则可能危害人体健康和生命安全。

第二，药品使用的专门性。由于药品直接作用于人体，其使用必须慎重，对于非处方药尤为如此。在通常情况下，人们只有通过医生的检查、诊断，并在医生的指导下合理使用药品，有的甚至要在医护人员的监护下服用，才能达到防病治病和保护健康的目的。药品的用途具有专门性，即用于预防和治疗疾病，而一般情况不能用于非医疗途径。若滥用药物就容易造成中毒或产生药源性疾病。

第三，药品质量的严格性。药品直接关系到疾病治疗的效果，关系到患者的身体健康和生命安危。药品必须符合国家规定的质量标准要求，才能保证疗效。因此，进入流通渠道的药品，只允许是合格品，绝对不允许有次品或等外品。为此，国家制定了一系列的法律、法规和技术标准，加强对药品质量的监督管理。

第四，药品鉴定的科学性。药品具有很强的专业性和技术性，对于药品质量的优劣、真伪，一般患者或消费者难以识别，必须由专门的技术人员和专门机构，依据法定标准和技术方法，才能作出鉴定和评价。

药品的特殊性要求国家必须强化对药品的监督管理，尤其是要加强对药品管理立法，使药品管理走上法制化轨道。《药品管理法》为国家发展现代药和传统药，充分发挥药品在预防、医疗和保健中的作用，保护野生药材资源，鼓励培育中药材，鼓励研制和创制新药，并保护研制开发者的合法权益提供了法律保障，同时使药品生产、科研、经营、使用、进出口以及监督单位实施药品监督管理有了法律依据。

二、我国药品管理的法制建设

药品是受法律控制最严格的商品。世界各国政府都非常重视药品管理的立法，采用法律、法规的手段管理药品。我国现代药品管理立法，始于 1911 年。新中国成立后，经过 60 多年的建设与发展，逐步建立了适应社会主义市场经济体制要求的药品监督管理法规体系，使药品监督管理工作基本上实现了有法可依。

新中国成立后，药政法规建设工作得到了较大的发展。为配合禁止鸦片烟毒工作和解决旧中国遗留的伪劣药品充斥市场的问题，1950 年 2 月，政务院发布了《关于严禁鸦片烟毒的通令》。1950 年 11 月，经当时政务院批准，卫生部发布了《麻醉药品管理暂行办法》，这是我国药品管理的第一个行政法规。1963 年 10 月，经国务院批准，卫生部、化学工业部、商业部联合发布了我国药品管理的第一个综合性法规《关于药政管理的若干规定（草案）》，对药品的生产、经营、使用和进出口管理起到了重要作用。

随着社会主义经济建设的发展和人民生活水平的提高，为了加强药品监督管理，保证药品质量，增进药品疗效，保障公民用药安全，维护公民身体健康，1984 年 9 月 10 日第六届全国人民代表大会常务委员会第七次会议通过了《中华人民共和国药品管理法》（以下简称《药品管理法》），自 1985 年 7 月 1 日起施行。这是建国以来我国的第一部药品管理法律。从 1985 年 7 月 1 日起施行至 2001 年 11 月 30 日的 10 余年间，《药品管理法》在保证药品质量，保障人民用药安全有效，打击制售假劣药品行为等方面发挥了重要作用，使我国的药品监督管理工作走上了有法可依的轨道。随着我国改革开放事业的快速发展，在药品管理工作中出现了一些新情况、新问题，也发生了一些新的违法犯罪行为，原来的《药品管理法》中的有些规定难以适应现实的需要，必须进行修订。2001 年 2 月 28 日，第九届全国人民代表大会常务委员会第二十次会议审议并通过了经过修订的《药品管理法》，并自 2001 年 12 月 1 日起施行。

为了保证《药品管理法》的贯彻实施，国务院先后制定和颁布了《药品管理法实施条例》、《麻醉药品和精神药品管理条例》、《麻醉药品管理办法》、《医疗用毒性药品管理办法》、《精神药品管理办法》、《放射性药品管理办法》等行政法规。卫生部、国家医药管理局、国家中医药管理局、食品与药品监督管理局等部门还颁布了《药品生产质量管理规范》、《医院制剂注册管理办法》、《药品注册管理办法》、《药品广告审查发布标准》、《进口药品管理办法》、《戒毒药品管理办法》及《生物制剂药品管理办法》等诸多部门规章。各省、自治区、直辖市也相应制定了一系列的有关药品管理的地方性法规和规章，从而形成了比较完备的药品监督管理法律体系，使药品监督管理有法可依。

三、《药品管理法》的作用

《药品管理法》是加强药品监督管理的有力工具，是保障人民用药安全和维护人民身体健康的法宝，对我国医药事业的发展起着重要的作用。

(一)保障药品质量

药品管理涉及医药、卫生、工商行政、公安、司法等部门，随着药品管理法律制度的建立，各部门职责分明、分工负责、相互制约，共同促进我国医药卫生事业的健康发展。药品的质量是药品管理的重要内容。我国药品管理法律制度通过对药品生产、经营企业资质的管理、药品的价格和广告管理、药品领域知识产权的管理，以及药品进出口管理等具体、严格的规定，保证药品质量，维护人民用药安全。

(二)维护人民身体健康和用药的合法权益

维护人民身体健康和用药的合法权益是药品管理立法最根本的目的。《药品管理法》首先是要保证人民用药的安全、有效，使药品真正发挥其预防、治疗、诊断的作用。其次，还要保证人民能够在合理、公平的条件下，真正能够最大限度地享受到安全、有效的药品，从而最大限度地维护和实现人民的健康利益。

(三)保障人体用药安全

药品直接作用于人体，对人体具有一定的毒副作用，如果使用不当，可能对人体造成不必要的损害。只有合理规范使用药品才能最大程度地降低其对人体的伤害。因此，如何保障人体用药安全、维护人民健康是药品管理立法的重要目的。对此，《药品管理法》对药品的研制、生产、经营、储存、使用进行了严格的规范，在确保质量的前提下，最大程度地维护人们的用药安全。

(四)加强药品监督管理

加强对药品的监督管理是保证药品质量、维护人们的用药安全和身体健康的重要保障。药品监督管理，主要包括药品监督管理部门对从事药品研制、生产、经营、使用各项活动的监督管理工作，以及与药品有关的部门对药品有关的事项进行监督管理工作。《药品管理法》为药品监督管理机关加强药品监督管理提供了法律依据和法律手段，同时也规定了药品监督管理部门的行政执法权力和行政管理职责，为有效进行药品监督管理，维护社会秩序和公共利益提供了制度保障。

四、《药品管理法》的适用范围

在中华人民共和国境内从事药品的研制、生产、经营、使用和监督管理的单位和个人，包括有关的科研机构、各类企业、医疗机构及个人，都必须遵守《药品管理法》。这里所指的药品的“使用”，主要是指医疗机构为临床治疗使用药品的活动，而不包括患者本身的直接用药行为。患者本身直接用药的行为不属于《药品管理法》的适用范围。

第二节 药品生产企业管理法律规定

药品生产企业是指生产药品的专营企业和兼营企业。药品生产企业是药品生产的主体,对药品生产的管理是药品管理的第一个环节,也是最重要的环节。加强药品生产企业的管理是保证药品质量的中心环节。我国《药品管理法》规定了药品生产企业必须具备的条件和审核制度。

一、药品生产企业的管理和开办条件

(一)药品生产许可制度

在我国,任何单位和个人开办药品生产企业,首先要取得《药品生产许可证》和《营业执照》。开办药品生产企业,必须由企业或者企业的上级部门提出申请,并经所在地省级人民政府药品监督管理部门对其进行全面审核,批准后发给《药品生产许可证》,凭许可证到工商行政部门办理登记注册,发给《营业执照》。

未取得《药品生产许可证》和《营业执照》的,不得生产药品。《药品生产许可证》应当标明有效期和生产范围。《药品生产许可证》的有效期为5年,到期重新审查发证;企业破产或关闭,由原发证部门缴销。

(二)开办药品生产企业的条件

1.具有依法经过资格认定的药学技术人员、工程技术人员及相应的技术工人。

2.具有与其药品生产相适应的厂房、设施和卫生环境。

3.具有能对所生产药品进行质量管理和质量检验的机构、人员以及必要的仪器设备。

4.具有保证药品质量的规章制度。

(三)开办药品生产企业的申请与审批

1.申办人应当向拟办企业所在地省、自治区、直辖市人民政府药品监督管理部门提出申请,并提交相关材料。

2.省、自治区、直辖市人民政府药品监督管理部门应当自收到申请之日起30个工作日内,按照国家发布的药品行业发展规划和产业政策进行审查,并作出是否同意筹建的决定。经审查符合规定的,予以批准,并自书面批准决定作出之日起10个工作日内核发《药品生产许可证》。

3.申办人凭《药品生产许可证》到工商行政管理部门依法办理登记注册,申请营业,取得《营业执照》后便可在营业执照所规定的经营范围内,按照《药品生产质量管理规范》组织生产。

二、药品生产的质量管理

(一)按照《药品生产质量管理规范》组织生产

《药品管理法》规定,药品生产企业必须按照国务院药品监督管理部门依据《药品管理法》制定的《药品生产质量管理规范》(Good Manufacturing Practice, GMP)组织生产。

《药品生产质量管理规范》是世界各国对药品生产全过程监督管理普遍采用的法定技术规范。《药品生产质量管理规范》是20世纪70年代中期发达国家为保证药品生产质量管理的需要而制订的,是指在药品生产全过程中,用科学、合理、规范化的条件和方法来保证生产优良药品的一整套系统的、科学的管理规范,是药品生产和质量管理的基本准则。我国20世纪80年代初引进了GMP,并于1992年颁布了《药品生产质量管理规范》。

药品监督管理部门按照规定对药品生产企业是否符合《药品生产质量管理规范》的要求

进行认证;对认证合格的,发给认证证书。

(二)药品生产工艺的规定

药品必须按照国家药品标准和国家药品监督管理局制定的生产工艺进行生产,生产记录必须完整准确。药品生产企业改变影响药品质量的生产工艺的,必须报原批准部门审核批准。

(三)中药饮片炮制的规定

中药饮片必须按照国家药品标准炮制。国家药品标准没有规定的,必须按照省、自治区、直辖市人民政府药品监督管理部门制定的炮制规范炮制。省、自治区、直辖市人民政府药品监督管理部门制定的炮制规范应当报国务院药品监督管理部门备案。药品生产企业必须对其生产的药品进行质量检验,不符合国家药品标准或者不按照药品监督管理部门制定的中药饮片炮制规范炮制的,不得出厂。

(四)生产药品所需的原料、辅料的规定

生产药品所需的原料、辅料必须符合用药要求。药品的原料是指形成药品的主要有效成分和制剂处方中包含的包括辅料在内的各种初始物料。药品的辅料,是指生产药品和调配处方时所用的赋形剂和附加剂。药品生产的原料、辅料都是直接组成药品的物料部分,必须符合用药要求,经过加工、处理等一系列的生产过程,成为药品成品,这对药品本身的治疗作用及药品质量均起着决定性作用。

(五)药品质量检验的规定

药品生产企业必须对其生产的药品进行质量检验。不符合国家药品标准或者不按照省、自治区、直辖市人民政府药品监督管理部门制定的中药饮片炮制规范炮制的,不得出厂。

(六)委托生产药品的规定

委托生产药品,是指持有药品证明文件的委托方委托其他药品生产企业进行药品生产的行为。经国务院药品监督管理部门或者国务院药品监督管理部门授权的省、自治区、直辖市人民政府药品监督管理部门批准,药品生产企业可以接受委托生产药品。

接受委托生产药品的,受托方必须是持有与其受托生产的药品相适应的《药品生产质量管理规范》认证证书的药品生产企业。

疫苗、血液制品和国务院药品监督管理部门规定的其他药品,不得委托生产。

第三节　药品经营企业管理法律规定

一、药品经营企业的管理和开办条件

药品经营企业是指经营药品的专营企业和兼营企业。药品经营企业按照经营方式的不同,分为药品批发企业和药品零售企业。我国《药品管理法》明确规定了药品经营企业必须具备的条件和审核制度。

(一)药品经营许可制度

开办药品批发业务的经营企业,须经企业所在地省级药品监督管理部门审核批准,并发给《药品经营许可证》,凭许可证到工商部门办理登记注册取得《营业执照》。开办药品零售

业务的经营企业，须经企业所在地县级以上药品监督管理部门审核批准，并发给《药品经营许可证》，到工商部门登记注册取得《营业执照》。无《药品经营许可证》的，不得经营药品。企业破产或倒闭，许可证由原发证部门撤销。

《药品经营许可证》应当标明有效期和经营范围，到期重新审查发证。药品经营许可证有效期为 5 年，到期重新审查发证。有效期届满，需要继续经营药品的，持证企业应当在许可证有效期届满前 6 个月，按照国务院药品监督管理部门的规定，申请换发《药品经营许可证》。

药品经营企业终止经营药品或者关闭的，《药品经营许可证》由原发证机关缴销。

(二)开办药品经营企业的条件

根据《药品管理法》的规定，开办药品经营企业必须具备以下条件：

1.具有依法经过资格认定的药学技术人员。

2.具有与所经营药品相适应的营业场所、设备、仓储设施、卫生环境。

3.具有与所经营药品相适应的质量管理机构或者人员。

4.具有保证所经营药品质量的规章制度。

(三)开办药品经营企业的申请与审批

1.开办药品批发企业，申办人应当向拟办企业所在地省、自治区、直辖市人民政府药品监督管理部门提出申请。省、自治区、直辖市人民政府药品监督管理部门应当自收到申请之日起 30 个工作日内，依据国务院药品监督管理部门规定的设置标准作出是否同意筹建的决定。申办人完成拟办企业筹建后，应当向原审批部门申请验收。原审批部门应当自收到申请之日起 30 个工作日内，依据《药品管理法》第 15 条规定的开办条件组织验收；符合条件的，发给《药品经营许可证》。申办人凭《药品经营许可证》到工商行政管理部门依法办理登记注册。

2.开办药品零售企业，申办人应当向拟办企业所在地设区的市级药品监督管理机构或者省、自治区、直辖市人民政府药品监督管理部门直接设置的县级药品监督管理机构提出申请。受理申请的药品监督管理机构应当自收到申请之日起 30 个工作日内，依据国务院药品监督管理部门的规定，结合当地常住人口数量、地域、交通状况和实际需要进行审查，作出是否同意筹建的决定。申办人完成拟办企业筹建后，应当向原审批机构申请验收。原审批机构应当自收到申请之日起 15 个工作日内，依据《药品管理法》第 15 条规定的开办条件组织验收；符合条件的，发给《药品经营许可证》。申办人凭《药品经营许可证》到工商行政管理部门依法办理登记注册。

3.药品经营企业变更《药品经营许可证》许可事项的，应当在许可事项发生变更 30 日前，向原发证机关申请《药品经营许可证》变更登记；未经批准，不得变更许可事项。原发证机关应当自收到企业申请之日起 15 个工作日内作出决定。申请人凭变更后的《药品经营许可证》到工商行政管理部门依法办理变更登记手续。

4.药品监督管理部门批准开办药品经营企业，除依据《药品管理法》的有关规定外，还应当遵循合理布局和方便群众购药的原则。

二、药品经营企业的质量管理

由于药品的特殊性，其经营的质量管理较之一般商品应更为严格。《药品管理法》规定，药品经营企业，必须按照国务院药品监督管理部门制定的《药品经营质量管理规范》(Good Supplying Practice，GSP)经营药品。《药品经营质量管理规范》对于规范药品经营企业行为，保证药品的安全性、有效性和稳定性具有重要意义。

药品经营企业必须按照《药品经营质量管理规范》的要求从事经营活动。药品监督管理部门按照规定对药品经营企业是否符合《药品经营质量管理规范》的要求进行认证；对认证合格的，发给认证证书。

1.进货检查验收制度　药品经营企业购进药品，必须建立并执行进货检查验收制度，验明药品的合格证书和其他标识，不符合规定要求的，不得购进。

2.药品购销记录的规定　药品经营企业购销药品，必须有完整真实的购销记录。购销记录必须注明药品的通用名称、剂型、规格、批号、有效期、生产商、购(销)货单位、购(销)货数量、价格、购(销)货日期及国务院药品监督管理部门规定的其他内容。

3.调配处方的规定　药品经营企业销售药必须准确无误，并正确说明用法、用量和注意事项；调配处方必须经过核对，对处方所列药品不得擅自更改或者代用。对有配伍禁忌或者超剂量的处方，应当拒绝调配；必要时，经处方医师更正或者重新签字，方可调配。药品经营企业销售中药材，必须标明产地。

4.药品保管制度　药品经营企业必须制定和执行药品保管制度，采取必要的冷藏、防冻、防潮、防鼠等措施，保证药品质量，药品进库和出库必须执行检查制度。

5.城乡集贸市场出售药品的规定　除国家批准设立的中药材专业市场外，严禁开办各种形式的药品集贸市场。城乡集体贸易市场，不得出售中药材以外的药品。城乡集市贸易市场可以出售中药材，不得出售中药材以外的药品，但持有《药品经营许可证》的药品零售企业在规定的范围内可以在城乡集市贸易市场设点出售中药材以外的药品。

三、药品流通管理

为加强药品监督管理，规范药品流通秩序，保证药品质量，顺应药品流通体制改革的要求，2006 年 12 月国家食品药品监督管理局颁布了《药品流通监督管理办法》。该办法对药品生产和经营企业购销药品等问题进一步进行监督管理。

1.企业对药品购销行为的责任　药品生产、经营企业对其药品购销行为负责，对其销售人员或设立的办事机构以本企业名义从事的药品购销行为承担法律责任。

2.企业对药品购销人员的培训　药品生产、经营企业应当对其购销人员进行药品相关的法律、法规和专业知识培训，建立培训档案，培训档案中应当记录培训时间、地点、内容及接受培训的人员。

3.药品销售人员销售行为的规定　药品销售人员必须具有高中以上文化水平，接受相应专业知识和药事法规培训，并不得兼职进行药品销售活动。销售药品时，必须出示有关证件。城镇个体行医人员和个体诊所不许设置药房，不得从事药品购销活动；乡镇卫生院代乡村个体行医人员和诊所采购药品，不得进行经营性销售，并严禁乡镇卫生院将药品采购委托或承包给个人。

药品生产企业、药品批发企业销售药品时，应当提供下列资料：①加盖本企业原印章的《药品生产许可证》或《药品经营许可证》和《营业执照》的复印件。②加盖本企业原印章的所销售药品的批准证明文件复印件。③销售进口药品的，按照国家有关规定提供相关证明文件。

药品生产企业、药品批发企业派出销售人员销售药品的，除上述规定的资料外，还应当提供加盖本企业原印章的授权书复印件。授权书原件应当载明授权销售的品种、地域、期限，注明销售人员的身份证号码，并加盖本企业原印章和企业法定代表人印章（或者签名）。销售人员应当出示授权书原件及本人身份证原件，供药品采购方核实。

4.储存和销售场所的规定　药品说明书要求低温、冷藏储存的药品，药品生产、经营企业应当按照有关规定，使用低温、冷藏设施设备运输和储存。

药品生产、经营企业不得在经药品监督管理部门核准的地址以外的场所储存或者现货销售药品。

5.药品销售范围的规定　药品生产企业只能销售本企业生产的药品，不得销售本企业受委托生产的或者他人生产的药品。药品经营企业应当按照《药品经营许可证》许可的经营范围经营药品。

6.药品销售手续的规定　药品生产企业、药品批发企业销售药品时，应当开具标明供货单位名称、药品名称、生产厂商、批号、数量、价格等内容的销售凭证。

药品零售企业销售药品时，应当开具标明药品名称、生产厂商、数量、价格、批号等内容的销售凭证。药品生产、经营企业采购药品时，应按规定索取、查验、留存供货企业有关证件、资料，按规定索取、留存销售凭证。药品生产、经营企业按规定留存的资料和销售凭证，应当保存至超过药品有效期1年，但不得少于3年。

7.药品生产和经营企业购销药品中的禁止行为。

(1)药品生产、经营企业知道或者应当知道他人从事无证生产、经营药品行为的，不得为其提供药品。

(2)药品生产、经营企业不得为他人以本企业的名义经营药品提供场所、资质证明文件或者票据等便利条件。

(3)药品生产、经营企业不得以展示会、博览会、交易会、订货会、产品宣传会等方式现货销售药品。

(4)药品生产企业设立的办事机构不得进行药品现货销售活动。

(5)药品经营企业不得购进和销售医疗机构配制的制剂。

(6)未经药品监督管理部门审核同意，药品经营企业不得改变经营方式。

(7)未经批准，药品批发企业不得从事药品零售业务；药品零售企业不得从事药品批发业务。

(8)药品生产、经营企业不得以搭售、买药品赠药品、买商品赠药品等方式向公众赠送处方药或者甲类非处方药。

(9)药品生产、经营企业不得采用邮售、互联网交易等方式直接向公众销售处方药。

(10)禁止非法收购药品。

进口药品国内销售代理商必须在国家药品监督管理局备案并遵守相关法律规定。

第四节　医疗机构药事管理法律规定

一、医疗机构药事管理的概念

医疗机构药事管理是指医疗机构以病人为中心，以临床药学为基础，对临床用药全过程进行有效的组织实施与管理，促进临床科学、合理用药的药学技术服务和相关的药品管理工作。

(一)药事管理组织

《医疗机构药事管理办法》规定，医疗机构根据实际工作需要，应设立药事管理组织。

二级以上医院应当设立药事管理与药物治疗学委员会，其他医疗机构应当成立药事管理组。药事管理委员会(组)监督、指导本机构科学管理药品和合理用药。

三级医院药事管理委员会由具有高级技术职务任职资格的药学、临床医学、护理和医院感染管理、医疗行政管理等人员组成。二级医院的药事管理委员会(组)由药学、医务、护理、医院感染、临床科室等部门负责人和具有药师、医师以上专业技术职务任职资格人员组成。

(二)药学部门

医疗机构(诊所、中医诊所、民族医诊所、卫生所、医务室、卫生保健所、卫生站除外)应根据本机构的功能、任务、规模，在保质保量完成医疗机构药事工作的基础上，按照精简高效的原则设置相应的药学部门，配备和提供与药学部门工作任务相适应的专业技术人员、设备和设施。三级医院设置药学部，并可根据实际情况设置二级科室；二级医院设置药剂科；其他医疗机构设置药房。

药事管理委员会(组)的日常工作由药学部门负责。药学部门在医疗机构负责人的领导下，按照《药品管理法》及相关法律、法规和本单位管理的规章制度，具体负责药品管理、药学专业技术服务和药事管理工作，开展以病人为中心、以合理用药为核心的临床药学工作，组织药师参与临床药物治疗，提供药学专业技术服务。

二、医疗机构药物临床应用管理

(一)医疗机构药物临床应用的原则

药物临床应用管理是对医疗机构临床诊断、预防和治疗疾病用药全过程实施监督管理。医疗机构应当遵循安全、有效、经济的合理用药原则，尊重患者对药品使用的知情权和隐私权；遵循有关药物临床应用指导原则、临床路径、临床诊疗指南和药品说明书等合理使用药物；对医师处方、用药医嘱的适宜性进行审核。

(二)医疗机构药物临床应用的制度

1. 医疗机构应当依据国家基本药物制度，抗菌药物临床应用指导原则和中成药临床应用指导原则，制定本机构基本药物临床应用管理办法，建立并落实抗菌药物临床应用分级管理制度。

2. 医疗机构应当建立临床用药监测、评价和超常预警制度，对药物临床使用安全性、有效性和经济性进行监测、分析、评估，实施处方和用药医嘱点评与干预。

3. 医疗机构应当建立药品不良反应、用药错误和药品损害事件监测报告制度。医疗机构临床科室发现药品不良反应、用药错误和药品损害事件后，应当积极救治患者，立即向药学部门报告，并做好观察与记录。医疗机构应当按照国家有关规定向相关部门报告药品不良反应，用药错误和药品损害事件应当立即向所在地县级卫生行政部门报告。

(三)医疗机构建立临床药师制

医疗机构应当根据本机构性质、任务、规模配备适当数量的临床药师，三级医院临床药师不少于 5 名，二级医院临床药师不少于 3 名。临床药师应当具有高等学校临床药学专业或按有关规定取得中级以上药学专业技术资格的人员担任，并应当经过规范化培训。临床药师的主要职责是：

1. 负责药品采购供应、处方或者用药医嘱审核、药品调剂、静脉用药集中调配和医院制剂配制，指导病房(区)护士请领、使用与管理药品。

2. 参与临床药物治疗，进行个体化药物治疗方案的设计与实施，开展药学查房，为患者提供药学专业技术服务。

3. 参加查房、会诊、病例讨论和疑难、危重患者的医疗救治，协同医师做好药物使用遴选，对临床药物治疗提出意见或调整建议，与医师共同对药物治疗负责。

4. 开展抗菌药物临床应用监测，实施处方点评与超常预警，促进药物合理使用。

5. 开展药品质量监测，药品严重不良反应和药品损害的收集、整理、报告等工作。

6. 掌握与临床用药相关的药物信息，提供用药信息与药学咨询服务，向公众宣传合理用药知识。

7. 结合临床药物治疗实践，进行药学临床应用研究；开展药物利用评价和药物临床应用研究；参与新药临床试验和新药上市后安全性与有效性监测。

8. 其他与医院药学相关的专业技术工作。

三、医疗机构药剂管理

(一)医疗机构购进药剂的管理

1. 医疗机构药品采购实行集中管理，要实行公开招标采购、议价采购或参加集中招标采购。编制药品采购计划，按规定购入药品。

2. 医疗机构临床使用的药品由药学部门统一采购供应。药学部门要制定本机构药品采购工作流程，建立健全药品成本核算和账务管理制度，严格执行药品购入检查、验收制度，验明药品合格证明和其他标识；不得购入和使用不符合规定的药品。其他科室或者部门不得从事药品的采购、调剂活动，不得在临床使用非药学部门采购供应的药品。

3. 医疗机构购进药品时，应当按照《药品流通管理办法》的规定，索取、查验、保存供货企业有关证件、资料和票据，并建立真实完整的药品购进记录。药品购进记录必须注明药品的通用名称、生产厂家、剂型、规格、批号、生产日期、有效期、批准文号、供货单位、数量、价格和购进日期及国务院药品监督管理部门规定的其他内容。药品购进记录必须保存至超过药品有效期 1 年，但不得少于 3 年。

(二)医疗机构储存药品的管理

1. 医疗机医疗机构必须制定和执行药品保管制度，采取必要的冷藏、防冻、防潮、防虫、防鼠等措施，保证药品质量。

2. 医疗机构设置的药房，应当具有与所使用药品相适应的场所、设备、仓储设施和卫生环境，配备相应的药学技术人员，制定和执行药品保管制度，定期对库存药品进行养护与质量检查。

3. 医疗机构应当将药品与非药品分开存放；化学药品、生物制品、中成药和中药饮片应当分别储存，分类定位存放。易燃、易爆、强腐蚀性等危险性药品应当另设仓库单独储存，并设置必要的安全设施，制定相关的工作制度和应急预案。麻醉药品、精神药品、医疗用毒性药品、放射性药品等特殊管理的药品，应当按照有关法律、法规、规章的相关规定进行管理和监督使用。

4. 定期对库存药品进行养护，防止变质失效。过期、失效、淘汰、霉烂、虫蛀、变质的药品不得出库，并按有关规定及时处理。

(三)医疗机构销售药品的管理

1. 医疗机构和计划生育技术服务机构不得未经诊疗直接向患者提供药品；不得采用邮售、互联网等方式直接向公众销售处方药。

2. 医疗机构向患者提供的药品应当与诊疗范围相适应，并凭执业医师或者执业助理医师的处方调配。

3. 计划生育技术服务机构采购和向患者提供药品，其范围应当与经批准的服务范围相一致，并凭执业医师或者执业助理医师的处方调配。

个人设置的门诊部、诊所等医疗机构不得配备常用药品和急救药品以外的其他药品。常用药品和急救药品的范围和品种，由所在地的省、自治区、直辖市人民政府卫生行政部门会同同级人民政府药品监督管理部门规定。

4. 为保障患者用药安全，除药品质量原因外，药品一经发出，不得退换。肠外营养液、危害药品和其他静脉用药应当实行集中调配供应。

四、医疗机构的制剂管理

医疗机构制剂是指医疗机构根据本单位临床需要经批准而配制、自用的固定处方制剂。医疗机构制剂作为医院药学的重要组成部分有其特殊性，如使用量不定、规模小、储存时间短、针对性强等特点。

(一)医疗机构配制制剂许可制度

医疗机构配制制剂，须经所在地省、自治区、直辖市人民政府卫生行政部门审核同意，由省、自治区、直辖市人民政府药品监督管理部门批准，发给《医疗机构制剂许可证》。无《医疗机构制剂许可证》的，不得配制制剂。

《医疗机构制剂许可证》应当标明有效期，有效期为 5 年。有效期届满，需要继续配制制剂的，医疗机构应当在许可证有效期届满前 6 个月，按照国务院药品监督管理部门的规定，申请换发《医疗机构制剂许可证》。

医疗机构终止配制制剂或者关闭的，《医疗机构制剂许可证》由原发证机关缴销。

(二)医疗机构制剂的注册管理

《医疗机构制剂注册管理办法》(试行)于 2005 年 3 月 22 日经国家食品药品监督管理局审议通过，自 2005 年 8 月 1 日起施行。该办法对医疗机构制剂注册作出了相关规定。

1. 医疗机构制剂注册申报与审批要求　申请医疗机构制剂，应当进行相应的临床前研究，包括处方筛选、配制工艺、质量指标、药理学、毒理学研究等。申请医疗机构制剂注册所报送的资料应当真实、完整、规范。申请制剂所用的化学原料药及实施批准文号管理的中药材、中药饮片必须具有药品批准文号，并符合法定的药品标准。

申请人应当对其申请注册的制剂或者使用的处方、工艺、用途等，提供申请人或者他人在中国的专利及其权属状态说明；他人在中国存在专利的，申请人应当提交对他人的专利不构成侵权的声明。

医疗机构制剂的名称，应当按照国家食品药品监督管理局颁布的药品命名原则命名，不得使用商品名称。医疗机构配制制剂使用的辅料和直接接触制剂的包装材料、容器等，应当符合国家食品药品监督管理局有关辅料、直接接触药品的包装材料和容器的管理规定。

2.不得作为医疗机构制剂申报的情形。

(1)市场上已有供应的品种。

(2)含有未经国家食品药品监督管理局批准的活性成分的品种。

(3)除变态反应原外的生物制品。

(4)中药注射剂。

(5)中药、化学药组成的复方制剂。

(6)麻醉药品、精神药品、医疗用毒性药品、放射性药品。

(7)其他不符合国家有关规定的制剂。

(三)医疗机构配制制剂的条件

医疗机构配制制剂是医疗单位临床需要而且是市场上没有供应，经依法报批后自行配制制剂以用于本单位的临床和科研。根据《药品管理法》规定，医疗机构配制制剂必须具备以下条件：

(1)必须配备依法经过资格认定的药学技术人员，非药学技术人员不得直接从事药剂技术工作。

(2)必须具有能够保证制剂质量的设施、管理制度、检验仪器和卫生条件。

(3)必须制定和执行药品管理制度，采取必要的冷藏、防冻、防潮、防虫、防鼠等措施保证药品质量。

(4)必须经过所在地省级以上卫生行政部门审核同意，由省级药品监督管理部门批准，发给《医疗机构制剂许可证》。

(四)医疗机构配制制剂的申请与审批

1.医疗机构设立制剂室配制制剂，应当向所在地省、自治区、直辖市人民政府卫生行政部门提出申请，经审核同意后，报同级人民政府药品监督管理部门审批；省、自治区、直辖市人民政府药品监督管理部门验收合格的，予以批准，发给《医疗机构制剂许可证》。

省、自治区、直辖市人民政府卫生行政部门和药品监督管理部门应当在各自收到申请之日起30个工作日内，作出是否同意或者批准的决定。

2.医疗机构配制制剂，必须按照国务院药品监督管理部门的规定报送有关资料和样品，经所在地省、自治区、直辖市人民政府药品监督管理部门批准，并发给制剂批准文号后，方可配制。

3.医疗机构变更《医疗机构制剂许可证》许可事项的，应当在许可事项发生变更30日前，依照规定向原审核、批准机关申请《医疗机构制剂许可证》变更登记；未经批准，不得变更许可事项。原审核、批准机关应当在各自收到申请之日起15个工作日内作出决定。

4. 医疗机构新增配制剂型或者改变配制场所的，应当经所在地省、自治区、直辖市人民政府药品监督管理部门验收合格后，依照规定办理《医疗机构制剂许可证》变更登记。

(五)医疗机构配置制剂的使用管理

1. 医疗机构配制的制剂，应当是本单位临床需要而市场上没有供应的品种，并须经所在地省、自治区、直辖市人民政府药品监督管理部门批准后方可配制。

2. 医疗机构配制的制剂必须按照规定进行质量检验；合格的，凭医师处方在本医疗机构使用。特殊情况下，经国务院或者省、自治区、直辖市人民政府的药品监督管理部门批准，医疗机构配制的制剂可以在指定的医疗机构之间调剂使用。

特殊情况下医疗机构制剂的调剂使用，是指发生灾情、疫情、突发事件或者临床急需而市场没有供应时，经国务院或者省、自治区、直辖市人民政府的药品监督管理部门批准，在规定期限内，医疗机构配制的制剂可以在指定的医疗机构之间调剂使用。国务院药品监督管理部门规定的特殊制剂的调剂使用以及省、自治区、直辖市之间医疗机构制剂的调剂使用，必须经国务院药品监督管理部门批准。

3. 医疗机构配制的制剂不得在市场上销售或者变相销售，不得发布医疗机构制剂广告。

第五节　药品管理法律规定

一、药品标准的规定

我国实行国家药品标准制度。药品标准是国家对药品质量规格及检验方法所作的技术性规定，是药品生产、销售、使用和检验单位必须遵守的法定依据。我国的药品标准只有国家标准。

(一)药品必须符合国家药品标准

只有符合国家药品标准的药品才是合格药品，方可销售、使用。国务院药品监督管理部门颁布的《中华人民共和国药典》和国家药品监督管理局颁布的药品标准为国家药品标准。

中药饮片，有国家药品标准的，执行国家药品标准；没有国家药品标准的，执行省、自治区、直辖市人民政府药品监督管理部门制定的药品标准。

(二)国家药品标准品、对照品的标定

国务院药品监督管理部门的药品检验机构负责标定国家药品标准品、对照品。国家药品标准品、对照品是作为药品检验对照用的标准物质，是国家药品标准的物质基础，是控制药品质量必不可少的参照物。

(三)国家药品标准的制定与修订

国务院药品监督管理部门组织药典委员会，负责国家药品标准的制定和修订。

二、研制新药的规定

新药是指我国尚未生产过的药品。已生产上市的药品改变剂型、改变给药途径、增加新的适应证或制定新的复方剂，也属于新药范围。新药对治疗疾病起着重要作用，如1940年青霉素的发现使重感染疾病有药可医。新药代表医药科学研究的发展水平。当今,生物制药迅猛发展,人类基因图的绘制完成,不仅使不治之症迎刃而解或充满希望,而且对治疗方法进行全方位的变革,同时新药也可能导致恶性后果,因此,必须加强对新药的管理。

根据《药品管理法》规定,研制新药必须按照国务院药品监督管理部门的规定如实报送研究方法、质量指标、药理及毒理试验结果等有关资料和样品,经批准后,方可进行临床试验和临床验证。完成临床试验并通过审批的新药,由国务院药品监督管理部门发给新药证书。

生产新药须经国务院药品监督管理部门批准,并发给药品批准文号。但是,生产没有实施批准文号管理的中药材和中药饮片除外。实施批准文号管理的中药材、中药饮片品种目录由国务院药品监督管理部门会同国务院中医药管理部门制定。药品生产企业在取得药品批准文号后,方可生产该药品。

三、药品审评与药品再评价的规定

(一)药品审评

《药品管理法》规定,国务院药品监督管理部门组织药学、医学和其他技术人员对新药进行审评,对已经批准生产的药品进行再评价。包括通过临床用药评定新药,对已经批准生产的药品进行再评价,淘汰危害严重、疗效不确切的药品。

(二)药品淘汰

药品淘汰是对上市药品因毒副作用大、使用不方便、疗效差等原因,将已经批准生产的药品淘汰。国务院药品监督管理部门对已批准生产的药品组织调查,对于疗效不确切、不良反应大或其他原因危害公民健康的药品,应当撤销其批准文号,停止生产销售和使用;已被撤销其批准文号的,不得继续生产和销售;已经生产的,由当地药品监督管理部门监督销毁或处理。通过药品审评淘汰不合格药品,保障公民用药安全。

四、进出口药品的管理

(一)进口药品的管理规定

药品进口,须经国务院药品监督管理部门组织审查,经审查确认符合质量标准、安全有效的,方可批准进口,并发给进口药品注册证书。申请进口的药品,应当是在生产国家或者地区获得上市许可的药品;未在生产国家或者地区获得上市许可的,经国务院药品监督管理部门确认该药品品种安全、有效而且临床需要的,可以依照《药品管理法》及《药品管理法实施条例》的规定批准进口。

医疗单位临床急需或者个人自用进口的少量药品,按国家有关规定办理进口手续。医疗机构因临床急需进口少量药品的,应当持《医疗机构执业许可证》向国务院药品监督管理部门提出申请;经批准后,方可进口。进口的药品应当在指定医疗机构内用于特定医疗目的。个人自用进口的少量药品,按国家有关规定办理进口手续。

药品必须从允许药品进口的口岸进口,并由进口药品的企业向口岸所在地药品监督管理部门登记备案。海关凭药品监督管理部门出具的《进口药品通关单》放行。口岸所在地药品监督管理部门应当通知药品检验机构按规定对进口药品进行抽查检验。允许药品进口的口岸由国务院药品监督管理部门会同海关总署提出,报国务院批准。

《药品管理法》规定,禁止进口疗效不确切、不良反应大或者其他原因危害人体健康的药品。对已经批准进口的药品,应当组织调查;对疗效不确切、不良反应大或者其他原因危害人体健康的药品,应当撤销进口药品注册证书。已被撤销进口药品注册证书的药品,不得进口、销售和使用;已经进口的,由当地药品监督管理部门监督销毁或者处理。

国家药品监督管理局对下列药品在销售前或进口时,指定药品检验机构进行检验,检验不合格的,不得销售或者进口:①国务院药品监督管理部门规定的生物制品。②首次在中国销售的药品。③国务院规定的其他药品。

(二)出口药品的管理规定

出口药品必须保证质量。我国对出口药品的原则是“先国内,后国外”。对国内紧缺药品,如中药材、中成药必须适当限制出口,以满足国内市场供应为主。对出口药品,质量标准符合规定要求的,经检验符合药品标准规定的方准出口。对国内供应不足的药品,国务院有权限制或者禁止出口。出口麻醉药品和国务院卫生行政部门规定范围内的精神药品,必须持有国务院药品监督管理部门发给的《出口准许证》。

五、特殊药品的管理

《药品管理法》规定,国家对麻醉药品、精神药品、医疗用毒性药品、放射性药品,实行特殊管理办法。

麻醉药品和精神药品,是指列入麻醉药品目录、精神药品目录的药品和其他物质。麻醉药品是指连续使用后易产生身体依赖性、能成瘾癖的药品,包括阿类片、可卡因类、大麻类、合成麻醉药类及卫生部门指定的其他易成瘾的药品、药用原植物及其制剂。精神药品是指直接用于中枢神经系统,使之兴奋或抑制,连续使用能产生精神依赖性的药品。医疗用毒性药品是指毒性剧烈,治疗剂量与中毒剂量相近,使用不当会导致人中毒或死亡的药品。放射性药品是指用于临床诊断或治疗的放射性核素制剂或者其标记药物,包括裂变制品、堆照制品、加速器制品、放射性同位素制剂及配套药盒、放射性免疫药盒等。

麻醉药品、精神药品、医疗用毒性药品、放射性药品,一方面发挥防病治病的积极作用,另一方面因管理不善或使用不当极易造成对人体健康、公共卫生和社会治安的危害。因此,国务院分别制定和颁布了《麻醉药品管理办法》、《精神药品管理办法》、《医疗用毒性药品管理办法》和《放射性药品管理办法》,对这些药品在认定生产单位的范围、研制和生产的产量品种、销售的范围、提供和使用的范围和程序作了严格的限制。特殊药品的包装必须印有规定的标志,进出口麻醉药和精神药品,必须持国务院药品监督管理部门的进出口准许证。特殊药品的运输要按照航运、铁路、公路运输部门和邮电部门的特殊规定,采取严格措施保证运输安全。特殊药品的供应也应根据科研和教学的需要,有计划地按规定组织供应,严格使用手续,防止流弊或乱用。为更好地进行国际合作和加强国内管制,我国已加入了联合国1961年通过的《麻醉药品单一公约》、1971年通过的《精神药物公约》和1988年通过的《联合国禁止非法贩运麻醉药品和精神药品公约》。

六、处方药与非处方药分类管理

《药品管理法》、《处方药与非处方药分类管理办法》规定,根据药品品种、规格、适应证、剂量及给药途径不同,国家对药品实行处方药与非处方药分类管理制度。对处方药与非处方药实行分类管理,有助于保护药品消费者的权利,对我国加入世贸组织后药品管理模式尽快与国际接轨具有重要意义。

处方药是指必须凭具有处方资格的医师开具的处方方可调配、购买和使用，并须在医务人员的指导和监控下使用的药品。非处方药是指不用医师诊断和开写处方，消费者依据自己掌握的医药常识，借助阅读药品标识物，对小伤小病自我诊断和选择应用的药品。根据药品的安全性，非处方药分为甲、乙两类，其英文为 Over the Counter，简称“OTC”，特点是安全、有效、稳定、方便。

《处方药与非处方药分类管理办法》规定，处方药必须凭执业医师或执业助理医师处方才可调配、购买和使用。非处方药不需要凭处方即可自行购买和使用。医疗机构根据医疗需要可以决定和推荐使用非处方药；处方药只准在专业性医药报刊上进行广告宣传，非处方药经审批可以在大众传播媒介进行广告宣传。非处方药标签和说明书除符合规定外，用语应当科学、易懂，便于消费者自行判断、选择和使用。非处方药的标签和说明书必须经国家药品监督管理局批准。非处方药的包装必须印有国家指定的非处方药专有标识，必须符合质量要求，方便储存、运输和使用。

经营处方药、非处方药的批发企业和经营处方药、甲类非处方药的零售企业必须具有《药品经营许可证》。经省级药品监督管理部门或其授权的药品监督管理部门批准的其他商业企业，可以零售乙类非处方药。

经营处方药、甲类非处方药的药品零售企业，应当配备执业药师或者其他依法经资格认定的药学技术人员。经营乙类非处方药的药品零售企业，应当配备经设区的市级药品监督管理机构或者省、自治区、直辖市人民政府药品监督管理部门直接设置的县级药品监督管理机构组织考核合格的业务人员。医疗机构根据医疗需要可以决定或推荐使用非处方药。

七、生产和销售假药、劣药的管理

生产和销售假药、劣药会造成危害人们生命和身体健康的后果，并破坏国家的药品管理秩序。因此，国家禁止生产、配制和销售假药，禁止生产销售劣药。

(一)禁止生产销售假药

《药品管理法》规定，假药是指药品所含成分名称与国家药品标准规定的成分不符的，以非药品冒充药品或者以他种药品冒充此种药品的。有下列情形之一的按假药处理：①国务院药品监督管理部门规定禁止使用的。②依法必须批准而未批准生产、进口，或者依法必须检验而未检验即销售的。③变质的。④被污染的。⑤使用依法必须取得批准文号而未取得批准文号的原料药生产的。⑥所标明的适应证或者功能主治超出规定范围的。

(二)禁止生产销售劣药

劣药是指药品成分的含量不符合国家标准的药品。有下列情形之一的药品按劣药论处：①未标明有效期或者更改有效期的。②不注明或者更改生产批号的。③超过有效期的。④直接接触药品的包装材料和容器未经批准的。⑤擅自添加着色剂、防腐剂、香料、矫味剂及辅料的。⑥其他不符合药品标准规定的。

八、药品储备的规定

国家实行药品储备制度。国内发生重大灾情、疫情及其他突发事件时，国务院规定的部门可以紧急调用企业药品。

第六节　药品包装管理法律规定

药品包装必须为药品外在和内在质量服务，药品包装必须适合药品质量的要求，方便储存、运输和医疗使用。每一种药品都要根据其不同的理化特性和特殊要求，严格选用合适、无毒、不影响药品质量的包装材料和容器。保证药品不变质、不失效，便于销售。必须在包装上注明有效期，贴有标签并附有说明书。《药品管理法》、《药品生产质量管理规范》、《药品包装管理办法》、《直接接触药品的包装材料和容器管理办法》等对药品包装作了具体规定。

一、药品包装材料和容器的规定

药品生产企业使用的直接接触药品的包装材料和容器，必须符合药用要求和保障人体健康、安全的标准，并经国务院药品监督管理部门在审批药品时一并审批和批准注册。药品生产企业不得使用未经批准的直接接触药品的包装材料和容器。对不合格的直接接触药品的包装材料和容器，由药品监督管理部门责令停止使用。

1. 凡选用直接接触药品的包装材料、容器（包括油墨、黏合剂、衬垫、填充物等）必须无毒，与药品不发生化学作用、不发生组分脱落活动迁移到药品当中，必须保证和方便患者安全用药。

2. 凡直接接触药品的包装材料、容器（包括盖、塞、内衬物、填充物等）除抗生素原料药用的周转包装容器外，其他均不准重复使用。

3. 药品生产企业和分装单位凡订购直接接触药品的包装材料、容器，必须在签订购买合同时明确包装材料卫生要求。不需药厂清洗直接接触药品的包装材料、容器，其生产环境卫生标准必须符合《药品生产管理规范》和《中成药生产管理规范》所规定的洁净度要求。

4. 直接接触药品（中成药除外）的包装材料、容器不准采用污染产品和药厂卫生的草包、麻袋、柳筐等包装。

药品包装必须适合药品质量的要求，方便储存、运输和医疗使用，药品包装必须按照规定印有或者贴有标签并附有说明书。

二、中药材、中药饮片包装材料和容器的规定

发运中药材必须有包装，在每件包装上，必须注明药品的名称、产地、日期、调出单位，并附有质量合格标志。

生产中药饮片应当选用与药品性质相适应的包装材料和容器；包装不符合规定的中药饮片不得销售。中药饮片包装必须印有或者贴有标签。

三、医疗机构制剂包装材料和容器的规定

医疗机构配制制剂所使用的直接接触药品的包装材料和容器、制剂的标签和说明书应当符合《药品管理法》及其实施条例的有关规定，并经省、自治区、直辖市人民政府药品监督管理部门批准。

四、药品包装标签、说明书的规定

药品包装必须按照规定印有或者贴有标签并附有说明书。标签或者说明书上必须注明药品的通用名称、成分、规格、生产企业、批准文号、产品批号、生产日期、有效期、适应证或者功能主治、用法、用量、禁忌、不良反应和注意事项。

药品包装、标签、说明书必须依照《药品管理法》和国务院药品监督管理部门的规定印制。

1.一般药物的标签内容应包括注册商标、品名、药物行政部门批准文号、主要成分含量(化学药)、装量、主治、用法、用量、禁忌、厂名、批号、有效期等。

2.不论内包装或外包装、大包装或小包装都应有正确的标签。标签的发放要严格遵守管理制度,正确使用标签,粘贴牢固,以防差错事故。

3.药品再分装的标签,必须加注原批号、分装日期、分装单位和责任者。药品分装后必须注明有效期。

4.麻醉药品、精神药品、医疗用毒性药品、放射性药品和外用药品必须在其标签、瓶、盒、箱等包装物的明显位置上印刷规定的标志。

5.中药饮片的标签必须注明品名、规格、产地、生产企业、产品批号、生产日期,实施批准文号管理的中药饮片还必须注明药品批准文号。

6.单盒、袋等包装物上文字说明内容应与标签内容类同。

7.标签上指出的包装容器及贮藏温度均应按照中国药典的规定采用。

8.生物制品标签应标明品名、批号、有效期、制造单位名称。

9.放射性药品在运输时应按国家标准,将"危险货物包装标志"分为四级,加贴放射性物质标志,以便按四种包装等级进行运输。

10.标签内容显示的形式可以用纸张印刷清楚贴于容器上,或记载于容器本身而使之不能擦去。包装标签的内容可印制好贴于包装上或直接记载于包装上。

11.严格禁止将药品标签转借、转让或转售给他厂或他人,使假药、劣药流入市场,危害人民的健康。

第七节　药品价格和广告管理法律规定

一、药品价格管理的法律规定

《药品管理法》规定,药品价格实行政府定价、政府指导价和市场调节价。

(一)药品定价形式与范围

列入国家基本医疗保险药品目录的药品以及国家基本医疗保险药品目录以外具有垄断性生产、经营的药品,实行政府定价或者政府指导价;对其他药品,实行市场调节价。

(二)政府定价、政府指导价药品的定价原则与价格管理

1.政府定价和政府指导价的药品,政府价格主管部门应当依照《中华人民共和国价格法》(以下简称《价格法》)规定的定价原则,依据社会平均成本、市场供求状况和社会承受能力合理制定和调整价格，做到质价相符，消除虚高价格，保护用药者的正当利益。

2.药品生产企业、经营企业和医疗机构必须执行政府定价、政府指导价，不得以任何形式擅自提高价格。药品生产企业应当依法向政府价格主管部门如实提供药品的生产经营成本，不得拒报、虚报、瞒报。

3.依法实行政府定价、政府指导价的药品，由政府价格主管部门依照《药品管理法》第55条规定的原则，制定和调整价格；其中，制定和调整药品销售价格时，应当体现对药品社会平均销售费用率、销售利润率和流通差率的控制。具体定价办法由国务院价格主管部门依照《价格法》的有关规定制定。

4.依法实行政府定价和政府指导价的药品价格制定后，由政府价格主管部门依照《价格法》的规定，在指定的刊物上公布并明确该价格施行的日期。

5.实行政府定价和政府指导价的药品价格，政府价格主管部门制定和调整药品价格时，应当组织药学、医学、经济学等方面专家进行评审和论证；必要时，应当听取药品生产企业、药品经营企业、医疗机构、公民以及其他有关单位及人员的意见。

(三)市场调节价药品的定价原则与价格管理

依法实行市场调节价的药品，药品的生产企业、经营企业和医疗机构应当按照“公平、合理”和“诚实信用、质价相符”的原则制定价格，为用药者提供价格合理的药品。

(四)药品价格管理的其他规定

1.药品的生产企业、经营企业和医疗机构应当遵守国家价格主管部门关于药价管理的规定，制定和标明药品零售价格，禁止暴利和损害用药者利益的价格欺诈行为。

2.药品的生产企业、经营企业、医疗机构应当依法向向政府价格管理部门提供其药品的实际购销价格和购销数量等资料。

3.政府价格主管部门依照《价格法》的规定实行药品价格监测时，为掌握、分析药品价格变动和趋势，可以指定部分药品生产企业、药品经营企业和医疗机构作为价格监测定点单位；定点单位应当给予配合、支持，如实提供有关信息资料。

4.医疗机构应当向患者提供所用药品价格清单；医疗保险定点医疗机构还应按照规定的办法如实公布其常用药品的价格，加强合理用药的管理。

5.禁止药品生产企业、经营企业和医疗机构在药品购销中账外暗中给予、收受回扣或其他利益。禁止医疗机构负责人、药品采购人员、医师等有关人员以任何名义收受药品的生产企业、经营企业或者其代理人给予的财物和其他利益。

二、药品广告管理的法律规定

药品广告是宣传和推销药品的有效手段，又是向广大群众介绍药品成分、功效、用法、用量及反映药品确切疗效的重要方法。药品关系到广大群众的身体健康，因此药品广告要准确、科学、真实。

(一)药品广告的审批规定与程序

《药品管理法》规定，药品广告必须经省、自治区、直辖市药品监督管理部门审查批准，并发给药品广告批准文号。未经批准的，不得刊登、播放、散发和张贴。外国企业在我国申请办理药品广告，必须提供生产该药品的国家批准的证明文件、药品说明书和有关资料。

发布药品广告，应当向药品生产企业所在地省、自治区、直辖市人民政府药品监督管理部门报送有关材料。省、自治区、直辖市人民政府药品监督管理部门应当自收到有关材料之日起10个工作日内作出是否核发药品广告批准文号的决定;核发药品广告批准文号的,应当同时报国务院药品监督管理部门备案。

发布进口药品广告,应当依照《药品管理法》的规定向进口药品代理机构所在地省、自治区、直辖市人民政府药品监督管理部门申请药品广告批准文号。

在药品生产企业所在地和进口药品代理机构所在地以外的省、自治区、直辖市发布药品广告的,发布广告的企业应当在发布前向发布地省、自治区、直辖市人民政府药品监督管理部门备案。接受备案的省、自治区、直辖市人民政府药品监督管理部门发现药品广告批准内容不符合药品广告管理规定的,应当交由原核发部门处理。

根据药品广告审查标准的规定,一些麻醉药品、计划生育药品、毒性药品、精神药品、放射性药品、临床试用、试生产的药品,禁止发布广告。

(二)处方药、非处方药广告管理规定

处方药可以在国务院卫生行政部门和国务院药品监督管理部门共同指定的医学、药学专业刊物上介绍,但不得在大众传播媒介发布广告或者以其他方式进行以公众为对象的广告宣传。

非处方药的广告需经药品监督管理部门审批。取得药品广告批准文号后,可以在大众媒介进行广告宣传。

(三)药品广告内容的管理规定

药品广告的内容真实与否,对正确指导患者合理用药、安全用药十分重要,与患者的生命安全与身体健康关系极大。因此,《药品管理法》明确规定:

1.药品广告的内容必须真实、合法,以国务院药品监督管理部门批准的说明书为准,不得含有虚假的内容。药品广告的内容必须以国务院药品监督管理部门或者省、自治区、直辖市药品监督管理部门批准的说明书为准。不得擅自更改,如需更改,应重新申报。省药品监督管理部门批准省级以上电台、报刊、电视及去外省市宣传的药品。地方药品监督管理部门负责批准在地市以下的电台、报刊等宣传的药品。去外省刊登广告,刊户要持所在省药品监督管理部门的证明文件、药品质量标准、使用说明书和宣传内容,由广告宣传地区的省药品监督管理部门批准后方可宣传。

2.药品广告的内容不得含有不科学的功效断言或者保证,不得利用国家机关、医药科研单位、学术机构或者专家、学者、医师、患者的名义形象作证明的范例,宣传药品。

3.非药品广告不得有涉及药品的宣传。

(四)药品广告检查与处理的规定

1.省、自治区、直辖市人民政府药品监督管理部门应当对其批准的药品广告进行检查,对于违反《药品管理法》和《中华人民共和国广告法》的广告,应当向广告监督管理机关通报并提出处理建议,广告监督管理机关应当依法作出处理。

2.经国务院或者省、自治区、直辖市人民政府的药品监督管理部门决定,责令暂停生产、销售和使用的药品,在暂停期间不得发布该品种药品广告;已经发布广告的,必须立即停止。

3.未经省、自治区、直辖市人民政府药品监督管理部门批准的药品广告,使用伪造、冒用、失效的药品广告批准文号的广告,或者因其他广告违法活动被撤销药品广告批准文号的广告,发布广告的企业、广告经营者、广告发布者必须立即停止该药品广告的发布。

对违法发布药品广告，情节严重的，省、自治区、直辖市人民政府药品监督管理部门可以予以公告。

第八节　药品监督管理的法律规定

一、药品监督管理机构及其职责的法律规定

(一)药品监督管理机构

药品监督管理机构是执行国家有关药品法律、条例规定，对药品监督管理的行政机构。在我国，国家食品药品监督管理总局主管全国药品监督管理工作。国务院有关部门在各自的职责范围内负责与药品有关的监督管理工作，以加强对药品的监督管理，提高行政效率，减轻企业负担，保证药品质量。

省、自治区、直辖市人民政府药品监督管理部门负责本行政区域内的药品监督管理工作。省、自治区、直辖市人民政府有关部门在各自的职责范围内负责与药品有关的监督管理工作。

(二)药品监督管理机构的职责

药品监督管理部门(含省级人民政府药品监督管理部门依法设立的药品监督管理机构)依法对药品的研制、生产、经营、使用实施监督检查。

1.审批　审批是药品监督的重要职权，审批权限包括开办药品生产、经营企业的许可审批，新药、仿制药、进口药的审批，医疗机构制剂室的审批，医疗机构配制制剂品种的审批，药品广告批准文号的审批等，并核发相应的许可证书。如核发《药品生产许可证》、《药品经营许可证》、《医疗机构制剂许可证》。

2.检查。

(1)药品监督管理部门有权按照法律、行政法规的规定对报经其审批的药品研制和药品的生产、经营以及医疗机构使用药品的事项进行监督检查，有关单位和个人不得拒绝和隐瞒。药品监督管理部门进行监督检查时，必须出示证明文件，对监督检查中知悉的被检查人的技术秘密和业务秘密应当保密。

(2)药品监督管理部门根据监督检查的需要，可以对药品质量进行抽查检验。抽查检验应当按照规定抽样，并不得收取任何费用。国务院和省级人民政府药品监督管理部门应当定期公告药品质量抽查检验的结果，公告不当的，必须在公告范围内予以更正。

(3)药品监督管理部门应当按照规定，依据《药品生产质量管理规定》、《药品经营质量管理规范》，对经其认证合格的药品生产企业、药品经营企业进行认证后的跟踪检查，对药品生产企业、药品经营企业贯彻 GMP、GSP 的情况实施动态的监督管理。

3.采取强制措施并作出行政处理决定。

(1)药品监督管理部门对有证据证明可能危害人体健康的药品及其有关材料可以采取查封、扣押的行政强制措施，并在 7 日内作出行政处理决定；药品需要检验的，必须自检验报告书发出之日起 15 日内作出行政处理决定。不符合立案条件的，应当解除行政强制措施；需要暂停销售和使用的，应当由国务院或者省、自治区、直辖市人民政府的药品监督管理部

门作出决定。

(2)药品被抽检单位没有正当理由拒绝抽查检验的，国务院药品监督管理部门和被抽检单位所在地省、自治区、直辖市人民政府药品监督管理部门可以宣布停止该单位拒绝抽检的药品上市销售和使用。

(3)对已确认发生严重不良反应的药品，国务院或者省、自治区、直辖市人民政府的药品监督管理部门可以采取停止生产、销售、使用的紧急控制措施，并应当在5日内组织鉴定，自鉴定结论作出之日起15日内依法作出行政处理决定。

二、药品检验机构及其职责的法律规定

(一)药品检验机构

药品检验机构是执行国家对药品质量实施技术监督检验的法定专业机构。我国国家设卫生部药品生物制品检定所，省、地、县设药品检验所。

卫生部药品生物制品检定所是全国药品检验所的业务技术指导中心，各级药检所受各级行政部门领导，在业务上受上一级药品检验所的指导。

(二)药品检验机构的职责

药品检验机构的主要职责是依法实施药品审批和药品质量监督检查所需的药品检验工作，包括药品审批时的药品检验、药品质量监督检查过程中的药品检验，如对药品监督管理部门抽查药品质量的检验，对生物制品、首次在中国销售的药品和国务院规定的其他药品在销售前或进口时进行的检验。

药品检验机构对药品生产企业、药品经营企业和医疗机构的药品检验机构或者人员，进行业务指导。

三、药品监督管理机构禁止行为的法律规定

1.地方人民政府和药品监督管理部门不得以要求实施药品检验、审批等手段限制或者排斥非本地区药品生产企业依照本法规定生产的药品进入本地区。

2.药品监督管理部门及其设置的药品检验机构和确定的专业从事药品检验的机构不得参与药品生产经营活动，不得以其名义推荐或者监制、监销药品。

3.药品监督管理部门及其设置的药品检验机构和确定的专业从事药品检验的机构的工作人员不得参与药品生产经营活动。

四、药品不良反应报告与药品召回的规定

国家实行药品不良反应报告制度。药品生产企业、药品经营企业和医疗机构必须经常考察本单位所生产、经营、使用的药品质量、疗效和反应。发现可能与用药有关的严重不良反应，必须及时向当地省、自治区、直辖市人民政府药品监督管理部门和卫生行政部门报告。

国家食品药品监督管理总局监督全国药品召回的管理工作。国家食品药品监督管理总局和省、自治区、直辖市药品监督管理部门建立药品召回信息公开制度，采用有效途径向社会公布存在安全隐患的药品信息和药品召回的情况。召回药品的生产企业所在地省、自治区、直辖市药品监督管理部门负责药品召回的监督管理工作，其他省、自治区、直辖市药品监督管理部门应当配合、协助做好药品召回的有关工作。

第九节　法律责任

一、行政责任

1.未取得《药品生产许可证》、《药品经营许可证》或《医疗机构制剂许可证》生产药品、经营药品的，依法予以取缔，没收违法生产、销售的药品和违法所得，并处违法生产、销售的药品货值金额2倍以上5倍以下罚款。

2.生产、销售假药的，没收违法生产、销售的药品和违法所得，并处违法生产、销售药品货值金额2倍以上5倍以下的罚款；有药品批准证明文件的予以撤销，并责令停产、停业整顿；情节严重的，吊销《药品生产许可证》、《药品经营许可证》或《医疗机构制剂许可证》。

3.生产、销售劣药的，没收违法生产、销售的药品和违法所得，并处违法生产、销售药品货值金额1倍以上3倍以下的罚款；情节严重的，责令停产、停业整顿或者撤销药品批准证明文件，吊销《药品生产许可证》、《药品经营许可证》或《医疗机构制剂许可证》。

4.从事生产、销售假药及生产、销售劣药情节严重的企业或者其他单位，其直接负责的主管人员和其他直接责任人员10年内不得从事药品生产、经营活动。对生产者专门用于生产假药、劣药的原辅材料、包装材料、生产设备予以没收。对知道或者应当知道属于假劣药品而为其提供运输、保管、仓储等便利条件的，没收全部运输、保管、仓储的收入，并处违法收入50％以上3倍以下罚款。

5.药品生产企业、经营企业，药物非临床安全性评价研究机构、药物临床试验机构未按规定实施《药品生产质量管理规范》、《药品经营质量管理规范》、《药物非临床研究质量管理规范》、《药物临床试验质量管理规范》的给予警告，责令限期改正；逾期不改正的，责令停产、停业整顿并处5000元以上2万元以下罚款；情节严重的，吊销《药品生产许可证》、《药品经营许可证》和药物临床试验机构的资格。

6.药品生产、经营企业或医疗机构从无药品生产、经营许可证的企业购进药品的，责令改正，没收违法购进药品并处货值金额2倍以上5倍以下罚款；有违法所得的，没收违法所得；情节严重的，吊销《药品生产许可证》、《药品经营许可证》或者医疗机构执业许可证书。

7.进口已获得药品进口注册证书的药品，未按规定向允许药品进口的口岸所在地的药品监督管理部门登记备案的，给予警告，责令限期改正；逾期不改正的，撤销进口药品注册证书。

8.伪造、变造、买卖、出租、出借许可证或者药品批准证明文件的，没收违法所得并处违法所得1倍以上3倍以下罚款；没有违法所得的，处2万元以上10万元以下的罚款；情节严重的，吊销卖方、出租方、出借方《药品生产许可证》、《药品经营许可证》、《医疗机构制剂许可证》或撤销药品批准证明文件。

9.提供虚假的证明、文件资料、样品或采取其他欺骗手段取得《药品生产许可证》、《药品经营许可证》、《医疗机构制剂许可证》或药品批准证明文件的，予以吊销，5年内不受其申请，并处1万元以上3万元以下罚款。

10.医疗机构将其配制的制剂在市场销售的，责令改正，没收违法销售的制剂，并处违法销售制剂货值金额1倍以上3倍以下的罚款；有违法所得的，没收违法所得。

11.药品经营企业违反《药品管理法》第18条、第19条规定的，责令改正，给予警告；情节严重的，吊销《药品经营许可证》。

12.药品标识不符合法律规定，按假、劣药论处，并责令改正，给予警告；情节严重的，撤销该药品的批准证明文件。

13.药品检验机构出具假检验报告，责令改正，给予警告，对单位处3万元以上5万元以下罚款，对直接负责人和其他责任人依法处以降职、撤职、开除的处分，并处3万元以下罚款；有违法所得的，没收违法所得；情节严重的，撤销其检验资格。

行政处罚由县级以上药品监督管理部门按照国务院药品监督管理部门规定的职责分工决定；吊销《药品生产许可证》、《药品经营许可证》、《医疗机构制剂许可证》、《医疗机构执业许可证》或撤销药品批准证明文件的，由原发证、批准的部门决定。

14.药品生产、经营企业和医疗机构违反《药品管理法》第55条、第56条、第57条关于药品价格管理的规定的，依照《价格法》的规定处罚。

15.药品购销中暗中给予、收受回扣或者其他利益的医疗机构负责人、采购人员、医师等有关人员由工商行政管理部门处以罚款，没收违法所得。由卫生行政部门或本单位给予处分。

16.违反《药品管理法》有关药品广告的管理规定的，依照《中华人民共和国广告法》的规定处罚，并由发给广告批准文号的药品监督管理部门撤销广告批准文号，1年内不受理该品种的广告审批申请。

药品监督管理部门对药品广告不依法履行审查职责，批准发布的广告有虚假或者其他违反法律、行政法规的内容，尚不构成犯罪的，对直接负责的主管人员和其他直接责任人员依法给予行政处分。

17.《药品管理法》第94条规定，药品监督管理部门违反《药品管理法》规定，有下列行为之一，尚不构成犯罪的，由其上级主管机关或者监察机关责令收回违法发给的证书、撤销药品批准证明文件，对直接负责的主管人员和其他直接责任人员依法给予行政处分：

(1)对不符合《药品生产质量管理规范》、《药品经营质量管理规范》的企业发给符合有关规范的认证证书的，或者对取得认证证书的企业未按照规定履行跟踪检查的职责，对不符合认证条件的企业未依法责令其改正或者撤销其认证证书的。

(2)对不符合法定条件的单位发给《药品生产许可证》、《药品经营许可证》或《医疗机构制剂许可证》的。

(3)对不符合进口条件的药品发给进口药品注册证书的。

(4)对不具备临床试验条件或者生产条件而批准进行临床试验、发给新药证书、发给药品批准文号的。

当事人不服行政处罚，在接到处罚通知之日起15日内，向人民法院起诉。但对行政部门作出的药品控制规定必须执行。对行政处罚决定到期不履行的，由人民法院强制执行。

18.药品监督管理部门或者其设置的药品检验机构或者其确定的专业从事药品检验的机构参与药品生产经营活动的，由其上级机关或者监察机关责令改正，有违法收入的予以没收；情节严重的，对直接负责的主管人员和其他直接责任人员依法给予行政处分。

药品监督管理部门或者其设置的药品检验机构或者其确定的专业从事药品检验的机构

的工作人员参与药品生产经营活动的，依法给予行政处分。

19.药品监督管理部门或者其设置、确定的药品检验机构在药品监督检验中违法收取检验费用的，由政府有关部门责令退还，对直接负责的主管人员和其他直接责任人员依法给予行政处分。对违法收取检验费用情节严重的药品检验机构，撤销其检验资格。

20.药品监督管理部门应当依法履行监督检查职责，监督已取得《药品生产许可证》、《药品经营许可证》的企业依照《药品管理法》规定从事药品生产、经营活动。已取得《药品生产许可证》、《药品经营许可证》的企业生产、销售假药、劣药的，除依法追究该企业的法律责任外，对有失职、渎职行为的药品监督管理部门直接负责的主管人员和其他直接责任人员，尚不构成犯罪的，依法给予行政处分。

21.药品监督管理部门对下级药品监督管理部门违反《药品管理法》的行政行为，责令限期改正；逾期不改正的，有权予以改变或者撤销。

22.药品监督管理人员滥用职权、徇私舞弊、玩忽职守，尚不构成犯罪的，依法给予行政处分。

二、民事责任

1.违反《药品管理法》造成药品中毒事故的，致害单位和个人应承担赔偿的民事责任。受害人及其代理人可以请求卫生行政部门处理，当事人不服，可以向人民法院起诉。受害人也可以直接向人民法院起诉。

2.药品检验机构出具的检验结果不实，造成损失的，应当承担相应的赔偿责任。要求损害赔偿，应当从知道或应当知道受损害之日起 1 年内提出，超过期限的，不予受理。

三、刑事责任

1.未取得《药品生产许可证》、《药品经营许可证》或者《医疗机构制剂许可证》生产药品、经营药品的，构成犯罪的，依法追究刑事责任。

2.生产、销售假药，构成犯罪的，依法追究刑事责任。根据《刑法》第 141 条规定，生产、销售假药，足以危害人体健康的，处 3 年以下有期徒刑或者拘役，并处或者单处销售金额 50%以上 2 倍以下罚金；对人体健康造成严重危害的，处 3 年以上 10 年以下有期徒刑，并处销售金额 50%以上 2 倍以下罚金；致人死亡或者对人体健康造成特别严重危害的，处 10 年以上有期徒刑、无期徒刑或者死刑，并处销售金额 50%以上 2 倍以下罚金或者没收财产。

3.生产、销售劣药，构成犯罪的，依法追究刑事责任。根据《刑法》第 142 条规定，生产、销售劣药，对人体健康造成严重危害的，处 3 年以上 10 年以下有期徒刑，并处销售金额 50%以上 2 倍以下罚金；后果特别严重的，处 10 年以上有期徒刑或者无期徒刑，并处销售金额 50%以上 2 倍以下罚金或者没收财产。单位犯本罪的，对单位判处罚金，并对其直接负责的主管人员和其他直接责任人员，依照上述规定处罚。

4.知道或者应当知道属于假劣药品而为其提供运输、保管、仓储等便利条件，构成犯罪的，依法追究刑事责任。

5.伪造、变造、买卖、出租、出借许可证或者药品批准证明文件，构成犯罪的，依法追究刑事责任。

6.药品的生产企业、经营企业、医疗机构在药品购销中暗中给予、收受回扣或者其他利益的，药品的生产企业、经营企业或者其代理人给予使用其药品的医疗机构的负责人、药品采购人员、医师等有关人员以财物或者其他利益，构成犯罪的，依法追究刑事责任。

7. 药品的生产企业、经营企业的负责人、采购人员等有关人员在药品购销中收受其他生产企业、经营企业或者其代理人给予的财物或者其他利益，构成犯罪的，依法追究刑事责任。

医疗机构的负责人、药品采购人员、医师等有关人员收受药品生产企业、药品经营企业或者其代理人给予的财物或者其他利益，构成犯罪的，依法追究刑事责任。

8. 违反药品管理法有关药品广告的管理规定，构成犯罪的，依法追究刑事责任。

药品监督管理部门对药品广告不依法履行审查职责，批准发布的广告有虚假或者其他违反法律、行政法规的内容，构成犯罪的，依法追究刑事责任。

9. 药品监督管理部门违反药品管理法规定，有《药品管理法》第 94 条所列行为之一，构成犯罪的，依法追究刑事责任。

10. 已取得《药品生产许可证》、《药品经营许可证》的企业生产、销售假药、劣药的，除依法追究该企业的法律责任外，对有失职、渎职行为的药品监督管理部门直接负责的主管人员和其他直接责任人员，构成犯罪的，依法追究刑事责任。

11. 药品监督管理人员滥用职权、徇私舞弊、玩忽职守，构成犯罪的，依法追究刑事责任。

12.《刑法》第 355 条规定，依法从事生产、运输、管理、使用国家管制的麻醉药品、精神药品的人员，违反国家规定，向吸食、注射毒品的人提供国家规定管制的能够使人形成瘾癖的麻醉药品、精神药品的，处 3 年以下有期徒刑，并处罚金；情节严重的，处 3 年以上 7 年以下有期徒刑，并处罚金。向走私、贩卖制造毒品的犯罪分子或者以牟利为目的，向吸食、注射毒品的人提供国家规定管制的能够使人形成瘾癖的麻醉药品、精神药品的，依照《刑法》第 347 条规定予以刑事处罚。

思考题

1. 开办药品生产企业、药品经营企业必须具备什么条件？

2. 什么是假药、劣药？哪些情形的药品按假药、劣药论处？

3. 医疗机构制剂的使用管理规定有哪些？

第九章　传统医药管理法律制度

第一节　传统医药管理法律制度概述

一、传统医药法律规范的概念

中华民族传统医药，即中医药和民族医药，是指中华民族在与疾病长期作斗争的过程中逐步形成的独特的医药理论体系及以自然药物为主的诊疗实践。传统医药除了汉族医药外，还包括蒙、藏、维、傣、苗等各民族的传统医药。

几千年来，中华民族在同疾病作斗争的过程中积累了丰富的实践经验，形成了完整的医学理论体系，为中华民族的繁衍、健康、文明做出了巨大的贡献。中医药学和民族医药学是中华民族优秀的传统文化，是我国卫生事业的重要组成部分，它独具特色和优势，不仅在我国卫生事业中发挥着不可缺少、不可替代的重要作用，而且在当今世界传统医药领域独树一帜。新中国成立以来，我国党和政府一直非常重视传统医药事业。尤其是中国加入世界贸易组织后，传统医药正越来越受到世界的瞩目。抓住机遇，迎接挑战，促进传统医药走向世界，借助现代化的手段发展传统医学为人类服务已成为当今传统医学界不可推卸的历史责任。由于传统医药具有其独特的理论体系和实践方式，所以不能简单地套用西医药的规章制度。传统医药的法制管理应当按照其具体特点和活动规律，在实践中逐步形成并不断完善和发展，才能保障传统医药事业的健康发展。

传统医药法律规范是调整、继承和发展传统医药学，保障和促进传统医药事业的发展，保护人体健康活动中产生的各种社会关系的法律、法规及其他规范性文件的总称。当前我国中医药法律制度相对比较完整，传统医药法律规范以中医药法律规范为主。

二、中医药管理法制建设

我国的中医药管理法律制度按照专业可划分为组织人事、医政、药政、教育、科研等几大类。新中国成立后，中医药法制建设经历了曲折的发展过程。党的十一届三中全会以后，中医药事业得到关怀和重视，有关政策逐步得到贯彻落实，中医药事业进入一个新的发展时期，立法工作受到高度重视。1982 年，我国《宪法》规定，“国家发展医疗卫生事业，发展现代医药和我国传统医药，鼓励和支持农村集体经济组织、国家企业事业组织和街道组织举办各种医疗卫生设施，开展群众性的卫生活动，保护人民健康”，从而确立了传统医药的法律地位，为传统医药发展的法律制度建设提供了根本的法律依据。

1988年，国家中医药管理局成立，标志着中医药工作由过去的从属地位转入相对独立发展的新阶段。自此，国家相继颁布了一系列中医药管理的法律规范，涉及确立中医药的地位、作用和发展方向，中医药医疗机构管理，中医药队伍建设和科研管理制度等方面。1989年，中医药管理局制定了《中医医疗机构管理办法(试行)》；1996年，国家教育委员会和国家中医药管理局制定了《对外开办中医进修教育管理暂行办法》；1997年，中共中央、国务院《关于卫生改革与发展的决定》等一系列文件的颁布，充分肯定了中医药的重要地位和作用，进一步明确了中西医并重的方针，把中医药确定为卫生事业发展的重点领域，为中医药事业的快速健康发展指明了方向。全国人民代表大会颁布的《中华人民共和国执业医师法》，1999年7月卫生部发布的《传统医学师承和确有专长人员医师资格考核考试暂行办法》，2007年实施的《传统医学师承和确有专长人员医师资格考核考试办法》，有利于加强中医药从业人员的管理。各省、自治区、直辖市人民代表大会和地方政府颁布了中医药管理条例等地方性法规，如《上海市发展中医条例》、《北京市发展中医条例》等。2002年10月，科技部、卫生部等部委联合颁布了《中药现代化发展纲要》。2003年11月，国家中医药管理局发布了《关于进一步加强中西医结合工作的指导意见》。2003年4月7日，国务院颁布了《中华人民共和国中医药条例》(以下简称《中医药条例》)，并于2003年10月1日起施行，这是新中国成立以来第一部对中医药进行管理和规范的行政法规。《中医药条例》对中医医疗、预防、保健、康复服务和中医药教育科研，对外交流以及中医药事业的管理活动进行规范。《中医药条例》等法律、法规的颁布实施，标志着我国中医药事业的管理已从“无法可依”转向“有法可依”，并且逐步形成了自身的法律体系框架，使我国的中医药管理走上了规范化、科学化和法制化的轨道。

此外，国务院及其相关部门、各地方政府还适时发布了一些促进以中医药为代表的传统医药发展的指导性文件，如国家批准了中医药管理局先后制定的《中医事业“八五”计划及十年规划设想》、《中医药事业“九五”计划和2010年规划设想》、《国家中医药管理局行政立法暂行规定》。2007年1月11日，科技部、卫生部、国家中医药管理局、国家食品药品监督管理局、国家自然科学基金委员会等16个部门联合制定了《中医药创新发展规划纲要(2006—2020年)》。2007年12月25日，卫生部、国家中医药管理局等11个部委联合发布了《关于切实加强民族医药事业发展的指导意见》。2009年，国务院发布了《国务院关于扶持和促进中医药事业发展若干意见》。这些指导性文件对传统医药事业的发展起到了明显的促进作用。

三、中医药条例的适用范围

凡是在中华人民共和国境内从事中医医疗、预防、保健、康复服务和中医药教育、科研、对外交流以及中医药事业管理活动的单位和个人，都应当遵守《中医药条例》。

四、中医药管理部门

国家中医药管理局作为国务院中医药管理部门负责全国中医药管理工作。国务院有关部门在各自职责范围内负责与中医药有关的工作。

县级以上地方人民政府负责中医药管理的部门负责本行政区域内的中医药管理工作。县级以上地方人民政府有关部门在各自的职责范围内负责与中医药有关的工作。

五、发展中医药事业的方针和原则

（一）中西医并重的方针

《中医药条例》规定，国家保护、扶持、发展中医药事业，实行中西医并重的方针，鼓励中西医相互学习、相互补充、共同提高，推动中医、西医两种医学体系的有机结合，全面发展我国中医药事业。

（二）继承与创新相结合的原则

发展中医药事业应当遵循继承与创新相结合的原则，保持和发扬中医药特色和优势，积极利用现代科学技术，促进中医药理论和实践的发展，推进中医药现代化。

六、发展中医药事业的保障措施

（一）纳入国家经济和社会发展计划

县级以上各级人民政府应当将中医药事业纳入国民经济和社会发展计划，使中医药事业与经济、社会协调发展。县级以上地方人民政府在制定区域卫生规划时，应当根据本地区社会、经济发展状况和居民医疗需求，统筹安排中医医疗机构的设置和布局，完善城乡中医服务网络。中医医疗机构应当同其他医疗机构共同承担社会医疗、预防、保健和康复工作任务。

（二）加大投入

县级以上地方人民政府应当根据中医药事业发展的需要以及本地区国民经济和社会发展状况，逐步增加对中医药事业的投入，扶持中医药事业的发展。该项投入为专项经费，任何单位和个人不得将中医药事业经费挪作他用。国家鼓励境内外组织和个人通过捐资、投资等方式扶持中医药事业发展。

（三）中医药文献与资源的保护

县级以上各级人民政府应当采取措施加强对中医药文献的收集、整理、研究和保护工作。有关单位和中医医疗机构应当加强重要中医药文献资料的管理、保护和利用。

国家保护野生中药材资源，扶持濒危动植物中药材人工代用品的研究和开发利用。县级以上地方人民政府应当加强中药材的合理开发和利用，鼓励建立中药材种植、培育基地，促进短缺中药材的开发、生产。

（四）评审与奖励

与中医药有关的评审或者鉴定活动，应当体现中医药特色，遵循中医药自身的发展规律。中医药专业技术职务任职资格的评审，中医医疗、教育、科研机构的评审、评估，中医药科研课题的立项和成果鉴定，应当成立专门的中医药评审、鉴定组织或者由中医药专家参加评审、鉴定。

对在继承和发展中医药事业中做出显著贡献和在边远地区从事中医药工作做出突出成绩的单位和个人，县级以上各级人民政府应当给予奖励。

第二节　中医医疗机构与从业人员管理法律制度

一、中医医疗机构管理的法律规定

(一)中医医疗机构的概念

中医医疗机构是指在中国境内依法取得《医疗机构执业许可证》,以中医为特色的医疗机构,包括中医医院、中西医结合医院、中医门诊部、中西医结合门诊部、中医诊所等。

根据《中医药条例》规定,中医医疗机构从事医疗服务活动,应当充分发挥中医药特色和优势,遵循中医药自身发展规律,运用传统医学理论和方法,结合现代科学技术手段,发挥中医药在防治疾病、保健、康复中的作用,为群众提供价格合理、质量优良的中医药服务。同时条例还规定,依法设立的社区卫生服务中心(站)、乡镇卫生院等城乡基层卫生服务机构应当能够提供中医医疗服务。

(二)中医医疗机构的设置审批

开办中医医疗机构,应当符合国务院卫生行政部门制定的中医医疗机构设置标准和当地区域卫生规划,并按照《医疗机构管理条例》的规定办理审批手续,取得《医疗机构执业许可证》后,方可从事中医医疗活动。任何单位和个人未取得《医疗机构执业许可证》不得开展传统医药诊疗活动。

1.中医医疗机构的设立申请　按照《医疗机构管理条例》的规定,申请设立中医医疗机构,应当提交下列文件:①设置申请书。②设置可行性研究报告。③选址报告和建筑设计平面图。

2.中医医疗机构的设置条件　设立中医医疗机构除应满足《医疗机构管理条例》对医疗机构设立的一般性规定外,申请开业的中医医疗机构还必须具备以下基本条件:

(1)中医医院(含中医院校及中医研究机构的附属医院)、中医专科医院、中医康复医院:至少设病床30张;医师5人,其中主治中医师以上1人、中医师不少于2人;护师、护士不少于5人;有相应的药剂、放射、检验等医技人员和诊断、治疗等仪器设备。不足30张病床及相应条件者,不得成为医院。

(2)中医门诊部:至少有医师3人,其中中医师至少2人;护师、护士1～2人;并有相应的医技人员和房屋设备。

(3)中医诊所:有2名以上中医师及相应的房屋设备。

(4)中医诊室:有1名以上中医师及相应的房屋设备。

经卫生行政部门审查合格的设立申请,由负责审批的部门向申请者签发《医疗机构执业许可证》,执业许可证的签发日期为中医医疗机构的设立日期。

(三)中医医疗机构的登记与管理

1.中医医疗机构登记。

(1)执业登记。中医医疗机构执业登记,由批准其设置的地方人民政府卫生行政部门办理。执业登记的主要事项包括:中医医疗机构的名称、地址、主要负责人;所有制形式;诊疗科目、床位和注册资金。

(2)变更登记。中医医疗机构改变机构名称、增减床位、变更科目、停业、迁移等都必须报原批准开业的中医药、卫生行政部门审批登记。

(3)注销登记。中医医疗机构注销、停业超过 1 年、歇业都必须向原登记机关办理注销登记，经登记机关核准后，收缴《医疗机构执业许可证》。

2. 中医医疗机构开业审批　中医医疗机构在申请开业时，应提交以下材料：①机构名称、设置科目、床位编制。②卫技人员情况，中医诊所、中医诊室须提交医务人员名单及其有关资格证件。③业务用房产权证书或租赁合约。④诊疗设备及药品情况。⑤与申报规模相称的资金情况。⑥有关规章制度。⑦法人代表有关情况及其资格证件。

中医诊所、中医诊室由当地县（区）级卫生行政部门审批；中医医院、中医院校及中医研究机构的附属医院、中医专科医院、中医康复医院、中医门诊部、其他以各种名称面向社会主要从事中医医疗业务的单位，由地（市）级或其以上中医药、卫生行政部门审批。其他任何组织和个人都无权批准中医医疗机构开业，也不准擅自借用其他机构名称从事中医医疗活动。

3. 中医医疗机构的管理　中医医疗机构不准聘用未取得中医师、士资格或卫生技术职务资格的人员从事医疗技术工作。

中医医疗机构张贴、刊登、播放广告，必须经当地中医药、卫生行政部门审批，其内容只限于单位名称、诊疗时间、诊疗科别、专科特色、医师专长、药物、仪器介绍及地址和电话。不得做虚夸宣传。发布中医医疗广告，医疗机构应当按照规定向所在地省、自治区、直辖市人民政府负责中医药管理的部门申请并报送有关材料。省、自治区、直辖市人民政府负责中医药管理的部门应当自收到有关材料之日起 10 个工作日内进行审查，并作出是否核发中医医疗广告批准文号的决定。对符合规定要求的，发给中医医疗广告批准文号。未取得中医医疗广告批准文号的，不得发布中医医疗广告。发布的中医医疗广告，其内容应当与审查批准发布的内容一致。

中医医疗机构的各项收费，必须按当地卫生物价部门批准的医疗收费标准执行，不得擅自提价。

(四)中医医院管理

根据 1982 年卫生部颁布的《全国中医医院工作条例（试行）》的规定，中医医院包括县及县以上综合中医医院和专科中医医院。中医医院必须以医疗工作为中心，结合医疗搞好教学和科学研究，成为继承和发扬中医药学、培养中医药人才的基地。

1. 依法执业　认真贯彻执行国家有关法律、法规和规章制度，健全医院各项工作制度，加强科学管理，保障医院正常执业活动，不断提高医疗质量，确保医疗安全，改善医院服务，提高运行绩效，充分发挥中医特色，促进医院健康可持续发展。

(1)严格执行医疗卫生及中医药管理法律、法规和规章。

(2)建立健全各项规章制度和岗位责任制。

(3)加强各科室服务能力建设，提供与其功能任务相适应的医疗服务。

(4)按照卫生行政部门、中医药管理部门核准的诊疗科目执业，依法聘任和使用专业技术人员，严禁使用非卫生技术人员从事诊疗活动。

(5)专业技术人员具备相应岗位的任职资格，不得超范围执业。

(6)医务人员严格遵守医疗卫生及中医药管理法律、法规、规章、诊疗护理规范和操作规程。

2.医疗业务突出中医特色　中医医院要办成以中医中药为主,体现中医特色的医疗单位。医疗工作必须以"四诊八纲,理、法、方、药,辨证论治"为指导,在诊断、治疗、急救、护理、营养、病房管理等一系列问题上,充分发挥中医特长,并积极利用现代科学技术,不断提高诊疗水平。

3.科室设置和编制　中医医院是中医综合性医院,其业务科室设置和病床分配比例可根据中医专科的特色和各自的规模、任务、特长及技术发展情况确定,科室设置力求齐全。中医医院的编制可按病床与工作人员1∶(1.4～1.8)计算。病床数与门诊量按1∶3计算,每增减100门诊人次,可增减6～8人,或比同级西医综合医院的编制高15%～18%,以保证中医、中药、临床、科研工作的需要。

中医医院各类人员的比例:行政工勤、卫生技术人员的比例,可参照西医综合医院组织编制的比例。根据中医医院特点,医生和药剂人员要高于西医综合医院的比例,护理人员可低于西医综合医院的比例。在医生和药剂人员中,中医、中药人员要占绝对多数。

各地应重视中医专科建设,有条件的,要根据技术专长开办中医专科医院。

4.教学科研立足于临床实践　中医医院要承担中医学院学生的见习、实习和卫生行政部门安排的中医药人员进修的任务。中医学院附属医院要按照教学大纲要求,完成教学任务。

中医医院要制定培养中医、药、护和各类技术人员的规划,明确要求,落实措施,建立一支优秀的中医、药、护队伍。对基础理论较差、临床经验不足的中医药师(士),要对他们进行医古文、经典著作、名家学说、著名医案的培训;对基础理论较好、临床经验丰富的主治中医(主管中药)师及中医药师,要鼓励他们在全面掌握中医药理论的基础上,选定一部经典著作、一家中医学说或一个病种定向发展,并为之创造条件;对主任、副主任中医药师(包括名老中医),要支持他们进行理论研究,总结学术经验,著书立说,带好接班人。其他各类医技人员,都要提高本专业的技术水平,为继承发扬中医药学服务。

中医医院要积极开展以提高医疗护理水平为主的科研工作,要加强中医文献的整理研究,收集有效单方、验方,经过临床验证,推广应用。要重视少数民族地区的民族医药整理研究工作。有条件的中医医院要设实验室,进行中医药基础的研究。要逐步总结制定临床诊断、疗效观察的客观指标。

5.药剂管理　中医医院的药剂科应科学地管理全院药品,为医疗需要及时、准确地调制和供应质量合格的药品和药剂,建立和健全医院药品监督和检查制度,确保医院用药安全有效。

(1)要建立和办好中药房。加强中药管理,保证药品质量,严格执行中药炮制规范、煎熬操作规程、配方复核和药库保管等制度,防止虫蛀鼠咬、霉烂变质,严禁采购、使用伪劣中药。毒、麻药品必须专人管理,确保安全。贵重药品要建立健全保管、领发制度。对危急病人的抢救用药,要设法保证,及时供给。要制定保证质量和提高中医疗效的煎药操作规程、规范,配备适合中药煎剂所需的设备和器具。

(2)要加强对制剂室的领导,配备水平较高的技术人员和相应的设备,各种制剂都要符合制剂规范的要求,加强药检工作,确保药品质量。要积极恢复利用传统急救的中药制剂品种,满足急重症治疗的需要。要积极创造条件,在保证中药疗效的前提下改革中药剂型,研制安全有效的药品，适应临床和科研工作的需要。

6. 中医护理管理 《全国中医医院工作条例》规定，中医医院的护理工作，要在努力发掘中医药学、护理知识的同时，吸收西医护理的长处，要进行辨证论护，护士交班日志逐步用中医病名和术语。各级护理人员都要努力学习中医护理知识，提高护理水平，逐步制定具有中医特点的常见病和急重症的护理常规。根据医院条件，护理工作逐步实行护士、护士长、科护士长三级负责制或护士、护士长两级负责制。护理人员要严格执行医嘱和各项规章制度。要重视中医的食养疗法，改善病人膳食，配合临床治疗。

为适应现代护理模式转变的需求，加强中医医疗机构的护理管理工作，促进中医护理学术的发展，国家中医药管理局于 1999 年 6 月 16 日发布的《中医护理常规、技术操作规程》，对在护理工作中发挥中医护理特色，提高护理质量，充分体现"以病人为中心"的价值观念起到了积极作用。

7. 中医专科管理 综合医院中的中医专科和专科医院的中医科是中医医疗体系中的重要组成部分，在诊断治疗、护理、病历书写、病房管理等各个环节，要保持和发扬中医特色。中医病床一般应占非中医医院病床总数的 5%～10%。要认真总结专科老中医的经验和技术特点，通过传、帮、带，培养和造就一批中医专科人才，促进中医技术水平的不断提高。

二、中医从业人员管理的法律规定

(一) 中医从业人员概念

中医从业人员是指具备法律、法规规定的资格和条件，利用中医学知识和技能依法向社会提供医疗服务的专业人员。包括取得中医类别的执业医师、执业助理医师和乡村医师。

(二) 中医从业人员的资格

中医从业人员应当依照有关卫生管理的法律、行政法规、部门规章的规定，通过中医类别执业医师或者中医执业助理医师资格考试，成绩合格取得中医执业医师资格或者中医执业助理医师资格，并经注册取得执业证书后，方可从事中医服务活动。

以师承方式学习中医学的人员以及确有专长的人员，应当按照国务院卫生行政部门的规定，通过执业医师或者执业助理医师资格考核考试，并经注册取得医师执业证书后，方可从事中医医疗活动。

(三) 中医从业人员从业规则

中医从业人员应当遵守相应的中医诊断治疗原则、医疗技术标准和技术操作规范。全科医师和乡村医生应当具备中医药基本知识以及运用中医诊疗知识、技术处理常见病和多发病的基本技能。

第三节 中医药教育与科研管理的法律规定

一、中医药教育管理的法律规定

为了提高我国中医药科学技术水平，国家采取措施大力发展中医药教育事业，并要求各类中医药教育机构应当加强中医药基础理论教学，重视中医药基础理论与中医药临床实践相结合，推进素质教育。

（一）中医药教育机构的设置

设立各类中医药教育机构，应当符合国家规定的设置标准，并建立符合国家规定标准的临床教学基地。

中医药教育机构的设置标准，由国务院卫生行政部门会同国务院教育行政部门制定；中医药教育机构临床教学基地标准，由国务院卫生行政部门制定。

（二）中医药从业人员继续教育

省、自治区、直辖市人民政府负责中医药管理的部门应当依据国家有关规定，完善本地区中医药人员继续教育制度，制定中医药人员培训规划。县级以上地方人民政府负责中医药管理的部门应当按照中医药人员培训规划的要求，对城乡基层卫生服务人员进行中医药基本知识和基本技能的培训。医疗机构应当为中医药技术人员接受继续教育创造条件。

（三）中医药学术经验和技术专长的继承

国家鼓励开展中医药专家学术经验和技术专长继承工作，培养高层次的中医临床人才和中药技术人才。

1. 承担中医药专家学术经验和技术专长继承工作的指导老师应当具备下列条件：

(1)具有较高学术水平和丰富的实践经验、技术专长和良好的职业品德。

(2)从事中医药专业工作 30 年以上并担任高级专业技术职务 10 年以上。

2. 中医药专家学术经验和技术专长继承工作的继承人应当具备下列条件：

(1)具有大学本科以上学历和良好的职业品德。

(2)受聘于医疗卫生机构或者医学教育、科研机构从事中医药工作，并担任中级以上专业技术职务。

二、中医药科研管理的法律规定

国家发展中医药科学技术，将其纳入科学技术发展规划，加强重点中医药科研机构建设。捐献对中医药科学技术发展有重大意义的中医诊疗方法和中医药文献、秘方、验方的，参照《国家科学技术奖励条例》的规定给予奖励。

县级以上地方人民政府应当充分利用中医药资源，重视中医药科学研究和技术开发，采取措施开发、推广、应用中医药技术成果，促进中医药科学技术发展。

中医药科学研究应当注重运用传统方法和现代方法开展中医药基础理论研究和临床研究，运用中医药理论和现代科学技术开展对常见病、多发病和疑难病的防治研究。中医药科研机构、高等院校、医疗机构应当加强中医药科研的协作攻关和中医药科技成果的推广应用，培养中医药学科带头人和中青年技术骨干。

国家支持中医药的对外交流与合作，推进中医药的国际传播。重大中医药科研成果的推广、转让、对外交流，中外合作研究中医药技术，应当经省级以上人民政府负责中医药管理的部门批准，防止重大中医药资源流失。属于国家科学技术秘密的中医药科研成果，确需转让、对外交流的，应当符合有关保守国家秘密的法律、行政法规和部门规章的规定。

第四节 中西医结合法律制度

一、中西医结合的概念

中西医结合是指从我国卫生事业和具体情况出发，根据我国人民群众防病治病的需要，由学贯中西的医务人员取中西医二法之长，以达到更好的防病治病效果的一种与中医、西医并立的医疗技术方法。

中西医结合是在我国既有中医又有西医的历史条件下产生的，是中国特色社会主义卫生事业的重要组成部分，在我国人民的医疗卫生保健中发挥着重要作用。中西医结合充分吸收两种医学特长，并使之相互沟通、相互融合、相互促进、相互补充，对继承发展中医药学、实现中医药现代化、促进我国医学与世界医学的进步具有重要意义。

二、中西医结合工作的指导思想和主要任务

中西医结合是中医药学和现代医学技术结合的必然结果，也是我国卫生事业的一大特点。

自 1958 年以来，我国就中西医结合制定了一系列的方针和政策，并由此指导了在中西医结合领域进行的多种探索，在临床和实验研究中取得了较大成就。

1997 年，《中共中央、国务院关于卫生改革与发展的决定》明确提出，“中西医要加强团结、互相学习、取长补短、共同提高，促进中西医结合”。2003 年 10 月 1 日实施的《中华人民共和国中医药条例》进一步规定：“推动中医、西医两种医学体系的有机结合，全面发展我国中医药事业。”2003 年 11 月，国家中医药管理局又发布了《关于进一步加强中西医结合工作的指导意见》。

(一)中西医结合工作的指导思想

《关于进一步加强中西医结合工作的指导意见》提出，中西医结合工作的指导思想是：认真贯彻党的中西医结合方针政策，积极利用现代科学技术，充分吸收中医、西医两种医学特长，发掘、整理、研究、阐释中医药学的经验真知和理论精华，以提高临床疗效和学术水平为核心，以基地建设为基础，以人才培养为重点，以研究中西医结合点为主线，积极探索，开拓创新，促进中西医结合不断发展，更好地为人类健康服务。

(二)中西医结合工作的主要任务

当前及今后一个时期中西医结合工作的主要任务是：积极吸收和利用中医药及现代医学的理论、技术和方法，通过多学科的交叉、渗透与融合，深入探索中西医的结合点；广泛开展中西医结合临床研究，特别是针对目前严重危害人类健康的重大疾病和疑难疾病，提出中西医结合防治的新理论、新方案和新方法；加强中西医结合基础研究，揭示中西医结合防病治病原理，促进中西医结合学术创新；培养和造就一支适应社会和学科发展需要的高素质中西医结合人才队伍；建设一批特色突出、优势显著、设施配套、功能齐全、管理科学的中西医结合医疗、科研基地；完善中西医结合技术标准规范，整体提高中西医结合学术水平和防病治病能力。

三、中西医结合医疗机构及科研机构建设

各地在制定区域卫生规划和调整卫生资源过程中，应进一步明确中西医结合医疗机构的功能定位。省级中西医结合医院应当成为区域性医疗中心之一，尚未建立省级中西医结合医院的地方，要积极创造条件建立（或改建）一所省级中西医结合医院。加强综合医院中西医结合科、中西医结合专科医院建设。鼓励和支持符合条件的综合医院或专科医院向中西医结合医院方向发展。鼓励和支持中西医结合医疗机构间以及与其他医疗机构间的合作、联合，实现优势互补、资源共享，发挥规模效益。

中西医结合医疗机构、科室要以系统掌握中医、西医两种医学知识与技能的中西医结合人员为主体，设置及装备条件要逐步达到国家规定的要求。有条件的中西医结合医院应设立研究机构，加强临床研究。国家中医药管理局确定的全国重点中西医结合医院建设单位，要认真做好建设工作，完成建设任务，充分发挥示范带动作用，推动中西医结合医院整体水平的提高。

中西医结合医疗机构、科室要加强内涵建设，全面开展中西医结合诊疗工作。综合性中西医结合医院要在完善综合服务功能的同时，逐步形成若干中西医结合优势学科或技术中心；专科性中西医结合医院、科室要突出重点，逐步形成特色与优势。要强化中西医结合单病种的质量管理，巩固已取得的成果，积极做好成果推广工作。

政府举办的中西医结合医院特别是二级以上中西医结合医院，要在农村、社区卫生服务中充分发挥人员培训、技术指导和双向转诊的作用，以满足不同层次的医疗保健需求。

强化中西医结合医疗机构要进一步深化改革，强化科学管理，加强对医务人员的培训，积极利用现代科学管理手段，不断提高科学管理水平。要以病人为中心，进一步规范服务行为，加强行业作风建设，确保医疗安全，控制医疗费用，提高工作绩效，不断提高医疗质量和服务水平。

四、中西医结合人才培养

（一）加强中西医结合继续教育

各地应因地制宜，采取多种形式，有计划、有组织地开展西医学习中医的系统培训工作。要充分利用中医和中西医结合医疗机构、高等医学院校，举办不同层次的西医学习中医培训班、研究班，鼓励西医人员离职学习中医，使各级中西医结合医疗机构中的中西医结合医生比例达到国家规定的标准。国家级重点学科、重点专科是中西医结合专科人才培训中心，应承担高层次中西医结合人才的培养培训任务；各省级中西医结合重点学科、专科要积极创造条件，承担起本地区中西医结合骨干人才的培训工作。

积极举办国家级中西医结合继续教育项目。不断完善中西医结合执业医师考试、专业技术职务任职资格考试的内容、标准，鼓励和吸引更多有志于中西医结合事业的人员充实到中西医结合队伍中去。

在中西医结合人才队伍建设中，要培养中西医结合人员坚持实践第一的精神，开拓进取，勇于创新，积极探索中西医结合的最佳途径。中西医结合人员应加强与中医及其他专业技术人员的团结合作，互相尊重，互相学习，促进多学科的相互融合，不断提高中西医结合的学术水平和创新能力。

(二)加强中西医结合学历教育

加强与国家有关部门的协调,促进和完善中西医结合学历教育,扩大高层次中西医结合人才培养规模。积极配合国家有关部门,继续办好七年制中医学专业中西医结合方向,争取开办长学制中西医结合专业教育,适当增加中西医结合博士研究生和硕士研究生学位授权点的数量,使中西医结合研究生的招生数量有较大增加。鼓励有条件的高等医学院校和中医、中西医结合医院联合举办中西医结合研究生班。

积极配合国家有关部门做好中西医结合教材编写和师资队伍建设工作,根据不同层次中西医结合人才的培养要求和培训目标,组织高水平的中西医结合专家编写好教学大纲、教材和教学用书。有计划地开展中西医结合师资培训工作,不断提高师资队伍素质。

(三)加强中西医结合学科带头人和学科骨干的培养

要充分发挥老一辈中西医结合专家的"传、帮、带"作用,促进年轻一代学科带头人脱颖而出。鼓励老中西医结合专家通过师承形式培养学术继承人,加速中西医结合临床人才的成长。

各地要培养和造就一支应对突发公共卫生事件的中西医结合医疗救治专业技术队伍,有计划地选拔一批具有较好中医理论和临床基础的中西医结合专业技术人员,开展中西医结合防治突发公共卫生事件的知识培训,提高中西医结合专业技术人员在突发公共卫生事件中的应急反应能力和救治水平,更好地发挥中西医结合应对突发公共卫生事件的重要作用。

五、开展中西药结合工作

随着中西医结合工作的不断开展,临床上中西药结合防病治病日趋普遍。大量临床实践证明,中西药合理配合使用,能够提高疗效,开辟新的治疗途径,扩大治疗范围,缩短疗程。所以,中西药结合使用是中西医结合的主要途径,也是中西医结合的主要内容。

开展中西药结合工作,遵循和运用现代科学技术与先进方法,研究并推广使用中草药,筛选验证秘、单、验方,合理保护开发利用药材资源,加速进行剂型改革,创制高效、安全、可靠的新型药物。中西药结合,从药性、药理到剂型的中西渗透,将产生大量有益于人类健康的新型药品,并有力地促进中医药走向世界,造福于全人类。

六、加强中西医结合的对外交流与合作

加强中西医结合标准化、规范化、信息化建设,多层次、多渠道开展中西医结合对外交流与合作。各级中医药行政管理部门要重视建立国家和地区间的学术交流与技术合作的正常渠道,鼓励各中西医结合医疗、研究机构与国外学术机构建立比较固定的合作关系,加强中西医结合人员交流,促进设立中西医结合对外科技合作项目。通过举办各种类型的国际学术会议,交流科研成果,扩大中西医结合在世界范围的影响。

七、中西医结合医疗机构与执业人员

依据《中医药条例》的规定,中西医结合的医院等医疗机构都属于中医医疗机构。因此,中西医结合医疗机构应按照《医疗机构管理条例》的统一规定设置和管理。

依据卫生部发布的《医师资格考试暂行办法》关于医师资格考试类别的规定,中西医结

合属于中医类别，中西医结合执业人员应按照中医执业人员的相关规定取得执业医师资格或者执业助理医师资格，并经登记注册取得相应的执业证书。

第五节　中药管理的法律规定

一、我国中药管理的法制建设

中药是几千年来我国人民防病治病的物质基础，是千百年来我国医药学家长期实践、不断积累的医学成果，是中华民族璀璨文化的重要组成部分。

近年来，随着中医药对外交流的进一步发展，化学药品毒副作用及日益高涨的医疗费用等问题的突显，中药以其无毒副作用、独特的治疗方式及临床疗效，受到了世界人民的青睐，在世界范围内得到了一定的传播与应用。中医药的应用范围不断扩大。国际上，中医药的学术交流活动也日益频繁。许多国家政府开始重视中医药的应用、管理和发展，一些国家已经立法承认中医。国家间的中医药合作也进一步加强，国际卫生合作协议中，几乎都有中医药的项目。我国传统医学的发展离不开中药的发展，中药现代化已不仅是自身发展的问题，更是时代和历史发展的必然。

中药要走向世界，被各国人民所接受，就必须具备符合国际上通用的解释语言、名词术语、检测方法和质控标准。只有规范对中药的生产、经营，注重中药品种的保护和发展，才能实现中药现代化，加速中药国际化的进程，使中药更好地走向世界，更好地为全人类的健康服务。加强中药立法、依法管理中药势在必行。我国已颁布了《药品管理法》、《中药保护品种条例》、《中医药条例》等法律、法规。《中医药条例》规定，中药的研制、生产、经营、使用和监督管理依照《药品管理法》执行。1987 年，卫生部、国家中医药管理局发布了《关于加强中药剂型研制工作的意见》。1989 年，国家中医药管理局发布了《中药商业质量管理规范（试行）》。2002 年 4 月 17 日，国家药品监督管理局发布了《中药材生产质量管理规范（试行）》，自 2002 年 6 月 1 日起施行。2002 年 10 月，科技部、卫生部、国家中医药管理局等部委发布了《中药现代化发展纲要》，这是我国第一部中药现代化发展的纲领性文件，明确了我国在 2010 年前中药现代化发展的指导思想、基本原则、战略目标和重点任务。

二、中药的概念与分类

中药是指在中医理论指导下，运用独特的传统方法进行加工炮制并用于疾病的预防、诊断和治疗，有明确适应证和用法、用量的植物、动物和矿物质及其天然加工品等。

依据不同标准对中药可以有不同的分类，从中药管理的角度，可以把中药分为中药制剂、医疗机构制剂、中药饮片和中成药。

三、中药生产管理的法律规定

中药生产包括中药材、中药饮片和中成药的生产。中药是中医防病治病的物质基础。扩大中药生产、提高中药质量是发展中医事业的重要条件。

(一)中药材生产的规定

为规范中药材生产,保证中药材质量,促进中药标准化、现代化,《中药材生产质量管理规范(试行)》强调:

1.生产企业应按中药材产地适宜性优化原则,因地制宜,合理布局。

2.中药材产地的环境应符合国家相应标准:空气应符合大气环境质量二级标准;土壤应符合土壤质量二级标准;灌溉水应符合农田灌溉水质量标准;药用动物饮用水应符合生活饮用水质量标准。

3.加强中药材良种选育、配种工作,建立良种繁育基地,保护药用动植物种质资源。

4.野生或半野生药用动植物的采集应坚持"最大持续产量"原则,应有计划地进行野生抚育、轮采与封育,以利生物的繁衍与资源的更新。

5.新鲜药材可采用冷藏、沙藏、罐贮、生物保鲜等适宜的保鲜方法,尽可能不使用保鲜剂和防腐剂。如必须使用,应符合国家对食品添加剂的有关规定。

6.地道药材应按传统方法进行加工。如有改动,应提供充分试验数据,不得影响药材质量等。

(二)中药饮片和中成药生产的规定

大力发展中药饮片和中成药生产,应提高质量,增加品种,改革剂型,改进包装,确保国内常见病、多发病、地方病、老年病和疫情急救以及妇幼保健的需要。1987年,原卫生部、国家医药管理局制定的《关于加强中药剂型研制工作的意见》指出,中药剂型研制工作,必须遵循中药"性味归经、君臣佐使"等理论,克服脱离中医药理论体系,套用西药模式研制中药制剂的倾向。对传统剂型的继承和新剂型的研制必须同时并重。要以提高临床疗效为目标,以安全可靠为前提,以满足治疗急危重症需要为重点。逐步完善质量控制标准和检测手段,严格把关,保证质量,力求加工生产简、便、验、廉的剂型,便民利民,减轻群众经济负担。在中药制剂的研制、人工制成品的配方工艺、饮片的炮制技术等方面,凡涉及国家规定的中医药保密事项的,必须根据《中华人民共和国保守秘密法》、《中医药行业国家秘密及其密级的具体范围的规定》,做好保密工作。

中药饮片是指在中医药理论指导下,按照传统加工方法将中药材炮制成一定规格供中医临床配方使用的制成品。针对当前中药饮片存在无包装或包装不符合法律规定的情况,为确保人民群众用药安全有效,2009年国家食品药品监督管理局发布了《关于加强中药饮片包装管理的通知》,对中药饮片包装及标签作出了相关规定:

(1)中药饮片包装材料必须使用无毒、无害、透明并符合食用标准的塑料材质包装,个别对包装有特殊要求的品种或客户有特殊要求的除外。

(2)中药饮片的包装量,依据不同类别的饮片和客户需求而定,但最多不得超过1千克。

(3)从饮片生产企业购进的中药饮片,其标签应标明品名、产地、规格、生产企业名称、药品生产许可证号、产品批号、生产日期,并有质量合格的标志。实施批准文号管理的中药饮片必须注明批准文号。

(4)从饮片批发企业购进的中药饮片,其标签应注明品名、规格、产地、经营企业名称、生产日期、分装日期,并有质量合格的标志。从饮片生产企业购进再分装批发的中药饮片,其标签还须标明生产企业名称、生产批号。

四、中药经营管理的规定

中药是我国药品的重要组成部分。中药质量不仅关系到人们的健康和生命，也是衡量我国中医药卫生事业水平的重要标志。国家中医药管理局、卫生部先后制定颁布的《中药商业质量管理规范》、《核发中药经营企业合格证验收准则（试行）》，对于整顿中药流通秩序、严厉打击制售伪劣中药、保证药材的安全有效起到了重要作用。国务院《关于进一步搞活农产品流通的通知》中规定，麝香、甘草、杜仲、厚朴四种中药材继续由国家指定的部门统一经营。罂粟壳等 28 种毒性中药材、国家重点保护的 42 种野生药材、57 种进口药材、中药饮片、中成药仍然由国有药材公司统一收购经营；对所有经营中药材的企业单位，都必须按《药品管理法》的规定，在所在地中药、卫生、工商行政主管部门申请领取《药品经营企业合格证》、《药品经营企业许可证》和《营业执照》，严禁无"证"、"照"经营。对中药的出口实行中药出口许可证制度，贯彻"先国内，后国外，出口服从内销"的原则。

五、中药品种保护的规定

《药品管理法》规定，国家实行中药品种保护制度。为促进我国中医药事业的发展，鼓励研究开发中药新品种。

为了提高中药品种的质量，保护中药生产企业的合法权益，促进中医药事业的发展，1993 年 1 月，国务院发布了《中药品种保护条例》。国家鼓励研制开发临床有效的中药品种，对质量稳定、疗效确切的中药品种实行分级保护制度。国务院卫生行政部门负责全国中药品种保护的监督管理工作。国家中药生产经营主管部门协同管理全国中药品种的保护工作。

（一）中药保护品种等级的划分

受保护的中药品种分为一级、二级。符合下列条件之一的中药品种，可以申请一级保护：

(1)对特定疾病有特殊疗效的。

(2)相当于国家一级保护野生药材物种的人工制成品。

(3)用于预防和治疗特殊疾病的。

符合下列条件之一的中药品种，可以申请二级保护：

(1)符合一级保护的品种或者已经解除。

(2)对特定疾病有显著疗效的。

(3)从天然药物中提取的有效物质及特殊制剂。

（二）申请中药保护的程序

1. 申请　中药生产企业对其生产的符合保护条件的中药品种，可以向所在地省、自治区、直辖市中药生产经营主管部门提出申请，经中药生产经营主管部门签署意见后转送同级卫生行政部门，由省、自治区、直辖市卫生行政部门初审签署意见后，报国务院卫生行政部门。特殊情况下，中药生产企业也可以直接向国家中药生产经营主管部门提出申请，由国家中药生产经营主管部门签署意见后转送国务院卫生行政部门，或者直接向国务院卫生行政部门提出申请，国务院卫生行政部门委托国家中药品种保护审评委员会负责对申请保护的中药品种进行审评。

2.审评　国务院卫生行政部门接到申请后，委托国家中药品种保护审评委员会负责对申请保护的中药品种进行审评。国家中药品种保护审评委员会应当自接到申请报告书之日起6个月内作出审评结论。

3.批准　根据国家中药品种保护审评委员会的审评结论，由国务院卫生行政部门征求国家中药生产经营主管部门的意见后决定是否给予保护。批准保护的中药品种，由国务院卫生行政部门发给《中药保护品种证书》。

申请中药品种保护的企业，应当按照国务院卫生行政部门的规定，向国家中药品种保护审评委员会提交完整的资料。对批准保护的中药品种以及保护期满的中药品种，由国务院卫生行政部门在指定的专业报刊上予以公告。

(三)中药品种保护期限

中药一级保护品种的保护期限分为30年、20年、10年。中药二级保护品种的保护期限为7年。

中药一级保护品种的处方组成、工艺制法，在保护期限内由获得《中药保护品种证书》的生产企业和有关的药品生产经营主管部门、卫生行政部门及有关单位和个人负责保密，不得公开。负有保密责任的有关部门、企业和单位应当按照国家有关规定，建立必要的保密制度。

中药保护品种的保护期限届满，经申请可以延期。中药保护品种在保护期内向国外申请注册的，必须经国务院卫生部门批准。对临床用药紧缺的中药保护品种，根据国家中药生产经营主管部门提出的仿制建议，由仿制企业所在地的省级卫生行政部门对生产同一中药保护品种的企业发放批准文号。该企业应当向持有《中药品种保护证书》的企业支付有关处方转让费和使用费。

第六节　民族医药管理法律制度

一、我国民族医药学简介

民族医药，是指我国各少数民族在维护健康以及预防、诊断、治疗疾病方面所使用的以不同民族文化所特有的理论和经验为基础的医学知识和诊疗技能。

我国是一个多民族的国家，各族人民共同创造了辉煌的中国文化。中国传统医学是中国文化宝库中的瑰宝。而民族医药是祖国传统医学不可分割的组成部分，也是各少数民族地区不可缺少的重要卫生资源之一。建国以来，民族医药事业得到稳定、全面的发展。为了促进民族医药事业的发展，1997年11月，全国民族医药学会在北京成立。

(一)藏族医学

藏族医学已有1200多年文字记载的历史，其理论体系主要是三元素学说(风、胆、痰)。《四部医典》是藏医学的经典著作。目前，我国的藏医主要分布在西藏以及青海、四川、甘肃、云南等地。

(二)蒙古族医学

蒙古族医学以藏医《四部经典》为基础，结合自己的民族文化和医疗实践，产生了《蒙药正典》等古典医学巨著，形成了具有自己特点的以“三邪”学说（赫衣、希拉、巴达干）为主要理论体系的蒙医理论。目前蒙医主要分布在内蒙古、辽宁、吉林、黑龙江、青海、新疆等地。

（三）维吾尔族医学

维吾尔族医学具有悠久的历史，并且早就与内地的中医有广泛的交流，形成了包括四元素（土、水、火、风）、四津（血津、痰津、胆津、黑胆津）及五行（金、木、水、火、土）等内容的理论体系。目前维医主要分布在乌鲁木齐、喀什、和田、吐鲁番等地。

（四）傣族医学

傣医已有1000多年的历史，在古老的贝叶经上就有用傣文刻写的医药、方剂、制剂等内容。目前傣医主要分布在云南西双版纳傣族自治州和德宏傣族、景颇族自治州等地。

此外，彝族、壮族、朝鲜族、回族、苗族等少数民族也有自己独特的民族医药经验。这些传统医药为本民族人民的身体健康和繁衍昌盛做出了重要贡献。

二、民族医药事业发展的指导意见

民族医医院是我国少数民族地区重要的医疗预防保健机构，是发展民族医学、培养民族医药人才的重要基地。为了提高少数民族地区人民的健康水平，国家中医药管理局于1989年11月发布了《关于加强民族医医院建设的意见》，对于发展民族医医院、加强其业务建设和科研工作起着积极作用。为深入贯彻党的十七大精神，落实十七大报告中关于坚持中西医并重、扶持中医药和民族医药事业发展的重要论述，切实加强民族医药事业的发展，2007年10月25日，国家中医药管理局、国家民族事务委员会、国家发展和改革委员会、教育部、科学技术部、财政部、人事部、劳动和社会保障部、国家食品药品监督管理局、国家知识产权局等部委联合发布了《关于切实加强民族医药事业发展的指导意见》，对民族医药工作提出了新的要求。

（一）发展民族医药事业的指导思想、基本原则和工作目标

1.指导思想　以邓小平理论和“三个代表”重要思想为指导，全面贯彻落实科学发展观和党的十七大精神，以发掘整理总结为基础，人才培养为重点，科学研究为先导，加强民族医药机构和服务网络建设，努力提高防治能力和学术水平，进一步促进民族医药事业发展，为人民健康服务，为促进民族团结，构建社会主义和谐社会做出应有的贡献。

2.基本原则　坚持保持和发挥民族医药特色优势，遵循民族医药自身发展规律和特点；坚持政府主导，鼓励社会参与，多渠道发展民族医药；坚持以社会需求为导向，拓宽民族医药服务领域，提高服务能力和水平；坚持民族区域自治，统筹协调发展；坚持因地制宜，分类指导，稳步发展。

3.工作目标　到2015年，民族医医疗、教育、科研机构和民族药企业的基础设施条件得到明显改善；民族医药应对突发公共卫生事件和防治常见病、多发病及部分重大疾病能力得到增强；民族医药人才培养体系逐步完善，队伍素质明显提高；逐步建立完善符合民族医药特点的执业准入制度；民族医药继承与创新取得新进展，学术水平进一步提高；民族医药资源和知识产权得到有效保护与合理利用；初步建立民族医药标准；民族药产业进一步扩大；民族医药国际交流与合作更加广泛。

（二）推进民族医药事业发展的具体要求

1.加强对民族医药工作的领导　加强组织领导，加大经费投入。各级中医药、民族医药管理部门要加强组织领导，安排专人负责民族医药工作，在制定实施中医药工作计划和方案时，要将民族医药工作纳入其中。各级政府要加大对民族医药的投入，为民族医药事业发展提供必要的物质条件，对涉及政府安排投资的建设性项目应按建设程序审批。各地要积极拓展筹资渠道，广泛动员和筹集社会各方面的资金，发展民族医药事业。

2. 推进民族医药服务能力建设。

(1)加强民族医医疗机构服务能力建设。民族医医疗机构承担着继承、发掘、整理民族医药，满足广大人民群众对民族医药服务需求的重要任务。各地要根据区域卫生规划和各民族医的特点，制定民族医医疗机构标准，针对目前普遍存在的民族医医疗机构基础条件较差的状况，切实加大投入，改善就医条件。鼓励社会力量举办民族医医疗机构，对民办民族医医疗机构一视同仁，营造各类民族医医疗机构平等参与竞争的环境。鼓励和支持民族医医疗机构间、民族医医疗机构与其他医疗机构间的合作、联合，实现优势互补、资源共享。

根据本地区的实际情况和当地群众对民族医药服务的需求，在有条件的综合性医院、乡镇卫生院、社区卫生服务中心设立民族医科(室)。民族医医疗机构要注重发挥民族医药特色和优势，加强民族医专科(专病)建设，进一步提高诊疗水平；同时，要发挥民族医药在预防保健和养生康复中的作用。

(2)发挥民族医药在基层卫生工作中的优势与作用。组织民族医医院和综合性医院民族医科开展对农村医疗机构民族医药的业务指导工作，采取培训、技术合作、巡回医疗等方式，提高农村民族医药业务水平和服务能力；加强乡镇卫生院民族医药服务能力建设，使有条件的乡镇卫生院特别是中心卫生院，进一步突出民族医药专科(专病)特色并逐步形成优势，并通过多种形式加强对村卫生室的民族医药业务管理和指导；在民族地区乡镇卫生院、村卫生室组织推广安全、有效、简便、价廉的民族医药适宜技术；在规范农村民族医药管理和服务的基础上，允许乡村民族医药技术人员自种自采自用民族草药。

要根据当地群众对民族医药服务的需求，将民族医药服务纳入本地区社区卫生服务发展规划，统一安排、统筹发展。在调整现有卫生资源时，要将民族医药作为社区内卫生资源的重要组成部分加以充分利用；民族聚居地区要按照《城市社区卫生服务中心基本标准》和《城市社区卫生服务站基本标准》，在有条件的社区卫生服务中心开设民族医诊室，配备一定数量的民族医医师，社区卫生服务站至少要配备1名能够提供民族医药服务的医师。

(3)加强民族医药服务的监督管理。要认真贯彻执行《中华人民共和国执业医师法》、《中华人民共和国药品管理法》、《中华人民共和国中医药条例》、《医疗机构管理条例》、《乡村医生从业管理条例》等法律法规，加强民族医医疗机构、民族医药从业人员、民族医诊疗技术的准入和民族药使用的管理。健全民族医医疗机构"质量、安全、服务、费用"等管理制度，探索建立民族医医疗机构科学管理的长效机制。坚决打击各种出租、承包科室和聘用非卫生技术人员、播放虚假民族医医疗广告、制售假劣民族药品等违法违规行为，规范民族医药服务市场，保证广大人民群众的医疗用药安全。

3. 加强民族医药人才队伍建设。

(1)加强民族医药院校教育工作。加强现有民族医药院校的基础设施建设，鼓励和扶持民族地区举办高等民族医药教育，鼓励有条件的高等学校设立民族医药学院、民族医药系，或设立相应的专业、专业方向，鼓励有条件的民族医药院校积极开展民族医药专业研究生教育。

(2)高等医学院校开展的医学专业教育应有民族医药内容。扶持建设藏医、蒙医、维药、傣医等民族医药重点学科建设点,加强其学科内涵建设和研究。在完成藏、蒙、维、傣医学教材编写的基础上,积极组织好壮医、藏药等民族医药教材的编写工作,逐步完善民族医药教材。进一步加强对民族医药院校教育办学方向、突出特色、教学质量等方面的宏观指导,探索建立民族医药教育质量保障机制,积极开展民族医药教学质量评估试点工作,提高民族医药院校教育教学质量。

(3)切实加强民族医药继续教育工作。各地要充分利用现有的民族医药资源,依托各民族医药医疗、教育、科研机构,建立一定数量的民族医药继续教育基地。做好全国老民族医药专家学术经验继承和优秀民族医临床人才培养工作,造就一批民族医药学科带头人和技术骨干。加强农村、社区民族医药人才培养和队伍建设,鼓励民族医药人员参加民族医药技术骨干培训、乡村医生民族医药知识与技能培训和城市社区岗位培训、规范化培训。鼓励在职的中医药、西医药人员积极学习民族医药知识与技能。

4.加强民族医药挖掘继承和科研工作。

(1)继续做好民族医药文献挖掘整理工作。民族地区省级中医药、民族医药管理部门要结合当地民族医药实际,制定出本地区民族医药文献整理计划,并组织好民族医药文献课题的申报工作。

(2)加强民族医学临床应用研究。重点开展民族医特色诊疗技术、单验方及临床治疗方案整理评价等方面的研究;开展常见病与多发病民族医药临床诊疗指南、临床技术操作规范、疗效评价标准的研究;筛选推广一批民族医药适宜技术,并在部分地区开展基层民族医药适宜技术推广示范地区建设工作,研究探索民族医药适宜技术推广的方式方法。

(3)加强民族药物研究与产业化。加强民族医药科研管理和支撑条件建设。根据民族医药科研特点,加强对各级民族医药科研机构的建设和指导,鼓励支持民族医药科研机构与高校、企业开展科研合作,按照"多学科、跨行业、医教研产结合"的思路组织开展科研工作。国家中医药管理局在藏、蒙、维等民族医药医疗、研究机构中建设若干重点研究室(实验室),设立2～3个中医药、民族医药特色技术和方药筛选评价中心。在民族医药科学研究中充分考虑民族医药的特点并将民族医药作为单独序列加以管理,增大课题立项比例。

5.加强民族医药知识产权保护和药用资源保护利用。

(1)加强民族医药知识产权保护。知识产权部门要会同中医药部门研究制定民族医药传统知识保护的相关法规和政策。加大宣传力度,增强民族医药知识产权保护与利用的意识,充分利用现有的知识产权制度保护民族医药传统知识。明晰民族医药知识产权的权利归属,规范民族医药的开发和利用行为。建立民族医药文献出版、国际学术交流与合作等方面的民族医药知识产权保护审查制度,完善相应的保密措施,避免民族医药传统知识不当泄密或流失。研究建立民族医药知识产权保护名录及其数据库,防止对民族医药传统知识的不当占有和利用。符合《中药品种保护条例》的民族药品种要依法进行品种保护。

(2)认真做好民族药资源的保护工作。在开展民族药资源普查的基础上做好《中国民族药志》的编著工作。要建立民族药濒危品种和道地药材养殖种植基地;要建立民族药自然保护区,加强家种、家养驯化研究;要选好品种,建立规范的民族药材生产基地,保证民族医医疗的需要;要对民族药材和民族成药实行原产地保护和标识保护。

6.完善发展民族医药事业的政策措施。

(1)着力推进符合民族医药特点的执业医师、执业药师资格制度建设。对于已开展国家医师资格考试的民族医，符合条件的民族医师承和确有专长人员可以按照《传统医学师承和确有专长人员医师资格考核考试办法》(卫生部令 52 号)的规定参加国家医师资格考试。具有中医医师资格并能够熟练运用民族医诊疗技术防治疾病的人员，经省级中医药管理部门考核合格，可注册相应民族医专业开展执业活动。对具有一技之长和实际本领的民族医药人员，经县级以上中医药、民族医药管理部门组织培训、考核和公示合格后，可以按照《乡村医生从业管理条例》的有关规定注册为乡村医生，但要限定执业的地点和提供服务的技术方法和病种。在执业药师资格制度中，增设民族药专业。

(2)完善民族医药人员专业技术职务聘任制度。对于长期从事民族医药工作、符合晋升条件的专业技术人员，由地方政府人事行政部门会同业务主管部门按照职称政策有关规定，评聘相应民族医药专业技术职务。

(3)积极发挥民族医药在医疗保障体系建设中的作用。在城镇基本医疗保险和新型农村合作医疗中，要将符合条件的民族医医疗机构纳入定点医疗机构，将符合条件的民族医诊疗项目及民族药纳入相应的目录。在研究制定新型农村合作医疗补偿政策时，要增加纳入报销范围的民族医诊疗项目和民族药品种，降低民族医药报销起付线，提高民族医药报销比例。要采取有效措施，引导参保人员和参合农民充分利用民族医药服务。

(4)扶持民族药医疗机构制剂开发与使用。经省级食品药品监督管理部门批准的民族药医疗机构制剂，经批准可以委托本辖区内符合条件的医疗机构和药品生产企业配制；符合《医疗机构制剂注册管理办法(试行)》减免申报项目条件的民族药医疗机构制剂，可免报相关研究资料。对于民族药医疗机构制剂的审批，各省、自治区、直辖市食品药品监督管理部门要根据《医疗机构制剂注册管理办法(试行)》，结合本地实际制定实施细则。符合《医疗机构制剂注册管理办法(试行)》医疗机构制剂调剂使用有关规定的民族药医疗机构制剂，经省级食品药品监督管理部门批准，可以在本辖区内指定的民族医医疗机构和综合性医院民族医科之间调剂使用。

(5)民族医药的有关审批和鉴定活动要实行同行评议制度。在民族医药专业技术职务任职资格的评审，民族医药医疗、教育、科研机构的评审评估，民族医药科研项目立项评审和成果鉴定，民族医药相关产品的评审、鉴定等工作中，要成立专门的民族医药评审、鉴定组织或者由民族医药专家进行评审、鉴定。在评审的相关要求、条件和标准制定上，要充分考虑民族医药的特点和实际。

(6)做好民族医药法制化和标准化建设工作，积极开展民族医药标准化、规范化建设工作。通过政府主导和全行业共同参与，分类指导、循序渐进地开展民族医药标准化、规范化建设工作。加强民族医药学术交流和对外合作。加强中医药、西医药和民族医药之间的学习和交流。大力开展民族医药国际间的交流与合作。推动民族医药政府间及民间的合作，积极与世界各国特别是民族地区周边国家开展合作办医、合作办学和合作开展科学研究。通过出访讲学、召开国际学术会议、出版外文民族医药学术刊物，以加强民族医特色诊疗技术、科研成果和民族药的对外宣传与交流，扩大民族医药的国际影响。同时，还要积极学习、吸收、运用国际先进的科学技术、方法和管理经验，增强民族医药的创新发展能力。

第七节　法律责任

一、中医药管理部门工作人员的法律责任

负责中医药管理部门的工作人员在中医药管理工作中违反《中医药条例》的规定，利用职务上的便利收受他人财物或者获取其他利益，滥用职权，玩忽职守，或者发现违法行为不予查处，造成严重后果，构成犯罪的，依法追究刑事责任；尚不够刑事处罚的，依法给予降级或者撤职的行政处分。

二、中医医疗机构的法律责任

中医医疗机构违反《中医药条例》的规定，有下列情形之一的，由县级以上地方人民政府负责中医药管理的部门责令限期改正；逾期不改正的，责令停业整顿，直至由原审批机关吊销其《医疗机构执业许可证》、取消其城镇职工基本医疗保险定点医疗机构资格，并对负有责任的主管人员和其他直接责任人员依法给予纪律处分：

(1)不符合中医医疗机构设置标准的。

(2)获得城镇职工基本医疗保险定点医疗机构资格，未按照规定向参保人员提供基本医疗服务的。

未经批准擅自开办中医医疗机构或者未按照规定通过执业医师或者执业助理医师资格考试取得执业许可，从事中医医疗活动的，依照《中华人民共和国执业医师法》和《医疗机构管理条例》的有关规定给予处罚。

三、中医药教育机构的法律责任

中医药教育机构违反《中医药条例》的规定，有下列情形之一的，由县级以上地方人民政府负责中医药管理的部门责令限期改正；逾期不改正的，由原审批机关予以撤销：

(1)不符合规定的设置标准的。

(2)没有建立符合规定标准的临床教学基地的。

四、违反中医药资源管理、技术管理和文献保护的法律责任

1. 违反《中医药条例》规定，造成重大中医药资源流失和国家科学技术秘密泄露，情节严重，构成犯罪的，依法追究刑事责任；尚不够刑事处罚的，由县级以上地方人民政府负责中医药管理的部门责令改正，对负有责任的主管人员和其他直接责任人员依法给予纪律处分。

2. 违反《中医药条例》规定，损毁或者破坏中医药文献的，由县级以上地方人民政府负责中医药管理的部门责令改正，对负有责任的主管人员和其他直接责任人员依法给予纪律处分；损毁或者破坏属于国家保护文物的中医药文献，情节严重，构成犯罪的，依法追究刑事责任。

五、违反中医药广告管理的法律责任

篡改经批准的中医医疗广告内容的，由原审批部门撤销广告批准文号，1 年内不受理该中医医疗机构的广告审批申请。

负责中医药管理的部门撤销中医医疗广告批准文号后，应当自作出行政处理决定之日起 5 个工作日内通知广告监督管理机关。广告监督管理机关应当自收到负责中医药管理的部门通知之日起 15 个工作日内，依照《中华人民共和国广告法》的有关规定查处。

思考题

1. 简述中医医疗机构的开业审批程序。
2. 简述中西医结合的概念。
3. 简述中西医结合工作的指导思想和主要任务。
4. 简述中药保护品种的等级划分和中药品种保护的期限。

第十章　食品安全法律制度

第一节　食品安全法律制度概述

一、食品安全法的概念

食品安全法是指调整保证食品安全，防止食品污染和有害因素对人体的危害，保障公众身体健康和生命安全活动中所产生的各种社会关系的法律规范的总和。

食品，是指各种供人食用或者饮用的成品和原料以及按照传统既是食品又是药品的物品，但是不包括以治疗为目的的物品。食品是维持人类生命、增强体质、保证生长发育所不可缺少的物质。它的涉及面很广，既包括已经加工能够直接食用的各种食物，如饮料、糕点、酒类、茶叶等，也包括半成品和食品原料，如粮食、油类、肉蛋蔬菜等。茯苓、罗汉果等药食同源的物品也属于食品。“民以食为天”、“民以食为安”，充分说明了食品对于人民生活的重要性。而“病从口入”则说明不符合卫生安全的食品会给人体带来危害。食品对人体的危害主要分为两大类：一类是某些天然含毒的食物，如发芽的土豆含龙葵素、河豚含鱼毒素等。这类食物种类不多，数量也不大，较易避免。另一类是食品在生产、制造、加工、贮运中受到了污染对人体造成的危害。

食品安全，是指食品无毒、无害，符合应当有的营养要求，对人体健康不造成任何急性、亚急性或者慢性危害。

二、食品安全法制建设

食品安全与否，关系到人民的健康和生命安全，因而受到国家的重视。中华人民共和国成立以后，我国的食品安全法制建设主要体现为以卫生法制建设开始起步。1953 年卫生部颁布了《清凉饮料食物管理暂行办法》，1960 年国务院颁发了《食用合成染料试行管理办法》，1965 年卫生部、商业部联合颁发了《食品卫生管理试行办法》，使我国食品卫生法制建设有了一个比较清晰的发展轮廓。1979 年国务院正式颁布了《中华人民共和国食品卫生管理条例》，使我国食品卫生法制建设向前迈进了一大步。1982 年 11 月 19 日第五届全国人民代表大会常务委员会第二十五次会议通过了《中华人民共和国食品卫生法(试行)》，规范了食品及食品原料的卫生要求，明确了食品生产经营企业及从业人员的法律责任，建立了食品添加剂、新资源食品等特殊食品的许可制度，标志着我国食品卫生法制建设进入了一个全新的时期，开始了我国食品卫生管理工作由人治向法治的重大转变。在试行法的基础上，1995

年10月30日，第八届全国人民代表大会常务委员会第十六次会议通过了经过修订的《中华人民共和国食品卫生法》(以下简称《食品卫生法》)，进一步明确了我国食品卫生监督管理体制，规范了对食品包装标识、保健食品和进口食品的管理，强化了行政机关的执法力度，开创了我国食品卫生法制建设的新局面。

《食品卫生法》的颁布施行，对保证食品卫生、预防和控制食源性疾病、保障公民身体健康发挥了积极作用。食品安全事关人民群众的身体健康和生命安全，备受国家和社会各界的高度关注。为了从制度上解决问题，建立一套更为完善的适应当前实际需要的食品安全法律制度，2009年2月28日第十一届全国人民代表大会常务委员会第七次会议通过了《中华人民共和国食品安全法》(以下简称《食品安全法》)，并于同年6月1日起施行。新《食品安全法》与原来的相比，扩大了法律调整范围，对涉及食品安全的相关问题作出了更为全面的规定，确立了食品安全风险监测和风险评估制度、食品安全标准制度、食品生产经营行为的基本准则、不安全食品召回制度，明确了分工负责与统一协调相结合的食品安全监管体制，体现了预防为主、科学管理、明确责任、综合治理的食品安全工作指导思想。食品安全法的颁布实施，对健全食品质量标准，提高我国食品安全整体水平，坚决遏制重大安全事故的发生具有重大意义。

三、食品安全法的适用范围

《食品安全法》明确规定，凡是在中华人民共和国境内从事食品生产和食品经营活动的企业和个人，都必须遵守食品安全法。食品生产经营者包括外国独资企业、中外合资企业和国内所有从事食品生产的单位和个人。

凡是在中华人民共和国境内从事食品生产和食品经营活动的企业和个人，从事食品生产和加工、食品流通和餐馆服务，食品添加剂的生产经营，用于食品的包装材料、容器、洗涤剂、消毒剂和用于食品生产经营的工具、设备的生产经营，食品生产经营者使用添加剂、食品相关产品，对食品、食品添加剂和食品相关产品的安全管理等活动均应当遵守食品安全法。

第二节　食品安全的法律规定

一、食品安全风险监测和评估

国家建立食品安全风险监测制度，对食源性疾病、食品污染以及食品中的有害因素进行监测。

(一)食品安全风险监测制度

国务院卫生行政部门会同国务院有关部门制定、实施国家食品安全风险监测计划。国家食品安全风险监测计划，由国务院卫生行政部门会同国务院质量监督、工商行政管理和国家食品药品监督管理以及国务院商务、工业和信息化等部门，根据食品安全风险评估、食品安全标准制定与修订、食品安全监督管理等工作的需要制定。

省、自治区、直辖市人民政府卫生行政部门根据国家食品安全风险监测计划，结合本行政区域的具体情况，组织制定、实施本行政区域的食品安全风险监测方案。省、自治区、直辖市人民政府卫生行政部门应当组织同级质量监督、工商行政管理、食品药品监督管理、商务、工业和信息化等部门，制定本行政区域的食品安全风险监测方案，报国务院卫生行政部门备案。

国务院农业行政、质量监督、工商行政管理和国家食品药品监督管理等有关部门获知有关食品安全风险信息后，应当立即向国务院卫生行政部门通报。国务院卫生行政部门会同有关部门对信息核实后，应当及时调整食品安全风险监测计划。

省级以上人民政府卫生行政、农业行政部门应当及时相互通报食品安全风险监测和食用农产品质量安全风险监测的相关信息。

(二)食品安全风险评估制度

国家建立食品安全风险评估制度，对食品、食品添加剂中生物性、化学性和物理性危害进行风险评估。

国务院卫生行政部门负责组织食品安全风险评估工作，成立由医学、农业、食品、营养等方面的专家组成的食品安全风险评估专家委员会进行食品安全风险评估。

对农药、肥料、生长调节剂、兽药、饲料和饲料添加剂等的安全性评估，应当有食品安全风险评估专家委员会的专家参加。

有下列情形之一的，国务院卫生行政部门应当组织食品安全风险评估工作：

(1)为制定或者修订食品安全国家标准提供科学依据需要进行风险评估的。

(2)为确定监督管理的重点领域、重点品种需要进行风险评估的。

(3)发现新的可能危害食品安全的因素的。

(4)需要判断某一因素是否构成食品安全隐患的。

(5)国务院卫生行政部门认为需要进行风险评估的其他情形。

国务院卫生行政、农业行政部门应当及时相互通报食品安全风险评估结果和食用农产品质量安全风险评估结果等相关信息。

二、食品安全标准

食品安全标准是食品安全法律体系中特有的，作为判断食品、食品相关产品、食品生产经营过程等是否符合食品安全要求，按照规定程序制定并颁布的一系列技术规范的总称，是食品安全体系中重要的组成部分。

我国食品安全标准是强制执行的标准，由国务院卫生行政部门负责制定、公布。除食品安全标准外，不得制定其他的食品强制性标准。我国食品安全标准分为两级，即食品安全国家标准和食品安全地方标准。食品安全标准供公众免费查询。

食品安全国家标准，由国务院卫生行政部门负责制定、公布，国务院标准化行政部门提供国家标准编号。食品安全国家标准经食品安全国家标准评审委员会审查通过，评审委员会由医学、农业、食品、营养等方面的专家以及国务院有关部门的代表组成。

没有食品安全国家标准的，可以制定食品安全地方标准。地方标准由各省、市、自治区人民政府卫生行政部门组织制定，只限于本地区内适用，须报国务院卫生行政部门备案。

企业生产的食品没有食品安全国家标准或者地方标准的，可以制定企业标准作为组织生产的依据。国家鼓励食品生产企业制定严于食品安全国家标准或者地方标准的企业标准。企业标准须报省级卫生行政部门备案，在企业内部适用。

我国所制定的食品安全标准主要包括下列内容：食品、食品相关产品中的致病性微生物、农药残留、兽药残留、重金属、污染物质以及其他危害人体健康物质的限量规定；食品添加剂的品种、使用范围、用量；专供婴幼儿和其他特定人群的主辅食品的营养成分要求；对与食品安全、营养有关的标签、标识、说明书的要求；食品生产经营过程的卫生要求；与食品安全有关的质量要求；食品检验方法与规程；其他需要制定为食品安全标准的内容等。

三、食品安全规定

食品在正常进食情况下对人体不应产生任何有毒有害的影响，具有良好的感官性状，能够给人体带来一定的营养价值。

1.食品应当无毒、无害　食品应当无毒无害，并不是说食品中一点有毒有害的物质也不许有。完全没有当然好，但实际很难做到。人们通过科学研究，掌握了食物中含有的一些有毒有害物质在多少含量的情况下会对人体产生损害。根据这些限量，国家制定了相应的安全标准，制定了食品、食品相关产品中的致病性微生物、农药残留、兽药残留、重金属、污染物质以及其他危害人体健康物质的限量规定。只要食品中的有害物质不超过安全标准，在正常进食情况下就不会对人体造成损害，就可以认为该食品是无毒无害的。

2.食品应当符合应有的营养要求　食品是维持人的生命、增强人体体质、促进生长发育的基本物质，必须具有一定的营养成分。人们食用或饮用各种食品，是为了摄取各种营养物质以满足各种生理需要。因此，食品应当具备一定的人体所需的营养成分。同时，食品中所含的营养物质能否转化为人体内的物质，还取决于食品中的各种营养成分是否能被人体所吸收和消化，因此，食品中所含营养成分的吸收和消化率和维持人体正常生理功能的作用也须达到一定的标准。

3.食品应当有相应的色、香、味等感官性状　食品由于其所含成分和所处状态不同，被人体感官所能感受的性质和状态也不同。当食品成分发生变化时，这些感官性状也常随之改变。因此，食品的感官性状常与食品的质量相关联。

4.符合专供婴幼儿和其他特定人群的主辅食品的营养成分要求　专供婴幼儿和其他特定人群的主辅食品营养成分和卫生要求，必须符合国务院卫生行政部门制定的营养、卫生标准。婴幼儿的食谱较窄，又正处在生长发育期，需要大量的营养物质，所需营养主要来源于专供婴幼儿的主、辅食品。因此，必须保证这些食品有充足的营养成分。另外，婴幼儿的机体防御系统发育未完全，对有害因素抵抗力弱，如果食品的卫生情况不良，极易引起疾病。所以，国家对专供婴幼儿食用的主辅食品制定了特殊的更严格的营养和卫生标准。

第三节　食品生产经营安全的法律规定

一、食品生产经营的安全规定

食品生产经营是指食品的生产、采集、收购、加工、储存、运输、供应、销售等活动。食品生产经营者是指一切从事食品生产经营的单位和个人，包括职工食堂和食品商贩等。一切从事食品生产经营活动的单位和个人都必须遵守《食品安全法》及其他有关法律法规，如《产品质量法》、《消费者权益保护法》、《反不正当竞争法》等关于生产经营的规定。

(一)食品生产经营过程的安全要求

由于食品生产经营过程的任何一个环节都存在发生不安全因素的可能，要保证食品的安全，必须保证食品生产过程的安全。

1.食品生产经营从业人员的安全要求　食品生产经营的从业人员每年应当进行健康检查，取得健康证明后方可从事食品生产经营活动。

(1)食品生产经营的从业人员必须健康。食品生产经营者应当建立从业人员健康管理制度。患有痢疾、伤寒、病毒性肝炎等消化道传染病的人员，以及患有活动性或者渗出性皮肤病等有碍食品安全的疾病人员，不得从事接触直接入口食品的工作。

(2)食品生产经营人员应当保持个人卫生，生产经营食品时，应当将手洗净，穿戴清洁的工作衣、帽。

(3)销售无包装的直接入口食品时，必须使用无毒、清洁的售货工具。

2.食品生产经营场所的安全要求　食品的生产经营需要有相应的食品原材料处理、加工、包装、储存等场所及设施，食品成品包装、储存等场所。

(1)具有与生产经营的食品品种、数量相适应的食品原料处理、加工、包装、储存等场所。

(2)保持该场所环境整洁，与有毒、有害场所以及其他污染源保持规定的距离。

(3)具有与生产经营的食品品种、数量相适应的生产经营设备或设施，有相应的消毒、更衣、盥洗、采光、照明、通风、防腐、防尘、防鼠、防蝇、防虫、洗涤以及处理废水、存放垃圾和废弃物的设备或设施。

(4)设备布局和工艺流程要合理，防止待加工食品与直接入口食品、原料和成品交叉污染，避免食品接触有毒物、不洁物。

(5)餐具、饮具和盛放直接入口食品的容器，使用前要洗净、消毒，使用后要洗净，保持清洁。

(6)各种储存、运输和装卸食品的容器、工具和设备要安全、无害，保持清洁，防止食品污染，并符合保证食品安全所需的温度等特殊要求，不得将食品与有毒、有害物品一同运输。

(7)食品的小包装要使用清洁、无毒的包装材料、餐具。

(8)生产经营用水必须符合国家规定的生活饮用水的卫生标准。

(9)使用的洗涤剂、消毒剂应当对人体安全、无害。

(10)法律、法规规定的其他要求。

(二)禁止生产经营的食品

1.用非食品原料生产的食品，添加食品添加剂以外的化学物质和其他可能危害人体健康物质的食品，或者用回收食品作为原料生产的食品。

2.致病性微生物、农药残留、兽药残留、重金属、污染物质以及其他危害人体健康物质含量超过食品安全标准限量的食品。

3.营养成分不符合食品安全标准的专供婴幼儿和其他特定人群的主辅食品。

4.腐败变质、油脂酸败、霉变生虫、污秽不洁、混有异物、掺假掺杂或者其他感官性状异常的食品。

5.病死、毒死或者死因不明的禽、畜、兽、水产动物等及其制品。

6.未经动物卫生监督机构检疫或者检疫不合格的肉类，未经检验或者检验不合格的肉类制品。

7. 被包装材料、容器、运输工具等污染的食品。

8. 超过保质期的食品。

9. 无标签的预包装食品。

10. 国家为防病等特殊需要明令禁止生产经营的食品。

11. 其他不符合食品安全标准或者要求的食品。

(三)食品中禁止加入药物

药物只是在人们患病的时候才服用,有严格的适应证、用法和用量。而食品是人们每天不可缺少的物品。如果食物中加药,无异于给健康人长期服药,而且某些药物的危害又是潜在的、迟发的,不易被人所发现和认识。即使是掺入某些“补药”,对大多数体质不适应的消费者来说,也是有害无益的。为了防止在食品中滥加药物,避免无病吃药,保护消费者健康,《食品安全法》明确规定,食品中不得加入药物。但是按照传统既是食品又是药品的作为原料、调料或者营养强化剂加入的除外。既是食品又是药品的品种名单由国家卫计委公布。

二、散装食品的安全规定

散装食品,又称“裸装食品”,是指没有进行包装即进行零售的食品。食品经营者贮存散装食品,应当在贮存位置标明食品的名称、生产日期、保质期、生产者名称及联系方式等内容。食品经营者销售散装食品,应当在散装食品的容器、外包装上标明食品的名称、生产日期、保质期、生产经营者名称及联系方式等内容。

三、预包装食品的安全规定

预包装食品是指预先定量包装或者制作在包装材料和容器中的食品。预包装食品的包装上应当有标签。食品经营者应当按照食品标签标示的警示标志、警示说明或者注意事项的要求,销售预包装食品。

四、食品容器、包装材料和工具设备、包装标识的安全规定

食品容器、包装材料是指包装、盛放食品或者食品添加剂用的纸、竹、木、金属、搪瓷、陶瓷、塑料、橡胶、天然纤维、化学纤维、玻璃等制品和直接接触食品或者食品添加剂的涂料。

食品用(生产经营的)工具、设备,是指在食品或者食品添加剂生产、流通、使用过程中直接接触食品或者食品添加剂的机械、管道、传送带、容器、用具、餐具等。

食品容器、包装材料和食品用工具等本身并不是食品,但由于这些物品直接或间接接触食品,它们的卫生安全状况也会影响食品。这些物品如果不安全,也会造成食品污染。因此,国家规定这些物品也必须符合安全标准和安全管理办法的规定,采用的原材料必须安全无毒,产品应当便于清洗和消毒。

食品包装标识必须清楚,容易辨认。在国内市场销售的食品,必须有中文标识。食品标签应标明下列事项:

(1)名称、规格、净含量、生产日期。

(2)成分或者配料表。

(3)生产者的名称、地址、联系方式。

(4)保质期(指预包装食品在标签指明的贮存条件下保持品质的期限)。

(5)产品标准代号。

(6)贮存条件。

(7)所使用的食品添加剂在国家标准中的通用名称。

(8)生产许可证编号。

(9)法律法规或者食品安全标准规定必须标明的其他事项。

(10)专供婴幼儿和其他特定人群的主辅食品,其标签还应当标明主要营养成分及其含量。

五、食品添加剂的安全规定

食品添加剂是指为改善食品品质和色、香、味以及为防腐、保鲜和加工工艺的需要而加入食品中的人工合成或者天然物质。食品添加剂新品种则是指未列入食品安全国家标准的食品添加剂品种;未列入国家卫计委公告允许使用的食品添加剂品种;扩大使用范围或者用量的食品添加剂品种。

目前我国批准使用并制定有国家标准的食品添加剂、抗氧化剂、发色剂、漂白剂、酸味剂、凝固剂、疏松剂、增稠剂、消泡剂、甜味剂、着色剂、品质改良剂、抗结剂、香料和香精单体等15大类。为增强营养成分而加入食品中的天然或者人工合成的营养强化剂也属于天然营养素范围的食品添加剂。

(一)使用食品添加剂应当符合下列要求

(1)不应当掩盖食品腐败变质。

(2)不应当掩盖食品本身或者加工过程中的质量缺陷。

(3)不以掺杂、掺假、伪造为目的而使用食品添加剂。

(4)不应当降低食品本身的营养价值。

(5)在达到预期的效果下尽可能降低在食品中的用量。

(6)食品工业用加工助剂应当在制成最后成品之前去除,有规定允许残留量的除外。

(二)食品添加剂的安全规定

(1)国家对食品添加剂的生产实行许可证制度。

(2)食品添加剂应当在技术上确有必要且经过风险评估证明安全可靠,方可列入允许使用的范围。

(3)食品生产者应当依照食品安全标准关于食品添加剂的品种、使用范围、用量的规定使用食品添加剂。

(4)不得在食品生产中使用食品添加剂以外的化学物质和其他可能危害人体健康的物质。

(5)食品添加剂应当有标签、说明书和包装。标签、说明书上应当标明食品添加剂的使用范围、用量、使用方法,并在标签上载明“食品添加剂”字样。标签、说明书不得含有虚假、夸大的内容,不得涉及疾病预防、治疗功能。

(6)申请食品添加剂新品种生产、经营、使用或者进口的单位或者个人,应当提出食品添加剂新品种许可申请,并提交以下材料:①添加剂的通用名称、功能分类,用量和使用范围。②证明技术上确有必要和使用效果的资料或者文件。③食品添加剂的质量规格要求、生产工艺和检验方法，食品中该添加剂的检验方法或者相关情况说明。④安全性评估材料，包括生产原料或者来源、化学结构和物理特性、生产工艺、毒理学安全性评价资料或者检验报告、质量规格检验报告。⑤标签、说明书和食品添加剂产品样品。⑥其他国家（地区）、国际组织允许生产和使用等有助于安全性评估的资料。

(7)进口的食品添加剂应当有中文标签、中文说明书。申请首次进口食品添加剂新品种的，除提交食品添加剂新品种许可申请的材料外，还应提交以下材料：①出口国（地区）相关部门或者机构出具的允许该添加剂在本国（地区）生产或者销售的证明材料。②生产企业所在国（地区）有关机构或者组织出具的对生产企业审查或者认证的证明材料。

六、食品新资源的审批管理

食品新资源是指我国传统上不作为或很少作为食用的，或仅在个别地区有食用习惯的，拟利用其生产食品、食品添加剂的物品以及包装材料、食品容器、工具、设备的新发现、新引进或新研制的原材料。

利用新资源生产的食品、食品添加剂的新品种，生产经营企业在投入生产前，必须提出该产品安全评价和营养评价所需资料。利用新的原材料生产的食品用包装材料和食品用工具、设备新品种，生产经营企业在投入生产前，必须提出该产品安全评价所需资料。上述新品种在投入生产前，还需要提供样品，并按照原卫生部《食品新资源卫生管理办法》规定的审批程序报批。

七、保健食品管理的法律规定

保健食品是指通过改变食品中天然营养素的成分和含量比例，以适应某些特殊人群营养需要的食品。国家对声称具有特定保健功能的食品实行严格监管。有关监督管理部门应当依法履职，承担责任。

声称具有特定保健功能的食品不得对人体产生急性、亚急性或者慢性危害，其标签、说明书不得涉及疾病预防、治疗功能，内容必须真实，应当载明适宜人群、不适宜人群、功效成分或者标志性成分及其含量等；产品的功能和成分必须与标签、说明书相一致。

八、食品广告管理的法律规定

凡在我国境内利用各种媒介和形式发布食品广告，必须遵守国家工商行政管理局和国家卫生行政部门联合发布的食品广告管理办法的有关规定。食品广告的管理机关是国家工商行政管理局和地方各级工商行政管理机关。

申请发布食品广告，必须持有卫生行政部门出具的食品广告证明，未有证明的，不得发布广告。食品广告证明的有效期为 2 年。在有效期内改变食品的配方、定型包装或者广告内容，以及期满后继续进行广告宣传的，必须重新办理食品广告证明。

食品广告内容应当真实合法，不得含有虚假、夸大的内容，不得涉及疾病预防、治疗功能。食品安全监督管理部门、承担食品检验职责的机构、食品行业协会、消费者协会，不得以广告或者其他形式向消费者推荐食品。社会团体或者其他组织、个人在虚假广告中向消费者推荐食品，使消费者的合法权益受到损害的，与食品生产经营者承担连带责任。

食品安全法禁止生产经营的食品、宣传疗效的食品和母乳代用品等食品禁止发布广告。

九、城乡集市贸易市场的管理

城乡集市贸易市场是食品销售的重要场所之一。《食品安全法》规定，集市交易市场的开办者、柜台出租者和展销会举办者，应当审查入场食品经营者的许可证，明确入场食品经营者的食品安全管理责任，定期对入场食品经营者的经营环境和条件进行检查，发现食品经营者有违反《食品安全法》规定的行为的，应当及时制止并立即报告所在地县级工商行政管理部门或者食品药品监督管理部门。

集市交易市场的开办者、柜台出租者和展销会举办者未履行食品安全管理的义务，市场发生食品安全事故的，应当承担连带责任。

十、进出口食品的管理

在我国，进口食品、食品添加剂、食品添加剂新品种和食品用产品实行审批制度。进口的食品、食品添加剂、食品添加剂新品种、包装材料和食品用工具设备，必须符合我国食品安全国家标准。进口食品由出入境检验检疫机构负责进行安全监督检验，海关凭出入境检验检疫机构签发的通关证明放行。进口单位在申报检验时，应当提供输出国（地区）所使用的农药、添加剂、熏蒸剂等有关资料和检验报告。

进口尚无食品安全国家标准的食品，或者首次进口食品添加剂新品种，食品进口单位必须向国务院卫生行政部门提出申请并提交相关的安全性评估材料。

进口的预包装食品应当有中文标签、中文说明书。标签、说明书应当符合我国《食品安全法》以及我国其他有关法律、行政法规的规定和食品安全国家标准的要求，载明食品的原产地以及国内代理商的名称、地址、联系方式。预包装食品没有中文标签、中文说明书或者标签、说明书不符合本条规定的，不得进口。

食品进口单位应当建立食品进口和销售记录制度。进口商应如实记录食品的名称、规格、数量、生产日期、生产或者进口批号、保质期、出口商和购货者名称及联系方式、交货日期等内容。食品进口和销售记录应当真实，保存期限不得少于 2 年。

出口食品生产企业和出口食品原料种植、养殖场应当向国家出入境检验检疫部门备案。出口食品由出入境检验检疫机构进行监督、抽查，海关凭出入境检验检疫机构签发的通关证明放行。

第四节　食品安全管理制度的法律规定

一、食品生产经营许可制度

国家对食品生产经营实行许可制度。从事食品生产、食品流通、餐饮服务，应当依法取得食品生产许可、食品流通许可、餐饮服务许可。食品生产许可、食品流通许可和餐饮服务许可的有效期为 3 年。

取得食品生产许可的食品生产者在其生产场所销售其生产的食品，不需要取得食品流通的许可；取得餐饮服务许可的餐饮服务提供者在其餐饮服务场所出售其制作加工的食品，不需要取得食品生产和流通的许可；农民个人销售其自产的食用农产品，不需要取得食品流通的许可。

食品生产加工小作坊和食品摊贩从事食品生产经营活动，应当符合《食品安全法》规定的与其生产经营规模、条件相适应的食品安全要求，保证所生产经营的食品卫生、无毒、无害，有关部门应当对其加强监督管理。

食品生产经营企业和食品摊贩从事食品生产经营活动，应当符合《食品安全法》规定的与其生产经营规模、条件相适应的食品安全要求，保证所生产经营的食品卫生、无毒、无害，方可向县级以上的质量监督、工商行政管理、食品药品监督管理部门申请，经相关部门审核核查后，对符合规定条件的，决定准予许可。未取得许可证，不得从事食品生产经营活动。

二、食品添加剂生产许可制度

国家对食品添加剂的生产实行许可制度。申请食品添加剂生产许可的条件、程序，按照国家有关工业产品生产许可证管理的规定执行。申请利用新的食品原料从事食品生产或者从事食品添加剂新品种、食品相关产品新品种生产活动的单位或者个人，应当向国务院卫生行政部门提交相关产品的安全性评估材料。国务院卫生行政部门应当自收到申请之日起60日内组织对相关产品的安全性评估材料进行审查；对符合食品安全要求的，依法决定准予许可并予以公布；对不符合食品安全要求的，决定不予许可并书面说明理由。

三、食品召回制度

食品召回是指食品生产经营者按照规定程序，对由其生产经营原因造成的某一批次或类别的不安全食品，通过换货、退货、补充或修正消费说明等方式，及时消除或减少食品安全危害的活动。建立食品召回制度，可以防患于未然，充分保障消费者的身体健康和生命安全。

我国《食品安全法》规定，食品生产者发现其生产的食品不符合食品安全标准，要立即停止生产，召回已经上市销售的食品。通知相关生产经营者和消费者，并记录召回和通知情况。食品经营者发现其经营的食品不符合食品安全标准，应当立即停止经营，通知相关生产经营者和消费者，并记录停止经营和通知情况。食品生产者认为应当召回的，应当立即召回。

食品生产者应当对召回的食品采取补救、无害化处理、销毁等措施，防止其再次入流入市场。因标签、标识或者说明书不符合食品安全标准而被召回的食品，食品生产者在采取补助措施且能保证食品安全的情况下可以继续销售，并在销售时向消费者明示补救措施。食品生产者将食品召回和处理情况向县级以上质量监督部门报告。

四、食品从业人员健康管理制度

《食品安全法》规定，食品生产经营者应当建立并执行从业人员健康管理制度和健康档案制度。患有痢疾、伤寒、病毒性肝炎等消化道传染病的人员，以及患有活动性肺结核、化脓性或者渗出性皮肤病等有碍食品安全的疾病的人员，不得从事接触直接入口食品的工作。食品生产经营人员每年应当进行健康检查，取得健康证明后方可参加工作。

五、食用农产品生产记录制度

食用农产品生产者应当依照食品安全标准和国家有关规定使用农药、肥料、生长调节剂、兽药、饲料和饲料添加剂等农业投入品。食用农产品的生产企业和农民专业合作经济组织应当建立食用农产品生产记录制度。

县级以上农业行政部门应当加强对农业投入品使用的管理和指导，建立健全农业投入品的安全使用制度。

六、食品生产原料进货查验记录制度

食品生产企业应当建立食品原料、食品添加剂、食品相关产品进货查验记录制度，如实记录食品原料、食品添加剂、食品相关产品的名称、规格、数量、供货者名称及联系方式、进货日期等内容。

食品原料、食品添加剂、食品相关产品进货查验记录应当真实，保存期限不得少于 2 年。

食品生产者采购食品原料、食品添加剂、食品相关产品，应当查验供货者的许可证和产品合格证明文件；对无法提供合格证明文件的食品原料，应当依照食品安全标准进行检验；不得采购或者使用不符合食品安全标准的食品原料、食品添加剂、食品相关产品。

七、食品出厂检验记录制度

食品生产企业应当建立食品出厂检验记录制度，查验出厂食品的检验合格证和安全状况，并如实记录食品的名称、规格、数量、生产日期、生产批号、检验合格证号、购货者名称及联系方式、销售日期等内容。

食品出厂检验记录应当真实，保存期限不得少于 2 年。

八、食品进货查验记录制度

食品经营企业应当建立食品进货查验记录制度，如实记录食品的名称、规格、数量、生产批号、保质期、供货者名称及联系方式、进货日期等内容。实行统一配送经营方式的食品经营企业，可以由企业总部统一查验供货者的许可证和食品合格的证明文件，进行食品进货查验记录。

食品进货查验记录应当真实，保存期限不得少于 2 年。

第五节　食品安全检验监督的法律规定

食品安全检验监督是国家为了保证食品安全，防止食品污染和有害因素对人体的危害，保障人体健康，增强体质而实行的一种安全监督制度。

一、食品检验的法律规定

食品检验由食品检验机构指定的检验人独立进行。检验人应当依照有关法律、法规的规定，并依照食品安全标准和检验规范对食品进行检验，尊重科学，恪守职业道德，保证出具

的检验数据和结论客观、公正，不得出具虚假的检验报告。

食品检验实行食品检验机构与检验人负责制。食品检验报告应当加盖食品检验机构公章，并有检验人的签名或者盖章。食品检验机构和检验人对出具的食品检验报告负责。

食品安全监督管理部门对食品不得实施免检。

县级以上质量监督、工商行政管理、食品药品监督管理部门应当对食品进行定期或者不定期的抽样检验。进行抽样检验，应当购买抽取的样品，不收取检验费和其他任何费用。

县级以上质量监督、工商行政管理、食品药品监督管理部门在执法工作中需要对食品进行检验的，应当委托符合《食品安全法》规定的食品检验机构进行，并支付相关费用。对检验结论有异议的，可以依法进行复检。

食品生产经营企业可以自行对所生产的食品进行检验，也可以委托符合《食品安全法》规定的食品检验机构进行检验。食品行业协会等组织、消费者需要委托食品检验机构对食品进行检验的，应当委托符合《食品安全法》规定的食品检验机构进行。

二、食品安全监督的法律规定

食品安全监督是国家为了保证食品安全，防止食品污染和有害因素对人体的危害，保障人体健康，增强体质而实行的一种安全监督机制，是国家的一个重要法定制度。食品安全监督是由《食品安全法》所确立的，是有国家强制力作为保障的制度，具有强制性和权威性，全国各个地区、各有关部门、各个行业的单位和个人都必须严格执行和遵守。

食品安全监督通过制定食品安全法规、各种食品安全标准、食品安全制度，并经食品安全监督机构依法对食品安全进行监督、检查、检测、检验、安全鉴定、安全评价、安全事故处置等一系列措施来实现。

（一）食品安全监督的意义

《食品安全法》规定，国家实行食品安全监督制度。开展食品安全监督管理意义重大。

1.严格规范食品生产经营行为，督促食品生产经营者依据法律、法规和食品安全标准从事生产经营活动，从而改善食品安全状况，提高食品安全水平，预防和控制食源性疾病，维护消费者合法权益，保障人民群众身体健康。

2.促进食品行业科技进步和科学管理，提高产品质量，推动食品行业健康发展。

3.提高食品生产经营者和全体公民的食品安全知识水平和法律意识，使食品安全监督逐步社会化、法制化。

4.推进食品进出口贸易增长。通过规范食品生产经营行为，保证食品质量安全，从而保障和促进食品的国际贸易，维护我国的国际信誉和合法权益，促进改革开放和国民经济发展。

（二）食品安全监督机构及其职责

1.食品安全监督机构。

(1)国务院卫生行政、农业行政、质量监督、工商行政管理、食品药品监督管理部门主管全国食品安全监督管理工作。

(2)县级以上地方人民政府组织本级卫生行政、农业行政、质量监督、工商行政管理、食品药品监督管理部门在管辖范围内行使食品安全监督职责，制定本行政区域的食品安全年度监督管理计划，并按照年度计划组织开展工作。

(3)县级以上农业行政部门应当依照《中华人民共和国农产品质量安全法》规定的职责，对食用农产品进行监督管理。

2.食品安全监督机构的职责。

(1)县级以上质量监督、工商行政管理、食品药品监督管理部门履行各自食品安全监督管理职责，有权采取下列措施：①进入生产经营场所实施现场检查。②对生产经营的食品进行定期或不定期抽样检验。进行抽样检验，应当购买抽取的样品，不收取检验费和其他任何费用。③查阅、复制有关合同、票据、账簿以及其他有关资料。④查封、扣押有证据证明不符合食品安全标准的食品，违法使用的食品原料、食品添加剂、食品相关产品，以及用于违法生产经营或者被污染的工具、设备。⑤查封违法从事食品生产经营活动的场所。⑥公布食品安全监督管理信息。

(2)县级以上质量监督、工商行政管理、食品药品监督管理部门对食品生产经营者进行监督检查，应当记录监督检查的情况和处理结果。监督检查记录经监督检查人员和食品生产经营者签字后归档。

(3)县级以上卫生行政、质量监督、工商行政管理、食品药品监督管理部门应当按照法定权限和程序履行食品安全监督管理职责；对生产经营者的同一违法行为，不得给予两次以上罚款的行政处罚；涉嫌犯罪的，应当依法向公安机关移送。

(4)县级以上质量监督、工商行政管理、食品药品监督管理部门应当建立食品生产经营者食品安全信用档案，记录许可颁发、日常监督检查结果、违法行为查处等情况；根据食品安全信用档案的记录，对有不良信用记录的食品生产经营者增加监督检查频次。

(5)县级以上卫生行政、质量监督、工商行政管理、食品药品监督管理部门接到咨询、投诉、举报，对属于本部门职责的，应当受理，并及时进行答复、核实、处理；对不属于本部门职责的，应当书面通知并移交有权处理的部门处理。有权处理的部门应当及时处理，不得推诿；属于食品安全事故的，应当立即向卫生行政部门通报。

(三)食品安全信息公布制度

国家建立食品安全信息统一公布制度。食品安全监督管理部门公布信息，应当做到准确、及时、客观。县级以上卫生行政、农业行政、质量监督、工商行政管理、食品药品监督管理部门应当相互通报获知的食品安全信息。

1.由国务院卫生行政部门统一公布的信息。

(1)国家食品安全总体情况。

(2)食品安全风险评估信息和食品安全风险警示信息。

(3)重大食品安全事故及其处理信息。

(4)其他重要的食品安全信息和国务院确定的需要统一公布的信息。

2.县级以上农业行政、质量监督、工商行政管理、食品药品监督管理部门依据各自职责公布食品安全日常监督管理的信息。

(1)依照食品安全法实施行政许可的情况。

(2)责令停止生产经营的食品、食品添加剂、食品相关产品名录。

(3)查处食品生产经营违法行为的情况。

(4)专项检查整治工作情况。

(5)法律、行政法规规定的其他食品安全监督管理信息。

三、食品安全事故处置

(一)食品安全事故的概念

食品安全事故是指食物中毒、食源性疾病、食品污染等源于食品,对人体健康有危害或者可能有危害的事故。

1. 食物中毒,是指食用了被有毒有害物质污染的食品,或者食用了含有有毒有害物质的食品后出现的急性、亚急性疾病。

2. 食源性疾病,是指食品中致病因素进入人体引起的感染性、中毒性等疾病。

3. 食品污染,是指食品及其原料在生产和加工过程中,因农药、废水、污水、各种食品添加剂及病虫害和家畜疫病所引起的污染,以及霉菌毒素引起的食品霉变,运输、包装材料中有毒物质所造成的污染的总称。分为生物性、化学性和放射性污染三大类。

(二)食品安全事故的处置

1. 食品安全事故应急预案　《食品安全法》规定,国务院组织制定国家食品安全事故应急预案。任何单位或者个人不得对食品安全事故隐瞒、谎报、缓报,不得毁灭有关证据。

县级以上地方人民政府应当根据有关法律、法规的规定和上级人民政府的食品安全事故应急预案以及本地区的实际情况,制定本行政区域的食品安全事故应急预案,并报上一级人民政府备案。

食品生产经营企业应当制定食品安全事故处置方案,定期检查本企业各项食品安全防范措施的落实情况,及时消除食品安全事故隐患。

2. 食品安全事故处置。

(1)发生食品安全事故的单位对导致或者可能导致食品安全事故的食品及原料、工具、设备等,应当立即采取封存等控制措施,并自事故发生之时起 2 小时内向所在地县级人民政府卫生行政部门报告。

(2)县级以上地方人民政府卫生行政部门接到食品安全事故报告后,应立即会同农业行政、质量监督、工商行政管理、食品药品监督等部门进行调查处理,并采取下列措施,防止或减轻社会危害:①开展应急救援工作,对因食品安全事故导致人身伤害的人员,卫生行政部门应当立即组织救治。②封存可能导致食品安全事故的食品及其原料,并立即进行检验;对确认属于被污染的食品及其原料,责令生产经营者按规定召回、停止经营并销毁。③封存被污染的食品用工具及用具,并责令进行清洗消毒。④做好信息发布工作,依法对食品安全事故及其处理情况进行发布,并对可能产生的危害加以解释、说明。

(3)县级以上疾病预防控制机构应当协助卫生行政部门的有关部门对事故现场进行卫生处理,并对与食品安全事故有关的因素开展流行病学调查。

(4)县级以上地方人民政府卫生行政部门会同有关部门进行事故责任调查,查明事故单位责任,查明负有监督管理和认证职责的监督管理部门、认证机构工作人员失职、渎职情况,向本级人民政府提出事故责任调查处理报告。

调查食品安全事故,应当坚持实事求是、尊重科学的原则,及时、准确查清事故性质和原因,认定事故责任,提出整改措施。参与食品安全事故调查的部门应当在卫生行政部门的统一组织协调下分工协作、相互配合,提高事故调查处理的工作效率。

(三)重大食品安全事故的处置

1.事故报告　发生重大食品安全事故的，接到报告的县级卫生行政部门应当按照规定向本级人民政府和上级人民政府卫生行政部门报告。县级人民政府和上级人民政府卫生行政部门应当按照规定上报。

2.事故应急处置指挥机构　发生重大食品安全事故的，县级以上人民政府要立即成立食品安全事故处置指挥机构，启动应急预案，采取措施，防止或减轻社会危害。

3.事故调查　发生重大食品安全事故，设区的市级以上人民政府卫生行政部门应当立即会同有关部门进行事故责任调查，督促有关部门履行职责，向本级人民政府提出事故责任调查处理报告。

重大食品安全事故涉及两个以上省、自治区、直辖市的，由国务院卫生行政部门依照规定组织事故责任调查。

第六节　法律责任

一、行政责任

(一)行政处罚

对以下违反《食品安全法》的食品生产经营者，有关主管部门可依法分别给予警告、罚款、没收违法所得、没收非法财物、责令停产停业、吊销许可证等行政处罚。

1.未经许可从事食品生产经营活动，或者未经许可生产食品添加剂的，由有关主管部门按照各自职责分工，没收违法所得、违法生产经营的食品、食品添加剂和用于违法生产经营的工具、设备、原料等物品；违法生产经营的食品、食品添加剂货值金额不足 1 万元的，并处 2000 元以上 5 万元以下罚款；货值金额 1 万元以上的，并处货值金额 5 倍以上 10 倍以下罚款。

2.违反《食品安全法》规定，有下列情形之一的，由有关主管部门按照各自职责分工，没收违法所得、违法生产经营的食品和用于违法生产经营的工具、设备、原料等物品；违法生产经营的食品货值金额不足 1 万元的，并处 2000 元以上 5 万元以下罚款；货值金额 1 万元以上的，并处货值金额 5 倍以上 10 倍以下罚款；情节严重的，吊销许可证：

(1)用非食品原料生产食品或者在食品中添加食品添加剂以外的化学物质和其他可能危害人体健康的物质，或者用回收食品作为原料生产食品。

(2)生产经营致病性微生物、农药残留、兽药残留、重金属、污染物质以及其他危害人体健康的物质含量超过食品安全标准限量的食品。

(3)生产经营营养成分不符合食品安全标准的专供婴幼儿和其他特定人群的主辅食品。

(4)经营腐败变质、油脂酸败、霉变生虫、污秽不洁、混有异物、掺假掺杂或者感官性状异常的食品。

(5)经营病死、毒死或者死因不明的禽、畜、兽、水产动物肉类，或者生产经营病死、毒死或者死因不明的禽、畜、兽、水产动物肉类的制品。

(6)经营未经动物卫生监督机构检疫或者检疫不合格的肉类，或者生产经营未经检验或者检验不合格的肉类制品。

(7)经营超过保质期的食品。

(8)生产经营国家为防病等特殊需要明令禁止生产经营的食品。

(9)利用新的食品原料从事食品生产或者从事食品添加剂新品种、食品相关产品新品种生产，未经过安全性评估。

(10)食品生产经营者在有关主管部门责令其召回或者停止经营不符合食品安全标准的食品后，仍拒不召回或者停止经营的。

3.违反《食品安全法》规定，有下列情形之一的，由有关主管部门按照各自职责分工，没收违法所得、违法生产经营的食品和用于违法生产经营的工具、设备、原料等物品；违法生产经营的食品货值金额不足1万元的，并处2000元以上5万元以下罚款；货值金额1万元以上的，并处货值金额2倍以上5倍以下罚款；情节严重的，责令停产停业，直至吊销许可证：

(1)经营被包装材料、容器、运输工具等污染的食品。

(2)生产经营无标签的预包装食品、食品添加剂或者标签、说明书不符合《食品安全法》规定的食品、食品添加剂。

(3)食品生产者采购、使用不符合食品安全标准的食品原料、食品添加剂、食品相关产品。

(4)食品生产经营者在食品中添加药品。

4.违反《食品安全法》规定，有下列情形之一的，由有关主管部门按照各自职责分工，责令改正，给予警告；拒不改正的，处2000元以上2万元以下罚款；情节严重的，责令停产停业，直至吊销许可证：

(1)未对采购的食品原料和生产的食品、食品添加剂、食品相关产品进行检验。

(2)未建立并遵守查验记录制度、出厂检验记录制度。

(3)制定食品安全企业标准未依照《食品安全法》规定备案。

(4)未按规定要求贮存、销售食品或者清理库存食品。

(5)进货时未查验许可证和相关证明文件。

(6)生产的食品、食品添加剂的标签、说明书涉及疾病预防、治疗功能。

(7)安排患有痢疾、伤寒、病毒性肝炎等消化道传染病的人员，以及患有活动性肺结核、化脓性或者渗出性皮肤病等有碍食品安全的疾病的人员从事接触直接入口食品的工作。

5.违反《食品安全法》规定，事故单位在发生食品安全事故后未进行处置、报告的，由有关主管部门按照各自职责分工，责令改正，给予警告；毁灭有关证据的，责令停产停业，并处2000元以上10万元以下罚款；造成严重后果的，由原发证部门吊销许可证。

6.违反《食品安全法》规定，有下列情形之一的，由有关主管部门按照各自职责分工，没收违法所得、违法生产经营的食品和用于违法生产经营的工具、设备、原料等物品；违法生产经营的食品货值金额不足1万元的，并处2000元以上5万元以下罚款；货值金额1万元以上的，并处货值金额5倍以上10倍以下罚款；情节严重的，吊销许可证：

(1)进口不符合我国食品安全国家标准的食品。

(2)进口尚无食品安全国家标准的食品，或者首次进口食品添加剂新品种、食品相关产品新品种，未经过安全性评估。

(3)出口商未遵守《食品安全法》的规定出口食品。

7.进口商未建立并遵守食品进口和销售记录制度的,由有关主管部门按照各自职责分工,责令改正,给予警告;拒不改正的,处 2000 元以上 2 万元以下罚款;情节严重的,责令停产停业,直至吊销许可证。

8.集中交易市场的开办者、柜台出租者、展销会的举办者允许未取得许可的食品经营者进入市场销售食品,或者未履行检查、报告等义务的,由有关主管部门按照各自职责分工,处 2000 元以上 5 万元以下罚款;造成严重后果的,责令停业,由原发证部门吊销许可证。

9.未按照要求进行食品运输的,由有关主管部门按照各自职责分工,责令改正,给予警告;拒不改正的,责令停产停业,并处 2000 元以上 5 万元以下罚款;情节严重的,由原发证部门吊销许可证。

10.被吊销食品生产、流通或者餐饮服务许可证的单位,其直接负责的主管人员自处罚决定作出之日起 5 年内不得从事食品生产经营管理工作。

11.食品生产经营者聘用不得从事食品生产经营管理工作的人员从事管理工作的,由原发证部门吊销许可证。

12.在广告中对食品质量作虚假宣传,欺骗消费者的,依照《中华人民共和国广告法》的规定给予处罚。

(二)行政处分

1.食品检验机构、食品检验人员出具虚假检验报告的,由授予其资质的主管部门或者机构撤销该检验机构的检验资格;依法对检验机构直接负责的主管人员和食品检验人员给予撤职或者开除的处分。

2.受到刑事处罚或者开除处分的食品检验机构人员,自刑罚执行完毕或者处分决定作出之日起 10 年内不得从事食品检验工作。食品检验机构聘用不得从事食品检验工作的人员的,由授予其资质的主管部门或者机构撤销该检验机构的检验资格。

3.食品安全监督管理部门或者承担食品检验职责的机构、食品行业协会、消费者协会以广告或者其他形式向消费者推荐食品的,由有关主管部门没收违法所得,依法对直接负责的主管人员和其他直接责任人员给予记大过、降级或者撤职的处分。

4.县级以上地方人民政府在食品安全监督管理中未履行职责,本行政区域出现重大食品安全事故、造成严重社会影响的,依法对直接负责的主管人员和其他直接责任人员给予记大过、降级、撤职或者开除的处分。

5.县级以上卫生行政、农业行政、质量监督、工商行政管理、食品药品监督管理部门或者其他有关行政部门不履行本法规定的职责或者滥用职权、玩忽职守、徇私舞弊的,依法对直接负责的主管人员和其他直接责任人员给予记大过或者降级的处分;造成严重后果的,给予撤职或者开除的处分;其主要负责人应当引咎辞职。

二、民事责任

《食品安全法》明确规定,违反本法规定,造成人身、财产或者其他损害的,依法承担赔偿责任。

1.生产不符合食品安全标准的食品或者销售明知是不符合食品安全标准的食品,消费者除要求赔偿损失外,还可以向生产者或者销售者要求支付价款 10 倍的赔偿金。应当承担民事赔偿责任和缴纳罚款、罚金,其财产不足以同时支付时,先承担民事赔偿责任。损害赔偿包括医药费、误工工资、生活补贴费、丧葬费、遗属抚恤费等。损害赔偿可以由卫生行政部门裁定，也可以由人民法院裁定或判决。损害赔偿要求应当从受害人知道或应该知道被损害起1年之内提出，超过期限的，法院一般不予受理。

2.违反《食品安全法》规定，造成食物中毒、食源性疾病或者食品污染等食品安全事故的，或者因违反《食品安全法》，造成人身、财产或者其他损害的，依法承担民事赔偿责任。

三、刑事责任

《食品安全法》第98条规定，违反本法规定，构成犯罪的，依法追究刑事责任。

1.生产经营不符合安全标准的食品，造成严重食物中毒事故或者其他严重食源性疾患，对人体健康造成严重危害，构成犯罪的，依法追究刑事责任。《刑法》第143条规定，生产经营不符合安全标准的食品，足以造成严重食物中毒事故或者其他食源性疾患的，处3年以下有期徒刑或者拘役，并处或者单处销售金额50%以上2倍以下罚金；对人体健康造成严重危害的，处3年以上7年以下有期徒刑，并处销售金额50%以上2倍以下罚金；后果特别严重的，处7年以上有期徒刑或无期徒刑，并处销售金额50%以上2倍以下罚金或者没收财产。单位犯罪的，对单位判处罚金，对其直接负责的主管人员和其他直接责任人员，依照上述规定处罚。

2.在生产经营食品中掺入有毒、有害的非食品原料的，或者销售明知掺有有毒、有害的非食品原料的食品的，构成犯罪的，依法追究刑事责任。《刑法》第144条规定，在生产销售的食物中掺入有毒、有害的非食品原料的，或者销售明知掺有有毒、有害的非食品原料的食品的，处5年以下有期徒刑或者拘役，并处或者单处销售金额50%以上2倍以下罚金；造成严重食品中毒事故或者其他严重食源性疾患，对人体健康造成严重危害的，处5年以上10年以下有期徒刑，并处销售金额50%以上2倍以下罚金；致人死亡或者对人体健康造成特别严重危害的，处10年以上有期徒刑、无期徒刑或者死刑，并处销售金额50%以上2倍以下罚金或者没收财产。单位犯本罪的，对单位判处罚金，对其直接负责的主管人员和其他直接责任人员，依照上述规定处罚。

3.以暴力、威胁的方法阻碍食品安全监督管理人员依法执行职务的，依法追究刑事责任。《刑法》第277条第1款规定：以暴力、威胁方法阻碍国家机关工作人员依法执行职务的，处3年以下有期徒刑、拘役、管制或者罚金。

4.安全行政部门违反《食品安全法》规定，对不符合条件的生产经营者发放许可证，收受贿赂，构成犯罪的，依法追究刑事责任。《刑法》第387条规定，国家机关、国有公司、企业、事业单位、人民团体，索取、非法收受他人财物，为他人谋取利益，情节严重的，对单位判处罚金，并对其直接负责的主管人员和其他直接责任人员，处5年以下有期徒刑或者拘役。

5.食品安全监督管理人员滥用职权、玩忽职守、营私舞弊，造成重大事故，构成犯罪的，依法追究刑事责任。《刑法》第397条规定，国家机关工作人员滥用职权或者玩忽职守，致使公共财产、国家和人民利益遭受重大损失的，处3年以下有期徒刑或者拘役；情节特别严重的，处3年以上7年以下有期徒刑。

思考题

1. 食品生产经营的安全标准是什么?
2. 禁止生产经营的食品有哪些?
3. 使用食品添加剂应当符合哪些要求?
4. 食品安全监督的职责是什么?
5. 简述食品安全事故的概念。
6. 发生食品安全事故应如何处置?

第十一章　传染病防治法律制度

第一节　传染病防治法律制度概述

一、传染病防治法的概念

传染病防治法是调整预防、控制和消除传染病的发生与流行，保障人体健康和公共卫生活动中产生的各种社会关系的法律规范的总和。

《中华人民共和国传染病防治法》(以下简称《传染病防治法》)是我国传染病防治的根本大法，是依法防治传染病的法律准绳。这是我国的一部非常重要的卫生法，它总结了我国长期以来传染病防治工作的经验，在行之有效的管理制度的基础上，遵循国际惯例，通过立法的手段，确定了传染病的预防、疫情报告和公布、疫情控制、医疗救治、监督管理和保障措施等法律制度。这些法律制度将强制和促进公众预防、控制传染病，增强防病意识，切实消除传染病对人体健康和生命的危害，保障公众的生命健康。

传染病，是指那些由各种病原体引起的，能在人与人、动物与动物或人与动物之间相互传播的一类有传染性的感染性疾病。传染病具有传染性、流行性和反复性等特点，因此发病率高，对人体健康和生命安全威胁巨大。传染病可以通过多种途径、不同方式直接或间接地在人与人之间、人与动物之间相互传播，在人群中散在发生或爆发流行，是危害人类健康的大敌。

历史上，传染病是影响我国人民健康的主要因素之一。新中国成立后，党和政府采取一系列综合性措施，大力开展传染病防治工作，取得了举世瞩目的成绩。由于我国幅员辽阔，人口众多，各地经济、文化、卫生水平发展不平衡，因而传染病对人民群众的危害依然存在，一些已趋于消灭的传染病有所复发，某些已被控制的传染病又在活化，一些新的传染病开始传入我国。再加上我国仍然存在着对传染病的危害性认识不足，应急机制不健全，疾病预防控制体系能力比较差，传染病执法监督工作不到位，农村卫生工作相当薄弱等情况，我国

传染病防治工作任务依然非常艰巨。

二、传染病防治法制建设

新中国成立以来，党和政府就非常重视传染病的防治和管理工作。1950 年 10 月，中央人民政府政务院颁布了《关于发动秋季种痘的指示》。同年，卫生部制定了《种痘暂行办法》。1955 年经国务院批准并发布了《传染病管理办法》，首次规定对传染病进行分类管理。随

即,大部分省、自治区、直辖市根据本地区的特点制定了《传染病管理实施细则》。1978 年 9 月经国务院批准,《中华人民共和国急性传染病管理条例》发布实施,经过艰苦努力,我国传染病防治取得了巨大成就。在总结几十年传染病预防与控制特点及经验教训的基础上,我国第一部传染病防治的法律文件《中华人民共和国传染病防治法》于 1989 年 2 月 21 日第七届全国人民代表大会常务委员会第六次会议通过并正式颁布,同年 9 月 1 日起施行。1991 年 12 月 6 日经国务院批准,卫生部发布了《中华人民共和国传染病防治法实施办法》。至此,我国将预防、控制和消除传染病的发生与流行,保障公民健康的工作纳入法制化轨道。

鉴于某些传染病流行的危害性及其流行过程的复杂性,根据《传染病防治法》的有关规定,卫生部发布了《结核病防治管理办法》(1991 年)及《性病防治管理办法》(1991 年),卫生部、外交部、公安部、国家教育委员会、国家旅游局、中国民用航空局、国家外国专家局联合发布了《艾滋病监测管理的若干规定》(1987 年)。为了遏制日益严峻的艾滋病流行,2006 年国务院公布了《艾滋病防治条例》。为了切断传染病的传播途径,消除及控制传染病播散的可能性,预防控制医院感染和医源性感染,卫生部 1992 年发布了《消毒管理办法》,2002 年再次修订施行。

2003 年,突如其来的新发传染病——传染性非典型性肺炎的流行,使传染病防治法的修订被推到前台。我国政府及时总结应对“非典”、人感染高致病性禽流感等疫情的经验和教训,为加强国家对传染病暴发流行的监测及预警能力,解决疫情信息报告、通报渠道不畅问题,加强医疗机构对传染病病人的救治及医院感染控制的能力、传染病暴发时的紧急控制能力、疾病预防控制的保障能力等,经反复修改完善,第十届全国人民代表大会常务委员会第十一次会议于 2004 年 8 月 28 日通过了《中华人民共和国传染病防治法》修订案(以下简称《传染病防治法》),并于 2004 年 12 月 1 日起施行。为了加强病源微生物实验室生物安全管理,保护公众的健康,依据新的《传染病防治法》制定了《病源微生物实验室安全管理条例》。传染病防治相关的法律法规不断建立和完善,《可感染人类的高致病性病原微生物菌(毒)种或样本运输管理规定》(2006 年)、《血吸虫病防治条例》(2006 年)、《突发公共卫生事件与传染病疫情监测信息报告管理办法》(2003 年)、《传染病信息报告管理规范》(2006 年)等陆续公布施行。

上述法律法规的颁布实施,我国传染病的防治真正走上了法制化轨道,使预防、控制和消灭传染病,维护公众健康有了法律保障。

三、《传染病防治法》的适用范围

中华人民共和国领域内的一切单位和个人,必须接受疾病预防控制机构、医疗机构有关传染病的调查、检验、采集样本、隔离治疗等预防、控制措施,如实提供有关情况。“一切单位和个人”,既包括我国的一切机关、团体、企事业单位,也包括我国领域内的驻华机构、外资企业、中外合资企业、中外合作企业等单位;既包括中国人,也包括在我国境内的外国国籍和无国籍等一切自然人。根据我国法律法规规定和国际惯例,所有驻中国的外国使领馆人员必须遵守我国传染病防治法的规定,没有传染病防治方面的豁免权。

四、传染病防治的基本原则

《传染病防治法》明确规定,国家对传染病防治实行预防为主的方针,防治结合、分类管理、依靠科学、依靠群众。

五、法定传染病分类管理的法律规定

对传染病实行分类管理，有利于根据不同类别传染病对人体健康的危害程度，采取相应的预防控制措施，分类监测、分类监督管理，达到及时有效控制传染病传播、流行的目的。

根据传染病的危害程度和应采取的监督、监测、管理措施，参照国际上统一分类标准，结合我国实际情况，将全国发病率高、流行面积较大、危害严重的38种急性和慢性传染病列为法定管理传染病，并根据其传播方式、传播速度、流行强度以及对人体健康、对社会危害程度分为甲、乙、丙三类。

(一)甲类传染病(2种)

甲类传染病是指：鼠疫、霍乱。

(二)乙类传染病(26种)

乙类传染病是指：传染性非典型肺炎、艾滋病、病毒性肝炎、脊髓灰质炎、人感染高致病性禽流感、甲型H1N1流感、麻疹、流行性出血热、狂犬病、流行性乙型脑炎、登革热、炭疽、细菌性和阿米巴性痢疾、肺结核、伤寒和副伤寒、流行性脑脊髓膜炎、百日咳、白喉、新生儿破伤风、猩红热、布鲁氏菌病、淋病、梅毒、钩端螺旋体病、血吸虫病和疟疾。

(三)丙类传染病(11种)

丙类传染病是指：流行性感冒、流行性腮腺炎、风疹、急性出血性结膜炎、麻风病、流行性和地方性斑疹伤寒、黑热病、包虫病、丝虫病、手足口病，以及除霍乱、细菌性和阿米巴性痢疾、伤寒和副伤寒以外的感染性腹泻病。

上述规定以外的其他传染病，根据其暴发、流行情况和危害程度，需要列入乙类、丙类传染病的，由国务院卫生行政部门决定并予以公布。

《传染病防治法》第4条规定，对乙类传染病中传染性非典型肺炎、炭疽中的肺炭疽和人感染高致病性禽流感，采取甲类传染病的预防、控制措施。其他乙类传染病和突发原因不明的传染病需要采取甲类传染病的预防、控制措施的，由国务院卫生行政部门及时报经国务院批准后予以公布、实施。

省、自治区、直辖市人民政府对本行政区域内常见、多发的其他地方性传染病，可以根据情况决定按照乙类或者丙类传染病管理并予以公布，报国务院卫生行政部门备案。

六、各类机构和人员在传染病防治方面的职责、权利和义务的法律规定

(一)各级人民政府的职责

我国《传染病防治法》规定了各级人民政府领导传染病防治工作：

1.县级以上人民政府制定传染病防治规划并组织实施，建立健全传染病防治的疾病预防控制、医疗救治和监督管理体系。

2.县级以上各级人民政府应当建立健全传染病防治的信息报告、预防监测和医疗救治体系。

3.各级人民政府应当完善有关制度，方便单位和个人参与防治传染病的宣传教育、疫情报告、志愿服务和捐赠活动。

4.县级以上各级人民政府有关主管部门在各自的职责范围内负责传染病防治工作。

5.对参加传染病防治工作的人员，给予适当补助和保健津贴。

6.对在传染病防治工作中做出显著成绩和贡献的单位和个人，给予表彰和奖励。

7.对因参与传染病防治工作致病、致残、死亡的人员，按照国家有关规定，给予相应的补助和抚恤。

(二)各级卫生行政部门的职责

1.国务院卫生行政部门主管全国传染病防治监督管理工作。

2.县级以上地方人民政府卫生行政部门负责本行政区域内的传染病防治监督管理工作。

3.国务院其他有关行政部门，在各自的职责范围内负责传染病防治监督管理工作。

4.对公众开展传染病防治知识的专门教育，增强全社会对传染病的防治意识和应对能力。

(三)各级疾病预防控制机构的职责

各级疾病预防控制机构承担传染病疫情报告、流行病学调查、监测预警和预防控制工作。疾病预防控制机构应当定期对其工作人员进行传染病防治知识、技能的培训。

各级疾病预防控制机构在传染病预防控制中履行下列职责：

1.实施传染病预防控制规划、计划和方案。

2.收集、分析和报告传染病监测信息，预测传染病的发生、流行趋势。

3.开展对传染病疫情和突发公共卫生事件的流行病学调查、现场处理及其效果评价。

4.开展传染病实验室检测、诊断、病原学鉴定。

5.实施免疫规划，负责预防性生物制品的使用管理。

6.开展健康教育、咨询，普及传染病防治知识。

7.指导、培训下级疾病预防控制机构及其工作人员开展传染病监测工作。

8.开展传染病防治应用性研究和卫生评价，提供技术咨询。

国家、省级疾病预防控制机构负责对传染病发生、流行以及分布进行监测，对重大传染病流行趋势进行预测，提出预防控制对策，参与并指导对暴发的疫情进行调查处理，开展传染病病原学鉴定，建立检测质量控制体系，开展应用性研究和卫生评价。设区的市和县级疾病预防控制机构负责传染病预防控制规划、方案的落实，组织实施免疫、消毒、控制病媒生物的危害，普及传染病防治知识，负责本地区疫情和突发公共卫生事件监测、报告，开展流行病学调查和常见病原微生物检测。

(四)医疗机构的职责

医疗机构承担与医疗救治有关的传染病防治工作和责任区域内的传染病预防工作。城市社区和农村基层医疗机构在疾病预防控制机构的指导下，承担城市社区、农村基层相应的传染病防治工作。

1.传染病病例报告。

2.医疗救治。

3.医疗机构应当定期对其工作人员进行传染病防治知识、技能的培训。

(五)国家、单位和个人的职责

1.国家发展现代医学和中医药等传统医学，支持和鼓励开展传染病防治的科学研究，提高传染病防治的科学技术水平；支持和鼓励开展传染病防治的国际合作；支持和鼓励单位和个人参与传染病防治工作。国家开展预防传染病的健康教育。

2.新闻媒体应当无偿开展传染病防治和公共卫生教育的公益宣传。

3.各级各类学校应当对学生进行健康知识和传染病预防知识的教育。医学院校应当加强预防医学教育和科学研究，对在校学生以及其他与传染病防治相关人员进行预防医学教育和培训，为传染病防治工作提供技术支持。

4.居民委员会、村民委员会应当组织居民、村民参与社区、农村的传染病预防与控制活动。

5.单位和个人有义务接受卫生主管部门、医疗卫生机构、疾病预防控制机构有关传染病的查询、检验、调查取证以及预防、控制措施；对所有违反传染病防治法的行为，有检举和控告的权利。

6.卫生行政部门以及其他有关部门、疾病预防控制机构和医疗机构因违法实施行政管理或者预防、控制措施，侵犯单位和个人合法权益的，有关单位和个人可以依法申请行政复议或者提起诉讼。

第二节　传染病预防、控制和救治的法律规定

一、传染病预防的法律规定

传染病的预防是传染病防治法的重要内容，是贯彻预防为主方针和原则的集中体现。为此，《传染病防治法》规定，必须做好下列各项预防工作。

(一)开展卫生健康教育

各级人民政府组织开展群众性卫生活动，进行预防传染病的健康教育，倡导文明健康的生活方式，提高公众对传染病的防治意识和应对能力，加强环境卫生建设，消除鼠害和蚊、蝇等病媒生物的危害。

各级政府应当组织有关部门，开展传染病预防知识和防治措施的卫生健康教育。新闻媒体应当无偿开展传染病防治和公共卫生教育的公益宣传。各级各类学校应当对学生进行健康知识和传染病预防知识的教育。医学院校应当加强预防医学教育和科学研究，对在校学生以及其他与传染病防治相关人员进行预防医学教育和培训，为传染病防治工作提供技术支持。

(二)开展爱国卫生运动，消除各种传染病传播媒介

开展群众性的以除害灭病为中心的爱国卫生运动，发动全体公民和社会各部门共同参与，是我国传染病预防工作的经验总结。各级政府组织开展爱国卫生活动。各级人民政府农业、水利、林业行政部门按照职责分工负责指导和组织消除农田、湖区、河流、牧场、林区的鼠害与血吸虫危害，以及其他传播传染病的动物和病媒生物的危害。铁路、交通、民用航空行政部门负责组织消除交通工具以及相关场所的鼠害和蚊、蝇等病媒生物的危害。共同做好灭鼠、消除各种病媒昆虫以及传播传染病或引起人畜共患传染病的禽畜等宿主动物的防治管理。

(三)加强管理和改善公共卫生状况

地方各级政府应当有计划地建设和改造公共卫生设施，改善饮用水卫生条件，对污水、

污物、粪便进行无害化处置。

城市应当按照城市环境卫生设施标准修建公共厕所、垃圾粪便的无害化处理场和污水、雨水排放处理系统等公共卫生设施。农村应当逐步改造厕所，对粪便进行无害化处理，加强对公共生活用水的卫生管理，建立必要的卫生管理制度。饮用水水源附近禁止有污水池、粪堆(坑)等污染源。禁止在饮用水水源附近洗刷便器和运输粪便的工具。

(四)实行有计划的预防接种制度

预防接种是贯彻预防为主方针的一项重要工作。根据传染病监测疫情和人群免疫水平，有计划地进行预防接种，建立人群的免疫屏障，从而达到预防、控制和消除传染病的目的。《传染病防治法》规定，国家实行有计划的预防接种制度，中华人民共和国境内的任何人均应按照有关规定接受预防接种。

国务院卫生行政部门和省、自治区、直辖市人民政府卫生行政部门，根据传染病预防、控制的需要，制定传染病预防接种规划并组织实施。用于预防接种的疫苗必须符合国家质量标准。各省、自治区、直辖市政府卫生行政部门可以根据当地传染病的流行情况，增加预防接种项目。

国家对儿童实行预防接种证制度。适龄儿童应当按照国家有关规定，接受预防接种。适龄儿童的家长或者监护人应当及时向医疗保健机构申请办理预防接种证。托幼机构、学校在办理入托、入学手续时，应当查验预防接种证，未按规定接种的儿童应当及时补种。

国家免疫规划项目的预防接种实行免费。医疗机构、疾病预防控制机构与儿童的监护人应当相互配合，保证儿童及时接受预防接种。

(五)严格执行各项卫生制度

1.健康检查制度　国家和社会应当关心、帮助传染病病人、病原携带者和疑似传染病病人，使其得到及时救治。任何单位和个人不得歧视传染病病人、病原携带者和疑似传染病病人。传染病病人、病原携带者和疑似传染病病人，在治愈前或者在排除传染病嫌疑前，不得从事法律、行政法规和国务院卫生行政部门规定禁止从事的易使该传染病扩散的工作。

2.消毒管理制度　消毒是采用物理或化学方法以消除或杀灭环境中的病原体，是切断传染病传播途径的重要环节之一。被传染病病原体污染的污水、污物、粪便、室内空气、场所(包括地面、四壁)、动物尸体及被污染的物品，有关单位和个人必须在疾病预防控制机构的指导下或者按照其提出的卫生要求进行严格消毒后处理，拒绝消毒处理的，由当地卫生行政部门或疾病预防控制机构进行强制消毒处理。出售、运输被传染病病原体污染或者来自疫区可能被传染病病原体污染的皮毛、旧衣物及生活用品等，必须按照卫生防疫机构的要求进行必要的卫生处理。

疾病预防控制机构、医疗机构的实验室和从事病原微生物实验的单位，必须严格执行卫生行政部门规定的消毒隔离制度和技术规范，严防传染病病原体的实验室感染和病原微生物的扩散。

用于传染病防治的消毒产品、饮用水供水单位供应的饮用水和涉及饮用水卫生安全的产品，应当符合国家卫生标准和卫生规范。饮用水供水单位从事生产或者供应活动，应当依法取得卫生许可证。生产用于传染病防治的消毒产品的单位和生产用于传染病防治的消毒产品，应当经省级以上人民政府卫生行政部门审批。

3.医疗机构防止传染病的医源性感染和医院内感染的消毒隔离制度　医疗机构必须严

格执行国务院卫生行政部门规定的管理制度、操作规范，严格执行消毒隔离制度，防止医院内感染和医源性感染。医疗机构应当确定专门的部门或者人员，承担传染病疫情报告、本单位的传染病预防和控制以及责任区域内的传染病预防工作；承担医疗活动中与医院感染有关的危险因素监测、安全防护、消毒、隔离和医疗废物处置工作。

4.严防传染病病原体的实验室感染和病原微生物的扩散的制度　疾病预防控制机构、医疗机构的实验室和从事病原微生物实验的单位，应当符合国家规定的条件和技术标准，建立严格的监督管理制度，对传染病病原体样本按照规定的措施实行严格监督管理，严防传染病病原体的实验室感染和病原微生物的扩散。

5.建立严防经血液传播传染病的制度　采供血机构、生物制品生产单位必须严格执行国家有关规定，保证血液、血液制品的质量，防止因输入血液、血液制品引起病毒性肝炎、艾滋病、疟疾等疾病的发生。禁止非法采集血液或者组织他人出卖血液。疾病预防控制机构、医疗机构使用血液和血液制品，必须遵守国家有关规定，防止因输入血液、使用血液制品引起经血液传播疾病的发生。任何单位和个人不准使用国务院卫生行政部门禁止进口的血液和血液制品。

6.建立健全传染病菌种、毒种库严格管理的制度　《传染病防治法》规定，国家建立传染病菌种、毒种库。对传染病菌种、毒种和传染病检测样本的采集、保藏、携带、运输和使用实行分类管理，建立健全严格的管理制度。对可能导致甲类传染病传播的以及国务院卫生行政部门规定的菌种、毒种和传染病检测样本，确需采集、保藏、携带、运输和使用的，须经省级以上人民政府卫生行政部门批准。

7.自然疫源地建设项目的卫生调查制度　在国家确认的自然疫源地计划兴建水利、交通、旅游、能源等大型建设项目的，应当事先由省级以上疾病预防控制机构对施工环境进行卫生调查。建设单位应当根据疾病预防控制机构的意见，采取必要的传染病预防、控制措施。施工期间，建设单位应当设专人负责工地上的卫生防疫工作。工程竣工后，疾病预防控制机构应当对可能发生的传染病进行监测。

(六)传染病监测和预警制度

1.传染病监测制度　《传染病防治法》规定，国家建立传染病监测制度。国务院卫生行政部门制定国家传染病监测规划和方案。省、自治区、直辖市人民政府卫生行政部门根据国家传染病监测规划和方案，制定本行政区域的传染病监测计划和工作方案。

各级疾病预防控制机构对传染病的发生、流行以及影响其发生、流行的因素进行监测；对国外发生、国内尚未发生的传染病或者国内新发生的传染病进行监测。

2.传染病预警制度　建立传染病预警制度是世界卫生组织大力提倡及世界各国十分关注的工作。根据规定，国务院卫生行政部门根据对传染病监测情况，负责对全国或某个地区发出预警；省、自治区、直辖市人民政府根据国务院卫生行政部门的预警及本地区的实际监测情况，负责对本地区发出传染病预警。

二、传染病疫情通报、报告和公布的法律规定

(一)疫情报告的法律规定

1.疫情报告管理原则　疫情报告遵循属地管理原则。任何单位和个人发现传染病病人或者疑似传染病病人时，应当及时向附近的疾病预防控制机构或者医疗机构报告。疾病预

防控制机构、医疗机构和采供血机构及其执行职务的人员发现本法规定的传染病疫情或者发现其他传染病暴发、流行以及突发原因不明的传染病时，应当遵循疫情报告属地管理原则，按照国务院规定的或者国务院卫生行政部门规定的内容、程序、方式和时限报告。

军队医疗机构向社会公众提供医疗服务，发现前款规定的传染病疫情时，应当按照国务院卫生行政部门的规定报告。港口、机场、铁路疾病预防控制机构以及国境卫生检疫机关发现甲类传染病病人、病原携带者、疑似传染病病人时，应当按照国家有关规定立即向国境口岸所在地的疾病预防控制机构或者所在地县级以上地方人民政府卫生行政部门报告并互相通报。

2.疫情报告人 《传染病防治法》规定的疫情报告人有义务疫情报告人和责任疫情报告人两类。

(1)义务疫情报告人。任何人发现传染病病人、疑似传染病病人时，都应当及时向附近的医疗卫生机构或者疾病预防控制机构报告。

任何单位和个人有权向人民政府及其有关主管部门报告传染病疫情隐患，有权向上级人民政府及有关主管部门举报地方人民政府及其有关主管部门不履行传染病防治职责，或者不按照规定履行职责的情况。接到报告或者举报的人民政府及其有关主管部门，应当立即组织对传染病疫情隐患、不履行或者不按照规定履行传染病防治职责的情况进行调查处理。

对举报传染病疫情有功的单位和个人，县级以上各级人民政府及其有关主管部门应当予以奖励。

(2)责任疫情报告人。各级各类医疗机构、疾病预防控制机构、采供血机构均为责任报告单位；其执行职务的人员和乡村医生、个体开业医生均为责任疫情报告人。责任疫情报告人的报告是了解疫情的主要来源。

3.疫情报告时限。

(1)责任报告单位和责任疫情报告人发现甲类传染病和乙类传染病中的肺炭疽、传染性非典型肺炎、脊髓灰质炎、人感染高致病性禽流感的病人或疑似病人时，或发现其他传染病和不明原因疾病暴发时，应于2小时内将传染病报告卡通过网络报告；未实行网络直报的责任报告单位应于2小时内以最快的通讯方式(电话、传真)向当地县级疾病预防控制机构报告，并于2小时内寄送出传染病报告卡。

(2)责任疫情报告人发现乙类传染病病人、病原携带者和疑似传染病病人时，城镇于12小时内，农村于24小时内向发病地的卫生防疫机构报出传染病报告卡。

(3)责任疫情报告人在丙类传染病监测区内发现丙类传染病病人时，应当在24小时内向发病地的卫生防疫机构报出传染病报告卡。

(4)传染病暴发、流行时，责任疫情报告人应当以最快的通讯方式向当地卫生防疫机构报告疫情。接到疫情报告的卫生防疫机构应当以最快的通讯方式报告上级卫生防疫机构和当地政府卫生行政部门，卫生行政部门接到报告后，应当立即报告当地政府。省级政府卫生行政部门接到发现甲类传染病和发生传染病暴发、流行的报告后，应当于6小时内报告国务院卫生行政部门。

4.疫情报告程序与方式。

(1)疾病预防控制机构应当主动收集、分析、调查、核实传染病疫情信息。疾病预防控制机构接到甲类、乙类传染病疫情报告或者发现传染病暴发、流行时，应当立即报告当地卫生行政部门，由当地卫生行政部门立即报告当地人民政府，同时报告上级卫生行政部门和国务院卫生行政部门。疾病预防控制机构应当设立或者指定专门的部门、人员负责传染病疫情信息管理工作，及时对疫情报告进行核实、分析。

(2)铁路、交通、民航、厂(场)矿的卫生防疫机构，应当定期向所在地卫生行政部门指定的卫生防疫机构报告疫情。

(3)军队的传染病疫情，由中国人民解放军卫生主管部门根据军队有关规定向国务院卫生行政部门报告。军队的医疗保健和卫生防疫机构，发现地方就诊的传染病病人、病原携带者、疑似传染病病人时，应当按照传染病报告时限的规定报告疫情，并接受当地卫生防疫机构的业务指导。

(4)地方各级政府卫生行政部门发现本地区发生从未有过的传染病或者国家已宣布消除的传染病时，应当立即采取措施，必要时，向当地政府报告。

(5)依照传染病防治法的规定，负有传染病疫情报告职责的人民政府有关部门、疾病预防控制机构、医疗机构、采供血机构及其工作人员，不得隐瞒、谎报、缓报传染病疫情。

传染病疫情信息实行网络直报，没有条件实行网络直报的医疗机构，在规定的时限内将传染病报告卡报告属地县级疾病预防控制机构。

(二)疫情通报的法律规定

(1)县级以上地方人民政府卫生行政部门应当及时向本行政区域内的疾病预防控制机构和医疗机构通报传染病疫情以及监测、预警的相关信息。接到通报的疾病预防控制机构和医疗机构应当及时告知本单位的有关人员。

(2)国务院卫生行政部门应当及时向国务院其他有关部门和各省、自治区、直辖市人民政府卫生行政部门通报全国传染病疫情以及监测、预警的相关信息。

(3)毗邻的以及相关的地方人民政府卫生行政部门，应当及时互相通报本行政区域的传染病疫情以及监测、预警的相关信息。接到通报的省、自治区、直辖市人民政府卫生主管部门，必要时应当及时通知所辖区域内的医疗卫生机构。

(4)县级以上人民政府有关部门发现传染病疫情时，应当及时向同级人民政府卫生行政部门通报。

(5)中国人民解放军卫生主管部门发现传染病疫情时，应当向国务院卫生行政部门通报。

(6)动物防疫机构和疾病预防控制机构，应当及时互相通报动物间和人间发生的人畜共患传染病疫情以及相关信息。

(7)国境口岸所在地卫生行政部门指定的卫生防疫机构和港口、机场、铁路卫生防疫机构和国境卫生检疫机关在发现《国境卫生检疫法》规定的检疫传染病时，应当互相通报疫情。

(三)疫情信息公布的法律规定

《传染病防治法》规定，国家建立传染病疫情信息公布制度。公布传染病疫情信息应当及时、准确。

国务院卫生主管部门负责向社会发布传染病疫情信息。传染病暴发、流行时，国务院卫生行政部门负责向社会公布传染病疫情信息，并可以授权省、自治区、直辖市人民政府卫生行政部门向社会公布本行政区域的传染病疫情信息。

三、传染病疫情控制的法律规定

传染病疫情控制是指传染病发生和暴发、流行时，为了阻止传染病的扩散和蔓延而采取的措施。

(一)一般性控制措施

1. 医疗机构在传染病疫情控制中应当采取的措施　医疗机构发现甲类传染病时，应当及时采取下列措施：

(1)对病人、病原携带者，予以隔离治疗，隔离期限根据医学检查结果确定。

(2)对疑似病人，确诊前在指定场所单独隔离治疗。

(3)对医疗机构内的病人、病原携带者、疑似病人的密切接触者，在指定场所进行医学观察和采取其他必要的预防措施。

拒绝隔离治疗或者隔离期未满擅自脱离隔离治疗的，可以由公安机关协助医疗机构采取强制隔离治疗措施。

医疗机构发现乙类或者丙类传染病病人，应当根据病情采取必要的治疗和控制传播措施。医疗机构对本单位内被传染病病原体污染的场所、物品以及医疗废物，必须依照法律、法规的规定实施消毒和无害化处置。

2. 疾病预防控制机构在传染病疫情控制中应当采取的措施　疾病预防控制机构发现传染病疫情或者接到传染病疫情报告时，应当及时采取下列措施：

(1)对传染病疫情进行流行病学调查，根据调查情况提出划定疫点、疫区的建议，对被污染的场所进行卫生处理。

(2)传染病暴发、流行时，对疫点、疫区进行卫生处理，向卫生行政部门提出疫情控制方案，并按照卫生行政部门的要求采取措施。

(3)指导下级疾病预防控制机构实施传染病预防、控制措施，组织、指导有关单位对传染病疫情的处理。

(二)隔离措施

实施隔离措施涉及的场所和人员，是指已经发生甲类传染病病例的场所，人员是指该场所内的特定区域的人员。在执行隔离措施时，有关部门要依法严格划分隔离的范围和对象，不可任意扩大隔离的范围。

1. 隔离措施的批准　对已经发生甲类传染病病例的场所或者该场所内的特定区域的人员，所在地的县级以上地方人民政府可以实施隔离措施，并同时向上一级人民政府报告；接到报告的上级人民政府应当即时作出是否批准的决定。上级人民政府作出不予批准决定的，实施隔离措施的人民政府应当立即解除隔离措施。

2. 被隔离人员的生活保障　在隔离期间，实施隔离措施的人民政府应当对被隔离人员提供生活保障；被隔离人员有工作单位的，不管其是病人还是健康人，所在单位不得停止支付其隔离期间的工作报酬。

3. 隔离措施的解除　隔离措施是有期限的，当达到了规定的隔离期限后，在没发生疫情的前提下，应当及时解除隔离措施。隔离措施的解除，由原决定机关决定并宣布。

(三)紧急措施

传染病暴发、流行时，县级以上地方人民政府应当立即组织力量，按照预防、控制预案进行防治，切断传染病的传播途径。必要时，报经上一级人民政府决定，可以采取下列紧急措施并予以公告：

(1)限制或者停止集市、影剧院演出或者其他人群聚集的活动。

(2)停工、停业、停课。

(3)封闭或者封存被传染病病原体污染的公共饮用水源、食品以及相关物品。

(4)控制或者扑杀染疫野生动物、家畜家禽。

(5)封闭可能造成传染病扩散的场所。

上级人民政府接到下级人民政府关于采取上述所列紧急措施的报告时，应当即时作出决定。当甲类传染病病人、病原携带者全部治愈，乙类传染病病人、病原携带者得到有效的隔离治疗；病人尸体得到严格消毒处理；污染的物品及环境已经过消毒等卫生处理；有关病媒昆虫、染疫动物基本消除；暴发、流行的传染病病种，经过最长潜伏期后，未发现新的传染病病人，疫情得到有效的控制等条件时，应解除所采取的紧急措施。紧急措施的解除，由原决定机关决定并宣布。

(四)疫区封锁

疫区是指传染病在人群中暴发、流行，其病原体向周围播散时所能波及的地区。疫区封锁就是限制疫区与非疫区之间的各种形式的交往。

甲类、乙类传染病暴发、流行时，县级以上地方人民政府报经上一级人民政府决定，可以宣布本行政区域部分或者全部为疫区；国务院可以决定并宣布跨省、自治区、直辖市的疫区。县级以上地方人民政府可以在疫区内采取《传染病防治法》第 42 条规定的紧急措施，并可以对出入疫区的人员、物资和交通工具实施卫生检疫。

省、自治区、直辖市人民政府可以决定对本行政区域内的甲类传染病疫区实施封锁；但是，封锁大、中城市的疫区或者封锁跨省、自治区、直辖市的疫区，以及封锁疫区导致中断干线交通或者封锁国境的，由国务院决定。疫区封锁的解除，由原决定机关决定并宣布。

(五)其他措施

发生甲类传染病时，为了防止该传染病通过交通工具及其乘运的人员、物资传播，可以实施交通卫生检疫。

传染病暴发、流行时，根据传染病疫情控制的需要，国务院有权在全国范围或者跨省、自治区、直辖市范围内，县级以上地方人民政府有权在本行政区域内紧急调集人员或者调用储备物资，临时征用房屋、交通工具以及相关设施、设备。紧急调集人员的，应当按照规定给予合理报酬。临时征用房屋、交通工具以及相关设施、设备的，应当依法给予补偿；能返还的，应当及时返还。

传染病暴发、流行时，药品和医疗器械生产、供应单位应当及时生产、供应防治传染病的药品和医疗器械。铁路、交通、民用航空经营单位必须优先运送处理传染病疫情的人员以及防治传染病的药品和医疗器械。县级以上人民政府有关部门应当做好组织协调工作。

患甲类传染病、炭疽死亡的，应当将尸体立即进行卫生处理，就近火化。患其他传染病死亡的，必要时，应当将尸体进行卫生处理后火化或者按照规定深埋。为了查找传染病病因，医疗机构在必要时可以按照国务院卫生行政部门的规定，对传染病病人尸体或者疑似传染病病人尸体进行解剖查验，并应当告知死者家属。发生传染病疫情时，疾病预防控制机构和省级以上人民政府卫生行政部门指派的其他与传染病有关的专业技术机构，可以进入传染病疫点、疫区进行调查、采集样本、技术分析和检验。

疫区中被传染病病原体污染或者可能被传染病病原体污染的物品，经消毒可以使用的，应当在当地疾病预防控制机构的指导下，进行消毒处理后，方可使用、出售和运输。

四、传染病医疗救治的法律规定

(一)传染病医疗救治体系的建设

县级以上各级人民政府应当加强和完善传染病医疗救治服务网络，提高传染病医疗救治能力，指定具备传染病救治条件和能力的医疗机构承担传染病救治任务，或者根据传染病救治需要设置传染病医院。

(二)医疗机构的职责

1. 医疗机构的基本标准、建筑设计和服务流程，应当符合预防传染病医院感染的要求。

2. 医疗机构应当按照规定对使用的医疗器械进行消毒；对按照规定一次使用的医疗器具，应当在使用后予以销毁。

3. 医疗机构应当按照国务院卫生行政部门规定的传染病诊断标准和治疗要求，采取相应措施，提高传染病医疗救治能力。

4. 医疗机构应当按照国务院卫生行政部门规定的传染病诊断标准和治疗要求，采取相应措施，提高传染病医疗救治能力。

5. 医疗卫生机构应当对传染病病人或者疑似传染病病人提供医疗救护、现场救援和接诊治疗，书写病历记录以及其他有关资料，并妥善保管。医疗机构应当实行传染病预检、分诊制度；对传染病病人、疑似传染病病人，应当引导至相对隔离的分诊点进行初诊。医疗机构不具备相应救治能力的，应当将患者及其病历记录复印件一并转至具备相应救治能力的医疗机构。

第三节　传染病监督管理的法律规定

一、传染病防治监督管理机构及其职责

根据《传染病防治法》的规定，县级以上地方人民政府卫生行政部门对传染病防治工作进行监督管理，履行下列监督检查职责：

1. 对下级人民政府卫生行政部门履行本法规定的传染病防治职责进行监督检查。

2. 对疾病预防控制机构、医疗机构的传染病防治工作进行监督检查。

3. 对采供血机构的采供血活动进行监督检查。

4. 对用于传染病防治的消毒产品及其生产单位进行监督检查，并对饮用水供水单位从事生产或者供应活动以及涉及饮用水卫生安全的产品进行监督检查。

5. 对传染病菌种、毒种和传染病检测样本的采集、保藏、携带、运输、使用进行监督检查。

6. 对公共场所和有关单位的卫生条件和传染病预防、控制措施进行监督检查。

省级以上人民政府卫生行政部门负责组织对传染病防治重大事项的处理。县级以上人民政府卫生行政部门在履行监督检查职责时，有权进入被检查单位和传染病疫情发生现场

调查取证，查阅或者复制有关的资料和采集样本。被检查单位应当予以配合，不得拒绝、阻挠。

县级以上地方人民政府卫生行政部门在履行监督检查职责时，发现被传染病病原体污染的公共饮用水源、食品以及相关物品，如不及时采取控制措施可能导致传染病传播、流行的，可以采取封闭公共饮用水源、封存食品以及相关物品或者暂停销售的临时控制措施，并予以检验或者进行消毒。经检验，属于被污染的食品，应当予以销毁；对未被污染的食品或者经消毒后可以使用的物品，应当解除控制措施。

二、卫生行政部门及其工作人员的职责

卫生行政部门在传染病防治执法过程中要求做到：

1. 卫生行政部门工作人员依法执行职务时，应当不少于两人，并出示执法证件，填写卫生执法文书。卫生执法文书经核对无误后，应当由卫生执法人员和当事人签名。当事人拒绝签名的，卫生执法人员应当注明情况。

2. 卫生行政部门应当依法建立健全内部监督制度，对其工作人员依据法定职权和程序履行职责的情况进行监督。

3. 上级卫生行政部门发现下级卫生行政部门不及时处理职责范围内的事项或者不履行职责的，应当责令纠正或者直接予以处理。

4. 卫生行政部门及其工作人员履行职责，应当自觉接受社会和公民的监督。单位和个人有权向上级人民政府及其卫生行政部门举报违反《传染病防治法》的行为。接到举报的有关人民政府或者其卫生行政部门，应当及时调查处理。

三、传染病防治保障措施的法律规定

国家将传染病防治工作纳入到国民经济和社会发展计划，县级以上地方人民政府将传染病防治工作纳入到本行政区域的国民经济和社会发展计划。

(一)经费保障

县级以上地方人民政府按照本级政府职责负责本行政区域内传染病预防、控制、监督工作的日常经费。

国务院卫生行政部门会同国务院有关部门，根据传染病流行趋势，确定全国传染病预防、控制、救治、监测、预测、预警、监督检查等项目。中央财政对困难地区实施重大传染病防治项目给予补助。

省、自治区、直辖市人民政府根据本行政区域内传染病流行趋势，在国务院卫生行政部门确定的项目范围内，确定传染病预防、控制、监督等项目，并保障项目的实施经费。

国家加强基层传染病防治体系建设，扶持贫困地区和少数民族地区的传染病防治工作。地方各级人民政府应当保障城市社区、农村基层传染病预防工作的经费。国家对患有特定传染病的困难人群实行医疗救助，减免医疗费用。

(二)物资保障

县级以上人民政府负责储备防治传染病的药品、医疗器械和其他物资，以备调用。

(三)从事传染病防治工作人员的保障

对从事传染病预防、医疗、科研、教学、现场处理疫情的人员，以及在生产、工作中接触传

染病病原体的其他人员，有关单位应当按照国家规定，采取有效的卫生防护措施和医疗保健措施，并给予适当的津贴。

第四节　法律责任

对违反《传染病防治法》的行为责任人与地方各级人民政府、县级以上地方人民政府卫生行政部门、医疗卫生机构，分别承担行政责任、民事责任和刑事责任。

一、行政责任

(一)地方各级人民政府的行政责任

地方各级人民政府未按《传染病防治法》的规定履行报告职责，或者隐瞒、谎报、缓报传染病疫情，或者在传染病暴发、流行时，未及时组织救治、采取控制措施的，由上级人民政府责令改正，通报批评；造成传染病传播、流行或者其他严重后果的，对负有责任的主管人员，尚未构成犯罪的，依法给予行政处分。

(二)县级以上人民政府卫生行政部门的行政责任

县级以上人民政府卫生行政部门违反《传染病防治法》规定，有下列情形之一，尚未构成犯罪的，由本级人民政府、上级人民政府卫生行政部门责令改正，通报批评；造成传染病传播、流行或者其他严重后果的，对负有责任的主管人员和其他直接责任人员，依法给予行政处分：

(1)未依法履行传染病疫情通报、报告或者公布职责，或者隐瞒、谎报、缓报传染病疫情的。

(2)发生或者可能发生传染病传播时，未及时采取预防、控制措施的。

(3)未依法履行监督检查职责，或者发现违法行为不及时查处的。

(4)未及时调查、处理单位和个人对下级卫生行政部门不履行传染病防治职责的举报的。

(5)违反本法的其他失职、渎职行为。

(三)县级以上人民政府有关部门的行政责任

县级以上人民政府有关部门未依照《传染病防治法》的规定履行传染病防治和保障职责的，由本级人民政府或者上级人民政府有关部门责令改正，通报批评；造成传染病传播、流行或者其他严重后果的，对负有责任的主管人员和其他直接责任人员，依法给予行政处分。

(四)疾病预防控制机构的行政责任

疾病预防控制机构违反《传染病防治法》规定，有下列情形之一，尚未构成犯罪的，由县级以上人民政府卫生行政部门责令限期改正，通报批评，给予警告；对负有责任的主管人员和其他直接责任人员，依法给予降级、撤职、开除的处分，并可以依法吊销有关责任人员的执业证书：

(1)未依法履行传染病监测职责的。

(2)未依法履行传染病疫情报告、通报职责，或者隐瞒、谎报、缓报传染病疫情的。

(3)未主动收集传染病疫情信息，或者对传染病疫情信息和疫情报告未及时进行分析、调查、核实的。

(4)发现传染病疫情时，未依据职责及时采取本法规定的措施的。

(5)故意泄露传染病病人、病原携带者、疑似传染病病人、密切接触者涉及个人隐私的有关信息、资料的。

(五)医疗机构的行政责任

医疗机构违反《传染病防治法》规定，有下列情形之一，尚未构成犯罪的，由县级以上人民政府卫生行政部门责令改正，通报批评，给予警告；造成传染病传播、流行或者其他严重后果的，对负有责任的主管人员和其他直接责任人员，依法给予降级、撤职、开除的处分，并可以依法吊销有关责任人员的执业证书：

(1)未按照规定承担本单位的传染病预防和控制工作、医院感染控制任务和责任区域内的传染病预防工作的。

(2)未按照规定报告传染病疫情，或者隐瞒、谎报、缓报传染病疫情的。

(3)发现传染病疫情时，未按照规定对传染病病人、疑似传染病病人提供医疗救护、现场救援、接诊、转诊的，或者拒绝接受转诊的。

(4)未按照规定对本单位内被传染病病原体污染的场所、物品以及医疗废物实施消毒或者无害化处置的。

(5)未按照规定对医疗器械进行消毒，或者对按照规定一次使用的医疗器具未予销毁，再次使用的。

(6)在医疗救治过程中未按照规定保管医学记录资料的。

(7)故意泄露传染病病人、病原携带者、疑似传染病病人、密切接触者涉及个人隐私的有关信息、资料的。

(六)采供血机构的行政责任

采供血机构未按照规定报告传染病疫情，或者隐瞒、谎报、缓报传染病疫情，或者未执行国家有关规定，导致因输入血液引起经血液传播疾病发生的，由县级以上人民政府卫生行政部门责令改正，通报批评，给予警告；造成传染病传播、流行或者其他严重后果的，对负有责任的主管人员和其他直接责任人员，依法给予降级、撤职、开除的处分，并可以依法吊销采供血机构的执业许可证。

非法采集血液或者组织他人出卖血液，尚未构成犯罪的，由县级以上人民政府卫生行政部门予以取缔，没收违法所得，可以并处10万元以下的罚款。

(七)国境卫生检疫机关、动物防疫机构的行政责任

国境卫生检疫机关、动物防疫机构未依法履行传染病疫情通报职责，尚未构成犯罪的，由有关部门在各自职责范围内责令改正，通报批评；造成传染病传播、流行或者其他严重后果，尚未构成犯罪的，对负有责任的主管人员和其他直接责任人员，依法给予降级、撤职、开除的处分。

(八)铁路、交通、民用航空经营单位的行政责任

铁路、交通、民用航空经营单位未依照本法的规定优先运送处理传染病疫情的人员以及防治传染病的药品和医疗器械的，由有关部门责令限期改正，给予警告；造成严重后果的，对负有责任的主管人员和其他直接责任人员，依法给予降级、撤职、开除的处分。

(九)饮用水供水单位、消毒品和生物制品生产等单位的行政责任

违反《传染病防治法》规定，有下列情形之一，导致或者可能导致传染病传播、流行，尚未构成犯罪的，由县级以上人民政府卫生行政部门责令限期改正，没收违法所得，可以并处5万元以下的罚款；已取得许可证的，原发证部门可以依法暂扣或者吊销许可证：

(1)饮用水供水单位供应的饮用水不符合国家卫生标准和卫生规范的。

(2)涉及饮用水卫生安全的产品不符合国家卫生标准和卫生规范的。

(3)用于传染病防治的消毒产品不符合国家卫生标准和卫生规范的。

(4)出售、运输疫区中被传染病病原体污染或者可能被传染病病原体污染的物品，未进行消毒处理的。

(5)生物制品生产单位生产的血液制品不符合国家质量标准的。

(十)医源性感染、实验室感染、病原体扩散的行政责任

违反《传染病防治法》规定，有下列情形之一，尚未构成犯罪的，由县级以上地方人民政府卫生行政部门责令改正，通报批评，给予警告，已取得许可证的，可以依法暂扣或者吊销许可证；造成传染病传播、流行以及其他严重后果的，对负有责任的主管人员和其他直接责任人员，依法给予降级、撤职、开除的处分，并可以依法吊销有关责任人员的执业证书：

(1)疾病预防控制机构、医疗机构和从事病原微生物实验的单位，不符合国家规定的条件和技术标准，对传染病病原体样本未按照规定进行严格管理，造成实验室感染和病原微生物扩散的。

(2)违反国家有关规定，采集、保藏、携带、运输和使用传染病菌种、毒种和传染病检测样本的。

(3)疾病预防控制机构、医疗机构未执行国家有关规定，导致因输入血液、使用血液制品引起经血液传播疾病发生的。

(十一)造成动物传播传染病的行政责任

未经检疫出售、运输与人畜共患传染病有关的野生动物、家畜家禽的，由县级以上地方人民政府畜牧兽医行政部门责令停止违法行为，并依法给予行政处罚。

(十二)违法建设大型项目的行政责任

在国家确认的自然疫源地兴建水利、交通、旅游、能源等大型建设项目，未经卫生调查进行施工的，或者未按照疾病预防控制机构的意见采取必要的传染病预防、控制措施的，由县级以上人民政府卫生行政部门责令限期改正，给予警告，处5000元以上3万元以下的罚款；逾期不改正的，处3万元以上10万元以下的罚款，并可以提请有关人民政府依据职责权限，责令停建、关闭。

二、民事责任

1.单位和个人违反《传染病防治法》规定，导致传染病传播、流行，给他人人身、财产造成损害的，应当依法承担民事责任。

2.血站、单采血浆站、医疗卫生机构和血液制品生产单位违反法律、行政法规的规定，造成他人感染艾滋病病毒的，应当依法承担民事赔偿责任。

3.艾滋病病毒感染者或者艾滋病病人故意传播艾滋病的，依法承担民事赔偿责任。

三、刑事责任

《传染病防治法》规定，违反《传染病防治法》，情节严重，构成犯罪的，依法追究刑事责任。

(一)妨害传染病防治罪

《刑法》第 330 条规定，违反《传染病防治法》的规定，有下列情形之一，引起甲类传染病传播或者有传播严重危险的，处 3 年以下有期徒刑或者拘役；后果特别严重的，处 3 年以上 7 年以下有期徒刑：

(1)供水单位供应的饮用水不符合国家规定的卫生标准的。

(2)拒绝按照卫生防疫机构提出的卫生要求，对传染病病原体污染的污水、污物、粪便进行消毒处理的。

(3)准许或者纵容传染病病人、病原携带者和疑似病人从事国务院卫生行政部门规定禁止从事的易使该传染病扩散的工作的。

(4)拒绝执行卫生防疫机构依照《传染病防治法》提出的预防、控制措施的。

单位犯前款罪的，对单位判处罚金，并对其直接负责的主管人员和其他直接责任人员，依照上述规定处罚。

(二)传染病菌种、毒种扩散罪

《刑法》第 331 条规定，从事实验、保藏、携带、运输传染病菌种、毒种的人员，违反国务院卫生行政部门的有关规定，造成传染病菌种、毒种扩散，后果严重的，处 3 年以下有期徒刑或者拘役；后果特别严重的，处 3 年以上 7 年以下有期徒刑。

(三)污染环境罪

《刑法》第 338 条规定，违反国家规定，排放、倾倒或者处置有放射性的废物、含传染病病原体的废物、有毒物质或者其他有害物质，严重污染环境的，处 3 年以下有期徒刑或者拘役，并处或者单处罚金；后果特别严重的，处 3 年以上 7 年以下有期徒刑，并处罚金。

(四)传播性病罪

《刑法》第 360 条规定，明知自己患有梅毒、淋病等严重性病卖淫、嫖娼的，处 5 年以下有期徒刑、拘役或者管制，并处罚金。

(五)传染病防治失职罪

《刑法》第 409 条规定，从事传染病防治的卫生行政部门的工作人员严重不负责，导致传染病传播或者流行，情节严重的，处 3 年以下有期徒刑或者拘役。

第五节　性病、艾滋病防治法律规定

一、性病防治法律规定

性病是通过性行为传播感染的疾病。1975 年世界卫生组织决定以“性传播疾病”代替“性病”一词。我国明确规定：梅毒、淋病和艾滋病为法定性病，软下疳、性病性淋巴肉芽肿、非淋病性尿道炎、尖锐湿疣和生殖器疱疹为监测性病。

新中国成立后，党和政府采取有力措施，使全国主要性病的流行基本得到控制。但是，自20世纪80年代以来，由于种种原因，性病在我国死灰复燃。近年来，性病在各类传染病发病率中仅次于痢疾、肝炎而位居第三，更为严重的是在婴儿中已发现先天性梅毒。因此，应充分认识性病对人民健康、社会安定和经济发展的影响和危害。为了预防和消除性病的发生和蔓延，保障人体健康，国务院卫生行政部门先后发布了《性病监测工作试行方案》、《性病防治管理办法》等法规，进一步明确国家对性病防治实行“预防为主，防治结合，综合治理”的方针，并要求各级卫生行政部门在各级人民政府的领导下，积极开展性病防治工作。

(一)性病防治机构

县级以上人民政府卫生行政部门根据工作需要可设性病防治机构，并健全疫情监测网络。性病防治机构是指县以上皮肤病、性病防治院、所、站或卫生行政部门指定承担皮肤病性病防治机构职责的医疗预防保健机构。

(二)性病的预防

性病防治机构要利用多种形式宣传性病的危害、传播方式和防治知识；严格执行各项管理制度和技术操作规程，防止性病医源性感染，推广使用一次性用品和注射器；发现孕妇患有性病时，应当给予积极治疗，并建立新生儿1%硝酸银点眼制度；按有关法律规定，加强对特定职业从业人员和有关出入境人员的健康体检和健康管理。

(三)性病的治疗

凡性病患者或疑似患者，应及时到性病防治机构进行诊断治疗，并如实提供有关情况，遵照医嘱进行定期检查。性病防治机构要积极配合公安、司法部门对查禁的卖淫、嫖娼人员进行性病检查。性病防治机构和从事性病诊断治疗业务的个体医师对诊治的性病患者应当进行规范性治疗，采取保护性医疗措施，严格为患者保密。

(四)性病疫情报告

性病防治机构、各级医疗预防保健机构和个体医师，发现规定的性病病人及疑似病人时，应按照有关规定报告。从事性病防治、卫生防疫、传染病监督的人员，不得隐瞒、谎报或者授意他人隐瞒、谎报疫情。

二、艾滋病的监测管理

艾滋病(AIDS)，即获得性免疫缺陷综合征，其致病病原是人类免疫缺陷病毒(HIV)，潜伏期5～10年。每年的12月1日为世界艾滋病日。

自1981年在美国发现第一例艾滋病病例以来，这种致命的传染病迅速在世界各地蔓延。《2009年艾滋病流行报告》和《2010年艾滋病防治前景展望》数据显示，艾滋病流行至今，全球大约已有6000万人感染了艾滋病病毒，2500万人死于艾滋病相关疾病。

从1986年6月我国发现第一例艾滋病患者至今，艾滋病在我国已从传入期、扩散期进入快速增长期。截至2011年9月底，中国累计报告艾滋病病毒感染者和病人42.9万例，其中病人16.4万例，死亡8.6万例。我国发现艾滋病后，预防和控制艾滋病工作得到了党和国家的关注：一是在全国各地建立了监测点，开展艾滋病的监测工作，初步摸清我国艾滋病病毒感染的主要途径与分布情况；二是成立了国家预防和控制艾滋病专家委员会，制定了《全国预防艾滋病规划》；三是开展健康教育、宣传和科研工作；四是广泛开展国际合作，在世界卫生组织协助下，共同制定了中国预防和控制艾滋病中长期规划；五是将艾滋病管理工作逐步纳入法制教育。1988年1月，经国务院批准，卫生部等联合发布了《艾滋病监测管理的若干规定》，1995年国务院批准发布了《关于预防和控制艾滋病工作的意见》，1998年国务院印发了《中国预防和控制艾滋病中长期规划(1998—2010)》，1999年4月国务院批准，卫生部发布了《关于艾滋病病毒感染者和艾滋病病人管理的意见》等法规，为预防艾滋病从国外传入或在我国发生和流行，保护艾滋病病毒感染者和艾滋病病人的合法权益，保护人体健康提供了法律保障。进入21世纪以来，我国根据《国务院关于切实加强艾滋病防治工作的通知》(国发[2004]7号)和《国务院办公厅关于印发中国遏制与防治艾滋病行动计划(2001－2005年)的通知》(国办发[2001]40号)精神，广泛开展宣传教育，大力开展疫情监测，积极推行行为干预措施，认真落实"四免一关怀"等政策，逐步形成了政府组织领导、部门各负其责、全社会共同参与的防治工作机制，初步遏制了艾滋病的流行和蔓延。但是，艾滋病在全国仍呈现低流行态势，在部分重点地区出现高流行趋势，而且疫情逐步从高危人群向一般人群扩散，防治工作形势还相当严峻。为巩固成效，进一步推动防治工作的深入开展，切实维护广大人民群众身体健康，2006年国务院制定了《中国遏制与防治艾滋病行动计划(2006－2010年)》，防治工作取得了显著进展，艾滋病疫情快速上升的势头有所减缓，病死率有所下降，社会歧视有所减少，艾滋病病毒感染者和艾滋病病人的生活质量明显改善，基本实现了总体目标。

当前艾滋病流行形势仍然严峻，社会歧视广泛存在，局部地区和高危行为人群疫情严重，还有相当数量的感染者和病人未被发现，梅毒等性病疫情上升，艾滋病传播的危险因素广泛持续存在，感染者陆续进入发病期，病人明显增多，死亡增加。防治工作面临一些新的挑战。为切实维护广大人民群众的身体健康，结合深化医药卫生体制改革，2012年1月13日国务院印发了《中国遏制与防治艾滋病"十二五"行动计划》。

我国预防和控制艾滋病的目标是：减少艾滋病新发感染，降低艾滋病病死率，减少对受艾滋病影响人群的歧视，提高感染者和病人生存质量。到2015年底，重点地区和重点人群艾滋病疫情快速上升的势头得到基本遏制，艾滋病新发感染数比2010年减少25%，艾滋病病死率下降30%，存活的感染者和病人数控制在120万左右。

(一)监测管理对象

已确认为艾滋病病人，艾滋病病毒感染者，疑似艾滋病病人及艾滋病病人、艾滋病病毒感染者的密切接触者，被艾滋病病毒污染或可能造成艾滋病传播的血液及其制品、毒株、生物组织、动物及其他物品均为监测管理对象。

(二)艾滋病监测管理机构

各级人民政府卫生行政部门主管辖区的艾滋病监测管理工作。公安、外事、海关、旅游、教育、航空、铁路、交通等有关部门及企业、事业单位和群众团体，应协助卫生行政部门采取措施，防止艾滋病传播。

(三)艾滋病监测内容

艾滋病监测工作，由省级卫生行政部门负责，主要内容包括：①疫情收集、整理、分析。②重点人群的血清学检查。③流行病学因素调查、分析。

(四)艾滋病病人和病毒感染者的管理

卫生、医疗和保健机构发现艾滋病病人时，应立即采取隔离措施，并送其到指定的医疗单位治疗。对艾滋病病毒感染者和疑似艾滋病病人，以及与艾滋病病人或艾滋病病毒感染者有密切接触者,应当根据预防的需要,对其实施下列部分或全部措施:①留验。②限制活动范围。③医学观察。④定期或不定期访视。

艾滋病病人或感染者的尸体必须就地火化。艾滋病病人或感染者的分泌物、排泄物及其所接触过可能造成污染的用品和环境,应在卫生防疫机构监督指导下进行消毒,必要时由卫生防疫机构实施消毒。禁止艾滋病病毒感染者捐献人体组织、器官、血液和精液。

(五)违反艾滋病监测管理规定的法律责任

对于隐瞒病情不申报,逃避查验的;已知系艾滋病病人或感染者,有传播艾滋病行为的;隐瞒携带被艾滋病病毒污染或可能造成艾滋病传播的血液和血液制品、毒株、生物组织及其他物品入境的;拒绝执行为预防和控制艾滋病流行所采取的各项措施的单位和个人,由卫生行政部门给予罚款,并强制采取预防、治疗和消毒措施。

对违反规定,引起艾滋病传播,或者有引起艾滋病传播严重危险的,由司法机关依法追究刑事责任。

思考题

1.法定管理的传染病分几类?

2.传染病报告程序和报告时限的法律规定有哪些?

3.传染病防治的一般性措施有哪些?

4.性病应当如何预防?

5.艾滋病病人和感染者的管理有哪些规定?

6.违反艾滋病监测管理的法律责任是什么?

第十二章　职业病防治法律制度

第一节　职业病防治法律制度概述

一、职业病防治法的概念

职业病防治法是调整预防、控制和消除职业病的发生，保护劳动者健康及其相关权益活动中产生的各种社会关系的法律规范的总和。

2001 年 10 月 27 日，中华人民共和国第九届全国人民代表大会常务委员会第二十四次会议通过了《中华人民共和国职业病防治法》，自 2002 年 5 月 1 日起施行。这是我国最高立法机关制定的第一部对职业病防治工作全面予以规范的法律，是预防、控制和消除职业病危害，防治职业病，保护劳动者健康及其相关权益的一部重要法律。为适应新形势下职业病防治的需要，2011 年 12 月 31 日，第十一届全国人民代表大会常务委员会第二十四次会议审议通过了《全国人民代表大会常务委员会关于修改〈中华人民共和国职业病防治法〉的决定》（以下简称《职业病防治法》），修改决定自 2011 年 12 月 31 日起施行。

二、职业病防治法制建设

职业病、职业病危害因素和职业病危害已逐渐成为我国的主要公共卫生问题，给职工的健康和生命构成了严重的威胁，给劳动者带来了身心上的极大痛苦和家庭不幸，也给社会造成了巨大负担，严重妨害了公民享受《宪法》所规定的劳动权利。党和政府十分关心劳动者的健康，高度重视职业病防治工作和职业病防治制度建设。为了预防、控制和消除职业病危害，防治职业病，保护劳动者健康及相关权益，促进经济发展，先后制定和颁布了一系列劳动卫生与职业病防治法规和规章。

1953 年召开的第三届卫生会议，把工业卫生列为卫生工作重点。1954 年 5 月召开了全国第一届工业卫生会议，国务院批转了《第一届全国工业卫生会议决议》，这个决议成为我国首部重要的劳动卫生法律文件。1978 年 12 月 22 日国务院批转了《关于加强工业卫生工作的请示报告》。1984 年国务院下发了《关于加强防尘防毒工作的决定》，1987 年国家卫生部、农牧渔业部联合颁发了《乡镇企业劳动卫生管理办法》，特别是 1987 年 12 月 3 日国务院颁发了《中华人民共和国尘肺病防治条例》。

1994 年制定的《劳动法》在总则中规定劳动者享有获得劳动安全卫生保护的权利，并对劳动安全卫生专章作了规定。2001 年《职业病防治法》的颁布，使职业病防治工作走上了法制化轨道,我国的职业病防治工作取得了很大成绩,全社会职业病防治意识逐步增强,职业病高发势头得到一定遏制。但是,随着我国经济快速发展,我国职业病防治工作形势总体上比较严峻。尤其是随着所有制与劳动用工形式日益多元化,一些中小私营企业职业病防护措施落实不到位的问题较为突出,劳动者在职业活动中接触的职业病危害因素不断增多,职业病危害分布行业越来越广,从煤炭、冶金、化工、建筑等传统工业,到汽车制造、医药、计算机、生物工程等新兴产业,都不同程度地存在职业病危害,劳动者面临的职业病危害风险日益突出,各地陆续出现一些群发性职业病危害事件,在社会上产生了较大的影响。职业病危害已成为影响、损害职工身心健康的重要问题。其中,农民工成为受职业病危害最严重的一个群体。面对当前职业病防治的严峻形势,2002 年 5 月 1 日起施行的《职业病防治法》已不能适应社会经济发展与防治职业病的需要。2010 年 10 月 8 日,中央机构编制委员会办公室公布了《关于职业卫生监管部门职责分工的通知》(中央编办发[2010]104 号),明确了国家一级职业卫生监管体制,监管体制问题正在逐步解决。关于职业病待遇问题,2010 年 12 月 20 日,国务院修订了《工伤保险条例》,职业病病人可以享受的待遇得到进一步提高;2011 年 1 月 12 日,国务院常务会议又专门研究了"老工伤"问题,明确分阶段将"老工伤"纳入工伤保险统筹管理。修改后的《职业病防治法》进一步理顺了职业卫生监督管理体制,强化了用人单位的职业病防治义务,进一步完善了职业病诊断、鉴定制度,强化了用人单位违法行为的法律责任。

三、《职业病防治法》的适用范围

《职业病防治法》适用于中华人民共和国领域内的职业病防治活动。由于职业病是企业、事业单位和个体经济组织等用人单位的劳动者在职业活动中,因接触粉尘、放射性物质和其他有毒、有害等因素而引起的疾病。因此,用人单位既包括我国的用人单位,也包括我国领域内的外国用人单位;劳动者既包括中国人,也包括在中国工作的具有外国国籍的人和无国籍人。

四、职业病的界定

《职业病防治法》规定,我国的法定职业病是指企业、事业单位和个体经济组织等用人单位的劳动者在职业活动中,因接触粉尘、放射性物质和其他有毒、有害因素而引起的疾病。

职业病必须具备 4 个条件:①患病的主体必须是企业、事业单位和个体经济组织等用人单位的劳动者。②必须是在从事职业活动的过程中产生的。③必须是因接触粉尘、放射性物质和其他有毒、有害因素而引起的。④必须是国家公布的职业病分类和目录所列的职业病。

在上述 4 个要件中,缺少一个要件,目前都不属于职业病。2002 年,卫生部、劳动和社会保障部共同制定的《职业病目录》,将职业病分为 10 大类 115 种,这是我国现行有效的法定的职业病分类和目录。其中包括:尘肺 13 种;职业性放射性疾病 11 种;职业中毒 56 种;物理因素所致职业病 5 种;生物因素所致职业病 3 种;职业性皮肤病 8 种;职业性眼病 3 种;职业性耳鼻喉、口腔疾病 3 种;职业性肿瘤 8 种;其他职业病 5 种。

今后职业病的分类和目录由国务院卫生行政部门会同国务院安全生产监督管理部门、劳动保障行政部门规定、调整并公布。

五、职业病防治的方针、机制和管理原则

(一)职业病防治工作的方针

我国职业病防治工作坚持“预防为主、防治结合”的方针。预防为主是指要把预防职业病的发生作为根本目的和首要措施,控制各类职业病的致病因素。预防为主是做好职业病防治工作的基础和前提。强调预防为主,是因为职业病与其他疾病相比较,有很大的不同,一旦患了职业病,就很难治愈,只能通过医学手段维持或者适当减轻职业病带来的痛苦。所以,职业病防治工作必须实行前期预防。在预防的基础上,出现职业病病人,应当采取有效措施给予医疗救治,并对职业病病人给予相应的保障,使预防和治理得到有效的结合,共同做好职业病防治工作。

(二)职业病防治工作的机制

建立用人单位负责、行政机关监管、行业自律、职工参与和社会监督的机制。用人单位是职业病预防的首要责任主体,应当为劳动者创造符合国家职业卫生标准和卫生要求的工作环境和条件,并采取措施保障劳动者获得职业卫生保护。卫生、安全生产监督管理等行政机关在职业病防治工作中担负着重要的监管职责。行业自律是发挥行业组织的职能,配合行政机关做好职业病防治工作的重要补充。职工是企业的主人,职工民主参与在职业病防治工作中发挥了重要的作用。接受社会监督是企业的一项社会义务,新闻媒体和社会舆论监督在职业病防治中发挥了积极的作用。

(三)职业病防治工作的管理原则

《职业病防治法》规定,职业病防治工作实行分类管理、综合治理。由于可能导致职业病危害的因素很多,危害程度各异,因此,在职业病防治管理工作中要根据不同的职业病危害的致病因素和性质、严重程度等,采取不同的管理措施。同时,在职业病防治活动中采取一切有效的管理办法和技术措施,做到全方位的综合治理,才有可能实现职业病防治的最佳效果。

第二节　职业病前期预防的法律规定

职业病前期预防突出强调用人单位应当依照法律、法规的要求,严格遵守国家职业卫生标准,落实职业病预防措施,从源头上控制和消除职业病危害。

一、用人单位设立的职业病卫生要求

产生职业病危害的用人单位的设立除应当符合法律、行政法规规定的设立条件外,其工作场所还应当符合下列职业卫生要求:

(1)职业病危害因素的强度或者浓度符合国家职业卫生标准。

(2)有与职业病危害防护相适应的设施。

(3)生产布局合理,符合有害与无害作业分开的原则。

(4)有配套的更衣间、洗浴间、孕妇休息间等卫生设施。

(5)设备、工具、用具等设施符合保护劳动者生理、心理健康的要求。

(6)法律、行政法规和国务院卫生行政部门、安全生产监督管理部门关于保护劳动者健康的其他要求。

二、职业病危害项目的申报制度

职业病危害,是指对从事职业活动的劳动者可能导致职业病的各种危害。职业病危害因素包括:职业活动中存在的各种有害的化学、物理、生物因素以及在作业过程中产生的其他职业有害因素。职业病危害项目是指存在或者产生职业病危害因素的项目。《职业病防治法》规定,国家建立职业病危害项目申报制度。用人单位工作场所存在职业病目录所列职业病的危害因素的,应当及时、如实地向所在地安全生产监督管理部门申报危害项目,接受监督。

职业病危害因素分类目录由国务院卫生行政部门会同国务院安全生产监督管理部门制定、调整并公布。职业病危害项目申报的具体办法由国务院安全生产监督管理部门制定。

(一)建设项目职业病危害预先评价报告

1.职业病危害预评价报告的项目　新建、扩建、改建建设项目和技术改造、技术引进项目可能产生职业病危害的,建设单位在可行性论证阶段应当向安全生产监督管理部门提交职业病危害预评价报告。建设项目职业病危害分类管理办法由国务院安全生产监督管理部门制定。

2.职业病危害预评价报告的内容　职业病危害预评价报告应当对建设项目可能产生的职业病危害因素及其对工作场所和劳动者健康的影响作出评价,确定危害类别和职业病防护措施。

安全生产监督管理部门应当自收到职业病危害预评价报告之日起30日内,作出审核决定并书面通知建设单位。未提交预评价报告或者预评价报告未经安全生产监督管理部门审核同意的,有关部门不得批准该建设项目。

建设项目职业病危害分类管理办法由国务院安全生产监督管理部门制定。

(二)建设项目职业病防护设施的设计、施工和验收的规定

1.职业病防护设施建设　任何建设项目的职业病防护设施所需费用应当纳入建设项目工程预算,并与主体工程同时设计,同时施工,同时投入生产和使用。职业病危害严重的建设项目的防护设施设计,应当经安全生产监督管理部门审查,符合国家职业卫生标准和卫生要求的,方可施工。

2.职业病危害控制效果评价　建设项目在竣工验收前,建设单位应当进行职业病危害控制效果评价;建设项目竣工验收时,其职业病防护设施经安全生产监督管理部门验收合格后,方可投入正式生产和使用。

(三)职业病危害评价机构

职业病危害预评价、职业病危害控制效果评价由依法设立的取得国务院安全生产监督管理部门或者设区的市级以上地方人民政府安全生产监督管理部门按照职责分工给予资质认可的职业卫生技术服务机构进行。职业卫生技术服务机构所作评价应当客观、真实。

第三节　劳动过程中的防护与管理的法律规定

一、用人单位的义务和责任

用人单位作为职业病危害防治的责任主体，必须加强职业病危害防治工作，为劳动者提供符合法律、法规、规章和国家标准、行业标准的工作环境和条件，采取有效措施，保障劳动者的职业健康。

(一)采取职业病防治管理措施

用人单位只有采取法律规定的职业病防治管理措施，才能更好地保护劳动者的身体健康。一些用人单位正是由于没有相应的职业病防治管理措施，职业病危害的情况才比较严重。因此，依法采取防治职业病的管理措施，也是保护劳动者身体健康的前提条件。《职业病防治法》规定，用人单位应当采取下列职业病防治管理措施：

(1)设置或者指定职业卫生管理机构或者组织，配备专职或者兼职的职业卫生专业人员，负责本单位的职业病防治工作。

(2)制定职业病防治计划和实施方案。

(3)建立、健全职业卫生管理制度和操作规程。

(4)建立、健全职业卫生档案和劳动者健康监护档案。

(5)建立、健全工作场所职业病危害因素监测及评价制度。

(6)建立、健全职业病危害事故应急救援预案。

(二)保障职业病防治资金投入

用人单位应当保障职业病防治所需的资金投入，不得挤占、挪用，并对因资金投入不足导致的后果承担责任。

(三)采用有效的职业病防护设施和个人防护用品

用人单位必须采用有效的职业病防护设施，并为劳动者提供个人使用的职业病防护用品。用人单位为劳动者个人提供的职业病防护用品必须符合防治职业病的要求；不符合要求的，不得使用。劳动者个人使用的职业病防护用品，用人单位应当进行经常性的维护、检修，定期检测其性能和效果，确保其处于正常状态，不得擅自拆除或者停止使用。

(四)优化技术、工艺原材料和设备使用管理

用人单位应当优先采用有利于防治职业病和保护劳动者健康的新技术、新工艺、新设备、新材料，逐步替代职业病危害严重的技术、工艺、设备、材料。用人单位对采用的技术、工艺、设备、材料，应当知悉其产生的职业病危害，对有职业病危害的技术、工艺、设备、材料隐瞒其危害而采用的，对所造成的职业病危害后果承担责任。

(五)设置警示标志、报警装置、急救设施

1.产生职业病危害的用人单位，应当在醒目位置设置公告栏，公布有关职业病防治的规章制度、操作规程、职业病危害事故应急救援措施和工作场所职业病危害因素检测结果。对产生严重职业病危害的作业岗位，应当在其醒目位置，设置警示标志和中文警示说明。警示说明应当载明产生职业病危害的种类、后果、预防以及应急救治措施等内容。

2.对可能发生急性职业损伤的有毒、有害工作场所，用人单位应当设置报警装置，配置现场急救用品、冲洗设备、应急撤离通道和必要的泄险区。

3.对放射工作场所和放射性同位素的运输、贮存，用人单位必须配置防护设备和报警装置，保证接触放射线的工作人员佩戴个人剂量计。

4.对职业病防护设备、应急救援设施和个人使用的职业病防护用品，用人单位应当进行经常性的维护、检修，定期检测其性能和效果，确保其处于正常状态，不得擅自拆除或者停止使用。

（六）履行特殊保护义务

用人单位不得安排未成年工从事接触职业病危害的作业，不得安排孕期、哺乳期的女职工从事对本人和胎儿、婴儿有危害的作业。

（七）实施职业病危害因素日常监测

1.用人单位应当实施由专人负责的职业病危害因素日常监测，并确保监测系统处于正常运行状态。

2.用人单位应当按照国务院安全生产监督管理部门的规定，定期对工作场所进行职业病危害因素检测、评价。检测、评价结果存入用人单位职业卫生档案，定期向所在地安全生产监督管理部门报告并向劳动者公布。

职业病危害因素检测、评价由依法设立的取得国务院安全生产监督管理部门或者设区的市级以上地方人民政府安全生产监督管理部门按照职责分工给予资质认可的职业卫生技术服务机构进行。职业卫生技术服务机构所作检测、评价应当客观、真实。

3.发现工作场所职业病危害因素不符合国家职业卫生标准和卫生要求时，用人单位应当立即采取相应治理措施，仍然达不到国家职业卫生标准和卫生要求的，必须停止存在职业病危害因素的作业；职业病危害因素经治理后，符合国家职业卫生标准和卫生要求的，方可重新作业。

（八）开展职业病防治岗位培训

1.用人单位的主要负责人和职业卫生管理人员应当接受职业卫生培训，遵守职业病防治法律、法规，依法组织本单位的职业病防治工作。

2.用人单位应当对劳动者进行上岗前的职业卫生培训和在岗期间的定期职业卫生培训，普及职业卫生知识，督促劳动者遵守职业病防治法律、法规、规章和操作规程，指导劳动者正确使用职业病防护设备和个人使用的职业病防护用品。

3.劳动者不遵守职业病防治法律、法规、规章和操作规程，不正确使用、维护职业病防护设备和个人使用的职业病防护用品，发现职业病危害事故隐患不及时报告，用人单位应当对其进行教育。

（九）建立健康监护制度

1.用人单位应当为劳动者建立职业健康监护档案，并按照规定的期限妥善保存。职业健康监护档案应当包括劳动者的职业史、职业病危害接触史、职业健康检查结果和职业病诊疗等有关个人健康资料。劳动者离开用人单位时，有权索取本人职业健康监护档案复印件，用人单位应当如实、无偿提供，并在所提供的复印件上签章。

2.对从事接触职业病危害的作业的劳动者，用人单位应当按照国务院安全生产监督管理部门、卫生行政部门的规定组织上岗前、在岗期间和离岗时的职业健康检查，并将检查结果书面告知劳动者。职业健康检查费用由用人单位承担。

3. 用人单位不得安排未经上岗前职业健康检查的劳动者从事接触职业病危害的作业。用人单位不得安排有职业禁忌的劳动者从事其所禁忌的作业。对在职业健康检查中发现有与所从事的职业相关的健康损害的劳动者，应当调离原工作岗位，并妥善安置。对未进行离岗前职业健康检查的劳动者，用人单位不得解除或者终止与其订立的劳动合同。

4. 对遭受或者可能遭受急性职业病危害的劳动者，用人单位应当及时组织救治、进行健康检查和医学观察，所需费用由用人单位承担。

职业健康检查应当由省级以上人民政府卫生行政部门批准的医疗卫生机构承担。

（十）如实告知职业病危害

1. 用人单位与劳动者订立劳动合同（含聘用合同，下同）时，应当将工作过程中可能产生的职业病危害及其后果、职业病防护措施和待遇等如实告知劳动者，并在劳动合同中写明，不得隐瞒或者欺骗。

2. 劳动者在已订立劳动合同期间因工作岗位或者工作内容变更，从事与所订立劳动合同中未告知的存在职业病危害的作业时，用人单位应当依照前款规定，向劳动者履行如实告知的义务，并协商变更原劳动合同相关条款。

用人单位违反前两款规定的，劳动者有权拒绝从事存在职业病危害的作业，用人单位不得因此解除与劳动者所订立的劳动合同。

（十一）保障劳动者获得职业卫生保护的义务

1. 用人单位应当为劳动者创造符合国家职业卫生标准和卫生要求的工作环境和条件，并采取措施保障劳动者获得职业卫生保护。用人单位制定或者修改有关职业病防治的规章制度，应当听取工会组织的意见。

2. 用人单位应当建立、健全职业病防治责任制，加强对职业病防治的管理，提高职业病防治水平，对本单位产生的职业病危害承担责任。用人单位的主要负责人对本单位的职业病防治工作全面负责。

3. 用人单位必须依法参加工伤保险。

二、向用人单位提供可能产生职业病危害设备的管理制度

1. 向用人单位提供可能产生职业病危害的设备的，应当提供中文说明书，并在设备的醒目位置设置警示标志和中文警示说明。警示说明应当载明设备性能、可能产生的职业病危害、安全操作和维护注意事项、职业病防护以及应急救治措施等内容。

2. 向用人单位提供可能产生职业病危害的化学品、放射性同位素和含有放射性物质的材料的，应当提供中文说明书。说明书应当载明产品特性、主要成分、存在的有害因素、可能产生的危害后果、安全使用注意事项、职业病防护以及应急救治措施等内容。产品包装应当有醒目的警示标志和中文警示说明。贮存上述材料的场所，应当在规定的部位设置危险物品标志或者放射性警示标志。

3. 任何单位和个人不得生产、经营、进口和使用国家明令禁止使用的可能产生职业病危害的设备或者材料。

4. 任何单位和个人不得将产生职业病危害的作业转移给不具备职业病防护条件的单位和个人。不具备职业病防护条件的单位和个人不得接受产生职业病危害的作业。

三、劳动者职业卫生保护权利与义务

1. 劳动者享有下列职业卫生保护权利：

(1)获得职业卫生教育、培训。

(2)获得职业健康检查、职业病诊断、康复等职业防治服务。

(3)了解工作场所产生和可能产生的职业病危害因素、危害后果和应当采取的职业病防护设施和个人使用的职业病防护用品，改善工作条件。

(4)要求用人单位提供符合防治职业病要求的职业病防护设施和个人使用的职业病防护用品，改善工作条件。

(5)对违反职业病防治法律、法规以及危及生命健康的行为提出批评、检举和控告。

(6)参与用人单位职业卫生保障工作的民主管理，对职业病防治工作提出意见和建议。

(7)用人单位未如实告知职业病危害，劳动者有权拒绝从事存在职业病危害的作业。

用人单位应当保障劳动者行使上述所列权利。因劳动者依法行使正当权利而降低其工资、福利等待遇或者解除、终止与其订立的劳动合同的，其行为无效。

2. 劳动者应当学习和掌握相关的职业卫生知识，增强职业病防范意识，遵守职业病防治法律、法规、规章和操作规程，正确使用、维护职业病防护设备和个人使用的职业病防护用品，发现职业病危害事故隐患应当及时报告。

四、工会组织对职业病防治的职责

工会组织依法对职业病防治工作进行监督，维护劳动者的合法权益。

1. 用人单位制定或者修改有关职业病防治的规章制度，应当听取工会组织的意见。工会组织应当督促并协助用人单位开展职业卫生宣传教育和培训，有权对用人单位的职业病防治工作提出意见和建议，依法代表劳动者与用人单位签订劳动安全卫生专项集体合同，与用人单位就劳动者反映的有关职业病防治的问题进行协调并督促解决。

2. 工会组织对用人单位违反职业病防治法律、法规，侵犯劳动者合法权益的行为，有权要求纠正；产生严重职业病危害时，有权要求采取防护措施，或者向政府有关部门建议采取强制性措施；发生职业病危害事故时，有权参与事故调查处理；发现危及劳动者生命健康的情形时，有权向用人单位建议组织劳动者撤离危险现场，用人单位应当立即作出处理。

五、职业卫生技术服务机构的职责

职业卫生技术服务机构依法从事职业病危害因素检测、评价工作，接受安全生产监督管理部门的监督检查。职业病危害因素检测、评价由依法设立的取得国务院安全生产监督管理部门或者设区的市级以上地方人民政府安全生产监督管理部门按照职责分工给予资质认可的职业卫生技术服务机构进行。职业卫生技术服务机构所作检测、评价应当客观、真实。

第四节　职业病诊断与职业病病人保障的法律制度

一、职业病报告的法律规定

用人单位和医疗卫生机构发现职业病病人或者疑似职业病病人时，应当及时向所在地卫生行政部门和安全生产监督管理部门报告。确诊为职业病的，用人单位还应当向所在地劳动保障行政部门报告。县级以上地方人民政府卫生行政部门、安全生产监督管理部门和劳动保障部门接到报告后，应当依法作出处理。

县级以上地方人民政府卫生行政部门负责本行政区域内的职业病统计报告的管理工作，并按照规定上报。

二、职业病诊断的法律规定

（一）职业病诊断机构与人员

职业病诊断是一项技术性、法律性都很强的工作，与一般疾病诊断有很大的区别，必须由具备一定的专业技术条件并能够满足职业病诊断要求的医疗卫生机构承担。

1. 职业病诊断机构的设立　职业病诊断应当是经省、自治区、直辖市人民政府卫生行政部门批准的医疗卫生机构承担。省、自治区、直辖市人民政府卫生行政部门应当向社会公布本行政区域内承担职业病诊断的医疗卫生机构的名单。

2. 承担职业病诊断的医疗卫生机构应当具备的条件　《职业病防治法》规定，承担职业病诊断的医疗卫生机构应当具备下列条件：

（1）持有《医疗机构执业许可证》。

（2）具有与开展职业病诊断相适应的医疗卫生技术人员。

（3）具有与开展职业病诊断相适应的仪器、设备。

（4）具有健全的职业病诊断质量管理制度。

3. 职业病诊断机构的职责与义务。

（1）劳动者可以在用人单位所在地、本人户籍所在地或者经常居住地依法承担职业病诊断的医疗卫生机构进行职业病诊断。承担职业病诊断的医疗卫生机构不得拒绝劳动者进行职业病诊断的要求。

（2）职业病患者向承担职业病诊断的医疗卫生机构提出诊断要求后，医疗卫生机构不得以劳动者无法提供诊断所需资料为由拒绝劳动者的诊断申请。

（3）职业病诊断过程中，劳动者对用人单位提供的职业病危害因素检测资料的真实性有异议，或者用人单位无法提供职业病危害因素检测资料的，职业病诊断机构应当根据《职业病防治法》规定申请安全生产监督管理部门作出判定或者组织进行现场调查。

（4）劳动者的劳动关系、工种、工作岗位、在岗时间等事项不明确或者双方当事人有争议的，职业病诊断机构应当告知劳动者依照《职业病防治法》规定申请劳动争议仲裁。在仲裁的基础上，职业病诊断机构应当根据仲裁裁决结果、患者的临床表现以及辅助检查结果等依法作出职业病诊断结论。

(5)承担职业病报告的义务。

(6)承担卫生行政部门交办的有关职业病诊断的其他工作。

(二)职业病的诊断

1.职业病诊断的原则　《职业病防治法》规定,职业病诊断,应当综合分析下列因素:

(1)病人的职业史。

(2)职业病危害接触史和工作场所职业病危害因素情况。

(3)临床表现以及辅助检查结果等。

没有证据否定职业病危害因素与病人临床表现之间的必然联系的,应当诊断为职业病。

职业病诊断、鉴定过程中,用人单位不提供工作场所职业病危害因素检测结果等资料的,诊断、鉴定机构应当结合劳动者的临床表现、辅助检查结果和劳动者的职业史、职业病危害接触史,并参考劳动者的自述、安全生产监督管理部门提供的日常监督检查信息等,作出职业病诊断、鉴定结论。

用人单位应当如实提供职业病诊断、鉴定所需的劳动者职业史和职业病危害接触史、工作场所职业病危害因素检测结果等资料;安全生产监督管理部门应当监督检查和督促用人单位提供上述资料;劳动者和有关机构也应当提供与职业病诊断、鉴定有关的资料。

职业病诊断、鉴定机构需要了解工作场所职业病危害因素情况时,可以对工作场所进行现场调查,也可以向安全生产监督管理部门提出,安全生产监督管理部门应当在10日内组织现场调查。用人单位不得拒绝、阻挠。

劳动者对用人单位提供的工作场所职业病危害因素检测结果等资料有异议,或者因劳动者的用人单位解散、破产,无用人单位提供上述资料的,诊断、鉴定机构应当提请安全生产监督管理部门进行调查,安全生产监督管理部门应当自接到申请之日起30日内对存在异议的资料或者工作场所职业病危害因素情况作出判定;有关部门应当配合。

2.职业病诊断的方法　承担职业病诊断的医疗卫生机构在进行职业病诊断时,应当组织3名以上取得职业病诊断资格的执业医师集体诊断,并共同签署《职业病诊断证明书》,经承担职业病诊断的医疗卫生机构审核盖章。

三、职业病诊断鉴定委员会的法律规定

(一)职业病鉴定申请及鉴定

1.职业病鉴定申请的法律规定　当事人对职业病诊断有异议的,可以向作出诊断的医疗卫生机构所在地地方人民政府卫生行政部门申请鉴定。

2.职业病鉴定机构　职业病诊断鉴定实行两级鉴定制。职业病诊断争议由设区的市级以上地方人民政府卫生行政部门根据当事人的申请,组织职业病诊断鉴定委员会进行鉴定。当事人对设区的市级职业病诊断鉴定委员会的鉴定结论不服的,可以向省、自治区、直辖市人民政府卫生行政部门申请再鉴定。

(二)职业病诊断鉴定委员会的法律规定

1.职业病鉴定专家　职业病诊断鉴定委员会由相关专业的专家组成。省、自治区、直辖市人民政府卫生行政部门应当设立相关的专家库,需要对职业病争议作出诊断鉴定时,由当事人或者当事人委托有关卫生行政部门从专家库中以随机抽取的方式确定参加诊断鉴定委员会的专家。

2. 职业病鉴定程序与方法　职业病诊断鉴定委员会应当按照国务院卫生行政部门颁布的职业病诊断标准和职业病诊断、鉴定办法进行职业病诊断鉴定，向当事人出具《职业病诊断鉴定书》。职业病诊断、鉴定费用由用人单位承担。

3. 职业病诊断鉴定委员会的职责和义务。

(1)职业病诊断鉴定委员会组成人员应当遵守职业道德，客观、公正地进行诊断鉴定，并承担相应的责任。

(2)职业病诊断鉴定委员会组成人员不得私下接触当事人，不得收受当事人的财物或者其他好处，与当事人有利害关系的，应当回避。

(3)人民法院受理有关案件需要进行职业病鉴定时，应当从省、自治区、直辖市人民政府卫生行政部门依法设立的相关的专家库中选取参加鉴定的专家。

四、职业病诊断、鉴定争议的法律规定

职业病诊断、鉴定过程中，在确认劳动者职业史、职业病危害接触史时，当事人对劳动关系、工种、工作岗位或者在岗时间有争议的，可以向当地的劳动人事争议仲裁委员会申请仲裁；接到申请的劳动人事争议仲裁委员会应当受理，并在 30 日内作出裁决。

当事人在仲裁过程中对自己提出的主张，有责任提供证据。劳动者无法提供由用人单位掌握管理的与仲裁主张有关的证据的，仲裁庭应当要求用人单位在指定期限内提供；用人单位在指定期限内不提供的，应当承担不利后果。

劳动者对仲裁裁决不服的，可以依法向人民法院提起诉讼。用人单位对仲裁裁决不服的，可以在职业病诊断、鉴定程序结束之日起 15 日内依法向人民法院提起诉讼；诉讼期间，劳动者的治疗费用按照职业病待遇规定的途径支付。

五、疑似职业病病人的法律规定

医疗卫生机构发现疑似职业病病人时，应当告知劳动者本人并及时通知用人单位。用人单位应当及时安排对疑似职业病病人进行诊断；在疑似职业病病人诊断或者医学观察期间，不得解除或者终止与其订立的劳动合同。疑似职业病病人在诊断、医学观察期间的费用，由用人单位承担。

六、职业病病人保障的法律规定

(一)职业病病人的待遇

为做好职业病防治工作，保护劳动者的合法权益，妥善处理和安置好职业病患者，《职业病防治法》规定，职业病病人依法享受国家规定的职业病待遇。

1. 用人单位应当按照国家有关规定，安排职业病病人进行治疗、康复和定期检查。

2. 用人单位对不适宜继续从事原工作的职业病病人，应当调离原岗位，并妥善安置。用人单位对从事接触职业病危害的作业的劳动者，应当给予适当的岗位津贴。

3. 职业病病人的诊疗、康复费用，伤残以及丧失劳动能力的职业病病人的社会保障，按照国家有关工伤保险的规定执行。

4. 职业病病人除依法享有工伤保险外，依照有关民事法律，尚有获得赔偿的权利的，有权向用人单位提出赔偿要求。

5.劳动者被诊断患有职业病，但用人单位没有依法参加工伤保险的，其医疗和生活保障由最后的用人单位承担。最后的用人单位有证据证明该职业病是先前用人单位的职业病危害造成的，由先前的用人单位承担。

6.职业病病人变动工作单位，其依法享有的待遇不变。用人单位在发生分立、合并、解散、破产等情形时，应当对从事接触职业病危害的作业的劳动者进行健康检查，并按照国家有关规定妥善安置职业病病人。

7.用人单位已经不存在或者无法确认劳动关系的职业病病人，可以向地方人民政府民政部门申请医疗救助和生活等方面的救助。地方各级人民政府应当根据本地区的实际情况，采取其他措施，使前款规定的职业病病人获得医疗救治。

(二)职业病病人的民事赔偿规定

劳动者被诊断患有职业病，但用人单位没有依法参加工伤保险的，其医疗和生活保障由该用人单位承担。

第五节　职业病防治监督检查的法律规定

一、职业病监督检查机构及其职责

(一)职业病监督检查机构

1.国务院安全生产监督管理部门、卫生行政部门、劳动保障部门，按照《职业病防治法》和国务院确定的职责，负责全国职业病防治的监督管理工作。

2.县级以上地方人民政府安全生产监督管理部门、卫生行政部门、劳动保障部门依据职责，负责本行政区域内职业病防治的监督管理工作。

3.县级以上地方人民政府有关部门在各自的职责范围内负责职业病防治的有关监督管理工作。

(二)职业病监督检查机构的职责

1.人民政府的职责　国务院和县级以上地方人民政府应当制定职业病防治规划，将其纳入国民经济和社会发展计划，并组织实施。

县级以上地方人民政府统一负责、领导、组织、协调本行政区域的职业病防治工作，建立健全职业病防治工作体制、机制，统一领导、指挥职业卫生突发事件应对工作；加强职业病防治能力建设和服务体系建设，完善、落实职业病防治工作责任制。

乡、民族乡、镇的人民政府应当认真执行《职业病防治法》，支持职业卫生监督管理部门依法履行职责。

2.人民政府职业卫生监督管理部门的职责　县级以上人民政府职业卫生监督管理部门应当加强对职业病防治的宣传教育，普及职业病防治的知识，增强用人单位的职业病防治观念，提高劳动者的职业健康意识、自我保护意识和行使职业卫生保护权利的能力；依照职业病防治法律、法规、国家职业卫生标准和卫生要求，依据职责划分，对职业病防治工作进行监督检查。

3.卫生行政部门的职责　国务院卫生行政部门负责组织制定并公布有关防治职业病的

国家职业卫生标准。国务院卫生行政部门应当组织开展重点职业病监测和专项调查，对职业健康风险进行评估，为制定职业卫生标准和职业病防治政策提供科学依据。

县级以上地方人民政府卫生行政部门应当定期对本行政区域的职业病防治情况进行统计和调查分析。

4.安全生产监督管理部门的职责。

(1)安全生产监督管理部门履行监督检查职责时，有权采取下列措施：①进入被检查单位和职业病危害现场，了解情况，调查取证。②查阅或者复制与违反职业病防治法律、法规的行为有关的资料和采集样品。③责令违反职业病防治法律、法规的单位和个人停止违法行为。

(2)发生职业病危害事故或者有证据证明危害状态可能导致职业病危害事故发生时，安全生产监督管理部门可以采取下列临时控制措施：①责令暂停导致职业病危害事故的作业。②封存造成职业病危害事故或者可能导致职业病危害事故发生的材料和设备。③组织控制职业病危害事故现场。

在职业病危害事故或者危害状态得到有效控制后，安全生产监督管理部门应当及时解除控制措施。

二、职业卫生监督管理执法人员的职责

1.职业卫生监督执法人员依法执行职务时，应当出示监督执法证件。

2.职业卫生监督执法人员应当忠于职守，秉公执法，严格遵守执法规范；涉及用人单位的秘密的，应当为其保密。

3.职业卫生监督执法人员应当依法经过资格认定。职业卫生监督管理部门应当加强队伍建设，提高职业卫生监督执法人员的政治、业务素质，依照本法和其他有关法律、法规的规定，建立、健全内部监督制度，对其工作人员执行法律、法规和遵守纪律的情况，进行监督检查。

4.职业卫生监督执法人员依法执行职务时，被检查单位应当接受检查并予以支持配合，不得拒绝和阻碍。

5.安全生产监督管理部门及职业卫生监督执法人员履行职责时，不得有下列行为：

(1)对不符合法定条件的，发给建设项目有关证明文件、资质证明文件或者予以批准。

(2)对已经取得有关证明文件的，不履行监督检查职责。

(3)发现用人单位存在职业病危害的，或可能造成职业病危害事故的，不及时依法采取控制措施。

(4)其他违反《职业病防治法》的行为。

第六节　法律责任

一、行政责任

(一)建设单位违法行为的行政法律责任

建设单位违反《职业病防治法》规定，有下列行为之一的，由安全生产监督管理部门给予

警告，责令限期改正；逾期不改正的，处10万元以上50万元以下的罚款；情节严重的，责令停止产生职业病危害的作业，或者提请有关人民政府按照国务院规定的权限责令停建、关闭：

(1)未按照规定进行职业病危害预评价或者未提交职业病危害预评价报告，或者职业病危害预评价报告未经安全生产监督管理部门审核同意，开工建设的。

(2)建设项目的职业病防护设施未按照规定与主体工程同时投入生产和使用的。

(3)职业病危害严重的建设项目，其职业病防护设施设计未经安全生产监督管理部门审查，或者不符合国家职业卫生标准和卫生要求施工的。

(4)未按照规定对职业病防护设施进行职业病危害控制效果评价、未经安全生产监督管理部门验收或者验收不合格，擅自投入使用的。

(二)用人单位违法行为的行政法律责任

1.违反《职业病防治法》规定，有下列行为之一的，由安全生产监督管理部门给予警告，责令限期改正；逾期不改正的，处10万元以下的罚款：

(1)工作场所职业病危害因素检测、评价结果没有存档、上报、公布的。

(2)未采取本法第21条规定的职业病防治管理措施的。

(3)未按照规定公布有关职业病防治的规章制度、操作规程、职业病危害事故应急救援措施的。

(4)未按照规定组织劳动者进行职业卫生培训，或者未对劳动者个人职业病防护采取指导、督促措施的。

(5)国内首次使用或者首次进口与职业病危害有关的化学材料，未按照规定报送毒性鉴定资料以及经有关部门登记注册或者批准进口的文件的。

2.用人单位违反《职业病防治法》规定，有下列行为之一的，由安全生产监督管理部门责令限期改正，给予警告，可以并处5万元以上10万元以下的罚款：

(1)未按照规定及时、如实向安全生产监督管理部门申报产生职业病危害的项目的。

(2)未实施由专人负责的职业病危害因素日常监测，或者监测系统不能正常监测的。

(3)订立或者变更劳动合同时，未告知劳动者职业病危害真实情况的。

(4)未按照规定组织职业健康检查、建立职业健康监护档案或者未将检查结果书面告知劳动者的。

(5)未依照本法规定在劳动者离开用人单位时提供职业健康监护档案复印件的。

3.用人单位违反《职业病防治法》规定，有下列行为之一的，由安全生产监督管理部门给予警告，责令限期改正，逾期不改正的，处5万元以上20万元以下的罚款；情节严重的，责令停止产生职业病危害的作业，或者提请有关人民政府按照国务院规定的权限责令关闭：

(1)工作场所职业病危害因素的强度或者浓度超过国家职业卫生标准的。

(2)未提供职业病防护设施和个人使用的职业病防护用品，或者提供的职业病防护设施和个人使用的职业病防护用品不符合国家职业卫生标准和卫生要求的。

(3)对职业病防护设备、应急救援设施和个人使用的职业病防护用品未按照规定进行维护、检修、检测，或者不能保持正常运行、使用状态的。

(4)未按照规定对工作场所职业病危害因素进行检测、评价的。

(5)工作场所职业病危害因素经治理仍然达不到国家职业卫生标准和卫生要求时，未停止存在职业病危害因素的作业的。

(6)未按照规定安排职业病病人、疑似职业病病人进行诊治的。

(7)发生或者可能发生急性职业病危害事故时，未立即采取应急救援和控制措施或者未按照规定及时报告的。

(8)未按照规定在产生严重职业病危害的作业岗位醒目位置设置警示标志和中文警示说明的。

(9)拒绝职业卫生监督管理部门监督检查的。

(10)隐瞒、伪造、篡改、毁损职业健康监护档案、工作场所职业病危害因素检测评价结果等相关资料，或者拒不提供职业病诊断、鉴定所需资料的。

(11)未按照规定承担职业病诊断、鉴定费用和职业病病人的医疗、生活保障费用的。

4.用人单位和医疗卫生机构未按照规定报告职业病、疑似职业病的，由有关主管部门依据职责分工责令限期改正，给予警告，可以并处1万元以下的罚款；弄虚作假的，并处2万元以上5万元以下的罚款；对直接负责的主管人员和其他直接责任人员，可以依法给予降级或者撤职的处分。

5.违反《职业病防治法》规定，有下列情形之一的，由安全生产监督管理部门责令限期治理，并处5万元以上30万元以下的罚款；情节严重的，责令停止产生职业病危害的作业，或者提请有关人民政府按照国务院规定的权限责令关闭：

(1)隐瞒技术、工艺、设备、材料所产生的职业病危害而采用的。

(2)隐瞒本单位职业卫生真实情况的。

(3)可能发生急性职业损伤的有毒、有害工作场所、放射工作场所或者放射性同位素的运输、贮存不符合本法第26条规定的。

(4)使用国家明令禁止使用的可能产生职业病危害的设备或者材料的。

(5)将产生职业病危害的作业转移给没有职业病防护条件的单位和个人，或者没有职业病防护条件的单位和个人接受产生职业病危害的作业的。

(6)擅自拆除、停止使用职业病防护设备或者应急救援设施的。

(7)安排未经职业健康检查的劳动者、有职业禁忌的劳动者、未成年工或者孕期、哺乳期女职工从事接触职业病危害的作业或者禁忌作业的。

(8)违章指挥和强令劳动者进行没有职业病防护措施的作业的。

6.用人单位违反《职业病防治法》规定，已经对劳动者生命健康造成严重损害的，由安全生产监督管理部门责令停止产生职业病危害的作业，或者提请有关人民政府按照国务院规定的权限责令关闭，并处10万元以上50万元以下的罚款。

(三)向用人单位提供可能产生职业病危害的设备、材料，未按照规定提供中文说明书或者设置警示标志和中文警示说明的，由安全生产监督管理部门责令限期改正，给予警告，并处5万元以上20万元以下的罚款。

(四)生产、经营或者进口国家明令禁止使用的可能产生职业病危害的设备或者材料的，依照有关法律、行政法规的规定给予处罚。

(五)医疗卫生机构违法行为的行政法律责任

1.未取得职业卫生技术服务资质认可擅自从事职业卫生技术服务的，或者医疗卫生机构未经批准擅自从事职业健康检查、职业病诊断的，由安全生产监督管理部门和卫生行政部门依据职责分工责令立即停止违法行为，没收违法所得；违法所得5000元以上的，并处违法所得2倍以上10倍以下的罚款；没有违法所得或者违法所得不足5000元的，并处5000元以上5万元以下的罚款；情节严重的，对直接负责的主管人员和其他直接责任人员，依法给予降级、撤职或者开除的处分。

2.从事职业卫生技术服务的机构和承担职业健康检查、职业病诊断的医疗卫生机构违反《职业病防治法》规定，有下列行为之一，尚未构成犯罪的，由安全生产监督管理部门和卫生行政部门依据职责分工责令立即停止违法行为，给予警告，没收违法所得；违法所得5000元以上的，并处违法所得2倍以上5倍以下的罚款；没有违法所得或者违法所得不足5000元的，并处5000元以上2万元以下的罚款；情节严重的，由原认可或者批准机关取消其相应的资格；对直接负责的主管人员和其他直接责任人员，依法给予降级、撤职或者开除的处分：

(1)超出资质认可或者批准范围从事职业卫生技术服务或者职业健康检查、职业病诊断的。

(2)不按照本法规定履行法定职责的。

(3)出具虚假证明文件的。

(六)职业病诊断鉴定委员会违法行为的行政法律责任

职业病诊断鉴定委员会组成人员收受职业病诊断争议当事人的财物或者其他好处的，给予警告，没收收受的财物，可以并处3000元以上5万元以下的罚款，取消其担任职业病诊断鉴定委员会组成人员的资格，并从省、自治区、直辖市人民政府卫生行政部门设立的专家库中予以除名。

(七)职业病监督管理机构违法行为的行政法律责任

1.卫生行政部门、安全生产监督管理部门不按照规定报告职业病和职业病危害事故的，由上一级行政部门责令改正，通报批评，给予警告；虚报、瞒报的，对单位负责人、直接负责的主管人员和其他直接责任人员依法给予降级、撤职或者开除的处分。

2.违反《职业病防治法》第17条、第18条规定，有关部门擅自批准建设项目或者发放施工许可的，对该部门直接负责的主管人员和其他直接责任人员，由监察机关或者上级机关依法给予记过直至开除的处分。

3.县级以上地方人民政府在职业病防治工作中未依照职业病防治法履行职责，本行政区域出现重大职业病危害事故、造成严重社会影响的，依法对直接负责的主管人员和其他直接责任人员给予记大过直至开除的处分。

4.县级以上人民政府职业卫生监督管理部门不履行《职业病防治法》规定的职责，滥用职权、玩忽职守、徇私舞弊，依法对直接负责的主管人员和其他直接责任人员给予记大过或者降级的处分；造成职业病危害事故或者其他严重后果的，依法给予撤职或者开除的处分。

二、民事责任

职业病病人有权依照有关法律规定，向用人单位提出赔偿要求。

三、刑事责任

违反《职业病防治法》规定，构成犯罪的，依法追究刑事责任。

1.用人单位违反《职业病防治法》规定，造成重大职业病危害事故或者其他严重后果，构成犯罪的，对直接负责的主管人员和其他直接责任人员，依法追究刑事责任。

2.从事职业卫生技术服务的机构和承担职业健康检查、职业病诊断的医疗卫生机构违反《职业病防治法》规定，有下列行为之一，构成犯罪的，依法追究刑事责任：

(1)超出资质认可或者批准范围从事职业卫生技术服务或者职业健康检查、职业病诊断的。

(2)不按照本法规定履行法定职责的。

(3)出具虚假证明文件的。

思考题

1.简述法定职业病的概念。如何界定职业病？

2.职业病诊断有哪些规定？

3.职业病诊断的原则和方法是什么？

4.承担职业病诊断的医疗卫生机构应当具备的条件有哪些？

第十三章　精神卫生法律制度

第一节　精神卫生法律制度概述

一、精神卫生法的概念

精神卫生法是调整精神卫生工作中产生的各种社会关系的法律规范的总和。其中不仅包括精神障碍患者的医疗、康复、就业等合法权益，维护精神卫生机构的正常工作秩序，保护精神卫生工作人员的人身安全等，还包括精神障碍的预防、治疗及康复中的合法权益。

精神卫生的概念源自英文 mental health，亦称“心理卫生”，有广义和狭义之分。按照世界卫生组织对健康延伸的定义，广义的精神卫生是指为维护人类精神活动“处于身体上、心理上和社会上的完好状态或完全安宁”所进行的一切个人和群体的社会活动。对个人而言，是指个体对各环境的满意适应，是一种积极持续的心理状态。狭义的精神卫生是指与医学有关的精神卫生，以精神障碍的预防、治疗和康复为重点，即狭义的精神卫生通常指为避免人的精神活动处于“精神障碍(或精神疾病)”状态所进行的相关活动。

二、世界各国有关精神障碍患者权益保护的历史发展

精神障碍患者是指各种有害因素所致的大脑功能紊乱，精神活动异常，在感知觉、思维、注意、记忆、情感、行为和意志智能以及意识等方面存在不同程度障碍的人。精神障碍患者由于缺乏对心理异常的自知能力和行为的控制能力，其行为表现有时远离习俗，有时古怪离奇。在科学文化落后的历史时期，世界各国普遍视精神障碍患者为“狂人”而加以歧视、虐待、关闭甚至杀害。由于一般人对精神障碍的本质缺乏理解，所以精神障碍患者往往受到有别于各种躯体疾病患者的社会待遇。

为了保护精神障碍患者这一弱势群体的合法权益，世界各国普遍重视精神卫生立法。早在 1800 年，英国便有了《精神错乱者条例》，以法律的形式规定了对精神病人的收容、监护措施等。1890 年又更名为《精神错乱条例》，增加了对病人以治疗代替惩罚、保护其基本权益等内容。从 1838 年法国颁布世界上第一部《精神卫生法》至今，已有 140 多个国家颁布了精神卫生法，我国香港和台湾地区也于 20 世纪 90 年代初相继制定和颁布了精神卫生法。一些国际组织也陆续发表了一系列声明和宣言，如联合国 1971 年通过的《精神发育迟滞者权利宣言》、1991 年通过的《保护精神疾病患者和促进精神保健的原则》；世界精神病学协会、世界心理卫生联合会等机构 1989 年通过的《精神疾病患者权益和保障的声明》、《精神病

人人权宣言》。1995 年世界卫生组织提出了《精神卫生保健法——十项基本原则》,作为各国政府制定和修改精神卫生法的参考。

从世界范围精神卫生立法的趋势看,越来越强调精神障碍患者的"自愿住院"等权利。英国 1959 年颁布的《精神卫生法》,规定了对精神病人的治疗和处理应遵循自愿的原则,并使其与躯体疾病治疗享受同等的待遇。美国的法律也赋予精神病人以"治疗决定权"、"治疗拒绝权"和"最小限制性选择权"等,把病人的利益放在第一位。

三、我国的精神卫生立法

精神卫生既是全球性的重大公共卫生问题,也是较为严重的社会问题。精神卫生问题的严重性在中国十分突出,精神疾病在我国疾病总负担中排名居首位,约占疾病总负担的 20%,我国有严重精神障碍患者约 1600 万人。我国强制收治精神障碍患者程序缺失,个别地方发生的强制收治案例引起患者及其亲属的强烈质疑,"被精神病"不时成为舆论热点。精神卫生领域已经成为我国人权保护中不可忽视的薄弱领域。为了保障精神障碍患者的人格尊严、人身和财产安全,使其受教育、参与劳动、个人隐私等合法权益受到法律保护,我国 1985 年启动了精神卫生立法工作。从 1985 开始起草《精神卫生法》草案,到 2012 年通过,历时 27 年。在此期间,地方性精神卫生立法不断出现。北京、上海、杭州、武汉、宁波、无锡等地分别制定了专门的《精神卫生条例》,上海、天津、武汉、石家庄等地制定了有关精神病患者的强制收治的地方法规。这些地方立法为全国性的《精神卫生法》的制定提供了丰富的实践经验。

精神卫生既是重大公共卫生问题,也是公众关注的社会问题。我国政府也意识到这个问题的重要性,加快了精神卫生立法的进程。2011 年 6 月,公布《精神卫生法》草案;2011 年 9 月 19 日,国务院常务会议讨论并且原则通过《精神卫生法(草案)》。2011 年 10 月 29 日,第十一届全国人民代表大会常务委员会第二十三次会议初次审议了《精神卫生法(草案)》,并将《精神卫生法(草案)》及其说明在中国人大网公布,向社会公开征集意见。2012 年 10 月 26 日,第十一届全国人民代表大会常务委员会第二十九次会议通过了《中华人民共和国精神卫生法》(以下简称《精神卫生法》),自 2013 年 5 月 1 日起正式实施。这是我国首部促进精神卫生事业发展,规范精神卫生服务,维护精神障碍患者合法权益的重要法律。它的颁布实施填补了我国精神卫生领域的法律空白,将对我国精神卫生工作产生广泛而深远的影响:有利于构建社会主义和谐社会,有利于解决目前精神卫生工作存在的突出问题;确保精神障碍患者不因贫困而得不到救治,确保有肇事肇祸危险的严重精神障碍患者不因疏于管理而伤害自身或者危害他人,确保无需住院治疗的公民不因制度、程序缺失而被强制收治。

四、《精神卫生法》的主要内容及适用范围

《精神卫生法》共 7 章 85 条,对精神卫生工作的方针原则和管理机制、心理健康促进和精神障碍预防、精神障碍的诊断和治疗、精神障碍的康复、精神卫生工作的保障措施、精神障碍患者合法权益的维护等作了规定。

《精神卫生法》适用于中华人民共和国境内开展维护和增进公民心理健康、预防和治疗精神障碍、促进精神障碍患者康复的活动。

五、精神障碍患者的权利

精神障碍患者同其他公民一样，享有人身权、财产权，以及教育、劳动、医疗、从国家和社会获得物质帮助等方面的合法权益。在住院治疗期间患者的知情同意权、隐私权、通讯和会见探访者的权利等受法律保护。

精神障碍患者作为权利主体，具有与正常人同样的权利，只是由于患病的缘故，其合法权利有时会难以实现或易受侵犯，需要予以特别强调或给以适当的限制。为了有效保护精神障碍患者的人身权利和财产权利，《精神卫生法》明确规定：

(1)精神障碍患者的人格尊严、人身和财产安全不受侵犯。精神障碍患者的教育、劳动、医疗以及从国家和社会获得物质帮助等方面的合法权益受法律保护。有关单位和个人应当对精神障碍患者的姓名、肖像、住址、工作单位、病历资料以及其他可能推断出其身份的信息予以保密。但是，依法履行职责需要公开的除外。

(2)全社会应当尊重、理解、关爱精神障碍患者。任何组织或者个人不得歧视、侮辱、虐待精神障碍患者，不得非法限制精神障碍患者的人身自由。新闻报道和文学艺术作品等不得含有歧视、侮辱精神障碍患者的内容。

六、精神卫生工作的方针、原则和机制

我国精神卫生工作实行预防为主的方针，坚持预防、治疗和康复相结合的原则。精神卫生工作实行政府组织领导、部门各负其责、家庭和单位尽力尽责、全社会共同参与的综合管理机制。

七、各类机构和人员精神卫生工作的职责、权利和义务的法律规定

我国精神卫生工作建立综合管理机制，合理分配各方责任，建立政府、家庭和社会共同承担、负担适度的符合我国国情的精神卫生工作机制；同时，尽可能与现行法律制度相衔接，充分利用现有机制，以减少制度执行成本。

(一)各级人民政府的职责

1. 县级以上人民政府领导精神卫生工作，将其纳入国民经济和社会发展规划，建设和完善精神障碍的预防、治疗和康复服务体系，建立健全精神卫生工作协调机制和工作责任制，对有关部门承担的精神卫生工作进行考核、监督。

2. 各级人民政府和县级以上人民政府有关部门应当采取措施，鼓励和支持组织、个人提供精神卫生志愿服务，捐助精神卫生事业，兴建精神卫生公益设施。对在精神卫生工作中做出突出贡献的组织、个人，按照国家有关规定给予表彰、奖励。

3. 省、自治区、直辖市人民政府根据本行政区域的实际情况，统筹规划，整合资源，建设和完善精神卫生服务体系，加强精神障碍预防、治疗和康复服务能力建设。县级人民政府根据本行政区域的实际情况，统筹规划，建立精神障碍患者社区康复机构。县级以上地方人民政府应当采取措施，鼓励和支持社会力量举办从事精神障碍诊断、治疗的医疗机构和精神障碍患者康复机构。县级以上地方人民政府及其有关部门应当采取有效措施，保证患有精神障碍的适龄儿童、少年接受义务教育，扶持有劳动能力的精神障碍患者从事力所能及的劳动，并为已经康复的人员提供就业服务。

4. 各级人民政府应当根据精神卫生工作需要，加大财政投入力度，保障精神卫生工作所需经费，将精神卫生工作经费列入本级财政预算。

5. 乡镇人民政府和街道办事处根据本地区的实际情况，组织开展预防精神障碍发生、促进精神障碍患者康复等工作。

(二)各级卫生行政部门及政府有关部门的职责

国务院卫生行政部门主管全国的精神卫生工作。

县级以上地方人民政府卫生行政部门主管本行政区域的精神卫生工作。县级以上地方人民政府卫生行政部门会同有关部门依据国民经济和社会发展规划的要求，制定精神卫生工作规划并组织实施；组织医务人员进行精神卫生知识培训，提高其识别精神障碍的能力；应当定期就下列事项对本行政区域内从事精神障碍诊断、治疗的医疗机构进行检查：

(1)相关人员、设施、设备是否符合本法要求。

(2)诊疗行为是否符合《精神卫生法》以及诊断标准、治疗规范的规定。

(3)对精神障碍患者实施住院治疗的程序是否符合《精神卫生法》规定。

(4)是否依法维护精神障碍患者的合法权益。

县级以上地方人民政府卫生行政部门进行规定的检查，应当听取精神障碍患者及其监护人的意见；发现存在违反《精神卫生法》行为的，应当立即制止或者责令改正，并依法作出处理。

县级以上人民政府司法行政、民政、公安、教育、人力资源和社会保障等部门在各自职责范围内负责有关的精神卫生工作。县级以上人民政府教育行政部门对教师进行上岗前和在岗培训，应当有精神卫生的内容，并定期组织心理健康教育教师、辅导人员进行专业培训。

(三)监护人职责与义务

精神障碍患者的监护人应当履行监护职责，维护精神障碍患者的合法权益。禁止对精神障碍患者实施家庭暴力，禁止遗弃精神障碍患者。精神障碍患者的监护人应当协助患者进行生活自理能力和社会适应能力等方面的康复训练。

(四)国家、单位和个人的职责

1. 国家鼓励和支持工会、共产主义青年团、妇女联合会、红十字会、科学技术协会等团体依法开展精神卫生工作；鼓励和支持开展精神卫生专门人才的培养，维护精神卫生工作人员的合法权益，加强精神卫生专业队伍建设；鼓励和支持开展精神卫生科学技术研究，发展现代医学、我国传统医学、心理学，提高精神障碍预防、诊断、治疗、康复的科学技术水平；鼓励和支持开展精神卫生领域的国际交流与合作。国家加强基层精神卫生服务体系建设，扶持贫困地区、边远地区的精神卫生工作，保障城市社区、农村基层精神卫生工作所需经费。国家对安排精神障碍患者就业的用人单位依法给予税收优惠，并在生产、经营、技术、资金、物资、场地等方面给予扶持。

2. 中国残疾人联合会及其地方组织依照法律、法规或者接受政府委托，动员社会力量，开展精神卫生工作。

村民委员会、居民委员会依照《精神卫生法》的规定开展精神卫生工作，并对所在地人民政府开展的精神卫生工作予以协助。

3. 医学院校应当加强精神医学的教学和研究，按照精神卫生工作的实际需要培养精神医学专门人才，为精神卫生工作提供人才保障。师范院校应当为学生开设精神卫生课程；医学院校应当为非精神医学专业的学生开设精神卫生课程。

4.综合性医疗机构应当按照国务院卫生行政部门的规定开设精神科门诊或者心理治疗门诊，提高精神障碍预防、诊断、治疗能力。医疗机构应当组织医务人员学习精神卫生知识和相关法律、法规、政策。从事精神障碍诊断、治疗、康复的机构应当定期组织医务人员、工作人员进行在岗培训，更新精神卫生知识。

(五)精神卫生工作人员的权利

精神卫生工作人员的人格尊严、人身安全不受侵犯，精神卫生工作人员依法履行职责受法律保护。全社会应当尊重精神卫生工作人员。县级以上人民政府及其有关部门、医疗机构、康复机构应当采取措施，加强对精神卫生工作人员的职业保护，提高精神卫生工作人员的待遇水平，并按照规定给予适当的津贴。精神卫生工作人员因工致伤、致残、死亡的，其工伤待遇以及抚恤按照国家有关规定执行。

第二节　心理健康促进和精神障碍预防的法律规定

精神障碍，是指由各种原因引起的感知、情感和思维等精神活动的紊乱或者异常，导致患者明显的心理痛苦或者社会适应等功能损害。因此，增进精神健康的保健工作，充分加强精神卫生知识的普及和宣教，及时提供正确的心理咨询服务，提高人们对精神健康的自我保健，促进心理健康，是减少与各种应激因素有关的精神(心理)障碍发生的有效途径。

心理健康关系每一个人、每一个家庭的幸福。政府、用人单位、学校、社区、家庭都要关注精神卫生问题，共同维护和促进心理健康。

一、加强政府对心理健康促进和精神障碍预防工作的重视

各级人民政府和县级以上人民政府有关部门应当采取措施，加强心理健康促进和精神障碍预防工作，提高公众心理健康水平。

各级人民政府和县级以上人民政府有关部门制定的突发事件应急预案，应当包括心理援助的内容。发生突发事件，履行统一领导职责或者组织处置突发事件的人民政府应当根据突发事件的具体情况，按照应急预案的规定，组织开展心理援助工作。

二、加大心理健康和精神障碍预防的教育和宣传

(一)用人单位应开展职工心理健康教育

用人单位应当创造有益于职工身心健康的工作环境，关注职工的心理健康；对处于职业发展特定时期或者在特殊岗位工作的职工，应当有针对性地开展心理健康教育。

(二)学校应进行学生心理健康教育

各级各类学校应当对学生进行精神卫生知识教育；配备或者聘请心理健康教育教师、辅导人员，并可以设立心理健康辅导室，对学生进行心理健康教育。学前教育机构应当对幼儿开展符合其特点的心理健康教育。

发生自然灾害、意外伤害、公共安全事件等可能影响学生心理健康的事件，学校应当及时组织专业人员对学生进行心理援助。

教师应当学习和了解相关的精神卫生知识，关注学生心理健康状况，正确引导、激励学

生。地方各级人民政府教育行政部门和学校应当重视教师心理健康。学校和教师应当与学生父母或者其他监护人、近亲属沟通学生心理健康情况。

(三)医务人员应对就诊者进行心理健康指导

医务人员开展疾病诊疗服务,应当按照诊断标准和治疗规范的要求,对就诊者进行心理健康指导;发现就诊者可能患有精神障碍的,应当建议其到符合法律规定的医疗机构就诊。

(四)家庭成员应互相关爱,预防精神障碍

家庭成员之间应当相互关爱,创造良好、和睦的家庭环境,提高精神障碍预防意识;发现家庭成员可能患有精神障碍的,应当帮助其及时就诊,照顾其生活,做好看护管理。

(五)开展心理健康指导、精神卫生知识宣传教育

监狱、看守所、拘留所、强制隔离戒毒所等场所,应当对服刑人员,被依法拘留、逮捕、强制隔离戒毒的人员等,开展精神卫生知识宣传,关注其心理健康状况,必要时提供心理咨询和心理辅导。监狱、强制隔离戒毒所等场所应当采取措施,保证患有精神障碍的服刑人员、强制隔离戒毒人员等获得治疗。

村民委员会、居民委员会应当协助所在地人民政府及其有关部门开展社区心理健康指导、精神卫生知识宣传教育活动,创建有益于居民身心健康的社区环境。乡镇卫生院或者社区卫生服务机构应当为村民委员会、居民委员会开展社区心理健康指导、精神卫生知识宣传教育活动提供技术指导。

新闻宣传和医学影视作品应当尊重精神疾病患者,不得含有歧视、侮辱精神病患者内容。国家鼓励和支持广播、电视、报刊、互联网等新闻媒体、社会组织开展精神卫生的公益性宣传,普及精神卫生知识,引导公众关注心理健康,预防精神障碍的发生。

三、加强精神障碍预防义务履行情况的督促和指导

县级以上地方人民政府人力资源社会保障、教育、卫生、司法行政、公安等部门应当在各自职责范围内分别对《精神卫生法》规定的单位(用人单位、学校、医疗机构、监狱、看守所、拘留所、强制隔离戒毒所等场所)履行精神障碍预防义务的情况进行督促和指导。

四、重视心理健康咨询和突发事件的心理援助

心理健康咨询是预防精神障碍的重要环节。心理健康咨询在用人单位、学校、医院、监狱等场所,以及社区或福利、慈善等机构开展。心理治疗在医疗机构内开展。综合医院应按照国务院卫生行政部门的规定开设精神科门诊或者心理治疗门诊,为患者服务。

从事心理咨询的人员应当经过精神卫生知识培训,取得相应资格。心理咨询人员应当遵守以下法律规定:

(1)心理咨询人员应当提高业务素质,遵守执业规范,为社会公众提供专业化的心理咨询服务。

(2)心理咨询人员不得从事心理治疗或者精神障碍的诊断、治疗。

(3)心理咨询人员发现接受咨询的人员可能患有精神障碍的,应当建议其到符合《精神卫生法》规定的医疗机构就诊。

(4)心理咨询人员应当尊重接受咨询人员的隐私,并为其保守秘密。

心理治疗师执业,应当经注册取得心理治疗师执业证书。心理治疗活动应当在医疗机

构内开展。专门从事心理治疗的人员不得从事精神障碍的诊断，不得为精神障碍患者开具处方或者提供外科治疗。

各级人民政府和县级以上人民政府有关部门制定的突发事件应急预案，应当包括心理援助的内容。发生突发事件，履行统一领导职责或者组织处置突发事件的人民政府应当根据突发事件的具体情况，按照应急预案的规定，组织开展心理援助工作。发生自然灾害、意外伤害、公共安全事件等可能影响学生心理健康的事件，学校应当及时组织专业人员对学生进行心理援助。

五、组织开展精神卫生监测和专题调查

国务院卫生行政部门建立精神卫生监测网络，实行严重精神障碍发病报告制度，组织开展精神障碍发生状况、发展趋势等的监测和专题调查工作。精神卫生监测和专题调查结果应当作为制定精神卫生工作规划的依据。

国务院卫生行政部门应当会同有关部门、组织，建立精神卫生工作信息共享机制，实现信息互联互通、交流共享。

第三节　精神障碍的诊断和治疗的法律规定

根据我国《精神卫生法》的规定，精神障碍的诊断、治疗、住院、出院有严格的法定程序。精神障碍的诊断、治疗，应当遵循维护患者合法权益、尊重患者人格尊严的原则，保障患者在现有条件下获得良好的精神卫生服务。

一、医疗机构开展精神障碍诊断、治疗活动条件的规定

《精神卫生法》规定，开展精神障碍诊断、治疗活动，应当具备下列条件，并依照医疗机构的管理规定办理有关手续：

(1)有与从事的精神障碍诊断、治疗相适应的精神科执业医师、护士。

(2)有满足开展精神障碍诊断、治疗需要的设施和设备。

(3)有完善的精神障碍诊断、治疗管理制度和质量监控制度。

从事精神障碍诊断、治疗的专科医疗机构还应当配备从事心理治疗的人员。

二、精神障碍诊断依据的规定

精神障碍的诊断应当以精神健康状况为依据，由精神科执业医师按照精神障碍诊断标准作出。除法律另有规定外，不得违背本人意志进行确定其是否患有精神障碍的医学检查。

三、疑似精神障碍患者送医主体的法律规定

1.个人可以自行到医疗机构进行精神障碍诊断。

2.除个人自行到医疗机构进行精神障碍诊断外，《精神卫生法》第28条规定：

(1)疑似精神障碍患者的近亲属可以将其送往医疗机构进行精神障碍诊断。

(2)对查找不到近亲属的流浪乞讨疑似精神障碍患者，由当地民政等有关部门按照职责

分工，帮助送往医疗机构进行精神障碍诊断。

(3)疑似精神障碍患者发生伤害自身、危害他人安全的行为，或者有伤害自身、危害他人安全的危险的，其近亲属、所在单位、当地公安机关应当立即采取措施予以制止，并将其送往医疗机构进行精神障碍诊断。医疗机构应当将其留院，立即指派精神科执业医师进行诊断，并及时出具诊断结论。医疗机构接到送诊的疑似精神障碍患者，不得拒绝为其作出诊断。

精神障碍的诊断应当由精神科执业医师作出。

四、精神障碍住院治疗的规定

《精神卫生法》明确规定，“精神障碍的住院治疗实行自愿原则”，对非自愿住院治疗措施的适用条件、标准和程序等作了全面规定，将有效保护患者权益，防止患者“被精神病”。

(一)精神障碍的住院治疗实行自愿原则

《精神卫生法》规定，精神障碍的住院治疗实行自愿原则。精神障碍患者已经发生伤害自身的行为，或者有伤害自身的危险的情形的，经其监护人同意，医疗机构应当对患者实施住院治疗；监护人不同意的，医疗机构不得对患者实施住院治疗。监护人应当对在家居住的患者做好看护管理。精神障碍患者的监护人应当妥善看护未住院治疗的患者，按照医嘱督促其按时服药、接受随访或者治疗。村民委员会、居民委员会、患者所在单位等应当依患者或者其监护人的请求，对监护人看护患者提供必要的帮助。

(二)非自愿住院治疗的制度

《精神卫生法》科学设置非自愿住院治疗制度，明确条件、严格程序，努力与国际通行做法相衔接，确保精神障碍患者不因贫困得不到救治，确保肇事肇祸等严重精神障碍患者不因疏于管理而伤害自身或者危害社会、他人，确保无需住院治疗的公民不因程序、制度缺失而被强制收治。

1.非自愿住院治疗的条件　根据《精神卫生法》第 30 条第 2 款规定，诊断结论、病情评估表明，就诊者为严重精神障碍患者并有下列情形之一的，应当对其实施住院治疗：

(1)已经发生伤害自身的行为，或者有伤害自身的危险的。

(2)已经发生危害他人安全的行为，或者有危害他人安全的危险的。

即只有经诊断结论、病情评估表明，严重精神障碍患者不能辨认或者不能控制自己行为，且有伤害自身、危害公共安全或者他人人身安全、扰乱公共秩序危险的，才能对患者实施非自愿住院治疗。

2.非自愿住院治疗的适用程序　疑似精神障碍患者发生伤害自身、危害他人安全的行为，或者有伤害自身、危害他人安全的危险的，其近亲属、所在单位、当地公安机关应当立即采取措施予以制止，并将其送往医疗机构进行精神障碍诊断。医疗机构接到依照法律规定送诊的此类疑似精神障碍患者，应当将其留院，立即指派精神科执业医师进行诊断，并及时出具诊断结论。

3.非自愿住院治疗结论的异议程序　《精神卫生法》第 32 条第 1 款规定，精神障碍患者已经发生危害他人安全的行为，或者有危害他人安全的危险的情形，患者或者其监护人对需要住院治疗的诊断结论有异议，不同意对患者实施住院治疗的，可以要求再次诊断和鉴定。

(1)复诊。是指患者或者其监护人对非自愿住院治疗结论有异议的，可以选择所在地省级行政区域内其他具有合法资质的医疗机构进行复诊。

《精神卫生法》第32条第2款规定，依照规定要求再次诊断的，应当自收到诊断结论之日起3日内向原医疗机构或者其他具有合法资质的医疗机构提出。承担再次诊断的医疗机构应当在接到再次诊断要求后指派2名初次诊断医师以外的精神科执业医师进行再次诊断，并及时出具再次诊断结论。承担再次诊断的执业医师应当到收治患者的医疗机构面见、询问患者，该医疗机构应当予以配合。

(2)鉴定。是指对非自愿住院治疗复诊结论有异议、要求鉴定的，由患者本人或者其监护人自主委托依法取得资质的精神障碍司法鉴定机构进行鉴定。

患者或者其监护人对非自愿住院治疗再次诊断结论有异议的，可以自主委托依法取得执业资质的鉴定机构进行精神障碍医学鉴定；医疗机构应当公示经公告的鉴定机构名单和联系方式。接受委托的鉴定机构应当指定本机构具有该鉴定事项执业资格的2名以上鉴定人共同进行鉴定，并及时出具鉴定报告。

鉴定人应当到收治精神障碍患者的医疗机构面见、询问患者，该医疗机构应当予以配合。鉴定人本人或者其近亲属与鉴定事项有利害关系，可能影响其独立、客观、公正进行鉴定的，应当回避。鉴定机构、鉴定人应当遵守有关法律、法规、规章的规定，尊重科学，恪守职业道德，按照精神障碍鉴定的实施程序、技术方法和操作规范，依法独立进行鉴定，出具客观、公正的鉴定报告。鉴定人应当对鉴定过程进行实时记录并签名。记录的内容应当真实、客观、准确、完整，记录的文本或者声像载体应当妥善保存。

(3)复诊、鉴定结论的处理。诊断、鉴定结论表明当事人不是精神障碍患者或者不需要实施非自愿住院医疗的，任何单位或者个人不得限制其离开医疗机构。

再次诊断结论或者鉴定报告表明，精神障碍患者有法律规定需住院治疗情形的，其监护人应当同意对患者实施住院治疗。监护人阻碍实施住院治疗或者患者擅自脱离住院治疗的，可以由公安机关协助医疗机构采取措施对患者实施住院治疗。

在相关机构出具再次诊断结论、鉴定报告前，收治精神障碍患者的医疗机构应当按照诊疗规范的要求对患者实施住院治疗。

诊断结论表明需要住院治疗的精神障碍患者，本人没有能力办理住院手续的，由其监护人办理住院手续；患者属于查找不到监护人的流浪乞讨人员的，由送诊的有关部门办理住院手续。精神障碍患者有依法需住院治疗情形的，其监护人不办理住院手续的，由患者所在单位、村民委员会或者居民委员会办理住院手续，并由医疗机构在患者病历中予以记录。

五、医疗机构进行精神障碍诊断、治疗应遵循的基本原则

(一)应当遵循维护患者合法权益、尊重患者人格尊严的原则

精神障碍患者在住院治疗期间的知情同意权、隐私权、通讯和会见探访者的权利等受法律保护。

1.医疗机构及其医务人员应当将精神障碍患者在诊断、治疗过程中享有的权利，告知患者或者其监护人。

2.医疗机构及其医务人员应当遵循精神障碍诊断标准和治疗规范，制定治疗方案，并向精神障碍患者或者其监护人告知治疗方案和治疗方法、目的以及可能产生的后果。

3.医疗机构不得强迫精神障碍患者从事生产劳动。

4.禁止利用约束、隔离等保护性医疗措施惩罚精神障碍患者。精神障碍患者在医疗机

构内发生或者将要发生伤害自身、危害他人安全、扰乱医疗秩序的行为，医疗机构及其医务人员在没有其他可替代措施的情况下，可以实施约束、隔离等保护性医疗措施。实施保护性医疗措施应当遵循诊断标准和治疗规范，并在实施后告知患者的监护人。

5.医疗机构及其医务人员应当尊重住院精神障碍患者的通讯和会见探访者等权利。除在急性发病期或者为了避免妨碍治疗可以暂时性限制外，不得限制患者的通讯和会见探访者等权利。

(二)应当遵循保障患者在现有条件下获得最有利的精神卫生服务的原则

1.医疗机构应当配备适宜的设施、设备，保护就诊和住院治疗的精神障碍患者的人身安全，防止其受到伤害，并为住院患者创造尽可能接近正常生活的环境和条件。

2.对精神障碍患者使用药物，应当以诊断和治疗为目的，使用安全、有效的药物，不得为诊断或者治疗以外的目的使用药物。

3.禁止对依照法律规定实施住院治疗的精神障碍患者实施以治疗精神障碍为目的的外科手术。

4.医疗机构对精神障碍患者实施下列治疗措施，应当向患者或者其监护人告知医疗风险、替代医疗方案等情况，并取得患者的书面同意；无法取得患者意见的，应当取得其监护人的书面同意，并经本医疗机构伦理委员会批准：

(1)导致人体器官丧失功能的外科手术。

(2)与精神障碍治疗有关的实验性临床医疗。

实施前款第一项治疗措施，因情况紧急查找不到监护人的，应当取得本医疗机构负责人和伦理委员会批准。

禁止对精神障碍患者实施与治疗其精神障碍无关的实验性临床医疗。

5.医疗机构及其医务人员应当在病历资料中如实记录精神障碍患者的病情、治疗措施、用药情况、实施约束和隔离措施等内容，并如实告知患者或者其监护人。患者及其监护人可以查阅、复制病历资料，但是，患者查阅、复制病历资料可能对其治疗产生不利影响的除外。病历资料保存期限不得少于30年。

6.医疗机构不得因就诊者是精神障碍患者，推诿或者拒绝为其治疗属于本医疗机构诊疗范围的其他疾病。

六、精神障碍患者出院的规定

自愿住院治疗的精神障碍患者可以随时要求出院。对已经发生伤害自身的行为，或者有伤害自身的危险的严重精神障碍患者实施住院治疗的，监护人可以随时要求患者出院。对已经发生危害他人安全的行为，或者有危害他人安全的危险的严重精神障碍患者实施住院治疗，医疗机构认为患者可以出院的，应当立即告知患者及其监护人。

对非自愿住院患者，医疗机构应当组织精神科执业医师定期进行检查评估，评估结果表明患者不需要继续住院治疗的，医疗机构应当立即通知患者本人及其监护人，患者本人或者其监护人可以依法办理出院手续；县级卫生行政部门应当定期对本行政区域内从事精神障碍诊断和治疗的医疗机构进行检查，发现违法行为的，应当立即制止或者责令纠正，并依法作出处理。

精神障碍患者出院，本人没有能力办理出院手续的，监护人应当为其办理出院手续。

第四节　精神障碍康复的法律规定

对于任何一种疾病来说，预防、治疗和康复是“全程治疗”的三个不可分割的组成部分。大部分精神障碍是慢性疾病，并有可能导致某种程度的残疾，因此，预防和康复是更为重要的环节。

康复在现代医学的概念中，是指躯体功能、心理功能和职业能力的恢复。精神障碍的康复是指提高精神障碍患者活动能力，改善生活自理能力，促使其重新参加社会活动并提高生活质量：即运用一切可采取的手段，尽量纠正精神障碍的病态表现，最大限度地恢复适应社会生活的精神功能。

一、精神障碍康复的三项基本原则

精神障碍康复有三项基本原则，即功能训练、全面康复、回归社会。功能训练是指利用各种康复的方法和手段，对精神障碍患者进行各种功能活动，包括心理活动、躯体活动、语言交流、日常生活、职业活动和社会活动等方面能力的训练；全面康复是康复的准则和方针，使患者心理、生理和社会功能实现全面的、整体的康复；而回归社会则为康复的目标和方向。

二、精神障碍康复的主要任务

（一）生活技能训练和社会心理功能康复

认真训练生活、学习、工作方面的行为技能，包括独立生活的能力、基本工作能力、人际交往技能、解决问题技能、应付应激技能等，使患者能够重新融入社会。

（二）药物自我管理能力训练

包括使患者了解药物对预防与治疗的重要意义，自觉接受药物治疗；学习有关精神药物的知识，对药物的作用、不良反应等有所了解，学会识别常见的药物不良反应，并能进行简单处理。

（三）学习求助医生的功能

在需要的时候，能自觉寻求医生的帮助，向医生正确地提出问题和要求，并能有效地描述自己所存在的问题和症状。在病情出现复发迹象的时候，能及时向医生反映，以得到合理的处理。

三、我国精神障碍康复的法律规定

持续治疗和康复是严重精神障碍患者回归社会的重要措施，省、自治区、直辖市人民政府根据本行政区域的实际情况，统筹规划，整合资源，建设和完善精神卫生服务体系，加强精神障碍预防、治疗和康复服务能力建设。

（一）社区康复机构应提供场所和条件

《精神卫生法》第 54 条规定，社区康复机构应当为需要康复的精神障碍患者提供场所和条件，对患者进行生活自理能力和社会适应能力等方面的康复训练。

社区康复，是指依靠社区（城市街道、农村乡镇）的力量，包括精神病患者本身和家庭以及整个社区的力量，在力所能及的水平上采取各种措施，诸如医学的、家庭的、职业的、社会的康复，使多数精神病患者可以就近得到恢复和补偿功能，以增加其参与社会的能力。同时，积极开展精神疾病的预防工作，防止精神疾病的发生和发展。

社区不应歧视精神障碍患者，要创造条件帮助患者康复。向精神障碍患者提供康复服务的社区康复机构，包括各类职业康复训练中心、工(农)疗站、日托康复站、各类长期托养机构、中途宿舍等在社区里提供精神障碍康复服务的机构。社区康复机构在精神障碍康复工作中的职责主要有两方面：一是为需要康复的精神障碍患者提供场所和条件，二是对患者进行生活自理能力和社会适应能力等方面的康复训练。

县级人民政府根据实际情况统筹规划，建立精神障碍患者社区康复机构，并采取措施鼓励社会力量建立精神障碍患者康复机构。

(二)医疗机构应提供技术指导和支持

医疗机构应当为在家居住的严重精神障碍患者提供精神科基本药物维持治疗，并为社区康复机构提供有关精神障碍康复的技术指导和支持。

社区卫生服务机构、乡镇卫生院、村卫生室应当建立严重精神障碍患者的健康档案，对在家居住的严重精神障碍患者进行定期随访，指导患者服药和开展康复训练，并对患者的监护人进行精神卫生知识和看护知识的培训。县级人民政府卫生行政部门应当为社区卫生服务机构、乡镇卫生院、村卫生室开展上述工作给予指导和培训。

(三)村民委员会、居民委员会应当提供帮助

村民委员会、居民委员会应当为生活困难的精神障碍患者家庭提供帮助，并向所在地乡镇人民政府或者街道办事处以及县级人民政府有关部门反映患者及其家庭的情况和要求，帮助其解决实际困难，为患者融入社会创造条件。

(四)残疾人组织或康复机构应提供帮助

残疾人组织或者残疾人康复机构应当根据精神障碍患者康复的需要，组织患者参加康复活动。

(五)监护人应协助患者康复

精神障碍患者的监护人应当协助患者进行生活自理能力和社会适应能力等方面的康复训练。精神障碍患者的监护人在看护患者过程中需要技术指导的，社区卫生服务机构或者乡镇卫生院、村卫生室、社区康复机构应当给予提供。

(六)用人单位保障患者劳动权利

用人单位应当根据精神障碍患者的实际情况，安排患者从事力所能及的工作，保障患者享有同等待遇，安排患者参加必要的职业技能培训，提高患者的就业能力，为患者创造适宜的工作环境，对患者在工作中取得的成绩予以鼓励。

第五节　精神卫生工作保障措施的法律规定

县级以上人民政府卫生行政部门会同有关部门依据国民经济和社会发展规划的要求，制定精神卫生工作规划并组织实施。精神卫生监测和专题调查结果应当作为制定精神卫生工作规划的依据。

一、精神卫生工作经费保障

省、自治区、直辖市人民政府根据本行政区域的实际情况，统筹规划，整合资源，建设和完善精神卫生服务体系，加强精神障碍预防、治疗和康复服务能力建设。县级人民政府根据本行政区域的实际情况，统筹规划，建立精神障碍患者社区康复机构。县级以上地方人民政府应当采取措施，鼓励和支持社会力量举办从事精神障碍诊断、治疗的医疗机构和精神障碍患者康复机构。

各级人民政府应当根据精神卫生工作需要，加大财政投入力度，保障精神卫生工作所需经费，将精神卫生工作经费列入本级财政预算。国家加强基层精神卫生服务体系建设，扶持贫困地区、边远地区的精神卫生工作，保障城市社区、农村基层精神卫生工作所需经费。

二、精神卫生工作人员保障

医学院校应当加强精神医学的教学和研究，按照精神卫生工作的实际需要培养精神医学专门人才，为精神卫生工作提供人才保障。

综合性医疗机构应当按照国务院卫生行政部门的规定开设精神科门诊或者心理治疗门诊，提高精神障碍预防、诊断、治疗能力。医疗机构应当组织医务人员学习精神卫生知识和相关法律、法规、政策。从事精神障碍诊断、治疗、康复的机构应当定期组织医务人员、工作人员进行在岗培训，更新精神卫生知识。

县级以上人民政府卫生行政部门应当组织医务人员进行精神卫生知识培训，提高其识别精神障碍的能力。

师范院校应当为学生开设精神卫生课程；医学院校应当为非精神医学专业的学生开设精神卫生课程。县级以上人民政府教育行政部门对教师进行上岗前和在岗培训，应当有精神卫生的内容，并定期组织心理健康教育教师、辅导人员进行专业培训。

精神卫生工作人员的人格尊严、人身安全不受侵犯，精神卫生工作人员依法履行职责受法律保护。全社会应当尊重精神卫生工作人员。县级以上人民政府及其有关部门、医疗机构、康复机构应当采取措施，加强对精神卫生工作人员的职业保护，提高精神卫生工作人员的待遇水平，并按照规定给予适当的津贴。精神卫生工作人员因工致伤、致残、死亡的，其工伤待遇以及抚恤按照国家有关规定执行。

三、精神障碍患者的保障

（一）精神障碍患者的保障

精神障碍患者的医疗费用按照国家有关社会保险的规定由基本医疗保险基金支付。医疗保险经办机构应当按照国家有关规定将精神障碍患者纳入城镇职工基本医疗保险、城镇居民基本医疗保险或者新型农村合作医疗的保障范围。县级人民政府应当按照国家有关规定对家庭经济困难的精神障碍患者参加基本医疗保险给予资助。人力资源和社会保障、卫生、民政、财政等部门应当加强协调，简化程序，实现属于基本医疗保险基金支付的医疗费用由医疗机构与医疗保险经办机构直接结算。精神障碍患者通过基本医疗保险支付医疗费用后仍有困难，或者不能通过基本医疗保险支付医疗费用的，民政部门应当优先给予医疗救助。

县级以上地方人民政府及其有关部门应当采取有效措施，保证患有精神障碍的适龄儿童、少年接受义务教育，扶持有劳动能力的精神障碍患者从事力所能及的劳动，并为已经康复的人员提供就业服务。国家对安排精神障碍患者就业的用人单位依法给予税收优惠，并在生产、经营、技术、资金、物资、场地等方面给予扶持。

(二)严重精神障碍患者的保障

《精神卫生法》所称"严重精神障碍"，是指疾病症状严重，导致患者社会适应等功能严重损害、对自身健康状况或者客观现实不能完整认识，或者不能处理自身事务的精神障碍。

国家实行严重精神障碍发病报告制度。县级以上人民政府卫生行政部门应当组织医疗机构为严重精神障碍患者免费提供基本公共卫生服务。包括建立居民健康档案、评估和定期随访、必要的药物剂量调整和对症处理、健康教育和生活技能训练等康复指导、心理支持，以及每年 1 次的健康体检。

对符合城乡最低生活保障条件的严重精神障碍患者，民政部门应当会同有关部门及时将其纳入最低生活保障。对属于农村五保供养对象的严重精神障碍患者，以及城市中无劳动能力、无生活来源且无法定赡养、抚养、扶养义务人，或者其法定赡养、抚养、扶养义务人无赡养、抚养、扶养能力的严重精神障碍患者，民政部门应当按照国家有关规定予以供养、救助。

上述规定以外的严重精神障碍患者确有困难的，民政部门可以采取临时救助等措施，帮助其解决生活困难。在农村和城市已经开展医疗救助工作或试点工作的地方，符合条件的严重精神障碍患者可以向民政部门申请医疗救助。对流浪乞讨人员中有危害他人生命安全或严重影响社会秩序的精神障碍患者，应实施救治。

第六节　法律责任

一、行政责任

(一)卫生行政部门及有关部门的行政责任

《精神卫生法》第 72 条规定，县级以上人民政府卫生行政部门和其他有关部门未依照本法规定履行精神卫生工作职责，或者滥用职权、玩忽职守、徇私舞弊的，由本级人民政府或者上一级人民政府有关部门责令改正，通报批评，对直接负责的主管人员和其他直接责任人员依法给予警告、记过或者记大过的处分；造成严重后果的，给予降级、撤职或者开除的处分。

(二)医疗机构的行政责任

1. 依据《精神卫生法》第 73 条规定，不符合本法规定条件的医疗机构擅自从事精神障碍诊断、治疗的，由县级以上人民政府卫生行政部门责令停止相关诊疗活动，给予警告，并处 5000 元以上 1 万元以下罚款，有违法所得的，没收违法所得；对直接负责的主管人员和其他直接责任人员依法给予或者责令给予降低岗位等级或者撤职、开除的处分；对有关医务人员，吊销其执业证书。

2. 依据《精神卫生法》第 74 条规定，医疗机构及其工作人员有下列行为之一的，由县级以上人民政府卫生行政部门责令改正，给予警告；情节严重的，对直接负责的主管人员和其他直接责任人员依法给予或者责令给予降低岗位等级或者撤职、开除的处分,并可以责令有关医务人员暂停1个月以上6个月以下执业活动:

(1)拒绝对送诊的疑似精神障碍患者作出诊断的。

(2)对依照法律规定实施住院治疗的患者未及时进行检查评估或者未根据评估结果作出处理的。

3.依据《精神卫生法》第75条规定,医疗机构及其工作人员有下列行为之一的,由县级以上人民政府卫生行政部门责令改正,对直接负责的主管人员和其他直接责任人员依法给予或者责令给予降低岗位等级或者撤职的处分;对有关医务人员,暂停6个月以上1年以下执业活动;情节严重的,给予或者责令给予开除的处分,并吊销有关医务人员的执业证书:

(1)违反本法规定,实施约束、隔离等保护性医疗措施的。

(2)违反本法规定,强迫精神障碍患者劳动的。

(3)违反本法规定,对精神障碍患者实施外科手术或者实验性临床医疗的。

(4)违反本法规定,侵害精神障碍患者的通讯和会见探访者等权利的。

(5)违反精神障碍诊断标准,将非精神障碍患者诊断为精神障碍患者的。

(三)心理咨询、心理治疗人员的行政责任

依据《精神卫生法》第76条规定,有下列情形之一的,由县级以上人民政府卫生行政部门、工商行政管理部门依据各自职责责令改正,给予警告,并处5000元以上1万元以下罚款,有违法所得的,没收违法所得;造成严重后果的,责令暂停6个月以上1年以下执业活动,直至吊销执业证书或者营业执照:

(1)心理咨询人员从事心理治疗或者精神障碍的诊断、治疗的。

(2)从事心理治疗的人员在医疗机构以外开展心理治疗活动的。

(3)专门从事心理治疗的人员从事精神障碍的诊断的。

(4)专门从事心理治疗的人员为精神障碍患者开具处方或者提供外科治疗的。

(四)有关单位及人员的行政责任

《精神卫生法》第77条明确规定,有关单位和个人违反《精神卫生法》有关规定,给精神障碍患者造成损害的,对单位直接负责的主管人员和其他直接责任人员还应当依法给予处分。

(五)社会人员的行政责任

《精神卫生法》第80条规定,在精神障碍的诊断、治疗、鉴定过程中,寻衅滋事,阻挠有关工作人员依照本法的规定履行职责,扰乱医疗机构、鉴定机构工作秩序的,依法给予治安管理处罚。

违反本法规定,有其他构成违反治安管理行为的,依法给予治安管理处罚。

二、民事责任

1.心理咨询人员、专门从事心理治疗的人员在心理咨询、心理治疗活动中造成他人人身、财产或者其他损害的,依法承担民事责任。

2.《精神卫生法》第77条明确规定,有关单位和个人违反《精神卫生法》有关规定,给精神障碍患者造成损害的,依法承担赔偿责任。

3.违反《精神卫生法》规定,有下列情形之一,给精神障碍患者或者其他公民造成人身、财产或者其他损害的，依法承担赔偿责任：

(1)将非精神障碍患者故意作为精神障碍患者送入医疗机构治疗的。

(2)精神障碍患者的监护人遗弃患者，或者有不履行监护职责的其他情形的。

(3)歧视、侮辱、虐待精神障碍患者，侵害患者的人格尊严、人身安全的。

(4)非法限制精神障碍患者人身自由的。

(5)其他侵害精神障碍患者合法权益的情形。

4. 依据《精神卫生法》第 79 条规定，医疗机构出具的诊断结论表明精神障碍患者应当住院治疗而其监护人拒绝，致使患者造成他人人身、财产损害的，或者患者有其他造成他人人身、财产损害情形的，其监护人依法承担民事责任。

三、刑事责任

违反《精神卫生法》规定，构成犯罪的，依法追究刑事责任。

思考题

1. 简述精神卫生法的概念。

2. 精神障碍患者享有哪些权利？

3. 简述精神障碍的概念。精神障碍预防的法律措施有哪些？

4. 我国精神障碍住院治疗实行什么原则？精神障碍非自愿住院治疗的适用条件和程序是如何规定的？

5. 精神障碍患者出院有哪些规定？

6. 简述我国对严重精神障碍患者的保障措施。

第十四章　突发公共卫生事件应急处理法律制度

2003年非典型肺炎疫情是我国进入21世纪以来最为严重的突发公共卫生事件。为有效及时预防、控制和消除突发公共卫生事件，建立统一、高效、权威的突发公共卫生事件应急处理机制，完善相应的法律、法规已成为迫切的需要。为此，2003年5月7日国务院第七次常务会议通过了《突发公共卫生事件应急条例》(以下简称《条例》)，2004年8月28日第十届全国人民代表大会常务委员会第十一次会议通过了《中华人民共和国传染病防治法》。这些法律、法规的制定和实施，标志着我国将突发公共卫生事件进一步纳入法制化管理轨道，也标志着我国突发公共卫生事件应急机制得到了进一步完善。

第一节　突发公共卫生事件应急处理法律制度概述

一、突发公共卫生事件的概念

突发公共卫生事件是指突然发生，造成或者可能造成社会公众健康严重损害的重大传染病疫情、群体性不明原因疾病、重大食物和职业中毒以及其他严重影响公众健康的事件。

从概念上讲，突发公共卫生事件具备三个主要特征：一是突发性，事件的发生往往突如其来、难以预测，应当属于不可抗力；二是公共性，事件在公共卫生领域发生，针对的不是特定的人，而是不特定的社会群体，主要影响社会公众利益；三是危害性，突出表现为可能或已经对社会公众健康造成严重损害，并且可能或已经发生的损害和危害影响要发展或达到一定的程度。

二、突发公共卫生事件的分级

根据突发公共卫生事件性质、危害程度、涉及范围，突发公共卫生事件划分为特别重大(Ⅰ级)、重大(Ⅱ级)、较大(Ⅲ级)和一般(Ⅳ级)四级。

(一)特别重大突发公共卫生事件(Ⅰ级)

有下列情形之一的为特别重大突发公共卫生事件(Ⅰ级)：

(1)肺鼠疫、肺炭疽在大、中城市发生并有扩散趋势，或肺鼠疫、肺炭疽疫情波及2个以上省份，并有进一步扩散趋势。

(2)发生传染性非典型肺炎、人感染高致病性禽流感病例，并有扩散趋势。

(3)涉及多个省份的群体性不明原因疾病，并有扩散趋势。

(4)发生新传染病或我国尚未发现的传染病发生或传入，并有扩散趋势，或发现我国已消灭的传染病重新流行。

(5)发生烈性病菌株、毒株、致病因子等丢失事件。

(6)周边以及与我国通航的国家和地区发生特大传染病疫情，并出现输入性病例，严重危及我国公共卫生安全的事件。

(7)国务院卫生行政部门认定的其他特别重大突发公共卫生事件。

(二)重大突发公共卫生事件(Ⅱ级)

有下列情形之一的为重大突发公共卫生事件(Ⅱ级)：

(1)在一个县(市)行政区域内，一个平均潜伏期内(6天)发生5例以上肺鼠疫、肺炭疽病例，或者相关联的疫情波及2个以上的县(市)。

(2)发生传染性非典型肺炎、人感染高致病性禽流感疑似病例。

(3)腺鼠疫发生流行，在一个市(地)行政区域内，一个平均潜伏期内多点连续发病20例以上，或流行范围波及2个以上市(地)。

(4)霍乱在一个市(地)行政区域内流行，一周内发病30例以上，或波及2个以上市(地)，有扩散趋势。

(5)乙类、丙类传染病波及2个以上县(市)，一周内发病水平超过前5年同期平均发病水平2倍以上。

(6)我国尚未发现的传染病发生或传入，尚未造成扩散。

(7)发生群体性不明原因疾病，扩散到县(市)以外的地区。

(8)发生重大医源性感染事件。

(9)预防接种或群体性预防性服药出现人员死亡。

(10)一次食物中毒人数超过100人并出现死亡病例，或出现10例以上死亡病例。

(11)一次发生急性职业中毒50人以上，或死亡5人以上。

(12)境内外隐匿运输、邮寄烈性生物病原体、生物毒素造成我国境内人员感染或死亡的。

(13)省级以上人民政府卫生行政部门认定的其他重大突发公共卫生事件。

(三)较大突发公共卫生事件(Ⅲ级)

有下列情形之一的为较大突发公共卫生事件(Ⅲ级)：

(1)发生肺鼠疫、肺炭疽病例，一个平均潜伏期内病例数未超过5例，流行范围在一个县(市)行政区域以内。

(2)腺鼠疫发生流行，在一个县(市)行政区域内，一个平均潜伏期内连续发病10例以上，或波及2个以上县(市)。

(3)霍乱在一个县(市)行政区域内发生，一周内发病10～29例或波及2个以上县(市)，或市(地)级以上城市的市区首次发生。

(4)一周内在一个县(市)行政区域内，乙、丙类传染病发病水平超过前5年同期平均发病水平1倍以上。

(5)在一个县(市)行政区域内发现群体性不明原因疾病。

(6)一次食物中毒人数超过100人，或出现死亡病例。

(7)预防接种或群体性预防性服药出现群体心因性反应或不良反应。

(8)一次发生急性职业中毒10～49人，或死亡4人以下。

(9)市(地)级以上人民政府卫生行政部门认定的其他较大突发公共卫生事件。

(四)一般突发公共卫生事件(Ⅳ级)

有下列情形之一的为一般突发公共卫生事件(Ⅳ级):

(1)腺鼠疫在一个县(市)行政区域内发生,一个平均潜伏期内病例数未超过10例。

(2)霍乱在一个县(市)行政区域内发生,一周内发病9例以下。

(3)一次食物中毒人数30~99人,未出现死亡病例。

(4)一次发生急性职业中毒9人以下,未出现死亡病例。

(5)县级以上人民政府卫生行政部门认定的其他一般突发公共卫生事件。

三、突发公共卫生事件的分类

(一)以事件的表现形式分类

根据事件的表现形式可将突发公共卫生事件分为以下两类:

1.在一定时间、一定范围、一定人群中,当病例数累计达到规定预警值时所形成的事件。例如传染病、不明原因疾病、中毒(食物中毒、职业中毒)、预防接种反应、菌种、毒株丢失等,以及县以上卫生行政部门认定的其他突发公共卫生事件。

2.在一定时间、一定范围,当环境危害因素达到规定预警值时形成的事件,病例为事后发生,也可能无病例。例如生物、化学、核和辐射事件(发生事件时尚未出现病例),包括传染病菌种、毒株丢失,病媒、生物、宿主相关事件,化学物泄漏事件、放射源丢失、受照、核污染辐射及其他严重影响公众健康事件(尚未出现病例或病例事后发生)。

(二)以事件的成因和性质分类

根据事件的成因和性质,突发公共卫生事件可分为重大传染病疫情,群体性不明原因疾病,重大食物中毒和职业中毒,新发传染性疾病,群体性预防接种反应和群体性药物反应,重大环境污染事故,核事故和放射事故,生物、化学、核辐射恐怖事件,自然灾害导致的人员伤亡和疾病流行,以及其他影响公众健康的事件。

1.重大传染病疫情　重大传染病疫情是指某种传染病在短时间内发生,波及范围广泛,出现大量的病人或死亡病例,其发病率远远超过常年的发病率水平。

2.群体性不明原因疾病　群体性不明原因疾病是指在短时间内,某个相对集中的区域内,同时或者相继出现具有共同临床表现病人,且病例不断增加,范围不断扩大,又暂时不能明确诊断的疾病。如传染性非典型肺炎疫情发生之初,由于对病原方面认识不清,虽然知道这是一组同一症状的疾病,但对其发病机制、诊断标准、流行途径等认识不清,这便是群体性不明原因疾病的典型案例。随着科学研究的深入,才逐步认识到其病原体是冠状病毒的一种变种。

3.重大食物中毒和职业中毒事件　重大食物中毒和职业中毒事件是指由于食品污染和职业危害的原因,而造成的人数众多或者伤亡较重的中毒事件。

4.新发传染性疾病　新发传染性疾病狭义是指全球首次发现的传染病,广义是指一个国家或地区新发生的、新变异的或新传人的传染病。世界上新发现的32种新传染病中,有半数左右已经在我国出现,新出现的肠道传染病和不明原因疾病对人类健康构成的潜在危险十分严重,处理的难度及复杂程度进一步加大。

5.群体性预防接种反应和群体性药物反应　群体性预防接种反应和群体性药物反应是

指在实施疾病预防措施时，出现免疫接种人群或预防性服药人群的异常反应。这类反应原因较为复杂，可以是心因性的，也可以是其他异常反应。

6.重大环境污染事故　重大环境污染事故是指在化学品的生产、运输、储存、使用和废弃处置过程中，由于各种原因引起化学品从其包装容器、运送管道、生产和使用环节中泄漏，造成空气、水源和土壤等周围环境的污染，严重危害或影响公众健康的事件。

7.核事故和放射事故　核事故和放射事故是指由于放射性物质或其他放射源造成或可能造成公众健康严重影响或严重损害的突发事件。

8.生物、化学、核辐射恐怖事件　生物、化学、核辐射恐怖事件是指恐怖组织或恐怖分子为了达到其政治、经济、宗教、民族等目的，通过实际使用或威胁使用放射性物质、化学毒剂或生物战剂，或通过袭击或威胁袭击化工(核)设施(包括化工厂、核设施、化学品仓库、实验室、运输槽车等)引起有毒有害物质或致病性微生物释放，导致人员伤亡，或造成公众心理恐慌，从而破坏国家和谐安定，妨碍经济发展的事件。

9.自然灾害　自然灾害是指自然力引起的设施破坏、经济严重损失、人员伤亡、人的健康状况及社会卫生服务条件恶化超过了所发生地区的所能承受能力的状况。主要有水灾、旱灾、地震、火灾等。

四、突发公共卫生事件应急机构和职责

(一)应急处理指挥机构

突发公共卫生事件的应急处理指挥机构分为国家、省级、地市级和县级四级。

1.全国突发公共卫生事件应急处理指挥部　特别严重突发公共卫生事件发生后，国务院根据国务院卫生主管部门的建议和突发公共卫生事件应急处理需要，成立全国突发公共卫生事件应急处理指挥部，由国务院和军队有关主管部门组成，国务院主管领导人担任总指挥，负责对全国突发公共卫生事件应急处理进行统一领导、统一指挥，作出处理突发公共卫生事件的重大决策。

2.省级突发公共卫生事件应急处理指挥部　特别严重或严重突发公共卫生事件发生后，事件发生地所在的省级人民政府根据省级卫生主管部门的建议和突发公共卫生事件应急处理需要，成立省级突发公共卫生事件应急处理指挥部，由省级人民政府有关主管部门组成，省级人民政府主要领导人担任总指挥。省级突发公共卫生事件应急处理指挥部负责对本行政区域内突发公共卫生事件应急处理的协调和指挥，作出处理本行政区域内突发公共卫生事件的决策，决定要采取的必要措施。

3.地市级和县级突发公共卫生事件应急处理指挥部　地市级和县级人民政府按照国家和省级突发公共卫生事件应急预案的要求，根据本级卫生主管部门的建议和突发公共卫生事件应急处理的需要，成立地方突发公共卫生事件应急处理指挥部，负责本地区突发公共卫生事件的协调和指挥，决定采取本行政区域内处理突发公共卫生事件的必要措施。

(二)日常管理机构

国务院卫生主管部门设立公共卫生事件应急办公室，负责全国突发公共卫生事件应急处理的日常管理工作。其主要职能是：依法组织协调有关突发公共卫生事件应急处理工作；负责突发公共卫生事件应急处理相关法律、法规立法的起草工作；组织制定有关突发公共卫生事件应急处理的方针、政策和措施；组建与完善公共卫生事件监测和预警系统；制定突发

公共卫生事件应急预案，并组织预案演练；组织对公共卫生和医疗救助专业人员进行有关突发公共卫生事件应急知识和处理技术的培训，指导各地实施突发公共卫生事件预案，帮助和指导各地应对其他突发事件的伤病救治工作；承办救灾、反恐、中毒、放射事故等重大安全事件中涉及公共卫生事件日常管理机构的设置及职责，结合省、自治区、直辖市实际，设立省级突发公共卫生事件的日常管理机构，负责辖区内突发公共卫生事件应急协调、管理工作。

各地市级、县级卫生主管部门要指定机构负责本辖区内突发公共卫生事件应急的日常管理工作。

（三）专家咨询委员会

国务院卫生主管部门和省级卫生主管部门组建突发公共卫生事件专家咨询委员会，其主要职责是：对突发公共卫生事件应急准备、处理咨询应答和提出建议；参与制定、修订突发公共卫生事件应急预案和技术方案；对突发公共卫生事件应急处理进行技术指导；承担突发公共卫生事件日常管理机构和应急指挥机构交办的其他工作。地市级和县级卫生主管部门可根据本辖区内突发公共卫生事件应急工作需要，组建突发公共卫生事件应急处理专家咨询委员会。

五、突发公共卫生事件应急处理原则

突发事件应急处理工作，遵循预防为主、常备不懈的方针，贯彻统一领导、分级负责，依法规范、措施果断，依靠科学、加强合作的原则。

（一）预防为主，常备不懈

在突发公共卫生事件的预防中，主要是提高突发公共卫生事件发生的全社会防范意识，落实各项防范措施，做好人员、技术、物资和设备的应急储备工作。对各类可能引发突发公共卫生事件的情况要及时进行分析、预警，做到早发现、早报告、早处理，以有效应对和处理各种突发事件。

（二）统一领导，分级负责

根据突发公共卫生事件的范围、性质和危害程度，对突发公共卫生事件实行分级管理。各级人民政府或人民政府成立的突发公共卫生事件应急处理指挥部负责突发公共卫生事件应急处理的统一领导和指挥，各有关部门按照预案规定，在各自的职责范围内做好突发公共卫生事件应急处理的有关工作。

（三）依法规范，措施果断

完善突发公共卫生事件应急预案体系，为突发公共卫生事件应急处理工作提供系统、科学的制度保障。各级卫生主管部门和各级各类医疗卫生单位要按照相关法律、法规和规章的规定，对突发公共卫生事件和可能的突发公共卫生事件做出快速反应，及时、有效开展监测报告和处理工作。

（四）依靠科学，加强合作

开展突发公共卫生事件防范和处理的科研和培训，为突发公共卫生事件应急处理提供先进、完备的科学、技术保障。加强突发公共卫生事件的健康教育，提高公众的防范意识和能力，组织、动员公众广泛参与突发公共卫生事件的应急处理。

六、突发公共卫生事件处理法律体系

为了有效预防、及时控制和消除突发公共卫生事件的危害，保障公众身体健康和生命安全，维护正常的社会秩序，国务院依据《中华人民共和国传染病防治法》、《中华人民共和国食品安全法》、《中华人民共和国职业病防治法》、《中华人民共和国国境卫生检疫法》和其他法律的相关规定，在总结2003年防治传染性非典型性肺炎工作实践经验的基础上，我国首次制定了《突发公共卫生事件应急条例》(以下简称《条例》)，《条例》的出台标志着我国将突发公共卫生事件应急处理工作纳入了法制化轨道。

目前，随着有关法律、法规的颁布实施，突发公共卫生事件处理法律体系日趋完善，层次结构初步形成。适用的法律主要有：2004年8月28日第十届全国人民代表大会常务委员会第十一次会议修订通过的《传染病防治法》(于2004年12月1日起正式实施)；2009年2月28日第十一届全国人民代表大会常务委员会第七次会议通过的《中华人民共和国食品安全法》，并于同年6月1日起施行；2011年12月31日由第十一届全国人民代表大会常务委员会第二十四次会议审议通过的《全国人民代表大会常务委员会关于修改〈中华人民共和国职业病防治法〉的决定》，并自2011年12月31日起施行；2007年8月30日第十届全国人民代表大会常务委员会第二十九次会议通过的《中华人民共和国突发事件应对法》。主要法规有：2003年5月9日国务院颁布的《突发公共卫生事件应急条例》；2005年8月31日国务院颁布的《放射性同位素与射线装置放射防护条例》(2005年12月1日起施行)。主要规章有；2003年5月12日卫生部颁布的《传染性非典型肺炎防治管理办法》；2003年4月4日卫生部颁布的《国家救灾防病与突发公共卫生事件信息报告管理规范》；2003年11月7日卫生部颁布的《突发公共卫生事件与传染病疫情监测信息报告管理办法》；2004年卫生部颁布的《国家突发公共卫生事件应急预案》；1999年12月24日卫生部颁布的《食物中毒事故处理办法》；2002年3月28日卫生部颁布的《职业病危害事故调查处理办法》。单项突发公共事件卫生应急处理预案有：《全国抗旱救灾防病预案》(1998年4月卫生部发)、《全国救灾防病预案》(1998年9月卫生部救灾办发)、《全国破坏性地震医疗救护卫生防疫防病应急预案(试行)》(2000年8月4日卫生部发)、《卫生部核事故与放射事故应急预案》(2003年3月7日卫生部发)、《国家鼠疫控制应急预案》(2000年8月23日国务院办公厅发)、《霍乱防治方案》(1995年5月25日卫生部发)、《突发人间禽流感应急预案及有关防治方案》(2004年1月20日卫生部发)、《血吸虫病重大疫情应急处理预案(试行)》(2003年5月15日卫生部办公厅发)、《疟疾暴发流行应急处理预案(试行)》(2003年5月14日卫生部办公厅发)、《全国流行性出血热防治方案》(1997年2月4日卫生部发)、《全国炭疽生物恐怖紧急应对与控制预案》(2001年11月2日卫生部办公厅发)、《卫生部处置核和辐射恐怖袭击事件医学应急预案》(2002年10月14日卫生部发)、《卫生部处置生物、化学恐怖袭击事件医学应急预案》(2002年10月14日卫生部发)。

第二节　突发公共卫生事件的预防与应急准备

由于突发公共卫生事件具有发生突然、危害严重的特点，所以政府和医疗单位首先应该

做好预防工作，防患于未然。同时，做好应急准备的工作，一旦发生突发公共卫生事件，立即做出应急反应，启动应急预案，把对公众健康和国家经济的损害程度降到最低。

一、突发公共卫生事件应急预案的制定和主要内容

（一）突发公共卫生事件应急预案的制定

突发事件应急预案是经一定程序制定的处置突发事件的事先方案。为有效应对突发公共卫生事件，保障公众身体健康与生命安全，维护正常社会秩序，《突发公共卫生事件应急条例》规定，国务院卫生行政主管部门按照分类指导、快速反应的要求，制定全国突发事件应急预案，报请国务院批准。省、自治区、直辖市人民政府根据全国突发事件应急预案，结合本地实际情况，制定本行政区域的突发事件应急预案。

国务院卫生主管部门制定的全国突发事件应急预案，要做到两点：一是分类指导，即对不同性质的突发事件制定不同的应急预案；二是快速反应，即一旦发生突发事件，应急预案马上可以启动，应急处理机制可以马上作出反应。省、自治区、直辖市人民政府制定的突发事件应急预案，也要做到两点：一是要依据全国突发事件应急预案，将全国突发事件应急预案融入到本地区的突发事件应急预案中去，确保其保持正常运行状态；二是要结合本地实际情况，全国突发事件应急预案规定的是一般性的、共同性的制度、内容、程序、方法等，具有普遍适用性，但是各地情况不同，遇到的问题不同，存在的困难也不同，所以，要根据自己的特点，制定适合当地实际的突发事件应急预案。

（二）全国突发事件应急预案的内容

突发公共卫生事件应急预案主要包括以下内容：

(1)突发事件应急处理指挥部的组成和相关部门的职责。

(2)突发事件的监测与预警。

(3)突发事件信息的收集、分析、报告、通报制度。

(4)突发事件应急处理技术和监测机构及其任务。

(5)突发事件的分级和应急处理工作方案。

(6)突发事件预防、现场控制，应急设施、设备、救治药品和医疗器械以及其他物资和技术的储备与调度。

(7)突发事件应急处理专业队伍的建设和培训。

由于突发事件的发生和发展难以预测，变化往往超出人们事先的设想，突发事件应急预案应当根据突发事件的变化和实施中发现的问题及时进行修订、补充。地方各级人民政府应当依照法律、行政法规的规定，做好传染病预防和其他公共卫生工作，防范突发事件的发生。县级以上各级人民政府卫生行政部门和其他有关部门，应当对公众开展突发事件应急知识的专门教育，增强全社会对突发事件的防范意识和应对能力。

二、突发公共卫生事件预防控制体系和监测、预警机制的建立

（一）预防控制体系的建立

预防为主、常备不懈是突发事件应急工作的基本方针，建立和完善突发事件预防控制体系是对这一工作方针的具体落实。由于突发事件的突然性及难以预见性，只有建立一个完善的预防控制体系，才能及时发现突发事件，准确判定突发事件的类别和危害程度，保证突

发事件应急处理工作的顺利开展。政府及卫生行政部门在建立和完善突发事件预防控制体系方面的职责，可分为三个层次：首先，国家建立全国统一的预防控制体系。包括两方面内容：在硬件方面建立统一的工作机构，在软件方面要有统一的工作要求。建立全国统一的预防控制体系有利于从总体上把握突发事件的全面情况，同时保证高效率、高质量追踪突发事件的发展；其次，强调县级以上地方人民政府的责任。由于突发事件预防控制体系的建立需要必要的财力、物力和人力的投入，只有政府有能力承担起这项工作，因此，《突发公共卫生事件应急处理条例》把建立和完善监测和预警系统明确规定为政府职责。监测系统的作用在于保证及时发现突发事件，预警系统的作用在于保证及时报告和通报有关信息。第三，要明确规定各级卫生行政部门的工作职责。分为两方面：一是指定机构负责突发事件的日常监测；二是确保监测与预警系统的正常运行。

（二）监测和预警机制的建立

监测和预警机制的建立是完善预防控制体系的重要环节。突发公共卫生事件的监测和预警机制，是指在日常工作中，对可能发生的突发事件进行监测，并及时发出预警；突发事件发生后，对已经发生的突发事件进行跟踪监测，掌握其变化情况，对可能出现的趋势和问题及时进行预警。县级以上地方人民政府应当建立和完善突发公共卫生事件监测和预警机制，要根据突发公共卫生事件的类别，制定监测计划、预警等级、报告程序和时限，确保监测与预警系统的正常运行，对早期发现的潜在隐患以及可能发生的突发公共卫生事件及时报告。

1.突发公共卫生事件的监测　国家建立统一的突发公共卫生事件监测、预警与报告网络体系。各级医疗、疾病预防控制、卫生监督和出入境检疫机构负责开展突发公共卫生事件的日常监测工作。省级人民政府卫生行政部门要按照国家统一规定和要求，结合实际，组织开展重点传染病和突发公共卫生事件的主动监测。国务院卫生行政部门和地方各级人民政府卫生行政部门要加强对监测工作的管理和监督，保证监测质量。

2.突发公共卫生事件的预警　各级人民政府卫生行政部门根据医疗机构、疾病预防控制机构、卫生监督机构提供的监测信息，按照公共卫生事件的发生、发展规律和特点，及时分析其对公众身心健康的危害程度、可能的发展趋势，及时作出预警。

3.监测与预警工作的具体要求。

(1)根据重大的传染病疫情、群体性不明原因疾病、重大食物和职业中毒等突发事件的类别，制定监测计划，科学分析、综合评价监数据。

(2)监测计划的制定要根据突发事件的特点，有的放矢，如对重大的传染病疫情的监测，要根据不同传染病发病规律、传染源传播途径、易感人群等环节制定相应的监测方案。

(3)运用监测数据，进行科学分析，综合评估。

(4)及时发现潜在的隐患。

(5)按规定程序和时限报告。

三、突发公共卫生事件应急储备制度

突发公共卫生事件应急储备制度是指县级以上各级人民政府根据突发公共卫生事件应急预案的要求，组织开展防治突发事件相关科学研究，建立突发事件应急流行病学调查、传染源隔离、医疗救护、现场处置、监督检查、监测检验、卫生防护等有关物资、设备、设施、技术与人才资源储备，并给予必要的财政支持的制度。

国务院有关部门和县级以上地方人民政府及其相关部门，应当根据突发公共卫生事件应急预案的要求，保证应急设施、设备、救治药品和医疗器械等物资储备。突发公共卫生事件应急物资储备工作涉及社会的方方面面，是一项社会系统工程，需要各级人民政府有关部门承担相应的职责。各级政府是突发事件应急工作的第一责任人，负有组织、领导和管理职责。政府各有关部门应在自己的职责范围内做好工作，如综合计划部门要做好应急物资的储备计划，财政部门将储备经费的支出列入政府财政预算，药品管理部门要储备应急必需药品和医疗器械，交通部门要安排好应急物资的运输等。只有各级政府和有关部门切实履行职责，密切配合，才能保证一旦突发公共卫生事件发生后，物资供应充足，维护正常的社会秩序。

突发公共卫生事件应急储备的具体内容是：

(一)开展防治突发公共卫生事件相关科学研究

开展科学研究特别是突发公共卫生事件防治方面的研究，是一种应急工作的智力和能力储备，只有这样才能在突发公共卫生事件发生时起到事半功倍的防治效果。因此，各级政府应当积极组织开展防治突发公共卫生事件的相关科学研究，为突发公共卫生事件的应急处理做好准备。

(二)建立相关物资、设备、设施、技术与人才资源储备

各类突发公共卫生事件本身具有不同的特点，需要的具体储备也有所不同。但是，不论是传染病暴发、还是出现重大食物或职业中毒事故，有效地控制突发事件，最大限度地降低事件危害的后果是首要目标。因此对物资、设备等硬件和技术、人才等软件的储备就具有特别重要的意义。这些储备大致可以划分为以下几种：一是进行流行病学调查、监督检查、监测检验的能力与设备；二是进行传染源隔离、卫生防护的用品和设施；三是进行医疗救护、现场处置等有关的疫苗、救治药品和医疗器械；四是技术和人才资源的储备，这也是最重要的储备。

(三)经费储备

组织好应急储备工作是各级政府的职责，提供必要的经费支持是其重要方面。法律规定，储备经费的支出要列入本级政府财政预算，保障突发公共卫生事件应急基础设施项目建设经费，按规定落实对突发公共卫生事件应急处理专业技术机构的财政补助政策和突发公共卫生事件应急处理经费。由于我国地域辽阔，经济发展不平衡，一些边远、贫困地区由于经济水平和能力所限，对组织突发公共卫生事件应急储备工作在财政上有一定的困难，国家应根据需要对边远贫困地区突发公共卫生事件应急工作给予经费支持。国务院有关部门和地方各级人民政府应积极通过国际、国内等多渠道筹集资金，用于突发公共卫生事件应急处理工作。

四、急救医疗服务网络建设

(一)提高医疗卫生机构应对各类突发事件的救治能力

突发公共卫生事件发生后，往往会造成大量人员伤亡，严重危害广大人民群众的健康和生命安全。突发公共卫生事件引发的人员伤亡具有两大特点：一是在短时间内伤亡人员数量较多；二是病情严重。这就要求有一支反应快速、专业性较强、能应对复杂局面的急救医疗救治队伍。《突发公共卫生事件应急处理条例》规定，县级以上各级人民政府应当加强急救医疗服务网络的建设，配备相应的医疗救治药物、技术、设备和人员，提高医疗卫生机构应对各类突发事件的救治能力。设区的市级以上地方人民政府应当设置与传染病防治工作需要相适应的传染病专科医院，或者指定具备传染病防治条件和能力的医疗机构承担传染病防治任务。

(二)开展突发事件应急处理相关知识、技能培训

县级以上地方人民政府卫生行政主管部门应当定期对医疗卫生机构和人员开展突发事件应急处理相关知识、技能的培训，定期组织医疗卫生机构进行突发事件应急演练，推广最新知识和先进技术。

第三节　突发公共卫生事件的报告与信息发布

一、突发公共卫生事件应急报告制度

《突发公共卫生事件应急处理条例》规定，国家建立突发事件应急报告制度。国务院卫生行政主管部门制定突发事件应急报告规范，建立重大、紧急疫情信息报告系统。任何单位和个人对突发事件，不得隐瞒、缓报、谎报或者授意他人隐瞒、缓报、谎报。接到报告的地方人民政府、卫生行政主管部门依照条例规定报告的同时，应当立即组织力量对报告事项调查核实、确证，采取必要的控制措施，并及时报告调查情况。

突发公共卫生事件应急报告制度是指对突然发生的、直接关系到公众健康和社会安全的公共卫生事件，按规定程序和时限向各级人民政府及其有关部门进行报告的制度。突发事件的应急报告是有关决策机关掌握突发事件发生、发展信息的重要渠道。保证突发事件信息报告的准确和通畅，是及时、正确处理突发事件的关键。

(一)应急报告的主体

任何单位和个人均是突发公共卫生事件应急报告的主体，任何单位和个人都有权向国务院卫生行政部门和地方各级人民政府及其有关部门报告突发公共卫生事件及其隐患，也有权向上级政府部门举报不履行或者不按照规定履行突发公共卫生事件应急处理职责的部门、单位及个人。

为进一步明确报告人的职责，法律规定了责任报告单位和责任报告人。

1.责任报告单位　责任报告单位包括：①县级以上各级人民政府卫生主管部门指定的突发公共卫生事件监测机构。②各级各类医疗卫生机构。③卫生主管部门。④县级以上地方人民政府。⑤有关单位，主要包括突发公共卫生事件发生单位、与群众健康和卫生保健工作有密切关系的机构，如检验检疫机构、环境保护监测机构、药品监督检验机构和教育机构等。

突发公共卫生事件责任报告单位要按照有关规定及时、准确地报告突发公共卫生事件及其处置情况。

2.责任报告人　执行职务的各级各类医疗卫生机构的医疗卫生人员、个体开业医生为突发公共卫生事件的责任报告人。

(二)报告内容

有下列情形之一的,责任报告单位和责任报告人应按规定上报:

(1)发生或者可能发生传染病暴发、流行的。

(2)发生或者发现不明原因的群体性疾病的。

(3)发生传染病菌种、毒种丢失的。

(4)发生或者可能发生重大食物和职业中毒事件的。

首次报告未经调查确认的突发公共卫生事件或隐患的相关信息,应说明信息来源、危害范围、事件性质的初步判定和拟采取的主要措施。

经调查确认的突发公共卫生事件报告应包括事件性质、波及范围、危害程度、流行病学分布、势态评估、控制措施等内容。

(三)报告时限和程序

有下列情形之一的,省、自治区、直辖市人民政府应当在接到报告1小时内,向国务院卫生行政主管部门报告:

(1)发生或者可能发生传染病暴发、流行的。

(2)发生或者发现不明原因的群体性疾病的。

(3)发生传染病菌种、毒种丢失的。

(4)发生或者可能发生重大食物和职业中毒事件的。

国务院卫生行政主管部门对可能造成重大社会影响的突发事件,应当立即向国务院报告。

突发事件监测机构、医疗卫生机构和有关单位发现有上述规定情形之一的,应当在2小时内向所在地县级人民政府卫生行政主管部门报告;接到报告的卫生行政主管部门应当在2小时内向本级人民政府报告,并同时向上级人民政府卫生行政主管部门和国务院卫生行政主管部门报告。县级人民政府应当在接到报告后2小时内向设区的市级人民政府或者上一级人民政府报告;设区的市级人民政府应当在接到报告后2小时内向省、自治区、直辖市人民政府报告。

任何单位和个人对突发事件,不得隐瞒、缓报、谎报或者授意他人隐瞒、缓报、谎报。

接到报告的地方人民政府、卫生行政主管部门依照本条例规定报告的同时,应当立即组织力量对报告事项调查核实、确证,采取必要的控制措施,并及时报告调查情况。

二、突发公共卫生事件通报制度

1. 国务院卫生行政主管部门应当根据发生突发事件的情况,及时向国务院有关部门和各省、自治区、直辖市人民政府卫生行政主管部门以及军队有关部门通报。

(1)向国务院有关部门通报。对突发公共卫生事件的处理,不仅仅是卫生系统的工作,它涉及许多相关部门,需要在相关部门的配合和努力下共同完成。按照有关法律和行政法规的规定以及部门的职责分工,相关部门在各自的职责范围内具有相应的监督管理职责。各相关部门接到卫生部的通报后,应当依据自己的职责,采取相应的控制措施,并按照应急预案的要求,做好相应的准备工作。

(2)国务院卫生行政部门向各省、自治区、直辖市人民政府卫生行政主管部门通报。各省、自治区、直辖市人民政府卫生行政主管部门是处理突发公共卫生事件的主体。有些突发公共卫生事件可能是跨省区的，国务院卫生行政部门接到报告后，应当立即通报有关的省级卫生行政主管部门，以便在省区之间协调行动。有些突发公共卫生事件可能是局域性的，但是，这种事件可能不仅仅在某一特定的区域发生，其他省区也有可能发生类似的情况。国务院卫生行政部门接到类似的突发事件的报告，应及时通报给有关省级卫生行政主管部门，使他们能够及时掌握情况，提高警惕，加强监测，采取有效的预防措施，避免类似的事件发生。有些突发事件属于传染性疾病，虽然发生初期局限在某一区域，但是，由于现代社会人员、物资等方面交往迅速、频繁，扩散和蔓延渠道增多，很有可能造成传染病在省区间的传播和流行。国务院卫生行政部门接到此类突发事件的报告后，应及时向有关省级卫生行政主管部门通报，使他们能够针对这种传染病的特点，结合应急预案的措施，有针对性地做好准备工作。

(3)向军队有关部门通报。军队有关部门主要是指中国人民解放军卫生主管部门。中国人民解放军是处理突发事件的一支重要力量。及时掌握地方上发生的突发事件的相关信息，对于军队做好军队内部突发公共卫生事件预防工作，准备和参与突发事件的处理非常重要。

2.突发事件发生地的省、自治区、直辖市人民政府卫生行政主管部门，应当及时向毗邻省、自治区、直辖市人民政府卫生行政主管部门通报。

对于一些容易通过人员、物资、动物等媒介扩散的突发事件，例如传染病和食物中毒，省际间的互相配合是非常重要的。突发事件发生后，省级卫生主管部门应及时向毗邻省通报情况，使毗邻省能够针对突发事件的特点，结合应急预案的措施，有针对性地做好准备工作，对本地的有关人员、相关物资、动物宿主进行检查、控制，协助突发事件发生地对突发事件发生的本原、扩散的途径进行追查和控制，同时有利于加强省际间协调与合作。

3.接到通报的省、自治区、直辖市人民政府卫生行政主管部门，必要时应当及时通知本行政区域内的医疗卫生机构。医疗卫生机构接到有关通报后，应当根据预案的要求做好必要的准备工作。

4.县级以上地方人民政府有关部门，已经发生或者发现可能引起突发事件的情形时，应当及时向同级人民政府卫生行政主管部门通报。

由于各部门工作的性质和面对主要人群的不同，获得有关信息的渠道不同，信息的灵敏性和准确性不同，突发事件发生后，其他有关部门应及时向卫生行政主管部门通报情况，以便及时评估，采取有效控制措施，甚至启动应急预案。

三、突发公共卫生事件举报制度

国家建立突发事件举报制度，公布统一的突发事件报告、举报电话。任何单位和个人有权向人民政府及其有关部门报告突发事件隐患，有权向上级人民政府及其有关部门举报地方人民政府及其有关部门不履行突发事件应急处理职责，或者不按照规定履行职责的情况。接到报告、举报的有关人民政府及其有关部门，应当立即组织对突发事件隐患、不履行或者不按照规定履行突发事件应急处理职责的情况进行调查处理。

对举报突发事件有功的单位和个人，县级以上各级人民政府及其有关部门应当予以奖励。

四、突发公共卫生事件信息发布制度

国家建立突发事件的信息发布制度。国务院卫生行政主管部门负责向社会发布突发事件的信息。必要时，可以授权省、自治区、直辖市人民政府卫生行政主管部门向社会发布本行政区域内突发事件的信息。

信息发布应当及时、准确、全面。以实事求是、科学的态度发布突发事件的信息是政府对社会公众负责任的具体体现。及时、准确、全面地发布突发事件信息是有效控制突发事件的一项积极主动的措施。因此，法律规定国务院卫生行政部门负责向社会及时、准确、全面发布突发公共卫生事件的信息。省、自治区、直辖市人民政府卫生主管部门经国务院卫生主管部门的授权向社会发布本行政区域内突发公共卫生事件的信息。

媒体对突发公共卫生事件要及时主动、准确把握，进行实事求是地报道。正确引导舆论导向，注重社会效果，防止产生负面影响。外事主管部门应视需要协调组织境外记者采访，主动引导境外媒体。

第四节　突发公共卫生事件应急处理的法律规定

一、突发公共卫生事件应急处理专业技术机构

医疗机构、疾病预防控制机构、卫生监督机构、出入境检验检疫机构是突发公共卫生事件应急处理的专业技术机构。应急处理专业技术机构要结合本单位职责开展专业技术人员处理突发公共卫生事件能力培训，提高快速应对能力和技术水平，在发生突发公共卫生事件时，要服从卫生行政部门的统一指挥和安排，开展应急处理工作。

二、突发公共卫生事件应急反应原则

发生突发公共卫生事件时，事发地的县级、市（地）级、省级人民政府及其有关部门按照分级响应的原则，作出相应级别应急反应。同时，要遵循突发公共卫生事件发生发展的客观规律，结合实际情况和预防控制工作的需要，及时调整预警和反应级别，以有效控制事件，减少危害和影响。要根据不同类别突发公共卫生事件的性质和特点，注重分析事件的发展趋势，对事态和影响不断扩大的事件，应及时升级预警和反应级别；对范围局限、不会进一步扩散的事件，应相应降低反应级别，及时撤销预警。

国务院有关部门和地方各级人民政府及有关部门对在学校、区域性或全国性重要活动期间等发生的突发公共卫生事件，要高度重视，可相应提高报告和反应级别，确保迅速、有效控制突发公共卫生事件，维护社会稳定。

突发公共卫生事件应急处理要采取边调查、边处理、边抢救、边核实的方式，以有效措施控制事态发展。

事发地之外的地方各级人民政府卫生行政部门接到突发公共卫生事件情况通报后，要及时通知相应的医疗卫生机构，组织做好应急处理所需的人员与物资准备，采取必要的预防控制措施，防止突发公共卫生事件在本行政区域内发生，并服从上一级人民政府卫生行政部

门的统一指挥和调度，支援突发公共卫生事件发生地区的应急处理工作。

三、突发公共卫生事件应急处理

（一）突发公共卫生事件应急措施的启动

突发事件发生后，卫生行政主管部门应当组织专家对突发事件进行综合评估，初步判断突发事件的类型，提出是否启动突发事件应急预案的建议。综合评估的内容包括：突发事件的类型和性质，突发事件的影响面及严重程度，目前已采取的紧急控制措施的控制效果，突发事件的发展趋势，是否需要启动应急处理机制对突发事件进行控制。

在全国范围内或者跨省、自治区、直辖市范围内启动全国突发事件应急预案，由国务院卫生行政主管部门报国务院批准后实施、省、自治区、直辖市启动突发事件应急预案，由省、自治区、直辖市人民政府决定，并向国务院报告。

（二）突发公共卫生事件的应急措施

1. 各级人民政府。

（1）组织协调有关部门参与突发公共卫生事件的处理。

（2）根据突发公共卫生事件处理需要，调集本行政区域内各类人员、物资、交通工具和相关设施、设备参加应急处理工作。涉及危险化学品管理和运输安全的，有关部门要严格执行相关规定，防止事故发生。

（3）划定控制区域。甲类、乙类传染病暴发、流行时，县级以上地方人民政府报经上一级地方人民政府决定，可以宣布疫区范围；经省、自治区、直辖市人民政府决定，可以对本行政区域内甲类传染病疫区实施封锁；封锁大、中城市的疫区或者封锁跨省（区、市）的疫区，以及封锁疫区导致中断干线交通或者封锁国境的，由国务院决定。对重大食物中毒和职业中毒事故，根据污染食品扩散和职业危害因素波及的范围，划定控制区域。

（4）疫情控制措施。当地人民政府可以在本行政区域内采取限制或者停止集市、集会、影剧院演出，以及其他人群聚集的活动；停工、停业、停课；封闭或者封存被传染病病原体污染的公共饮用水源、食品以及相关物品等紧急措施；临时征用房屋、交通工具以及相关设施和设备。

（5）流动人口管理。对流动人口采取预防工作，落实控制措施，对传染病病人、疑似病人采取就地隔离、就地观察、就地治疗的措施，对密切接触者根据情况采取集中或居家医学观察。

（6）实施交通卫生检疫。组织铁路、交通、民航、质检等部门在交通站点和出入境口岸设置临时交通卫生检疫站，对出入境、进出疫区和运行中的交通工具及其乘运人员和物资、宿主动物进行检疫查验，对病人、疑似病人及其密切接触者实施临时隔离、留验和向地方卫生行政部门指定的机构移交。

（7）信息发布。突发公共卫生事件发生后，有关部门要按照有关规定做好信息发布工作，信息发布要及时主动，准确把握，实事求是，正确引导舆论，注重社会效果。

（8）开展群防群治。街道、乡（镇）以及居委会、村委会协助卫生行政部门和其他部门、医疗机构，做好疫情信息的收集、报告、人员分散隔离及公共卫生措施的实施工作。

（9）维护社会稳定。组织有关部门保障商品供应，平抑物价，防止哄抢；严厉打击造谣传谣、哄抬物价、囤积居奇、制假售假等违法犯罪和扰乱社会治安的行为。

2.卫生行政部门。

(1)组织医疗机构、疾病预防控制机构和卫生监督机构开展突发公共卫生事件的调查与处理。

(2)组织突发公共卫生事件专家咨询委员会对突发公共卫生事件进行评估,提出启动突发公共卫生事件应急处理的级别。

(3)应急控制措施。根据需要组织开展应急疫苗接种、预防服药。

(4)督导检查。国务院卫生行政部门组织对全国或重点地区的突发公共卫生事件应急处理工作进行督导和检查。省、市(地)级以及县级卫生行政部门负责对本行政区域内的应急处理工作进行督察和指导。

(5)发布信息与通报。国务院卫生行政部门或经授权的省、自治区、直辖市人民政府卫生行政部门及时向社会发布突发公共卫生事件的信息或公告。国务院卫生行政部门及时向国务院各有关部门和各省、自治区、直辖市卫生行政部门以及军队有关部门通报突发公共卫生事件情况。对涉及跨境的疫情线索,由国务院卫生行政部门向有关国家和地区通报情况。

(6)制定技术标准和规范。国务院卫生行政部门对新发现的突发传染病、不明原因的群体性疾病、重大中毒事件,组织力量制定技术标准和规范,及时组织全国培训。地方各级卫生行政部门开展相应的培训工作。

(7)普及卫生知识。针对事件性质,有针对性地开展卫生知识宣教,提高公众健康意识和自我防护能力,消除公众心理障碍,开展心理危机干预工作。

(8)进行事件评估。组织专家对突发公共卫生事件的处理情况进行综合评估,包括事件概况、现场调查处理概况、病人救治情况、所采取的措施、效果评价等。

3.医疗机构。

(1)开展病人接诊、收治和转运工作,实行重症和普通病人分开管理,对疑似病人及时排除或确诊。

(2)协助疾控机构人员开展标本的采集、流行病学调查工作。

(3)做好医院内现场控制、消毒隔离、个人防护、医疗垃圾和污水处理工作,防止院内交叉感染和污染。

(4)做好传染病和中毒病人的报告工作。对因突发公共卫生事件而引起身体伤害的病人,任何医疗机构不得拒绝接诊。

(5)对群体性不明原因疾病和新发传染病做好病例分析与总结工作,积累诊断治疗的经验。重大中毒事件按照现场救援、病人转运、后续治疗相结合的原则进行处置。

(6)开展科研与国际交流。开展与突发事件相关的诊断试剂、药品、防护用品等方面的研究。开展国际合作,加快病源查寻和病因诊断。

4.疾病预防控制机构。

(1)突发公共卫生事件信息报告。国家、省、市(地)、县级疾病预防控制机构做好突发公共卫生事件的信息收集、报告与分析工作。

(2)开展流行病学调查。疾病预防控制机构人员到达现场后,尽快制定流行病学调查计划和方案,地方专业技术人员按照计划和方案,开展对突发事件累及人群的发病情况、分布特点进行调查分析,提出并实施有针对性的预防控制措施;对传染病病人、疑似病人、病原携带者及其密切接触者进行追踪调查,查明传播链,并向相关地方疾病预防控制机构通报情况。

(3)实验室检测。中国疾病预防控制中心和省级疾病预防控制机构指定的专业技术机构在地方专业机构的配合下，按有关技术规范采集足量、足够的标本，分送省级和国家应急处理功能网络实验室检测，查找致病原因。

(4)开展科研与国际交流。开展与突发事件相关的诊断试剂、疫苗、消毒方法、医疗卫生防护用品等方面的研究。开展国际合作，加快病源查寻和病因诊断。

(5)制定技术标准和规范。中国疾病预防控制中心协助卫生行政部门制定全国新发现的突发传染病、不明原因的群体性疾病、重大中毒事件的技术标准和规范。

(6)开展技术培训。中国疾病预防控制中心具体负责全国省级疾病预防控制中心突发公共卫生事件应急处理专业技术人员的应急培训。各省级疾病预防控制中心负责县级以上疾病预防控制机构专业技术人员的培训工作。

5. 卫生监督机构。

(1)在卫生行政部门的领导下，开展对医疗机构、疾病预防控制机构突发公共卫生事件应急处理各项措施落实情况的督导、检查。

(2)围绕突发公共卫生事件应急处理工作，开展食品卫生、环境卫生、职业卫生等的卫生监督和执法稽查。

(3)协助卫生行政部门依据《突发公共卫生事件应急条例》和有关法律法规，调查处理突发公共卫生事件应急工作中的违法行为。

6. 出入境检验检疫机构。

(1)突发公共卫生事件发生时，调动出入境检验检疫机构技术力量，配合当地卫生行政部门做好口岸的应急处理工作。

(2)及时上报口岸突发公共卫生事件信息和情况变化。

7. 非事件发生地区的应急反应措施。

未发生突发公共卫生事件的地区应根据其他地区发生事件的性质、特点、发生区域和发展趋势，分析本地区受波及的可能性和程度，重点做好以下工作：

(1)密切保持与事件发生地区的联系，及时获取相关信息。

(2)组织做好本行政区域应急处理所需的人员与物资准备。

(3)加强相关疾病与健康监测和报告工作，必要时，建立专门报告制度。

(4)开展重点人群、重点场所和重点环节的监测和预防控制工作，防患于未然。

(5)开展防治知识宣传和健康教育，提高公众自我保护意识和能力。

(6)根据上级人民政府及其有关部门的决定，开展交通卫生检疫等。

四、突发公共卫生事件的分级反应

(一)一般突发公共卫生事件的应急反应

接到一般突发公共卫生事件报告后，县级人民政府卫生主管部门应立即组织专家进行调查确认，并对疫情进行综合评估，必要时向县级人民政府提出成立县级应急处理指挥部的建议。同时，迅速组织医疗、疾控和卫生监督机构开展突发公共卫生事件的现场处理工作，并按照规定向当地人民政府和上一级人民政府卫生主管部门报告。

县级地方人民政府负责组织政府有关部门开展突发公共卫生事件的应急处置工作，并根据县级卫生主管部门的建议和突发公共卫生事件应急处置需要，成立县级突发公共卫生事件应急处理指挥部。

地市级人民政府卫生主管部门应当快速组织专家对突发公共卫生事件应急处理进行技术指导。省级卫生主管部门应根据地方卫生主管部门的请求，提供相应支持和指导。

（二）较重突发公共卫生事件的应急反应

接到较重突发公共卫生事件报告后，地市级人民政府卫生主管部门应立即组织专家调查确认，并对疫情进行综合评估，必要时向地市级人民政府提出成立地市级应急处理指挥部的建议。同时，迅速组织开展现场流行病学调查、致病致残人员的隔离救治、密切接触者的隔离、环境生物样品采集和消毒处理等紧急控制措施，并按照规定向当地政府、省级卫生主管部门和国务院卫生主管部门报告调查处理情况。

地市级人民政府负责组织有关部门协助卫生主管部门做好疫情信息收集、组织人员的疏散安置、依法进行疫区的确定与封锁、隔离和舆论宣传工作；保证突发公共卫生事件应急处理所需的医疗救治和预防用防护设备、药品、医疗器械等物资的供应，并根据地市级卫生主管部门的建议和突发公共卫生事件应急处理的需要成立地市级突发公共卫生事件应急处理指挥部。

省级卫生主管部门接到较重突发公共卫生事件报告后，要加强对地方突发公共卫生事件应急处理的督导，及时组织专家对地方卫生主管部门突发公共卫生事件应急处理工作提供技术指导和支持。国务院卫生主管部门根据省级卫生主管部门的请求及时提供技术支持和指导。

（三）严重突发公共卫生事件的应急反应

接到严重突发公共卫生事件报告后，省级人民政府卫生主管部门应立即组织专家调查确认，并对疫情进行综合评估，必要时向省级人民政府提出成立全省应急处理指挥部的建议。同时，迅速组织应急卫生救治队伍和有关人员到达突发公共卫生事件现场，进行采样、检测、流行病学调查与分析，组织开展医疗救治、病人隔离、人员疏散，同时分析突发公共卫生事件的发展趋势，提出应急处理工作建议，按照规定报告有关情况。

省、自治区、直辖市人民政府负责辖区内突发公共卫生事件应急处理的统一领导和指挥；组织有关部门根据突发公共卫生事件应急处理的需要，设立突发公共卫生事件应急处理工作组织；紧急调集和征集有关人员、物资、交通工具以及相关设施、设备；进行现场隔离、疫区的确定与封锁；保证应急处理所需的物资、经费；组织相关部门协助卫生主管部门进行病人及密切接触者的隔离、伤员救治和人员疏散；及时做好舆论宣传与引导工作。必要时，建议国家予以支持，以保证突发公共卫生事件应急处理工作的顺利进行，并根据省级人民政府卫生主管部门的建议和突发公共卫生事件应急处理的需要，成立突发公共卫生事件应急处理指挥部。

国务院卫生主管部门应加强对省级卫生主管部门突发公共卫生事件应急处理工作的督导，并根据需要组织国家应急卫生救治队伍和有关专家迅速赶赴现场，协助对疫情进行控制并开展救治工作。根据事态发展，提请国务院组织有关部门协助或参与地方突发公共卫生事件的处理。必要时建议国务院协调有关部门对突发公共卫生事件发生地给予必要的技术和物资支持。

突发公共卫生事件发生地的人民政府及有关部门在省级人民政府或省级突发公共卫生

事件应急处理指挥部的统一指挥下，按照要求认真履行职责，落实有关控制措施。未发生突发公共卫生事件地区的地方人民政府，应服从省级突发公共卫生事件应急处理指挥部的调度，支援突发公共卫生事件发生地的应急处理工作。同时采取必要的预防控制措施，防止同类突发公共卫生事件在本行政区域内发生。

(四)特别严重突发公共卫生事件的应急反应

接到特别严重突发公共卫生事件报告后，国务院卫生行政主管部门应立即组织专家调查确认，并对疫情进行综合评估，必要时，向国务院提出成立全国应急处理指挥部的建议。同时，负责组织和协调专业技术机构开展现场调查和处理；指导和协调落实医疗救治和预防控制等措施；对不明原因的突发公共卫生事件组织开展病因查找和治疗诊断的研究；依法接受和管理社会捐赠的资金、物资；发布、通报全国突发公共卫生事件信息，授权省、自治区、直辖市人民政府卫生主管部门向社会发布本行政区域突发公共卫生事件信息；依照《传染病防治法》的规定及时将发现的新发传染病纳入法定传染病管理。

特别重大突发公共卫生事件应急处理工作由国务院或国务院卫生行政部门和有关部门组织实施，开展突发公共卫生事件的医疗卫生应急、信息发布、宣传教育、科研攻关、国际交流与合作、应急物资与设备的调集、后勤保障以及督导检查等工作。国务院可根据突发公共卫生事件性质和应急处置工作，成立全国突发公共卫生事件应急处理指挥部，协调指挥应急处置工作。事发地省级人民政府应按照国务院或国务院有关部门的统一部署，结合本地区实际情况，组织协调市(地)、县(市)人民政府开展突发公共事件的应急处理工作。

特别重大级别以下的突发公共卫生事件应急处理工作由地方各级人民政府负责组织实施。超出本级应急处置能力时，地方各级人民政府要及时报请上级人民政府和有关部门提供指导和支持。

五、突发公共卫生事件的终止

突发公共卫生事件应急反应的终止需符合以下条件：突发公共卫生事件隐患或相关危险因素消除，或末例传染病病例发生后经过最长潜伏期无新的病例出现。上级人民政府卫生行政部门要根据下级人民政府卫生行政部门的请求，及时组织专家对突发公共卫生事件应急反应的终止的分析论证提供技术指导和支持。

一般突发公共卫生事件由县级人民政府卫生主管部门组织专家进行分析论证，提出终止建议，报请县级人民政府或县级突发公共卫生事件应急处理指挥部批准后实施，并向上一级人民政府卫生主管部门报告。

较重突发公共卫生事件由地市级人民政府卫生主管部门组织专家进行分析论证，提出终止建议，报地市级人民政府或地市级突发公共卫生事件应急处理指挥部批准后实施，并向上一级人民政府卫生主管部门报告。

严重突发公共卫生事件由省级人民政府卫生主管部门组织专家进行分析论证，提出终止建议，报省级人民政府或省级突发公共卫生事件应急处理指挥部批准后实施，并向国务院卫生主管部门报告。

特别严重突发公共卫生事件由国务院卫生主管部门组织专家进行分析论证，提出终止建议，报国务院或全国突发公共卫生事件应急处理指挥部批准后实施。

六、突发公共卫生事件的善后处理

(一)后期评估

突发公共卫生事件结束后,各级卫生行政部门应在本级人民政府的领导下,组织有关人员对突发公共卫生事件的处理情况进行评估。评估内容主要包括事件概况、现场调查处理概况、病人救治情况、所采取措施的效果评价、应急处理过程中存在的问题和取得的经验及改进建议。评估报告上报本级人民政府和上一级人民政府卫生行政部门。

(二)奖励

县级以上人民政府人事部门和卫生行政部门对参加突发公共卫生事件应急处理做出贡献的先进集体和个人进行联合表彰;民政部门对在突发公共卫生事件应急处理工作中英勇献身的人员,按有关规定追认为烈士。

(三)责任

对在突发公共卫生事件的预防、报告、调查、控制和处理过程中,有玩忽职守、失职、渎职等行为的,依据《突发公共卫生事件应急条例》及有关法律法规追究当事人的责任。

(四)抚恤和补助

地方各级人民政府要组织有关部门对因参与应急处理工作致病、致残、死亡的人员,按照国家有关规定,给予相应的补助和抚恤;对参加应急处理一线工作的专业技术人员应根据工作需要制定合理的补助标准,给予补助。

(五)征用物资、劳务的补偿

突发公共卫生事件应急工作结束后,地方各级人民政府应组织有关部门对应急处理期间紧急调集、征用有关单位、企业、个人的物资和劳务进行合理评估,给予补偿。

第五节　法律责任

法律责任主要分为行政责任、民事责任和刑事责任三类。突发公共卫生事件处理法律制度主要调整在预防、控制、消除突发事件危害过程中产生的社会关系,这种关系主要是行政法律关系,因此,法律责任主要是行政法律责任。为加大处罚力度,法律责任同时规定了一些与刑法相衔接的过渡性条款,即规定了有关人员没有履行突发公共卫生事件应急处理的法定义务时所应当承担的刑事法律责任。司法机关在追究应急处理工作中有关人员的刑事责任时,应当严格依照刑法的具体规定适用。

一、县级以上地方人民政府及其卫生行政主管部门的法律责任

1. 县级以上地方人民政府及其卫生行政主管部门未依照条例的规定履行报告职责,对突发事件隐瞒、缓报、谎报或者授意他人隐瞒、缓报、谎报的,对政府主要领导人及其卫生行政主管部门主要负责人,依法给予降级或者撤职的行政处分;造成传染病传播、流行或者对社会公众健康造成其他严重危害后果的,依法给予开除的行政处分;构成犯罪的,依法追究刑事责任。适用的《刑法》条款是第 397 条的滥用职权罪、玩忽职守罪,第 409 条的传染病防治失职罪。

2.国务院有关部门、县级以上地方人民政府及其有关部门未依照条例的规定，完成突发事件应急处理所需要的设施、设备、药品和医疗器械等物资的生产、供应、运输和储备的，对政府主要领导人和政府部门主要负责人依法给予降级或者撤职的行政处分；造成传染病传播、流行或者对社会公众健康造成其他严重危害后果的，依法给予开除的行政处分；构成犯罪的，依法追究刑事责任。适用的《刑法》条款是第397条的滥用职权罪、玩忽职守罪，第409条的传染病防治失职罪。

3.突发事件发生后，县级以上地方人民政府及其有关部门对上级人民政府有关部门的调查不予配合，或者采取其他方式阻碍、干涉调查的，对政府主要领导人和政府部门主要负责人依法给予降级或者撤职的行政处分；构成犯罪的，依法追究刑事责任。适用的《刑法》条款是第277条规定的妨害公务罪。

4.县级以上各级人民政府卫生行政主管部门和其他有关部门在突发事件调查、控制、医疗救治工作中玩忽职守、失职、渎职的，由本级人民政府或者上级人民政府有关部门责令改正、通报批评、给予警告；对主要负责人、负有责任的主管人员和其他责任人员依法给予降级、撤职的行政处分；造成传染病传播、流行或者对社会公众健康造成其他严重危害后果的，依法给予开除的行政处分；构成犯罪的，依法追究刑事责任。适用的《刑法》条款是第397条的滥用职权罪、玩忽职守罪，第409条的传染病防治失职罪。

5.县级以上各级人民政府有关部门拒不履行应急处理职责的，由同级人民政府或者上级人民政府有关部门责令改正、通报批评、给予警告；对主要负责人、负有责任的主管人员和其他责任人员依法给予降级、撤职的行政处分；造成传染病传播、流行或者对社会公众健康造成其他严重危害后果的，依法给予开除的行政处分；构成犯罪的，依法追究刑事责任。适用的《刑法》条款是第397条的滥用职权罪、玩忽职守罪，第409条的传染病防治失职罪。

二、医疗卫生机构的法律责任

医疗卫生机构有下列行为之一的，由卫生行政主管部门责令改正、通报批评、给予警告；情节严重的，吊销《医疗机构执业许可证》；对主要负责人、负有责任的主管人员和其他直接责任人员依法给予降级或者撤职的纪律处分；造成传染病传播、流行或者对社会公众健康造成其他严重危害后果，构成犯罪的，依法追究刑事责任：

(1)未依照条例的规定履行报告职责，隐瞒、缓报或者谎报的。

(2)未依照条例的规定及时采取控制措施的。

(3)未依照条例的规定履行突发事件监测职责的。

(4)拒绝接诊病人的。

(5)拒不服从突发事件应急处理指挥部调度的。

适用的《刑法》条款是第227条妨害公务罪，第330条妨害传染病防治罪，第331条传染病菌种、毒种扩散罪。

三、其他单位和个人的法律责任

1.在突发事件应急处理工作中，有关单位和个人未依照本条例的规定履行报告职责，隐瞒、缓报或者谎报，阻碍突发事件应急处理工作人员执行职务，拒绝国务院卫生行政主管部门或者其他有关部门指定的专业技术机构进入突发事件现场，或者不配合调查、采样、技术分析和检验的，对有关责任人员依法给予行政处分或者纪律处分；触犯《中华人民共和国治安管理处罚法》，构成违反治安管理行为的，由公安机关依法予以处罚；构成犯罪的，依法追究刑事责任。适用《治安管理处罚法》第 23 条第 1 款“扰乱机关、团体、企业、事业单位的秩序，致使工作、生产、营业、医疗、教学、科研不能正常进行，尚未造成严重损失的”和第 50 条第 1、2、3 款“拒不执行人民政府在紧急状态情况下依法发布的决定、命令的；阻碍国家机关工作人员依法执行职务的；阻碍执行紧急任务的消防车、救护车、工程抢险车、警车等车辆通行的”，对构成违反治安管理行为的有关责任人处 15 日以下拘留、200 元以下罚款或者警告；情节严重的，处 5 日以上 10 日以下拘留，可以并处 500 元以下罚款。适用的《刑法》条款是第 277 条的妨害公务罪，第 330 条的妨害传染病防治罪。

2. 在突发事件发生期间，散布谣言、哄抬物价、欺骗消费者，扰乱社会秩序、市场秩序的，由公安机关或者工商行政管理部门依法给予行政处罚；构成犯罪的，依法追究刑事责任。

散布谣言的适用《治安管理处罚法》第 25 条第 1 款“散布谣言，谎报险情、疫情、警情或者以其他方法故意扰乱公共秩序的”，处 5 日以上 10 日以下拘留，可以并处 500 元以下罚款；情节较轻的，处 5 日以下拘留或者 500 元以下罚款。哄抬物价、欺骗消费者，扰乱社会秩序、市场秩序的的行为由工商行政管理部门依据《产品质量法》、《消费者权益保护法》等有关法律、法规的规定予以行政处罚。适用的《刑法》条款是第 225 条规定的非法经营罪。

四、突发公共卫生事件违法行为适用《刑法》有关条款的规定

1.《刑法》第 397 条“滥用职权罪、玩忽职守罪”第 1 款规定，国家机关工作人员滥用职权或者玩忽职守，致使公共财产、国家和人民利益遭受重大损失的，处 3 年以下有期徒刑或者拘役；情节特别严重的，处 3 年以上 7 年以下有期徒刑。

2.《刑法》第 409 条“传染病防治失职罪”规定，从事传染病防治的政府卫生行政部门的工作人员严重不负责任，导致传染病传播或者流行，情节严重的，处 3 年以下有期徒刑或者拘役。

3.《刑法》第 277 条“妨害公务罪”第 1 款规定，以暴力、威胁方法阻碍国家机关工作人员依法执行职务的，处 3 年以下有期徒刑、拘役、管制或者罚金。

4.《刑法》第 331 条“传染病菌种、毒种扩散罪”规定，从事实验、保藏、携带、运输传染病菌种、毒种的人员，违反国务院卫生行政的有关规定，造成传染病菌种、毒种扩散，后果严重的，处 3 年以下有期徒刑或者拘役；后果特别严重的，处 3 年以上 7 年以下有期徒刑。

5.《刑法》第 225 条“非法经营罪”第 4 款规定，违反国家规定，有其他严重扰乱市场秩序的非法经营行为，扰乱市场秩序，情节严重的，处 5 年以下有期徒刑或者拘役，并处或者单处违法所得 1 倍以上 5 倍以下罚金；情节特别严重的，处 5 年以上有期徒刑，并处违法所得 1 倍以上 5 倍以下罚金或者没收财产。

为依法惩治妨害预防、控制突发传染病疫情等灾害的犯罪活动，保障预防、控制突发传染病疫情等灾害工作的顺利进行，切实维护人民群众的身体健康和生命安全，最高人民法院、最高人民检察院根据《中华人民共和国刑法》等有关法律规定，2003 年 5 月 14 日公布了《关于办理妨害预防、控制突发传染病疫情等灾害的刑事案件具体应用法律若干问题的解释》(2003 年 5 月 15 日起施行)。最高人民法院、最高人民检察院的司法解释规定，违反国家在预防、控制突发传染病疫情等灾害期间有关市场经营、价格管理等规定，哄抬物价、牟取暴

利，严重扰乱市场秩序，违法所得数额较大或者有其他严重情节的，依照《刑法》第 225 条第 4 款的规定，以非法经营罪定罪，依法从重处罚。

6.《刑法》第 291 条“投放虚假危险物质罪；编造、故意传播虚假恐怖信息罪”规定，投放虚假的爆炸性、毒害性、放射性、传染病病原体等物质，或者编造爆炸威胁、生化威胁、放射威胁等恐怖信息，或者明知是编造的恐怖信息而故意传播，严重扰乱社会秩序的，处 5 年以下有期徒刑、拘役或者管制；造成严重后果的，处 5 年以上有期徒刑。根据最高人民法院、最高人民检察院《关于办理妨害预防、控制突发传染病疫情等灾害的刑事案件具体应用法律若干问题的解释》，编造与突发传染病疫情等灾害有关的恐怖信息，或者明知是编造的此类恐怖信息而故意传播，严重扰乱社会秩序的，依照《刑法》第 291 条规定，以编造、故意传播虚假恐怖信息罪定罪处罚。

思考题

1. 简述突发公共卫生事件的概念、特征和工作原则。
2. 突发公共卫生事件应急预案包括哪些主要内容？
3. 突发公共卫生事件应急报告的主体有哪些？
4. 突发公共卫生事件应急工作中医疗卫生机构应该做好哪些工作？
5. 隐瞒、缓报或者谎报突发公共卫生事件的医疗卫生机构应该承担哪些法律责任？

第十五章　血液管理法律制度

第一节　献血法律制度概述

一、献血法的概念

献血法是调整保证临床用血的需要和安全，保障献血者和用血者身体健康活动中产生的各种社会关系的法律规范的总称。献血法有广义和狭义之分。广义的献血法是指我国各级立法机关制定的有关献血、血液制品及血站管理的各种法律规范总和；狭义的献血法仅指第八届全国人民代表大会常务委员会第二十九次会议通过的《中华人民共和国献血法》（1997 年 12 月 29 日）。《献血法》是保证我国临床用血需要和安全，调整献血、采供血活动中所产生的各种社会关系的法律规范。

血液是生命之源，是临床医治与抢救活动中不可缺少的特殊物质。输血已成为现代医疗的重要手段，它在临床医学领域中有着拯救生命、治疗疾病的极其重要的作用，是其他药物不可替代的。现阶段人造血液尚不能广泛应用，且价格昂贵，还不能取代血液。因此，医疗临床用血只能靠公民献血来解决，而且只能来自健康者的肌体。公民献血制度的完善程度，充分体现了一个国家公民的道德水准、公民意识、知识结构和社会公德的水平。因此必须加强公民献血法律制度建设，发扬人道主义精神，以保证医疗临床用血的需要和临床用血的安全，保护公民包括供血者和受血者的身体健康，促进整个社会的进步和发展。

二、国外无偿献血的发展

血液是一种复杂的维持生命的物质。血液在采集、储存和使用过程中，必须保证其质量，避免污染，防止经血液传播疾病。为了保证输血安全，很好地解决血液的来源问题，国际红十字组织、世界卫生组织、国际输血协会以及世界各国纷纷致力于探求合乎社会公德、符合医学发展需要的供血方式及政策，并力图从道义和法律角度使之规范化。献血活动在世界上经历了一个从有偿献血到无偿献血的过程。

1946 年红十字会与红新月会首先倡导无偿献血。1948 年召开的第 17 次红十字会国际委员会议明确提出医疗用血应该来自无偿献血者，而患者也应该是无偿地使用血液，即采取无偿献血免费输血的原则。1965 年红十字会国际会议卫生社会青少年委员会提出：血液不可作为商品买卖，提倡无偿献血，并做好符合人类正义的广告宣传，特别要对青少年进行深入宣传，应设立国家献血日。1973 年在德黑兰召开的第 22 届国际红十字会大会指出：出于人道主义动机，志愿的献血，不领取任何报酬的无偿献血，才是血液供需最安全、最有效的道路。1974 年世界卫生组织与红十字会联合召开会议，专门研究了世界范围内存在的买卖血浆问题。世界卫生组织要求各国应当加强推动无偿献血工作，并建立强有力的发展血液事业的服务体系。1975 年第 28 届世界卫生年会要求成员国在自愿无偿献血基础上促进各国血液服务的发展，并颁布有效的法律，指导和规范本国工作。1995 年世界卫生组织亚太地区安全输血会议上作出决议，要求各国政府根据世界卫生组织的决议，促进无偿献血工作的开展，制定有关无偿献血及输血服务的政策法规，以提高血液质量和输血安全。继续加强无偿献血的宣传教育，以扩大献血者的数量，在 2 年内取消有偿献血。

经过几十年的不懈努力，世界上很多国家都从过去的有偿献血，逐渐向义务性无偿献血过渡，最终实现了公民无偿献血。为了加强血液的管理，保障输血安全，目前世界上大多数国家政府通过立法等方式，确认政府的责任，加强对献血工作的领导。如希腊制定了《献血法》，设立献血委员会，在法律中明确规定献血组织必须遵守志愿献血的原则。韩国政府 1970 年制定了《血液管理法规》，规定新闻媒介应通过电视和广播宣传全国范围的志愿无偿献血运动，并将志愿无偿献血的重要性编入学校的教科书中。日本、瑞士、加拿大、澳大利亚等国家都基本上实现了公民无偿献血。

三、我国无偿献血的法制建设

我国的无偿献血制度始于 20 世纪 70 年代后期。为了规范公民献血工作，1978 年，国务院批转了卫生部《关于加强输血工作的请示报告》。1996 年，国务院发布了《血液制品管理条例》，卫生部相继颁发了《全国血站工作条例》、《关于加强输血工作管理的若干规定》、《采供血机构和血液管理办法》以及《血站基本标准》等。一些省、自治区、直辖市也制定了地方法规或规章。但是，由于法规调控功能不足和监督机制不够完善，医疗临床用血大部分仍来自有偿的供血或卖血，血源不足，不能充分保证医疗临床用血。而且，由于个体供血者的血液质量不高，容易引起经血液途径传播疾病的蔓延，严重威胁着献血者和受血者的安全与健康。

为了保证临床用血的需要和安全，保障献血者和用血者的身体健康，1997 年 12 月 29 日，第八届全国人民代表大会常务委员会第二十九次会议通过了《中华人民共和国献血法》，自 1998 年 10 月 1 日起施行。卫生部根据《献血法》制定发布了《血站管理办法（暂行）》（1998 年 9 月）、《医疗机构临床用血管理办法（试行）》（1999 年 1 月）、《临床输血技术规范》（2000 年 6 月）、《单采血浆站基本标准》（2000 年 11 月）等规章。1999 年，卫生部、中国红十字总会颁布了《全国无偿献血表彰奖励办法》（2009 年修订）。各省、自治区、直辖市相继出台了《献血法》地方配套法规。很多地方政府都相应成立了以政府主管领导为组长的献血工作领导小组，把推动无偿献血工作作为政府的责任，纳入议事日程。2002 年，卫生部开始按照世界卫生组织安全血液和血液制品四项方针，即国家血液工作的要点是要建立组织完善的、国家协调的输血服务机构；要从来自低风险人群的定期的、自愿无偿的献血者采集血液；对所有采集的血液进行输血传播性疾病检测、血液定型和配合性试验；血液在临床的合理使用，深入实施采供血机构全面质量管理项目，加强血站实验室建设和临床用血管理，确保血液安全。2006 年 3 月 1 日，新的《血站管理办法》正式实施，标志着我国献血工作进入新的阶段。

由于血液的采集和使用与人体健康紧密相关，为了保障献血者和用血者的身体健康，必须加强献血管理。《献血法》及其配套法规的颁布实施，确立了国家实行无偿献血制度，标志着我国无偿献血工作进入法制化管理轨道，对于提高血液质量，预防和控制经血液传播的疾病，保障献血者和用血者的身体健康，保证医疗用血的需要，促进临床合理、科学用血和血液事业的发展，进一步弘扬人道主义精神，加强和促进社会主义精神文明建设具有重要意义。

《献血法》实施10多年来，我国无偿献血事业取得了显著成效。主要体现在以下几个方面：

1.法律法规标准不断完善，血站管理逐步规范　为深入贯彻落实《献血法》，我国先后发布了《血站管理办法》、《血站基本标准》、《血站质量管理规范》、《血站技术操作规程》等一系列规章、规范和技术标准，对加强血站建设，提高规范化、科学化的管理水平，保障血液安全发挥了重要作用，也得到了国际社会的普遍认可。

2.完善采供血服务体系，血液供应得到保障　国家在“十五”期间投入22.5亿元加强中西部血站建设，在此基础上逐步建立了横向到边、纵向到底、覆盖城乡的采供血服务体系。目前，我国共有血站452个，其中设在省会城市的血液中心32个，设在地级市的中心血站321个，设在县级的中心血库99个，采供血服务基本满足了临床用血需求。

3.强化地方政府主导，形成多部门协作机制　无偿献血是社会性工作，需要政府主导、多部门协作和社会各界共同参与。多年来，各省级人民政府深入贯彻《献血法》，通过完善地方立法，切实履行政府职责，把无偿献血作为保护群众健康、提高公民素质、提升城市和地区形象、促进精神文明建设的重要工作纳入议事日程，并与创建全国精神文明城市等活动有机结合起来。中央国家机关及很多省市领导同志都率先垂范，身体力行，积极参加无偿献血。

4.无偿献血队伍不断扩大，献血量持续增加　1998年，全国无偿献血人次仅为5万，2011年已达1232万；1998年，全国无偿献血总量不足1000吨，2011年已达4164吨。2012年第一季度，采血量和献血人次比2011年同期分别增长6.1%和6.6%。无偿献血占临床用血的比例已由1998年的22%上升到2007年的91.3%。虽然与一些无偿献血比例达到100%的国家相比还有一些差距，但我国无偿献血的比例已经有了显著提高。上海市自愿无偿献血比例已由1999年的1.8%上升到2011年的99%。同时，自1988年起，卫生部与中国红十字会总会和总后勤部卫生部共同开展11次国家级无偿献血表彰，受到表彰的个人和城市不断增加，其中个人奖获得者从1988年的7人增加到2009年的11万余人。

5.血液应急保障能力不断提高　各地形成了以公民自愿无偿献血为基础，社会团体和固定无偿献血者队伍为补充的应急血液保障机制。在严重灾害和重大灾难事故的血液保障工作中，确保应急事件临床急救用血的需求和安全。这也充分显示出中华民族“一方有难、八方支援”的优良传统和“血浓于水”的友爱温情。

第二节　无偿献血的法律规定

一、无偿献血的含义

无偿献血是指公民向血站自愿、无报酬地提供自身血液的行为。《献血法》规定，国家实行无偿献血制度。无偿献血是无私奉献、救死扶伤的崇高行为，是我国血液事业发展的总方向。

1991 年，在布达佩斯召开的红十字会和红新月会国际联合会第 8 届大会通过的第 34 号决议，将自愿无偿献血定义为：出于自愿提供自身的血液、血浆或其他血液成分而不取任何报酬的人被称为自愿无偿献血者。

二、无偿献血的主体

《献血法》规定，国家提倡 18 周岁至 55 周岁的健康公民自愿献血。他们是无偿献血的主体。提倡个人、家庭、亲友、单位及社会互助献血。国家机关、军队、社会团体、企业事业单位、居民委员会、村民委员会，应当动员和组织本单位或者本地区的适龄公民参加献血。献血者应当按照要求出示真实的身份证明。任何单位和个人不得组织冒名顶替者献血。

对献血者，发给国务院卫生行政部门制作的无偿献血证书，有关单位可以给予适当补贴。“适当补贴”原则上指少量的、必要的午餐、交通费等。这与 1991 年红十字会和红新月会国际联合会第 34 号决议关于无偿献血定义的精神是一致的。

国家鼓励国家工作人员、现役军人和高等学校在校学生率先献血，为树立社会新风尚作表率。各级人民政府和红十字会对积极参加献血和在献血工作中做出显著成绩的单位和个人给予奖励。

三、无偿献血的血液采集

《献血法》规定，血站对献血者必须免费进行必要的健康检查，身体状况不符合献血条件的，血站应当向其说明情况，不得采集血液。血站对献血者每次采集血液量一般为 200 毫升，最多不得超过 400 毫升，两次采集间隔期不少于 6 个月。严格禁止血站对献血者超量、频繁采集血液。

血站采集血液必须严格遵守有关操作规程和制度，采血必须由具有采血资格的医务人员进行，一次性采血器材用后必须销毁，确保献血者的身体健康。

四、无偿献血的使用

《献血法》对无偿献血的用途予以严格规定：无偿献血的血液必须用于临床，不得买卖。血站、医疗机构不得将无偿献血的血液出售给单采血浆站或者血液制品生产单位。

五、无偿献血证书和奖励

《献血法》规定，血站对献血者，发给由国务院卫生行政部门制作的无偿献血证书。该证书既是献血者的荣誉证书，又是献血者享受法定优惠用血的凭证。各级人民政府和红十字会对积极参加献血和在献血工作中做出显著成绩的单位和个人，给予奖励。无偿献血表彰奖项分为“无偿献血奉献奖”、“无偿献血促进奖”、“无偿献血志愿服务奖”、“无偿献血先进省（市）奖”、“无偿献血先进部队奖”和“无偿捐献造血干细胞奖”。

六、无偿献血工作的组织和领导

无偿献血工作涉及面广，做好无偿献血工作不仅是各级卫生行政部门的职责，也是地方各级人民政府的工作。地方各级人民政府领导本行政区域内的献血工作,统一规划、组织、协调,加强教育、宣传工作。要求各级红十字会等部门和组织参与,国家机关、军队、社会团体、企业事业单位、居民委员会和村民委员会等,也要在宣传、动员和组织方面做许多具体工作。

(一)地方各级人民政府的职责

《献血法》规定,地方各级人民政府领导本行政区域内的献血工作,统一规划并负责组织、协调有关部门共同做好献血工作。同时还规定,各级人民政府要采取措施广泛宣传献血的意义,普及献血的科学知识,开展预防和控制经血液途径传播疾病的教育。新闻媒介应当开展献血的社会公益性宣传。各级政府要组织有关职能部门、社会团体、卫生机构、教育机构、新闻部门组织有关活动,运用电视、广播、报刊、宣传画等多种形式宣传、普及献血常识,使广大公民掌握献血对身体无害的卫生知识,把无偿献血看成是自己应尽的人道主义义务,是救死扶伤献爱心的善举,从而提高公民无偿献血的自觉性。

(二)卫生行政部门的职责

献血工作是医疗卫生事业的一项重要组成部分,各级卫生行政管理部门是医疗卫生事业的主管部门,因此,对献血工作进行监督管理是各级卫生行政部门的职责。《献血法》规定了县级以上各级人民政府卫生行政部门监督管理献血工作的职责。

各级人民政府卫生行政部门应当对无偿献血者的招募、采血、供血活动予以支持和指导。

国家卫生行政部门应当制定献血者的身体健康标准、血站技术操作规程、血液质量标准、血站的设立条件和管理办法等;定期对血液中心执行有关规定的情况和无偿献血比例、采供血服务质量、业务指导、人员培训、综合质量评价技术能力等情况以及脐带血造血干细胞库等特殊血站的质量管理状况进行评价及监督检查,并将结果向社会公布。

省级人民政府卫生行政部门应当对本辖区内的血站执行有关规定的情况和无偿献血比例、采供血服务质量、业务指导、人员培训、综合质量评价技术能力等情况进行评价及监督检查,按照卫生部的有关规定将结果上报,同时向社会公布。

县级以上各级卫生行政部门监督管理献血工作,要严格执行政策法规,建立监督约束机制,加大实施力度,狠抓血源管理,杜绝医疗单位私自采血和血液供应中的买卖行为,并配合公安部门对扰乱供血秩序的非法采供血行为予以坚决打击。

(三)红十字会的职责

无偿献血最初是由国际红十字组织倡导的。1959 年在雅典举行的第 25 次红十字会和红新月会协会理事会,要求红十字会与政府密切合作,全力排除血液事业中的盈利组织,将献血作为一种人道主义义务向全民宣传。1981 年第 24 届红十字国际委员会会议重申了组织人民群众自觉参加无偿献血是国际红十字运动的义务。从倡导之初到现在,国际红十字会组织一直在为推动无偿献血工作进行着不懈的努力。

《献血法》规定,各级红十字会依法参与、推动献血工作。1993 年 10 月 31 日,第八届全国人民代表大会常务委员会第四次会议通过的《中华人民共和国红十字会法》规定:中国红十字会是中华人民共和国统一的红十字组织,是从事人道主义工作的社会救助团体;县级以上按行政区域建立地方各级红十字会;红十字会应参与输血献血工作,推动无偿献血。所以各级红十字会组织应当配合各级政府和卫计委进行无偿献血的宣传、动员和组织工作。

(四)医疗卫生教育机构的职责

医疗卫生教育机构应当利用各种形式进行健康教育，通俗易懂地宣传科学献血无损健康的知识和道理，组织卫生技术人员撰写血液科普知识资料，出版献血宣传读物等，在人民群众中广泛开展预防和控制经血液途径传播疾病的教育。在中小学教材中编入血液生理常识和献血知识，使中小学生从小就懂得科学合理献血无损健康的知识，培养他们献血助人的意识和光荣美德。

(五)新闻媒体的职责

无偿献血的宣传是社会公益性宣传。无偿献血制度的推行，需要新闻媒体加大宣传力度，使人民群众逐步改变旧观念，树立无偿献血的社会责任感。无偿献血的宣传不能以谋取利益为目的，要注重社会效益。

第三节　血站管理的法律规定

为加强采供血机构和血源管理，保证血液的质量，推行无偿献血，保护公民健康，1993年3月20日卫生部发布了《采供血机构和血液管理办法》，自1993年7月1日起施行。为了确保血液安全，规范血站执业行为，促进血站的建设与发展，2006年3月1日，新的《血站管理办法》开始实行。

一、血站的概念

血站是指不以营利为目的，采集、提供临床用血的公益性卫生机构。血液是指用于临床的全血、成分血。

《血站管理办法》将血站分为一般性血站和特殊血站。一般血站包括血液中心、中心血站和中心血库。特殊血站包括脐带血造血干细胞库和国家卫计委根据医学发展需要批准、设置的其他类型血库。

二、血站的设立和审批

《血站管理办法》规定，省、自治区、直辖市人民政府卫生行政部门应当根据规定，结合本行政区域的人口、医疗资源、临床用血需求等实际情况和当地卫生发展规划，制定本行政区域血站设置规划，报同级人民政府批准，并报国家卫生行政部门备案。

(一)一般血站管理

一般血站包括血液中心、中心血站和中心血库，负责指定服务区域的采供血工作。血站因采供血需要，在规定的服务区域内设置分支机构，应当报所在省、自治区、直辖市人民政府卫生行政部门批准；设置固定采血点(室)或者流动采血车的，应当报省、自治区、直辖市人民政府卫生行政部门备案。

为保证辖区内临床用血的需要，血站可以设置储血点储存血液。储血点应当具备必要的储存条件，并由省级卫生行政部门批准。

1.血液中心的设置和职责　血液中心应当设置在省会市、自治区首府市、直辖市。其主要职责是：

(1)按照省级卫生行政部门的要求,在规定范围内开展无偿献血者的招募、血液的采集与制备、临床用血供应及医疗用血的业务指导等工作。

(2)承担所在省、自治区、直辖市血站的质量控制与评价。

(3)承担所在省、自治区、直辖市血站的业务培训与技术指导。

(4)承担所在省、自治区、直辖市血液的集中检测任务。

(5)开展血液相关的科研工作。

(6)承担卫生行政部门交办的任务。

(7)血液中心应当具有较高的综合质量评价的技术能力。

2.中心血站的设置和职责　中心血站应当设置在设区的市。直辖市、省会市、自治区首府市已经设置血液中心的,不再设置中心血站;尚未设置血液中心的,可以在已经设置的中心血站基础上加强能力建设,履行血液中心的职责。同一行政区域内不得重复设置血液中心、中心血站。中心血站的主要职责是:

(1)按照省级人民政府卫生行政部门的要求,在规定范围内开展无偿献血者的招募、血液的采集与制备、临床用血供应以及医疗用血的业务指导等工作。

(2)承担供血区域范围内血液储存的质量控制。

(3)对所在行政区域内的中心血库进行质量控制。

(4)承担卫生行政部门交办的任务。

3.中心血库的设置和职责　中心血库应当设置在中心血站服务覆盖不到的县级综合医院内。其主要职责是:按照省级人民政府卫生行政部门的要求,在规定范围内开展无偿献血者的招募、血液的采集与制备、临床用血供应以及医疗用血业务指导等工作。

血液中心或者中心血站因工作需要,经省级卫生行政部门批准,可以在辖区范围内,人口流动比较大的繁华地区建立血站分站。血站分站的工作由设点的血液中心或者中心血站负责,并接受当地卫生行政部门的监督。

(二)特殊血站的设置和职责

特殊血站目前主要是指脐带血造血干细胞库。

1.特殊血站的设置。

(1)国家卫生行政部门根据全国人口分布、卫生资源、临床造血干细胞移植需要等实际情况,统一制定我国脐带血造血干细胞库等特殊血站的设置规划和原则。国家不批准设置以营利为目的的脐带血造血干细胞库等特殊血站。

(2)申请设置脐带血造血干细胞库等特殊血站的,应当按照国家卫生行政部门规定的条件向所在地省级人民政府卫生行政部门申请。省级人民政府卫生行政部门组织初审后报国家卫生行政部门。卫生部对脐带血造血干细胞库等特殊血站设置的审批按照申请的先后次序进行。

(3) 脐带血造血干细胞库等特殊血站执业,应当向所在地省级人民政府卫生行政部门申请办理执业登记。

(4)省级卫生行政部门应当组织有关专家和技术部门,按照《血站管理办法》和卫生部制定的脐带血造血干细胞库等特殊血站的基本标准、技术规范,对申请单位进行技术审查及执业验收。审查合格的,发给《血站执业许可证》,并注明开展的业务。《血站执业许可证》有效期为 3 年。脐带血造血干细胞库等特殊血站在《血站执业许可证》有效期满后继续执业的,应当在《血站执业许可证》有效期满前3个月向原执业登记的省级人民政府卫生行政部门申请办理再次执业登记手续。未取得《血站执业许可证》的，不得开展采供脐带血造血干细胞等业务。

2.特殊血站的职责　脐带血造血干细胞库等特殊血站执业除应当遵守一般血站的执业要求外，还应当遵守以下规定：

(1)按照卫生部规定的脐带血造血干细胞库等特殊血站的基本标准、技术规范等执业。

(2)脐带血等特殊血液成分的采集必须符合医学伦理的有关要求，并遵循自愿和知情同意的原则。脐带血造血干细胞库必须与捐献者签署经执业登记机关审核的知情同意书。

(3)脐带血造血干细胞库等特殊血站只能向有造血干细胞移植经验和基础，并装备有造血干细胞移植所需的无菌病房和其他必须设施的医疗机构提供脐带血造血干细胞。

(4)出于人道主义、救死扶伤的目的，必须向境外医疗机构提供脐带血造血干细胞等特殊血液成分的，应当严格按照国家有关人类遗传资源管理规定办理手续。

(5)脐带血等特殊血液成分必须用于临床。

三、血站的执业许可

(一)血站的执业登记

血站开展采供血活动，应当向所在省、自治区、直辖市人民政府卫生行政部门申请办理执业登记，取得《血站执业许可证》。没有取得《血站执业许可证》的，不得开展采供血活动。《血站执业许可证》有效期为3年。

血站申请办理执业登记必须填写《血站执业登记申请书》。省级人民政府卫生行政部门在受理血站执业登记申请后，应当组织有关专家或者委托技术部门，根据《血站质量管理规范》和《血站实验室质量管理规范》，对申请单位进行技术审查，并提交技术审查报告。

省级人民政府卫生行政部门应当在接到专家或者技术部门的技术审查报告后20日内对申请事项进行审核。审核合格的，予以执业登记，发给卫生部统一样式的《血站执业许可证》及其副本。

《血站执业许可证》有效期满前3个月，血站应当办理再次执业登记，并提交《血站再次执业登记申请书》及《血站执业许可证》。未办理再次执业登记手续或者被注销《血站执业许可证》的血站，不得继续执业。

省级人民政府卫生行政部门应当根据血站业务的开展和监督检查情况进行审核，审核合格的，予以继续执业。未通过审核的，责令其限期整改；经整改仍审核不合格的，注销其《血站执业许可证》。

(二)不予执业登记

《血站管理办法》第15条规定，血站有下列情形之一的，不予执业登记：①《血站质量管理规范》技术审查不合格的。②《血站实验室质量管理规范》技术审查不合格的。③血液质量检测结果不合格的。

执业登记机关对审核不合格、不予执业登记的，将结果和理由以书面形式通知申请人。

(三)执业注销

《血站管理办法》第58条规定，血站有下列情形之一的，由省级人民政府卫生行政部门注销其《血站执业许可证》：①《血站执业许可证》有效期届满未办理再次执业登记的。②取得《血站执业许可证》后1年内未开展采供血工作的。

四、血站的执业规则

血站执业应当遵守有关法律、行政法规、规章和技术规范。

(一)保障临床用血

血站应当根据医疗机构临床用血需求，制定血液采集、制备、供应计划，保障临床用血安全、及时、有效。

(二)对献血者核对检查，确保献血者身体健康和血液质量符合标准

1.血站采血前应当对献血者身份进行核对并进行登记，了解其献血次数等有关情况。严禁采集冒名顶替者的血液，严禁超量、频繁采集血液。血站不得采集血液制品生产用原料血浆。血站开展献血者招募，应当为献血者提供安全、卫生、便利的条件和良好的服务。血站应当按照国务院卫生行政部门制定的《献血者健康检查标准》，免费对献血者进行严格的健康检查。身体状况不符合献血条件的献血者，血站应当向其说明情况，不得采集血液。献血者每次献血前必须进行体格检查和血液检验，献出的血液必须按规定项目检验。

2.血站采集血液必须严格遵守有关操作规程和制度，采血必须由具有采血资格的医务人员进行，一次性采血器材用后必须销毁，确保献血者的身体健康。所谓“采血资格”是指进行采血的人员必须是经过专业技术培训，有相关学历文凭和经过资格认定的医务工作者。工作人员未取得相关岗位执业资格或者未经执业注册不得从事采供血工作。

3.血站采集血液应当遵循自愿和知情同意的原则，并对献血者履行规定的告知义务。血站应当建立献血者信息保密制度，为献血者保密。

4.血站应当建立对有易感染经血液传播疾病的危险行为的献血者献血后的报告工作程序、献血屏蔽和淘汰制度。

(三)岗位培训与考核

血站应当建立人员岗位责任制度和采供血管理相关工作制度，并定期检查、考核各项规章制度和各级各类人员岗位责任制的执行和落实情况。血站工作人员应当符合岗位执业资格的规定，并接受血液安全和业务岗位培训与考核，领取岗位培训合格证书后方可上岗。血站工作人员每人每年应当接受不少于75学时的岗位继续教育。岗位培训与考核由省级以上人民政府卫生行政部门负责组织实施。

(四)质量管理

血站开展采供血业务应当实行全面质量管理，严格遵守《中国输血技术操作规程》、《血站质量管理规范》和《血站实验室质量管理规范》等技术规范和标准。

1.献血、检测和供血的原始记录应当保存至少10年，血液检测的全血标本的保存期应当与全血有效期相同；血清(浆)标本的保存期应当在全血有效期满后半年。

2.血站应当保证所采集的血液由具有血液检测实验室资格的实验室进行检测。对检测不合格或者报废的血液，血站应当严格按照有关规定处理。血站的实验室应当配备必要的生物安全设备和设施，并对工作人员进行生物安全知识培训。

3.血站应当制定实验室室内质控与室间质评制度，确保试剂、卫生器材、仪器、设备在使用过程中能达到预期效果。

4.血站应当加强消毒、隔离工作管理，预防和控制感染性疾病的传播。血站产生的医疗废物应当按《医疗废物管理条例》规定处理，做好记录与签字，避免交叉感染。

5. 血站必须严格执行国家有关报废血处理和有易感染经血液传播疾病危险行为的献血者献血后保密性弃血处理的规定。

6. 血站应当保证发出的血液质量符合国家有关标准，其品种、规格、数量、活性、血型无差错；未经检测或者检测不合格的血液，不得向医疗机构提供。

7. 血站应当建立质量投诉、不良反应监测和血液收回制度。

8. 血站应当加强对其所设储血点的质量监督，确保储存条件，保证血液储存质量；按照临床需要进行血液储存和调换。

(五)血液的包装、储存、运输

血液的包装、储存、运输应当符合《血站质量管理规范》的要求。血液包装袋上应当标明：①血站的名称及其许可证号。②献血编号或者条形码。③血型。④血液品种。⑤采血日期及时间或者制备日期及时间。⑥有效日期及时间。⑦储存条件。

(六)制定紧急预案

血站应当制定紧急灾害应急预案，并从血源、管理制度、技术能力和设备条件等方面保证预案的实施。在紧急灾害发生时服从县级以上人民政府卫生行政部门的调遣。特殊血型的血液需要从外省、自治区、直辖市调配的，由省级人民政府卫生行政部门批准。因科研或者特殊需要而进行血液调配的，由省级人民政府卫生行政部门批准。出于人道主义、救死扶伤的目的，需要向中国境外医疗机构提供血液及特殊血液成分的，应当严格按照有关规定办理手续。

(七)无偿献血不得买卖

无偿献血的血液必须用于临床，不得买卖。血站剩余成分血浆由省、自治区、直辖市人民政府卫生行政部门协调血液制品生产单位解决。血站剩余成分血浆以及因科研或者特殊需要用血而进行的调配所得的收入，全部用于无偿献血者用血返还费用，血站不得挪作他用。

五、血站的监督管理

我国血液管理实行以省、自治区、直辖市为区域，实行统一规划采供血机构、统一管理血源、统一采供血和合理用血的原则。《血站管理办法》规定，县级以上人民政府卫生行政部门辖区内血站执业活动进行日常监督管理工作，开展对采供血质量的不定期抽检；对辖区内临床供血活动进行监督检查；对违反《血站管理办法》的行为进行查处。《血液制品管理条例》规定，县级以上地方各级人民政府卫生行政部门负责行政区域内的单采血浆站、供血浆者、原料血浆的采集及血液制品经营单位的监督管理。

省、自治区、直辖市人民政府卫生行政部门对辖区内的血站执行有关规定情况和无偿献血比例、采供血服务质量、业务指导、人员培训、综合质量评价技术能力等情况进行评价及监督检查，按照国家卫生行政部门的有关规定将结果上报，同时向社会公布；对辖区内的血液制品生产单位进行监督管理。

国家卫生行政区域部门定期对血液中心执行有关规定情况和无偿献血比例、采供血业务质量、业务指导、人员培训、综合质量评价技术能力等情况以及脐带血造血干细胞库等特殊血站的质量管理状况进行评价及监督检查，并将结果向社会公布。

第四节　临床用血的法律规定

为进一步加强医疗机构临床用血管理，推进临床科学合理用血，保护血液资源，保障临床用血安全和医疗质量，自 2012 年 8 月 1 日起，新的《医疗机构临床用血管理办法》开始施行，1999 年实施的《医疗机构临床用血管理办法（试行）》废止。新的《医疗机构临床用血管理办法》、《临床输血技术规范》对临床用血输血管理、监督管理、法律责任等作出了明确规定。

一、临床用血的概念

临床用血是指用于临床的全血、成分血。血站、医疗机构不得将无偿献血的血液出售给单采血浆站或血液制品生产单位。无偿献血的最终目的是将血液应用于临床，不得买卖，以挽救伤病患者的生命，维护其健康。

二、临床用血的原则

临床用血是一门科学，医疗机构临床用血必须进行核算，应当制定用血计划，必须遵循合理、科学的原则，不得浪费和滥用。临床用血还应严格掌握输血适应证，正确应用成熟的临床输血技术和血液保护技术，包括成分输血和自体输血等。医疗机构应当针对临床实际需要按照血液成分进行成分输血，首先将采集的血液进行分离，分别储存，然后针对不同患者的不同需要输入血液的不同成分，可以减少浪费，使血液能得到充分的利用，也有利于临床用血新技术的研究和推广。

三、临床用血的供给

医疗机构应当使用卫生行政部门指定血站提供的血液，不得使用原料血浆，除批准的科研项目外，不得直接使用脐带血。医疗机构科研用血由所在地省级卫生行政部门负责核准。

为保证应急用血，《献血法》、《医疗机构临床用血管理办法》规定，医疗机构可以临时采集血液，但应确保采血用血安全。医疗机构应急用血需要临时采集血液的，必须符合下列条件。

(1)危及患者生命，急需输血。

(2)所在地血站无法及时提供血液，且无法及时从其他医疗机构调剂血液，而其他医疗措施不能替代输血治疗。

(3)具备开展交叉配血及乙型肝炎病毒表面抗原、丙型肝炎病毒抗体、艾滋病病毒抗体和梅毒螺旋体抗体检测的能力。

(4)遵守采供血相关操作规程和技术标准。

医疗机构应当在临时采集血液后 10 日内将情况报告县级以上人民政府卫生行政部门。

四、临床用血的包装、储存、运输和核查

临床用血质量的优劣与血袋的包装、储存、运输有密切的关系，如血袋的包装未标明采

血日期、有效期就将影响临床使用疗效，严重者将直接造成患者死亡。

医疗机构接收血站发送的血液后，应当对血袋标签标注的血站名称、献血编号或者条形码、血型、血液品种、采血日期及时间或者制备日期及时间、有效期及时间、储存条件等内容进行核对。符合国家有关标准和要求的血液入库，做好登记，并按不同品种、血型和采血日期（或有效期）分别有序存放于专用储藏设施内。禁止将血袋标签不合格的血液入库。

医疗机构的储血设施应当保证运行有效，储血环境应当符合卫生标准和要求。全血、红细胞的储藏温度应当控制在 2～6℃，血小板的储藏温度应当控制在 20～24℃。储血保管人员应当做好血液储藏温度的 24 小时监测记录。

医疗机构临床用血核查制度是确保用血者身体健康、预防和控制经血液途径传播疾病的重要环节。根据《献血法》规定，血液质量的检测是由血站来完成的，医疗机构对血站提供的血液不再进行检测，但必须对临床用血进行核查，不得将不符合国家规定标准的血液用于临床。《医疗机构临床用血管理办法》规定，医疗机构应当在血液发放和输血时进行核对，并指定医务人员负责血液的收领、发放工作。

五、临床输血的程序

《医疗机构临床用血管理办法》和《临床输血技术规范》规定了临床输血的必经程序。

1.输血申请　申请输血应由经治医师逐项填写《临床输血申请单》，由主治医师核准签字，同受血者血样一起于预定输血日期前送交输血科（血库）备血。决定输血治疗前，经治医师应向患者或患者家属说明同种异体输血的不良反应和经血传播疾病的可能性，征得患者或患者家属的同意，并在《输血治疗同意书》上签字。《输血治疗同意书》入病历。无家属签字无自主意识患者的紧急输血，应报医疗职能部门或主管领导同意、备案，并记入病历。

2.受血者血样的采集与送检　确定输血后，医护人员持输血申请单和贴好标签的试管，当面核对患者姓名、性别、年龄、病案号、病室/门急诊、床号、血型和诊断，然后采集血样。由医护人员将受血者血样与输血申请单交输血科（血库），双方进行逐项核对。

3.交叉配血　根据《临床输血技术规范》的规定，受血者配血试验的血标本必须是输血前 3 天之内的。输血科（血库）要逐项核对输血申请单、受血者和供血者血样，复查受血者和供血者 ABO 血型（正、反定型），并常规检查患者 Rh(D) 血型（急诊抢救患者紧急输血时 Rh(D) 检查可除外），正确无误时可进行交叉配血。

凡输注全血、浓缩红细胞、红细胞悬液、洗涤红细胞、冰冻红细胞、浓缩白细胞、手工分离浓缩血小板等的患者，应进行交叉配血试验。机器单采浓缩血小板时应将 ABO 血型同型输注。但是，凡遇有交叉配血不合，对有输血史、妊娠史或短期内需要接收多次输血者等情况，必须按《全国临床检验操作规程》有关规定作抗体筛选试验。

4.血液入库、核对、贮存　全血、血液成分入库前要认真核对验收。核对验收内容包括：运输条件、物理外观、血袋封闭及包装是否合格，标签填写是否清楚齐全（供血机构名称及其许可证号、供血者姓名或条形码编号、血型、血液品种、容量、采血日期、血液成分的制备日期及时间、有效期及时间、血袋编号/条形码、储存条件）等。按 A、B、O、AB 血型将全血、血液成分以相应的保存温度和保存期，分别贮存于血库专用冰箱不同层内或不同专用冰箱内，并做明显的标识。

输血科（血库）要认真做好血液出入库、核对、领发的登记，有关资料需保存 10 年。

5.发血　配血合格后，由医护人员到输血科(血库)取血。取血与发血的双方必须共同核对患者姓名、性别、病案号、病室/门急诊、床号、血型、血液有效期及配血试验结果，以及保存血的外观等。准确无误时，双方共同签字后方可发出。血液发出后不得退回，受血者和供血者的血样保存于2～6℃冰箱，至少7天，以便对输血不良反应追查原因。

6.输血　输血前由两名医护人员对交叉配血报告单及血袋标签各项内容进行核对，检查血袋有无破损渗漏，血液颜色是否正常。准确无误方可输血。输血时，由两名医护人员带病历共同到患者床旁核对患者姓名、性别、年龄、病案号、病室/门急诊、床号、血型等，确认与配血报告相符，再次核对血液后，用符合标准的输血器进行输血。

临床医师和输血医技人员必须掌握输血适应证，正确应用成熟的临床输血技术和血液保护技术，包括成分输血和自体输血等。二级以上医院应设置独立的输血科(血库)，负责临床用血的技术指导和技术实施，确保贮血、配血和其他用血措施科学合理地执行。

临床输血出现不良反应时，应详细记录和及时调查处理，并逐级向卫生行政部门报告。

六、公民临床用血

(一)临床用血的费用支付

公民临床用血时只需交付用于血液的采集、储存、分离、检验等费用。这主要是指公民临床需要用血的费用，是血液从采集到临床用血的一切消耗成本费用，需要用血人支付。

无偿献血者临床需要用血时，免交上述规定的费用。主要是指已履行无偿献血义务的公民本人临床需要用血时，不需要支付血液采集、储存、分离、检验等费用。凭本人的“无偿献血证”在医疗机构用血，免交费用。如无偿献血者因病在其他省用血，临床用血的费用先垫付，然后向献血所在地献血办公室结算。

无偿献血者的配偶和直系亲属临床需要用血时，可以按照省、自治区、直辖市的规定免交或减交上述规定的费用。

(二)自身储血

所谓自身储血主要是针对可以择期手术的患者而言的。这种患者在手术前先将自己的血液提前抽出储存起来，待手术时将自己提前献出的血液再回输给自己。

这样既有利于身体的恢复，又可以保证用血的安全。为保障公民临床急救用血的需要，国家提倡并指导择期手术的患者自身储血，动员家庭、亲友、所在单位以及社会互助献血。

第五节　血液制品管理的法律规定

一、血液与血液制品的概念

血液是指用于临床的全血、血液成分和特殊血液成分。血液制品是指各种人血浆蛋白制品，包括人血白蛋白、人胎盘血白蛋白、静脉注射用人免疫球蛋白、肌注人免疫球蛋白、组织胺人免疫球蛋白、特异性免疫球蛋白、乙型肝炎、狂犬病、破伤风免疫球蛋白、人凝血因子Ⅷ、人凝血酶原复合物、人纤维蛋白原、抗人淋巴细胞免疫球蛋白等。血液制品的原料是血浆。人血浆中有92%～93%是水，仅有7%～8%是蛋白质，血液制品就是从这部分蛋白质中分离提纯制成的。供血浆者是指提供血液制品生产原料血浆的人员。单采血浆站，是指根据地区血源资源，按照有关标准和要求并经严格审批设立，采集供应血液制品生产用原料血浆的单位。

二、血液制品管理机构及其职责

为了加强对原料血浆的采集、供应以及血液制品的生产、经营活动的管理，预防和控制经血液途径传播的疾病，保证血液制品的质量，国务院于 1996 年 12 月 30 日发布了《血液制品管理条例》。该条例适用于中华人民共和国境内从事原料血浆的采集、供应以及血液制品的生产、经营活动。

(一)各级卫生行政部门的职责

《血液制品管理条例》规定，国务院卫生行政部门对全国的原料血浆的采集、供应和血液制品的生产、经营活动实施监督管理；负责全国进出口血液制品的审批及监督管理。县级以上地方人民政府卫生行政部门对本行政区域内的原料血浆的采集、供应和血液制品的生产、经营活动实施监督管理。国家禁止出口原料血浆。

(二)药检机构的职责

国家药品、生物制品检定机构及国务院卫生行政部门指定的省级药品检验机构，应当根据国家规定的标准和要求，对血液制品生产单位生产的产品进行定期检定。

三、单采血浆站的设置与管理

单采血浆站是指根据地区血源资源，按照有关标准和要求并经严格审批设立，采集供应血液制品生产用原料血浆的单位。

(一)单采血浆站的设置

1. 国家实行单采血浆站统一规划、设置的制度。《血液制品管理条例》规定，国务院卫生行政部门根据核准的全国生产用原料血浆的需求，对单采血浆站的布局、数量和规模制定总体规划。省、自治区、直辖市人民政府卫生行政部门根据总体规划制定本行政区域内单采血浆站的设置规划和采集血浆的区域规划，并报国务院卫生行政部门备案。

在一个采血浆区域内，只能设置一个单采血浆站。严禁单采血浆站采集非划定区域内的供血浆者和其他人员的血浆。

2. 单采血浆站由血液制品生产单位设置或者由县级人民政府卫生行政部门设置，专门从事单采血浆活动，具有独立法人资格。其他任何单位和个人不得从事单采血浆活动。

3. 设置单采血浆站，必须具备下列条件：

(1)符合单采血浆站布局、数量、规模的规划。

(2)具有与所采集原料血浆相适应的卫生专业技术人员。

(3)具有与所采集原料血浆相适应的场所及卫生环境。

(4)具有识别供血浆者的身份识别系统。

(5)具有与所采集原料血浆相适应的单采血浆机械及其他设施。

(6)具有对所采集原料血浆进行质量检验的技术人员以及必要的仪器设备。

(二)单采血浆站的审批

申请设置单采血浆站的血液制品生产单位，应当向单采血浆站设置地的县级人民政府卫生行政部门提交《设置单采血浆站申请书》等相关材料。县级人民政府卫生行政部门在收到全部申请材料后进行初审，经设区的市、自治州人民政府卫生行政部门或者省、自治区人民政府设立的派出机关的卫生行政机构审查同意，报省、自治区、直辖市人民政府卫生行政部门审批；经审查符合条件的，由省、自治区、直辖市人民政府卫生行政部门核发《单采血浆许可证》，并报国务院卫生行政部门备案。经审查不符合条件的，应当将不予批准的理由书面通知申请人。

《单采血浆许可证》有效期为 2 年，《单采血浆许可证》有效期满前 3 个月，单采血浆站应当向原发证部门申请延续。

（三）单采血浆站的管理

单采血浆站只能对省、自治区、直辖市人民政府卫生行政部门规划区域内的供血浆者进行筛查和采集血浆。

县级以上地方人民政府卫生行政部门对本行政区域内的原料血浆的采集、供应和血液制品的生产、经营活动实施监督管理，审核批准设置单采血浆站的程序和期限，按照《行政许可法》、《卫生行政许可管理办法》等有关规定执行。

四、原料血浆的采集与管理的法律规定

原料血浆是指由单采血浆站采集的专用于血液制品生产原料的血浆。原料血浆由国家统一规划、设置的单采血浆站采集。

（一）建立供血浆者健康检查及供血浆记录档案

单采血浆站必须按照国务院卫生行政部门制定的供血浆者健康检查标准，对供血浆者进行健康检查；检查合格的，由县级人民政府卫生行政部门核发《供血浆证》。《供血浆证》由省、自治区、直辖市人民政府卫生行政部门负责设计和印制。《供血浆证》不得涂改、伪造、转让。

单采血浆站在采集血浆前，必须对供血浆者进行身份识别并核实其《供血浆证》，确认无误的，方可按照规定程序进行健康检查和血液化验；对检查、化验合格的，按照有关技术操作标准及程序采集血浆，并建立供血浆者健康检查及供血浆记录档案；对检查、化验不合格的，由单采血浆站收缴《供血浆证》，并由所在地县级人民政府卫生行政部门监督销毁。严禁采集无《供血浆证》者的血浆。

（二）血浆采集

为减少交叉感染，保护供血浆者的健康，确保原料血浆的质量，单采血浆站必须使用单采血浆机械采集血浆，严禁手工操作采集血浆。采集的血浆必须按单人份冰冻保存，不得混浆。

单采血浆站必须使用有产品批准文号并经国家药品生物制品检定机构逐批检定合格的体外诊断试剂以及合格的一次性采血浆器材。采血浆器材等一次性消耗品使用后，必须按照国家有关规定予以销毁，并作记录。

（三）原料血浆的包装、储存、运输

单采血浆站采集的原料血浆的包装、储存、运输，必须符合国家规定的卫生标准和要求。

（四）原料血浆的供应

单采血浆站只能向一个与其签订质量责任书的血液制品生产单位供应原料血浆，严禁

向其他任何单位供应原料血浆。严禁单采血浆站采集血液或者将所采集的原料血浆用于临床。国家禁止出口原料血浆。

(五)报告制度

单采血浆站必须依照《传染病防治法》及其实施办法等有关规定,严格执行消毒管理及疫情上报制度。单采血浆站应当每半年向所在地的县级人民政府卫生行政部门报告有关原料血浆的采集情况,同时抄报设区的市、自治州人民政府卫生行政部门或者省、自治区人民政府设立的派出机关的卫生行政机构及省、自治区、直辖市人民政府卫生行政部门。省、自治区、直辖市人民政府卫生行政部门应当每年向国务院卫生行政部门汇总报告本行政区域内原料血浆的采集情况。

五、血液制品生产经营单位管理的法律规定

(一)血液制品生产单位的管理

1. 血液制品生产单位的设置　《血液制品管理条例》第 20 条规定,新建、改建或者扩建血液制品生产单位,经国务院卫生行政部门根据总体规划进行立项审查同意后,由省、自治区、直辖市人民政府卫生行政部门依照《药品管理法》的规定审核批准。

《血液制品管理条例》第 21 条规定,血液制品生产单位必须达到国务院卫生行政部门制定的《药品生产质量管理规范》规定的标准,经国务院卫生行政部门审查合格,并依法向工商行政管理部门申领营业执照后,方可从事血液制品的生产活动。

2. 血液制品生产单位的职责　血液制品生产单位在原料血浆投入生产前,必须使用有产品批准文号并经国家药品生物制品检定机构逐批检定合格的体外诊断试剂,对每一人份血浆进行全面复检,并作检测记录。复检不合格的,不得投入生产,并必须在省级药品监督下按照规定程序和方法予以销毁,并作记录。发现有经血液途径传播的疾病,必须通知供应血浆的单采血浆站,并及时上报省级卫生行政部门。生产、包装、储存、运输血液制品,应当符合国家规定的卫生标准和要求。血液制品出厂前,必须经过质量检验;经检验不符合国家标准的,严禁出厂。

严禁血液制品生产单位出让、出租、出借以及与他人共用《药品生产企业许可证》和产品批准文号。血液制品生产单位不得向无《单采血浆许可证》的单采血浆站或者未与其签订质量责任书的单采血浆站及其他任何单位收集原料血浆。血液制品生产单位不得向其他任何单位供应原料血浆。

(二)血液制品经营单位的管理

1. 血液制品经营单位的设置　开办血液制品经营单位,由省级人民政府卫生行政部门审核批准。

2. 血液制品经营单位的职责　血液制品经营单位应当具备与所经营的产品相适应的冷藏条件和熟悉所经营产品的业务人员;经营血液制品,应当符合国家规定的卫生标准和要求。

六、血液制品生产经营的监督管理

县级以上地方各级人民政府卫生行政部门负责本行政区域内的单采血浆站、供血浆者、原料血浆的采集及血液制品经营单位的监督管理。省、自治区、直辖市人民政府卫生行政部

门负责本行政区域内的血液制品生产单位的监督管理。

县级以上地方各级人民政府卫生行政部门的监督人员执行职务时，可以按照国家有关规定抽取样品和索取有关资料，有关单位不得拒绝和隐瞒。

省、自治区、直辖市人民政府卫生行政部门每年组织一次对本行政区域内单采血浆站的监督检查并进行年度注册。设区的市、自治州人民政府卫生行政部门或者省、自治区、人民政府设立的派出机关的卫生行政机构每半年对行政区域内的单采血浆站进行一次检查。

国家药品生物制品检定机构及国务院卫生行政部门指定的省级药品检验机构，应当依照《血液制品管理条例》和国家规定的标准和要求，对血液制品生产单位的产品定期进行检定。

国务院卫生行政部门负责全国进出口血液制品的审批及监督管理。

第六节　法律责任

根据《献血法》、《血站管理办法》、《医疗机构临床用血管理办法》、《血液制品管理条例》等法律法规的规定，对于在献血、采供血和用血活动中的违法行为，将要承担相应的行政责任、民事责任，刑事责任中的一种或两种，也有可能既要承担民事责任，又要承担行政责任和刑事责任。

一、行政责任

对具有下列违法行为的单位和个人，依据相应的法律法规对其作出行政处罚，追究行政责任。

(一)《献血法》中对违法行为的行政处罚

1.《献血法》第 18 条规定，非法采集血液的；血站、医疗机构出售无偿献血的血液的；非法组织他人出卖血液，尚不构成犯罪的，由县级以上地方人民政府卫生行政部门予以取缔，没收违法所得，可以并处 10 万元以下的罚款。

2.《献血法》第 19 条规定，血站违反有关操作规程和制度采集血液，由县级以上地方人民政府卫生行政部门责令改正；给献血者健康造成损害，尚不构成犯罪的，对直接负责的主管人员和其他直接责任人员，依法给予行政处分。

3.《献血法》第 20 条规定，临床用血的包装、储存、运输，不符合国家规定的卫生标准和要求的，由县级以上地方人民政府卫生行政部门责令改正，给予警告，可以并处 1 万元以下的罚款。

4.《献血法》第 21 条规定，血站违反《献血法》的规定，向医疗机构提供不符合国家规定标准的血液的，由县级以上人民政府卫生行政部门责令改正；情节严重，造成经血液途径传播的疾病传播或者有传播严重危险的，限期整顿，对直接负责的主管人员和其他直接责任人员，依法给予行政处分。

5. 根据《献血法》第 22 条规定，医疗机构的医务人员违反《献血法》规定，将不符合国家规定标准的血液用于患者的，由县级以上地方人民政府卫生行政部门责令改正；给患者健康造成损害，尚不构成犯罪的，对直接负责的主管人员和其他直接责任人员，依法给予行政处分。

6.《献血法》第 23 条规定，卫生行政部门及其工作人员在献血、用血的监督管理工作中，玩忽职守，造成严重后果，尚不构成犯罪的，依法给予行政处分。

(二)《血站管理办法》中对违法行为的行政处罚

1. 非法采集血液的，按照《献血法》第 18 条的规定，由县级以上地方人民政府卫生行政部门予以取缔，没收违法所得，可以并处 10 万元以下的罚款。构成犯罪的，依法追究刑事责任。根据《血站管理办法》第 59 条的规定，属于非法采集血液的行为有：

(1)未经批准，擅自设置血站，开展采供血活动的。

(2)已被注销的血站，仍开展采供血活动的。

(3)已取得设置批准但尚未取得《血站执业许可证》即开展采供血活动，或者《血站执业许可证》有效期满未再次登记仍开展采供血活动的。

(4)租用、借用、出租、出借、变造、伪造《血站执业许可证》开展采供血活动的。

2.《血站管理办法》第 61 条规定，血站有下列行为之一的，由县级以上地方人民政府卫生行政部门予以警告、责令改正；逾期不改正，或者造成经血液传播疾病发生，或者其他严重后果的，对负有责任的主管人员和其他直接负责人员，依法给予行政处分：

(1)超出执业登记的项目、内容、范围开展业务活动的。

(2)工作人员未取得相关岗位执业资格或者未经执业注册而从事采供血工作的。

(3)血液检测实验室未取得相应资格即进行检测的。

(4)擅自采集原料血浆、买卖血液的。

(5)采集血液前，未按照国家颁布的献血者健康检查要求对献血者进行健康检查、检测的。

(6)采集冒名顶替者、健康检查不合格者血液以及超量、频繁采集血液的。

(7)违反输血技术操作规程、有关质量规范和标准的。

(8)采血前未向献血者、特殊血液成分捐赠者履行规定的告知义务的。

(9)擅自涂改、毁损或者不按规定保存工作记录的。

(10)使用的药品、体外诊断试剂、一次性卫生器材不符合国家有关规定的。

(11)重复使用一次性卫生器材的。

(12)对检测不合格或者报废的血液，未按有关规定处理的。

(13)未经批准擅自与外省、自治区、直辖市调配血液的。

(14)未经批准向境外医疗机构提供血液或者特殊血液成分的。

(15)未按规定保存血液标本的。

(16)脐带血造血干细胞库等特殊血站违反有关技术规范的。

3. 血站造成经血液传播疾病发生或者其他严重后果的，卫生行政部门在行政处罚的同时，可以注销其《血站执业许可证》。

4.《血站管理办法》第 64 条规定，卫生行政部门及其工作人员违反本办法有关规定，有下列情形之一的，依据《献血法》、《行政许可法》的有关规定，由上级行政机关或者监察机关责令改正；情节严重的，对直接负责的主管人员和其他直接责任人员依法给予行政处分：

(1)未按规定的程序审查而使不符合条件的申请者得到许可的。

(2)对不符合条件的申请者准予许可或者超越法定职权作出准予许可决定的。

(3)在许可审批过程中弄虚作假的。

(4)对符合条件的设置及执业登记申请不予受理的。

(5)对符合条件的申请不在法定期限内作出许可决定的。

(6)不依法履行监督职责,或者监督不力造成严重后果的。

(7)其他在执行本办法过程中,存在滥用职权、玩忽职守、徇私舞弊、索贿受贿等行为的。

(三)《医疗机构临床用血管理办法》中对违法行为的行政处罚

1.《医疗机构临床用血管理办法》第 35 条规定,医疗机构有下列情形之一的,由县级以上人民政府卫生行政部门责令限期改正,逾期不改的,进行通报批评,并予以警告,情节严重或者造成严重后果的,可处 3 万元以下的罚款,对负有责任的主管人员和其他直接责任人员依法给予处分:

(1)未设立临床用血管理委员会或者工作组的。

(2)未拟定临床用血计划或者一年内未对计划实施情况进行评估和考核的。

(3)未建立血液发放和输血核对制度的。

(4)未建立临床用血申请管理制度的。

(5)未建立医务人员临床用血和无偿献血知识培训制度的。

(6)未建立科室和医师临床用血评价及公示制度的。

(7)将经济收入作为对输血科或者血库工作的考核指标的。

(8)违反本办法的其他行为。

2.《医疗机构临床用血管理办法》第 36 条规定,医疗机构使用未经卫生行政部门指定的血站供应的血液的,由县级以上地方人民政府卫生行政部门给予警告,并处 3 万元以下罚款;情节严重或者造成严重后果的,对负有责任的主管人员和其他直接责任人员依法给予处分。

3.《医疗机构临床用血管理办法》第 37 条规定,医疗机构违反本办法关于应急用血采血规定的,由县级以上人民政府卫生行政部门责令限期改正,给予警告;情节严重或者造成严重后果的,处 3 万元以下罚款,对负有责任的主管人员和其他直接责任人员依法给予处分。

4.《医疗机构临床用血管理办法》第 39 条规定,县级以上地方卫生行政部门未按照本办法规定履行监管职责,造成严重后果的,对直接负责的主管人员和其他直接责任人员依法给予记大过、降级、撤职、开除等行政处分。

(四)《血液制品管理条例》中对违法行为的行政处罚

单采血浆站的设立、血浆采集及血液制品的生产管理主要受到国务院和国家卫生行政部门颁布的法规及规章调整,违反这些法规及规章的主要负行政责任,其中《血液制品管理条例》和《单采血浆站管理办法》是较为重要的法律文件。

1.违反《血液制品管理条例》规定,未取得省、自治区、直辖市人民政府卫生行政部门核发的《单采血浆许可证》、《单采血浆许可证》已被注销或吊销的;租用、借用、出租、变造、伪造《单采血浆许可证》开展采供血浆活动的;非法从事组织、采集、供应、倒卖原料血浆活动的,由县级以上地方人民政府卫生行政部门予以取缔,没收违法所得和从事违法活动的器材、设备,并处违法所得 5 倍以上 10 倍以下的罚款,没有违法所得的,并处 5 万元以上 10 万元以下的罚款。

2.单采血浆站有隐瞒、阻碍、拒绝卫生行政部门监督检查或者不如实提供有关资料的;

对供血浆者未履行事先告知义务，未经供血浆者同意开展特殊免疫的；未按照规定建立供血浆者档案管理及屏蔽、淘汰制度的；未按照规定制定各项工作制度或者不落实的；工作人员未取得相关岗位执业资格或者未经执业注册从事采供血浆工作的；未按照规定记录或者保存工作记录的；未按照规定保存血浆标本的，由县级以上地方人民政府卫生行政部门予以警告，并处 3 万元以下的罚款。

3.《血液制品管理条例》第 35 条规定，单采血浆站有下列行为之一的，由县级以上地方人民政府卫生行政部门责令限期改正，处 5 万元以上 10 万元以下的罚款。情节严重的，由省、自治区、直辖市人民政府卫生行政部门吊销《单采血浆许可证》：

(1)采集血浆前，未按照国务院卫生行政部门颁布的健康检查标准对供血浆者进行健康检查和血液化验的。

(2)采集非划定区域内的供血浆者或者其他人员的血浆的，或者不对供血浆者进行身份识别，采集冒名顶替者、健康检查不合格者或者无《供血浆证》者的血浆的。

(3)违反国务院卫生行政部门制定的血浆采集技术操作标准和程序，过频过量采集血浆的。

(4)向医疗机构直接供应原料血浆或者擅自采集血液的。

(5)未使用单采血浆机械进行血浆采集的。

(6)未使用有产品批准文号并经国家药品生物制品检定机构逐批检定合格的体外诊断试剂以及合格的一次性采血浆器材的。

(7)未按照国家规定的卫生标准和要求包装、储存、运输原料血浆的。

(8)对国家规定检测项目检测结果呈阳性的血浆不清除、不及时上报的。

(9)对污染的注射器、采血浆器材及不合格血浆等不经消毒处理，擅自倾倒，污染环境，造成社会危害的。

(10)重复使用一次性采血浆器材的。

(11)向与其签订质量责任书的血液制品生产单位以外的其他单位供应原料血浆的。

4.有下列情形之一的，按照情节严重予以处罚，并吊销《单采血浆许可证》：

(1)对国家规定检测项目检测结果呈阳性的血浆不清除并不及时上报的。

(2)12 个月内 2 次发生《血液制品管理条例》第 35 条所列违法行为的。

(3)同时有《血液制品管理条例》第 35 条 3 项以上违法行为的。

(4)卫生行政部门责令限期改正而拒不改正的。

(5)造成经血液途径传播的疾病传播或者造成其他严重伤害后果的。

5.单采血浆站已知其采集的血浆检测结果呈阳性，仍向血液制品生产单位供应的，由省、自治区、直辖市人民政府卫生行政部门吊销《单采血浆许可证》，由县级以上地方人民政府卫生行政部门没收违法所得，并处 10 万元以上 30 万元以下的罚款。

6.涂改、伪造、转让《供血浆证》的，由县级人民政府卫生行政部门收缴《供血浆证》，没收违法所得，并处违法所得 3 倍以上 5 倍以下的罚款，没有违法所得的，并处 1 万元以下的罚款。

7.《血液制品管理条例》第 38 条规定，血液制品生产单位有下列行为之一的，由省级以上人民政府卫生行政部门依照《药品管理法》及其实施办法等有关规定，按照生产假药、劣药予以处罚：

(1)使用无《单采血浆许可证》的单采血浆站或者未与其签订质量责任书的单采血浆站

及其他任何单位供应的原料血浆的，或者非法采集原料血浆的。

(2)投料生产前未对原料血浆进行复检的，或者使用没有产品批准文号或者未经国家药品生物制品检定机构逐批检定合格的体外诊断试剂进行复检的，或者将检测不合格的原料血浆投入生产的。

(3)擅自更改生产工艺和质量标准的，或者将检验不合格的产品出厂的；

(4)与他人共用产品批准文号的。

8. 血液制品生产单位违反《血液制品管理条例》规定，擅自向其他单位出让、出租、出借以及与他人共用《药品生产企业许可证》、产品批准文号或者供应原料血浆的，由省级以上人民政府卫生行政部门没收违法所得，并处违法所得 5 倍以上 10 倍以下的罚款，没有违法所得的，并处 5 万元以上 10 万元以下的罚款。

9. 违反《血液制品管理条例》规定，血液制品生产经营单位生产、包装、储存、运输、经营血液制品不符合国家规定的卫生标准和要求的，由省、自治区、直辖市人民政府卫生行政部门责令改正，可以处 1 万元以下的罚款。

10. 在血液制品生产单位成品库待出厂的产品中，经抽检有一批次达不到国家规定的指标，经复检仍不合格的，由国务院卫生行政部门撤销该血液制品批准文号。

11. 违反《血液制品管理条例》规定，擅自进出口血液制品或者出口原料血浆的，由省级以上人民政府卫生行政部门没收所进出口的血液制品或者所出口的原料血浆和违法所得，并处所进出口的血液制品或者所出口的原料血浆总值 3 倍以上 5 倍以下的罚款。

12. 血液制品检验人员虚报、瞒报、涂改、伪造检验报告及有关资料尚不构成犯罪的；卫生行政部门工作人员滥用职权、玩忽职守、徇私舞弊、索贿受贿，尚不构成犯罪的，依法给予行政处分。

13. 承担单采血浆站技术评价、检测的技术机构出具虚假证明文件的，由卫生行政部门责令改正，给予警告，并可处 2 万元以下的罚款；对直接负责的主管人员和其他直接责任人员，依法给予处分。

14.《传染病防治法》第 73 条第 5 款规定，生物制品生产单位生产的血液制品不符合国家质量标准，导致或者可能导致传染病传播、流行的，由县级以上人民政府卫生行政部门责令限期改正，没收违法所得，可以并处 5 万元以下的罚款；已取得许可证的，原发证部门可以依法暂扣或者吊销许可证。

二、民事责任

1. 血站违反有关操作规程和制度采集血液，给献血者健康造成损害的，应当依法承担民事赔偿。

2. 医疗机构的医务人员违反《献血法》规定，将不符合国家规定标准的血液用于患者，给患者健康造成损害的，应当依法赔偿。

三、刑事责任

1. 违反《献血法》、《血站管理办法》、《血液制品管理条例》的有关规定，情节严重构成犯罪的，依法追究其刑事责任。

(1)《献血法》规定，血站违反有关操作规程和制度采集血液，给献血者健康造成损害的；

血站违反法律规定，向医疗机构提供不符合国家规定标准的血液，情节严重，造成经血液途径传播的疾病传播或者有传播严重危险的；医疗机构的医务人员违反法律规定，将不符合国家规定标准的血液用于患者，给患者健康造成损害，构成犯罪的，依法追究刑事责任。

(2)《献血法》规定，卫生行政部门及其工作人员在献血、用血的监督管理工作中玩忽职守，造成严重后果，构成犯罪的，依法追究刑事责任。

(3)单采血浆站已知其采集的血浆检测结果呈阳性，仍向血液制品生产单位供应，造成经血液途径传播的疾病传播、人身伤害等危害，构成犯罪的，对负有直接责任的主管人员和其他直接责任人员依法追究刑事责任。

(4)涂改、伪造、转让《供血浆证》构成犯罪的，依法追究刑事责任。

(5)发生《血液制品管理条例》第 38 条所列违法行为，构成犯罪的，对负有直接责任的主管人员和其他直接责任人员依法追究刑事责任。

(6) 承担单采血浆站技术评价、检测的技术机构出具虚假证明文件，情节严重，构成犯罪的，依法追究刑事责任。

(7)血液制品检验人员虚报、瞒报、涂改、伪造检验报告及有关资料的；卫生行政部门工作人员滥用职权、玩忽职守、徇私舞弊、索贿受贿，构成犯罪的，依法追究刑事责任。

(8)《传染病防治法》规定，生物制品生产单位生产的血液制品不符合国家质量标准，导致或者可能导致传染病传播、流行，构成犯罪的，依法追究刑事责任。

2. 违反《献血法》、《血站管理办法》、《血液制品管理条例》的有关规定，情节严重，构成犯罪的，依法追究其刑事责任，适用《刑法》的条款有：

(1)《刑法》第 333 条规定，非法组织他人出卖血液的，处 5 年以下有期徒刑，并处罚金；以暴力、威胁方法强迫他人出卖血液的，处 5 年以上 10 年以下有期徒刑，并处罚金。上述行为对他人造成伤害的，依照《刑法》第 234 条规定，处 3 年以下有期徒刑、拘役或者管制；致人重伤的，处 3 年以上 10 年以下有期徒刑；致人死亡或者以特别残忍手段致人重伤造成严重残疾的，处 10 年以上有期徒刑、无期徒刑或者死刑。

(2)《刑法》第 334 条第 1 款规定，非法采集、供应血液或者制作、供应血液制品，不符合国家规定的标准，足以危害人体健康的，处 5 年以下有期徒刑或者拘役，并处罚金；对人体健康照成严重危害的，处 5 年以上 10 年以下有期徒刑，并处罚金或者没收财产。

(3)《刑法》第 334 条第 2 款规定，经国家主管部门批准采集供应血液或者制作、供应血液制品的部门，不按照规定进行检测或者违背相关操作规程，造成危害他人身体健康后果的，对单位判处罚金，并对其直接负责的主管人员和其他直接责任人员处 5 年以下有期徒刑或者拘役。

思考题

1. 简述无偿献血的对象与条件。

2. 简述临床用血的原则和程序。

3. 血站类型有哪些？血站在采血、供血过程中应当遵守哪些规定？

4. 设置单采血浆站必须具备哪些条件？

5. 违反《献血法》的刑事责任有哪些？

第十六章　母婴保健法律制度

第一节　母婴保健法律制度概述

一、母婴保健法的概念

母婴保健法是指在调整保障母亲和婴儿健康、提高出生人口素质活动中产生的各种社会关系的法律规范的总和。

保障母亲和儿童的健康权利，是世界各国共同关心的社会问题，“儿童优先”、“母亲安全”已成为国际社会的共识。建国以来，在党和政府的关怀下，我国的妇幼保健事业得到了较快发展，在全国城乡形成了比较健全的三级妇幼卫生保健网，培养了一支思想素质好、技术水平高的专业队伍，建立了一整套管理办法和必要的规章、服务规范、技术标准和工作程序，开展了大量的妇女、儿童保健服务，使我国妇女儿童的健康水平得到了普遍提高。2011年我国孕产妇死亡率和婴儿死亡率分别下降到0.261‰和12.1‰，接近中等发达国家水平。但是，我国地域辽阔，发展水平很不平衡，在边远贫困地区妇女儿童的健康水平还有较大差距，孕产妇死亡率、婴儿死亡率还很高。如果这些地区的母婴保健条件得到改善，孕产妇死亡率和婴儿死亡率就会大大降低。所以，必须以法律的手段来保障母亲和婴儿的健康，使母亲和婴儿获得高效、优质的保健服务，促进我国母婴保健事业的发展。

控制人口数量，提高人口素质，是我国的一项基本国策。人口素质，直接关系到民族的盛衰和国家的兴亡。提高人口素质是涉及经济、科技、教育、文化、卫生、体育诸多领域的庞大的社会系统工程。建国以来，国家在母婴保健方面做了大量的科研、服务和宣传教育工作，并倡导性地推行了一些保健措施，由于经济落后和某些旧的传统观念的影响，目前我国劣生的现象仍很严重。中国出生缺陷总发生率约为5.6%，每年临床明显可见的出生缺陷约25万例。中国每年1600万新生儿中大约有90万带有出生缺陷。中国出生缺陷发生率与世界中等收入国家的平均水平接近。根据全国出生缺陷监测数据，中国围产期出生缺陷总发生率呈上升趋势，由2000年的10.979‰上升到2011年的15.323‰。出生缺陷不但是造成儿童残疾的重要原因，也日渐成为儿童死亡的主要原因，在全国婴儿死因中的构成比顺位由2000年的第4位上升至2011年的第2位，达到19.1%。出生缺陷还加重了疾病负担。在社会保障水平总体偏低的情况下，出生缺陷导致的因病返贫、因病致贫的现象在中西部贫困地区尤为突出。因此，以法律手段来保证优生，控制、减少劣生，提高出生人口质量是十分必要的。中国政府制定实施了《母婴保健法》及其实施办法，分阶段颁发了妇女儿童发展纲要。

卫生部先后印发了相关法规、技术规范和实施方案，出生缺陷防治基本做到了有法可依，并明确了相关任务目标。

二、母婴保健的法制建设

我国《宪法》规定，婚姻、家庭、母亲和儿童受国家保护。为了保障母亲和婴儿健康，提高出生人口素质，自从20世纪80年代以来，我国已制定了一系列有关优生保健的法律、法规。例如《婚姻法》、《妇女权益保障法》、《婚姻登记管理条例》、《妇幼卫生工作条例》、《关于婚前健康检查问题的通知》、《婚姻保健工作常规》、《全国城市围产保健管理办法》等，都规定了保护妇女儿童的专门条款。许多省、市还颁布了地方性法规，为全国性的统一立法打下了基础。1991年3月，我国政府签署了《儿童生存、保护和发展世界宣言》和《执行九十年代儿童生存、保护和发展世界宣言行动计划》，并向国际社会作出了"对儿童的权利，对他们的生存及对他们的保护和发展给予高度优先"的庄严承诺。

1993年，东亚及太平洋地区各国通过《马尼拉共同声明》，规定了20世纪90年代儿童发展中期目标，我国政府对此也作出了承诺。作为政府承诺的后续行动，1992年5月，国务院颁发了《九十年代中国儿童发展规划纲要》，对儿童保健工作提出了10项具体指标。1992年6月29日，卫生部公布了《实施九十年代中国儿童发展规划纲要方案》，提出了10项对策与措施，推动了我国母婴保健的立法工作。1994年10月27日，第八届全国人民代表大会常务委员会第十次会议通过了《中华人民共和国母婴保健法》(以下简称《母婴保健法》)，自1995年6月1日起施行。这是建国以来我国第一部保护妇女儿童健康的法律，是宪法对人民的健康和对妇女、儿童保护原则规定的具体化，是我国妇幼卫生史上的一个里程碑。《母婴保健法》的颁布和施行，及2001年国务院公布的《母婴保健法实施办法》，充分显示了党和政府对我国妇女儿童健康的关怀和重视，有利于改善农村和边远贫困地区妇女儿童的健康状况，对于发展我国妇幼卫生事业，保障妇女儿童健康，提高人口素质，促进家庭幸福、民族兴旺和社会进步，实现我国政府对国际社会的承诺，都具有十分重要的意义。

三、《母婴保健法》的适用范围

凡在中华人民共和国境内从事母婴保健服务活动的机构及其人员均应当遵守《母婴保健法》及其实施办法。从事计划生育工作的机构开展计划生育技术服务活动，还应遵守《计划生育技术服务管理条例》等的规定。

第二节　母婴保健工作管理的法律规定

一、母婴保健的工作方针

母婴保健工作以保健为中心，以保障生殖健康为目的，实行保健和临床相结合，面向群体、面向基层和预防为主的工作方针。

为贯彻母婴保健工作方针，保障生殖健康，《母婴保健法》实施办法第4条规定，公民享有母婴保健的知情选择权。国家保障公民获得适宜的母婴保健服务的权利。

二、母婴保健的技术服务范围

目前，我国母婴保健技术服务主要包括以下事项：①有关母婴保健的科普宣传、教育和咨询。②婚前医学检查。③产前诊断和遗传病诊断。④助产技术。⑤实施医学上需要的节育手术。⑥新生儿疾病筛查。⑦有关生育、节育、不育的其他生殖保健服务。

三、母婴保健的国家和政府责任

《母婴保健法》特别强调发展母婴保健事业的国家责任，并确立了政府领导、卫生行政部门主管、各部门配合的母婴保健工作领导管理体制。《母婴保健法》规定，国家发展母婴保健事业，提供必要条件和物质帮助，使母亲和婴儿获得医疗保健服务。国家对边远贫困地区的母婴保健事业给予扶持。国家鼓励、支持母婴保健领域的教育和科学研究，推广先进、实用的母婴保健技术，普及母婴保健科学知识。对在母婴保健工作中做出显著成绩和在母婴保健科学研究中取得显著成果的组织和个人，应当给予奖励。

各级人民政府领导母婴保健工作，采取措施，坚持对母婴保健工作的领导和管理，包括：

(1)各级人民政府应当将母婴保健工作纳入本级国民经济和社会发展计划，制定本地区母婴保健工作发展计划，并为规划目标的实现提供政策保障。

(2)为母婴保健事业的发展提供必要的经济、技术和物质条件，并对少数民族地区、贫困地区的母婴保健事业给予特殊支持。

(3)确保本级政府卫生行政部门对母婴保健工作的主管地位和对母婴保健工作的监督管理。

(4)县级以上各级人民政府组织协调财政、公安、民政、教育、劳动保障、计划生育等部门在各自职责范围内，配合同级卫生行政部门做好母婴保健工作。

(5)县级以上地方人民政府根据本地区的实际情况和需要，设立母婴保健事业发展专项资金。

(6)各级人民政府应当采取措施，加强母婴保健工作，提高医疗保健服务水平，积极防治由环境因素所致的严重危害母亲和婴儿健康的地方性高发性疾病，促进母婴保健事业的发展。

四、母婴保健技术服务机构和人员

母婴保健工作是一项技术性很强的工作，它直接关系到公民的生殖权、健康权、乃至生命权。因此，《母婴保健法》确立了母婴保健技术服务机构的审批许可制度和母婴保健技术服务人员的资格考核制度。凡从事母婴保健专项技术服务的机构和人员，都要经过卫生行政部门的考核批准，取得相应合格证后方可开展工作。

(一)医疗、保健机构及《母婴保健技术服务执业许可证》

医疗、保健机构是指依据《母婴保健法》开展母婴保健业务的各级妇幼保健机构以及其他开展母婴保健技术服务的机构。《母婴保健法》规定，各省、自治区、直辖市人民政府卫生行政部门指定的医疗保健机构负责本行政区域内的母婴保健监测和技术指导。母婴保健监测是指对母婴保健各项业务工作的监测、指导和检查等，如对婚前医学检查、孕产期及婴儿保健、母乳喂养、技术鉴定、产前诊断、遗传咨询等综合服务情况进行监测和指导，对技术标准执行情况、专业人员的业务素质和技术水平、仪器使用情况进行定期检查，了解危害母婴健康主要疾病的发病趋势，发现影响母婴健康的重大问题应及时上报。母婴保健技术指导是指对下级母婴保健机构开展各项母婴保健工作给予技术上的帮助，如技术人员的培训，技术指标的掌握运用，先进技术的推广应用等。

《母婴保健法》规定，凡开展婚前医学检查、遗传病诊断、产前诊断、施行结扎手术和终止妊娠手术技术服务的医疗、保健机构，必须符合国务院卫生行政部门规定的条件和技术标准，并经县级以上地方人民政府卫生行政部门许可，获得《母婴保健技术服务执业许可证》。凡申领《母婴保健技术服务执业许可证》的机构必须具备：①符合当地医疗保健机构设置规划。②具有医疗机构执业许可证。③符合《母婴保健专项服务基本标准》(硬件、设备和人员)。④符合审批机关规定的其他条件。

医疗保健机构和其他开展母婴保健技术服务的机构开展助产技术服务、结扎手术和终止妊娠手术，必须经县级以上卫生行政部门审批，取得《母婴保健技术服务执业许可证》；医疗、保健机构开展婚前医学检查，必须经设区的市级以上卫生行政部门审批，取得《母婴保健技术服务执业许可证》；开展遗传病诊断和产前诊断，以及涉外婚前医学检查，必须经省级以上卫生行政部门审批，取得《母婴保健技术服务执业许可证》。

《母婴保健技术服务执业许可证》的有效期为 3 年，有效期满继续开展母婴保健专项技术服务的，应当按照《母婴保健专项技术服务许可及人员资格管理办法》规定的程序，重新办理审批手续，由原发证机关重新审核认可。

(二)母婴保健工作人员及母婴保健技术考核合格证书

在医疗、保健机构凡从事母婴保健技术服务的人员，包括从事婚前医学检查、遗传病诊断、产前诊断、施行结扎手术和终止妊娠手术的人员、从事家庭接生技术服务的人员，都应当参加卫生行政部门组织的母婴保健法知识培训和业务培训，符合卫生行政部门规定的技术人员标准，经考核并取得卫生行政部门颁发的母婴保健技术考核合格证书和家庭接生技术合格证书。从事遗传病诊断的人员，须经省级人民政府卫生行政部门许可；从事婚前医学检查的人员，须经设区的市级人民政府卫生行政部门许可；从事助产技术服务、结扎手术和终止妊娠手术的人员以及从事家庭接生的人员，须经县级以上人民政府卫生行政部门许可。

以上各类许可证的有效期为 3 年，期满后继续开展母婴保健技术服务的，由原发证机关重新审核认可。

五、母婴保健医学技术鉴定

母婴保健医学技术鉴定，是指母婴保健医学技术鉴定组织，依法受理母婴保健服务的公民的申请，就申请人对母婴保健服务机构所做的婚前医学检查、遗传病诊断、产前诊断结果有异议的，进行医学技术认定。

(一)鉴定范围

《母婴保健法》规定，接受婚前医学检查的人员对检查结果持有异议，可以申请医学技术鉴定，取得医学鉴定证明。县级以上地方人民政府可以设立医学技术鉴定组织，负责对婚前医学检查、遗传病诊断和产前诊断结果有异议的进行医学技术鉴定。因此，医学技术鉴定的范围包括婚前医学检查结果异议、遗传病诊断结果异议和产前诊断结果异议三类。

(二)鉴定机构

县级以上地方人民政府可以设立母婴保健医学技术鉴定委员会,负责本行政区域内对婚前医学检查、遗传病诊断和产前诊断结果有异议的医学技术鉴定工作。母婴保健医学技术鉴定委员会分为省、市、县三级。上一级母婴保健医学技术鉴定委员会负责下一级医学技术鉴定结论的医学技术鉴定工作。省级母婴保健医学技术鉴定委员会的鉴定为最终鉴定结论。

母婴保健医学技术鉴定委员会应由妇产科、儿科、妇女保健、儿童保健、生殖保健、医学遗传、神经病学、精神病学、传染病学等医学专家组成。母婴保健医学技术鉴定委员会成员由具有以下条件的人员担任:

(1)具有认真负责的工作精神和良好的医德医风。

(2)从事医学技术鉴定的人员,必须具有临床经验和医学遗传学知识,并具有主治医师以上的专业技术职务。

(3)县级母婴保健医学技术鉴定委员会成员应当具有主治医师以上专业技术职务;设区的市级和省级母婴保健医学技术鉴定委员会成员应当具有副主任医师以上专业技术职务。

医学技术鉴定组织的组成人员,由卫生行政部门提名,同级人民政府聘任。母婴保健医学技术鉴定委员会进行医学鉴定时须有5名以上相关专业医学技术鉴定委员会成员参加。

鉴定委员会成员应当在鉴定结论上署名;不同意见应当如实记录。鉴定委员会根据鉴定结论向当事人出具鉴定意见书。

医学技术鉴定实行回避制度。凡与当事人有利害关系,可能影响鉴定公正的人员,应当回避。

(三)鉴定的申请

当事人对婚前医学检查、遗传病诊断、产前诊断结果有异议,需要进一步确诊的,可以自接到检查或者诊断结果之日起15日内,向所在地县级或者设区的市级母婴保健医学技术鉴定委员会提出书面鉴定申请。

母婴保健医学技术鉴定委员会应当自接到鉴定申请之日起30日内作出医学技术鉴定意见,并及时通知当事人。

当事人对鉴定意见有异议的,可以自接到鉴定意见通知书之日起15日内,向上一级母婴保健医学技术鉴定委员会申请再鉴定。

六、母婴保健的监督和管理

《母婴保健法》在强调国家和政府对母婴保健责任的同时,确立了多项严格的管理监督制度。规定县级以上地方人民政府卫生行政部门负责本行政区域内的母婴保健监督管理工作。省级人民政府卫生行政部门指定的医疗、保健机构负责本行政区域内的母婴保健监测和技术指导。实行母婴保健监督员制度。

(一)母婴保健工作管理机构及其职责

1. 国务院卫生行政部门及其职责　国务院卫生行政部门主管全国母婴保健工作,根据不同地区情况提出分级分类指导原则,并对全国母婴保健工作实施监督管理。

国务院其他有关部门在各自职责范围内,配合卫生行政部门做好母婴保健工作。其主要职责是:

(1)制定母婴保健法及其实施办法的配套规章和技术规范。

(2)按照分级分类指导的原则,制定全国母婴保健工作发展规划和实施步骤。

(3)组织推广母婴保健及其他生殖健康的适宜技术。

(4)对母婴保健工作实施监督。

2.县级以上地方人民政府卫生行政部门及其职责 县级以上地方人民政府卫生行政部门管理本行政区域内的母婴保健监督管理工作。其主要职责是:

(1)依照母婴保健法及其实施办法以及国务院卫生行政部门规定的条件和技术标准,对从事母婴保健工作的机构和人员实施许可,并颁发相应的许可证书。

(2)对母婴保健法及其办法的执行情况进行监督检查。

(3)对违反母婴保健法及其实施办法的行为,依法给予行政处罚。

(4)负责母婴保健工作监督管理的其他事项。

(二)母婴保健监督员

县级以上地方人民政府卫生行政部门可以设立母婴保健监督员。其主要职责是:

(1)监督检查《母婴保健法》及其实施办法的执行情况。

(2)对违反《母婴保健法》及其实施办法的单位和个人提出处罚意见。

(3)对母婴保健工作提出改进意见。

(4)完成卫生行政部门交给的其他监督管理任务。

母婴保健监督人员在执行职务时,应当出示证件。监督人员可以向医疗、保健机构了解情况,索取必要的资料,对母婴保健工作进行监督、检查,医疗、保健机构不得拒绝和隐瞒。监督人员对医疗、保健机构提供的技术资料负有保密的义务。

第三节 婚前保健的法律规定

一、婚前保健的意义

婚前保健是妇幼保健工作的主要内容之一。医疗保健机构通过婚前健康教育和婚前卫生咨询服务,一方面对准备结婚的男女双方实行婚前卫生指导,另一方面对发现影响婚育的疾病能够及时给予治疗或转诊治疗,对可能影响结婚和生育的疾病进行医学检查、提出医学指导意见,从而促进婚姻和家庭幸福,预防和减少严重先天病残儿的出生,为提高人口素质服务。

二、婚前保健的内容

婚前保健包括婚前卫生指导、婚前卫生咨询和婚前医学检查三项内容。

(一)婚前卫生指导

婚前卫生指导是指关于性卫生知识、生育知识和遗传病知识的教育。具体包括:

(1)有关性卫生的保健和教育。

(2)新婚避孕知识及计划生育指导。

(3)受孕的准备、环境和疾病对后代的影响等孕前保健知识。

(4)遗传病的基本知识。

(5)影响婚育的有关疾病的基本知识。

(6)其他生殖健康知识。

(二)婚前卫生咨询

对有关婚配、生育保健等问题提供医学意见。

(三)婚前医学检查

婚前医学检查是指对准备结婚的男女双方可能影响结婚和生育的疾病进行医学检查。

1.婚前医学检查机构　婚前医学检查机构是指具备婚前医学检查条件,经县级以上妇幼保健机构或由其所在地设区的市级人民政府卫生行政部门进行审查批准的医疗、保健机构。

申请从事婚前医学检查的医疗、保健机构应当具备下列条件:

(1)分别设置专用的男、女婚前医学检查室,配备常规检查和专科检查设备。

(2)设置婚前生殖健康宣传教育室。

(3)具有符合条件的进行男、女婚前医学检查的执业医师。

2.婚前医学检查项目　婚前医学检查包括询问病史、体格及相关检查。婚前医学检查应当遵守婚前保健工作规范并按照国务院卫生行政部门规定的婚前医学检查项目进行。根据《母婴保健法》的规定,婚前医学检查的疾病范围包括:

(1)严重遗传性疾病,指由于遗传因素先天形成,患者全部或者部分丧失自主生活能力,而且后代再现风险高,医学上认为不宜生育的疾病。

(2)指定传染病,是指《中华人民共和国传染病防治法》中规定的艾滋病、淋病、梅毒、麻风病以及医学上认为影响结婚和生育的其他传染病在传染期内的。

(3)有关精神病,是指精神分裂症、躁狂抑郁型精神病以及其他重型精神病。

3.婚前医学检查证明　经婚前医学检查,医疗、保健机构应当向接受婚前医学检查的当事人出具婚前医学检查证明。婚前医学检查证明应当列明是否发现下列疾病:①在传染期内的指定传染病。②在发病期内的有关精神病。③不宜生育的严重遗传性疾病。④医学上认为不宜结婚的其他疾病。

接受婚前医学检查的人员对检查结果持有异议的,可以申请医学技术鉴定,取得医学鉴定证明。

4.医学意见　经婚前医学检查,发现患有在传染期内的指定传染病、在发病期内的有关精神病、或者不宜生育的严重遗传性疾病,医师应当向当事人说明情况,提出预防、治疗以及采取相应医学措施的建议。当事人依据医生的医学意见,可以暂缓结婚,也可以自愿采用长效避孕措施或者结扎手术。医疗、保健机构应当为其治疗提供医学咨询和医疗服务,但《中华人民共和国婚姻法》规定禁止结婚的除外。接受婚前医学检查的人员对检查结果持有异议的,可以申请医学技术鉴定,取得医学鉴定证明。

2003年10月1日实施新的《婚姻登记条例》后,我国婚姻登记机关不再将婚前医学检查证明作为结婚登记的必备材料,这实际上取消了过去带有“强制性”嫌疑的婚前医学检查为准备结婚的男女双方的健康把关。婚姻当事人的健康状况如何以及是否进行过婚前医学检查都成为不影响结婚登记的纯粹个人私事。婚前医学检查以科学为依据,对公民提出要求,有限制、但不强制,它对促进婚姻美满、家庭幸福、预防和减少严重先天病残儿的出生具有重要意义。为对方负责,对后代负责,卫生专家呼吁广大婚姻当事人自觉进行婚前医学检查,婚前医学检查机构也应当以更为人性化的服务吸引准备结婚的男女双方自觉婚检。

5. 婚前医学检查制度的实施　省、自治区、直辖市人民政府根据本地区的实际情况，制定婚前医学检查制度实施办法；对婚前医学检查应当规定合理的收费标准，对边远贫困地区或者交费确有困难的人员应当给予减免。

第四节　孕产期保健的法律规定

医疗、保健机构应当为育龄妇女提供有关避孕、节育、生育、不育和生殖健康的咨询和医疗保健服务；为孕产妇提供孕产期保健，包括孕前、孕时、产时、产后的保健指导和服务。包括母婴保健指导、孕产妇保健、胎儿保健、新生儿保健。通过系列保健服务不仅保护母亲的健康，也保护孩子的健康，并且为科学育儿、合理营养、母乳喂养进行指导，对婴幼儿进行体格检查、心理行为指导、预防接种、新生儿疾病筛查、婴幼儿多发病及常见病防治等医疗保健服务。

(一)孕产期保健服务的内容

1. 母婴保健指导　对孕育健康后代以及严重遗传性疾病和碘缺乏病等地方病的发病原因、治疗和预防方法提供医学意见。

2. 孕产妇保健　为孕产妇提供卫生营养、心理等方面的咨询和指导以及产前定期检查等医疗保健服务。具体包括：

(1)为孕产妇建立保健手册(卡)，定期进行产前检查。

(2)为孕产妇提供卫生、营养、心理等方面的医学指导与咨询。

(3)对高危孕妇进行重点监护、随访和医疗保健服务。

(4)为孕产妇提供安全分娩技术服务。

(5)定期进行产后访视，指导产妇科学喂养婴儿。

(6)提供避孕咨询指导和技术服务。

(7)对产妇及其家属进行生殖健康教育和科学育儿知识教育。

(8)其他孕产期保健服务。

3. 胎儿保健　为胎儿生长发育进行监护，提供咨询和医学指导。

4. 新生儿保健　是指医疗、保健机构为新生儿生长发育、哺乳和护理提供医疗保健服务。具体包括：

(1)按照国家有关规定开展新生儿先天性、遗传性代谢病筛查、诊断、治疗和监测。

(2)按照规定进行新生儿访视，建立儿童保健手册(卡)，定期对其进行健康检查，提供有关预防疾病、合理膳食、促进智力发育等科学知识，做好婴儿多发病、常见病防治等医疗保健服务。

(3)应当按照规定的程序和项目对婴儿进行预防接种。

(4)国家推行母乳喂养。医疗、保健机构应当为实施母乳喂养提供技术指导，为住院分娩的产妇提供必要的母乳喂养条件。医疗、保健机构不得向孕产妇和婴儿家庭宣传、推荐母乳代用品。

(二)医学指导和医学意见

1. 在孕期保健服务工作中，医疗、保健机构发现孕妇患有下列严重疾病或者接触物理、化学、生物等有毒、有害因素，可能危及孕妇生命安全或者可能严重影响孕妇健康和胎儿正常发育的，应当对孕妇进行医学指导和必要的医学检查：

(1)严重的妊娠合并症或者并发症。

(2)严重的精神性疾病。

(3)国务院卫生行政部门规定的严重影响生育的其他疾病。

2.医师发现或者怀疑育龄夫妻患有严重遗传性疾病的，应当提出医学意见；限于现有医疗技术水平难以确诊的，应当向当事人说明情况。育龄夫妻可以选择避孕、节育、不孕等相应的医学措施。

3.生育过严重遗传性疾病或者严重缺陷患儿的，再次妊娠前，夫妻双方应当按照国家有关规定到医疗、保健机构进行医学检查。医疗、保健机构应当向当事人介绍有关遗传性疾病的知识，给予咨询、指导。对诊断患有医学上认为不宜生育的严重遗传性疾病的，医师应当向当事人说明情况，并提出医学意见。

(三)产前诊断和终止妊娠

产前诊断是指对胎儿进行先天性缺陷和遗传性疾病的诊断。根据母婴保健法的规定，经产前检查，医师发现或者怀疑胎儿异常的，应当对孕妇进行产前诊断。孕妇有下列情形之一的，医师应当对其进行产前诊断：

(1)羊水过多或者过少的。

(2)胎儿发育异常或者胎儿有可疑畸形的。

(3)孕早期接触过可能导致胎儿先天缺陷的物质的。

(4)有遗传病家族史或者曾经分娩过先天性严重缺陷婴儿的。

(5)初产妇年龄超过35周岁的。

经产前诊断，有下列情形之一的，医师应当向夫妻双方说明情况，并提出终止妊娠的医学意见：

(1)胎儿患严重遗传性疾病的。

(2)胎儿有严重缺陷的。

(3)因患严重疾病，继续妊娠可能危及孕妇生命安全或者严重危害孕妇健康的。

依据《母婴保健法》的规定，施行终止妊娠或者结扎手术，应当经本人同意，并签署意见。本人无行为能力的，应当经其监护人同意，并签署意见。根据《民法通则》的规定，监护人包括配偶、父母、成年子女、其他近亲属以及关系密切的其他亲属，朋友愿意承担监护责任的，经病人所在单位或者住所地的居民委员会、村民委员会同意也可以担任监护人。没有上述人员可以担任监护人的，由精神病人的所在单位或者住所地的居民委员会、村民委员会或者民政部门担任监护人。依法施行终止妊娠或者结扎手术的，接受免费服务。

(四)住院分娩

为了保障母亲和婴儿的生命健康权，《母婴保健法》规定，国家提倡住院分娩。医疗、保健机构应当按照国务院卫生行政部门制定的技术操作规范，实施消毒接生和新生儿复苏，预防产伤及产后出血等产科并发症，降低孕产妇及围产儿发病率、死亡率。没有条件住院分娩的，应当由经县级地方人民政府卫生行政部门许可并取得家庭接生员技术证书的人员接生。高危孕妇应当在医疗、保健机构住院分娩。

（五）严禁采用技术手段对胎儿进行性别鉴定

《母婴保健法》规定，严禁采用技术手段对胎儿进行性别鉴定。但医学上确有需要的除外。对怀疑胎儿可能为伴性遗传病，需要进行性别鉴定的，由省、自治区、直辖市人民政府卫生行政部门指定的医疗、保健机构按照国务院卫生行政部门的规定进行鉴定。

第五节　法律责任

违反《母婴保健法》的有关规定，从事母婴保健工作的单位和个人应承担相应的行政责任、民事责任和刑事责任。

一、行政责任

1. 医疗、保健机构或者人员未取得母婴保健技术许可，擅自从事婚前医学检查、遗传病诊断、产前诊断、终止妊娠手术和医学技术鉴定或者出具有关医学证明的，由卫生行政部门给予警告，责令停止违法行为，没收违法所得；违法所得 5000 元以上的，并处违法所得 3 倍以上 5 倍以下的罚款；没有违法所得或者违法所得不足 5000 元的，并处 5000 元以上 2 万元以下的罚款。

2. 从事母婴保健技术服务的人员出具虚假医学证明文件的，依法给予行政处分；有下列情形之一的，由原发证部门撤销相应的母婴保健技术执业资格或者医师执业证书：

（1）因延误诊治，造成严重后果的。

（2）给当事人身心健康造成严重后果的。

（3）造成其他严重后果的。

3. 违反《母婴保健法》的规定进行胎儿性别鉴定的，由卫生行政部门给予警告，责令停止违法行为；对医疗、保健机构直接负责的主管人员和其他直接责任人员，依法给予行政处分。进行胎儿性别鉴定两次以上的或者以营利为目的进行胎儿性别鉴定的，由原发证机关撤销相应的母婴保健技术执业资格或者医师执业证书。

二、民事责任

母婴保健工作人员在诊疗护理过程中，因诊疗护理过失，造成病员死亡、残废、组织器官损伤导致功能障碍的，应根据医疗事故处理办法的有关规定，承担相应的民事责任。

三、刑事责任

1. 根据《母婴保健法》的规定，取得相应合格证书的从事母婴保健的工作人员由于严重不负责任，造成就诊人死亡或者严重损害就诊人身体健康的，依照《刑法》第 335 条医疗事故追究刑事责任。

2.《母婴保健法》第 36 条规定，未取得国家颁发的有关合格证书，包括取得合法行医资格而未取得《母婴保健法》规定的合格证书者和非法行医者，施行终止妊娠手术或者采取其他方法中止妊娠，致人死亡、残疾、丧失或者基本丧失劳动能力的，依照《刑法》第 336 条的有关规定追究刑事责任。

思考题

1. 我国母婴保健技术服务主要包括哪些事项？
2. 婚前保健服务内容是什么？
3. 孕产期保健服务的内容包括哪些方面？
4. 产前诊断和终止妊娠的规定有哪些？

第十七章　人口与计划生育法律制度

第一节　人口与计划生育法律制度概述

我国人口与计划生育立法起步较晚，长期以来，计划生育工作的开展一直依据地方计划生育法规。2001 年 12 月 29 日，第九届全国人民代表大会常务委员会第二十五次会议审议通过了《中华人民共和国人口与计划生育法》(以下简称《人口与计划生育法》)，于 2002 年 9 月 1 日起施行。

一、人口与计划生育法的概念

人口与计划生育法是调整人口与经济、社会、资源、环境的协调发展，保障公民计划生育的合法权益，促进家庭幸福、民族繁荣与社会进步活动中产生的各种社会关系的法律规范的总称。

我国是世界上人口最多的国家，人均占有资源相对不足，严重制约着我国经济和社会的发展进程。能否解决好人口问题直接关系到人民生活的改善、全民素质的提高和中华民族的兴衰。因此，我国把实行计划生育、控制人口增长、提高人口素质确定为一项基本国策。为了实现这个基本国策，国家采取综合措施控制人口数量、提高人口素质。

二、人口与计划生育法律制度建设

1962 年 12 月 18 日，中共中央、国务院发出《关于认真提倡计划生育的指示》，号召计划生育，提倡使用避孕药具。1978 年，我国第一次在《宪法》中规定，“国家提倡和推行计划生育”，从而确立了计划生育工作在中国经济和社会发展全局中的重要地位。1982 年《宪法》进一步增加了关于计划生育的条款和内容。《宪法》第 25 条规定，国家推行计划生育，使人口的增长同经济和社会发展计划相适应。实行计划生育的目的是为了使人口增长与经济社会的发展相平衡。《宪法》中的规定明确了计划生育在经济和社会发展中的地位，保障了计划生育基本国策的有效推行。《宪法》第 49 条规定，夫妻双方有实行计划生育的义务，强调了夫妻在实行计划生育上要承担共同责任。《宪法》第 89 条和第 107 条还规定了国务院和县级以上人民政府在计划生育方面的职责。

我国其他法律中也有关于人口与计划生育的规定。《婚姻法》第 16 条规定，夫妻双方都有实行计划生育的义务。1992 年颁布的《妇女权益保障法》第 47 条规定，妇女有按照国家有关规定生育子女的权利，也有不生育子女的自由。我国各地还颁布了许多地方性法规，进一步详细阐明了人口与计划生育规定。

2001 年 12 月 29 日，第九届全国人民代表大会常务委员会第 25 次会议通过的《人口与计划生育法》规定了人口发展规划的制定与实施、生育调节、奖励与社会保障、计划生育技术服务等方面的内容。这是我国第一部以人口与计划生育工作为主要内容的基本法律。《人口与计划生育法》的实施标志着我国人口与计划生育法制建设进入了一个新的阶段，是中国人口与计划生育事业发展史上的一个重要里程碑。它第一次用法律的形式确立了计划生育基本国策的法律地位，把国家推行计划生育的基本方针、政策、制度措施用法律形式固定下来，为地方人口与计划生育立法提供了法律依据。它的颁布和实施为实现人口与经济社会协调发展和可持续发展战略、综合治理人口问题提供了法律保证，对于维护公民实行计划生育的合法权益，提高计划生育依法行政，保障人口与计划生育事业持续、稳定、健康发展具有积极作用。

三、人口与计划生育立法的指导思想和基本原则

（一）立法指导思想

《人口与计划生育法》的立法指导思想是建设有中国特色社会主义理论和党中央、国务院关于实施依法治国方略，实行人口与经济、社会、资源、环境协调发展与可持续发展，控制人口数量，提高人口素质，努力为社会主义现代化建设创造一个与之相适应的人口环境；有利于实现人口与发展综合决策，坚持综合治理人口问题，把计划生育工作与发展经济、消除贫困、提高妇女地位有机结合，保障人口与计划生育工作持续、健康、稳定地发展；坚持以人为本，以人的全面发展为中心，维护公民实行计划生育的合法权益，增进家庭文明幸福，不断提高人民生活质量；有利于保障和规范计划生育行政部门及其工作人员依法行使职权，严格依法行政，正确执法，文明执法，提高计划生育工作水平。

（二）立法基本原则

《人口与计划生育法》除遵循一般立法原则外，还坚持以下几项基本原则：

1. 权利与义务相统一的原则　这一原则体现在两个方面：一是对公民，既规定了实行计划生育的义务，也规定了实行计划生育应享有的合法权益；二是对政府，既赋予了有关部门行政管理的权力，也规定了相应的责任和义务。

2. 全面履行法定责任的原则　法律规定了政府及政府各相关部门、村（居）民委员会、国家机关、武装力量、社会团体、企业事业组织等依法做好人口与计划生育工作的法律责任等。

3. 法制统一的原则　《人口与计划生育法》依据《宪法》，同国家基本法、相关部门法、相关经济法、相关行政法相协调，同目前各地实行的地方计划生育法规相衔接，并体现我国对已签署的国际公约的承诺。

4. 依法维护公民合法权益的原则　公民有依法实行计划生育的义务，也有依法生育的权利。法律规定了维护公民实行计划生育合法权益的方式、途径及对违法行为的追究。

四、人口发展规划的制定与实施

（一）规划的制定

人口发展规划是我国国民经济和社会发展计划的重要组成部分，也是贯彻计划生育基本国策和控制人口增长的重要手段。

国务院编制人口发展规划，并将其纳入国民经济和社会发展计划。县级以上地方各级人民政府根据全国人口发展规划以及上一级人民政府人口发展规划，结合当地实际情况编制本行政区域的人口发展规划，并将其纳入国民经济和社会发展计划。

（二）规划的实施

人口与计划生育实施方案是指为保证人口与计划生育法律、法规和人口发展规划在本行政区域内得到实施而制定的工作计划、目标、任务、措施、要求和方法的总称。人口与计划生育实施方案应当规定控制人口数量、加强母婴保健、提高人口素质的措施。

县级以上各级人民政府根据人口发展规划，制定人口与计划生育实施方案并组织实施。县级以上各级人民政府计划生育行政部门负责实施人口与计划生育实施方案的日常工作。

乡、民族乡、镇的人民政府和城市街道办事处负责本管辖区域内的人口与计划生育工作，贯彻落实人口与计划生育实施方案。村民委员会、居民委员会应当依法做好计划生育工作。机关、部队、社会团体、企业事业组织应当做好本单位的计划生育工作。

计划生育、教育、科技、文化、卫生、民政、新闻出版、广播电视等部门应当组织开展人口与计划生育宣传教育。大众传媒负有开展人口与计划生育的社会公益性宣传的义务。学校应当在学生中，以符合受教育者特征的适当方式，有计划地开展生理卫生教育、青春期教育或者性健康教育。

国家根据国民经济和社会发展状况逐步提高人口与计划生育经费投入的总体水平。各级人民政府应当保障人口与计划生育工作必要的经费，以确保计划生育方案的实施。任何单位和个人不得截留、克扣、挪用人口与计划生育工作费用。

各级人民政府应当对贫困地区、少数民族地区开展人口与计划生育工作给予重点扶持。国家鼓励社会团体、企业事业组织和个人为人口与计划生育工作提供捐助。

第二节　《人口与计划生育法》规定的主要内容

一、计划生育政策的规定

生育政策是《人口与计划生育法》的核心。《人口与计划生育法》第 18 条规定了我国现行的生育政策，即国家稳定现行生育政策，鼓励公民晚婚晚育，提倡一对夫妻生育一个子女；符合法律、法规规定条件的，可以要求安排生育第二个子女。具体办法由省、自治区、直辖市人民代表大会或者其常务委员会规定。少数民族也要实行计划生育，具体办法由省、自治区、直辖市人民代表大会或者其常务委员会规定。

考虑到长期以来我国计划生育工作主要依据地方性法规，为了保持生育政策的连续性和稳定性，《人口与计划生育法》授权各省、自治区、直辖市人民代表大会或者其常务委员会对具体生育政策作出规定。

二、人口与计划生育综合治理的规定

实行综合治理，是有中国特色的人口与计划生育工作的重要内容，反映了计划生育事业改革发展的方向。《人口与计划生育法》将综合治理作为关系人口与计划生育事业改革发展

的基本管理体制予以确定。《人口与计划生育法》对综合治理人口与计划生育问题作出了如下规定。

(一)综合治理的原则

《人口与计划生育法》第 2 条规定,国家采取综合措施,控制人口数量,提高人口质量。国家依靠宣传教育、科学技术进步、综合服务、建立健全奖励和社会保障制度,开展人口与计划生育工作。

(二)有关部门、有关方面承担综合治理的责任和义务的规定

《人口与计划生育法》以国家立法形式规定社会各相关部门、相关方面负有管理或协助政府做好计划生育的义务,既是综合治理人口与计划生育的需要,也是依法治国的要求。

1. 政府职责　国务院领导全国的人口与计划生育工作。地方各级人民政府领导本行政区域内的人口与计划生育工作。

2. 计划生育行政部门的职责　国务院计划生育行政部门负责全国计划生育工作和与计划生育有关的人口工作。县级以上地方人民政府计划生育行政部门负责本行政区域内的计划生育工作和与计划生育有关的人口工作。

3. 其他有关部门、社会团体和组织的责任与义务。

(1)政府其他有关部门管理计划生育的义务。《人口与计划生育法》第 6 条第 3 款规定,县级以上地方人民政府其他有关部门在各自的职责范围内,负责有关的人口与计划生育工作。

(2)各社会团体、组织协助政府做好本单位所属人员计划生育工作的义务。《人口与计划生育法》第 7 条规定,工会、共产主义青年团、妇女联合会及计划生育协会等社会团体、企业事业组织和公民应当协助人民政府开展人口与计划生育工作。

(3)村民委员会、居民委员会等自治组织有依法做好计划生育工作的义务。《人口与计划生育法》第 12 条规定,村民委员会、居民委员会应当依法做好计划生育工作。

三、对实行计划生育夫妻的奖励和社会保障措施的规定

《人口与计划生育法》用专章对实行计划生育夫妻的奖励和社会保障作出了规定。

(一)奖励措施

1.《人口与计划生育法》第 23 条规定,国家对实行计划生育的夫妻,按照规定给予奖励。

2.《人口与计划生育法》第 25 条规定,公民晚婚晚育,可以获得延长婚假、生育假的奖励或者其他福利待遇。

3.《人口与计划生育法》第 26 条第 2 款规定,公民实行计划生育手术,享受国家规定的休假;地方人民政府可以给予奖励。

4.《人口与计划生育法》第 27 条规定,自愿终身只生育一个子女的夫妻,国家发给《独生子女父母光荣证》。获得《独生子女父母光荣证》的夫妻,按照国家和省、自治区、直辖市有关规定享受独生子女父母奖励,法律、法规或者规章规定给予终身只生育一个子女的夫妻奖励的措施中由其所在单位落实的,有关单位应当执行。

(二)社会保障

1.《人口与计划生育法》第 24 条规定,国家建立、健全基本养老保险、基本医疗保险、生育保险和社会福利等社会保障制度,促进计划生育。国家鼓励保险公司举办有利于计划生

育的保险项目。有条件的地方可以根据政府引导、农民自愿的原则，在农村实行多种形式的养老保障办法。

2.《人口与计划生育法》第 26 条第 1 款规定，妇女怀孕、生育和哺乳期间，按照国家有关规定享受特殊劳动保护并可以获得帮助和补偿。

3.《人口与计划生育法》第 27 条第 4 款规定，独生子女发生意外伤残、死亡，其父母不再生育和收养子女的，地方人民政府应当给予必要的帮助。

4.《人口与计划生育法》第 28 条规定，地方各级人民政府对农村实行计划生育的家庭发展经济，给予资金、技术、培训等方面的支持、优惠；对实行计划生育的贫困家庭，在扶贫贷款、以工代赈、扶贫项目和社会救济等方面给予优先照顾。

四、社会抚养费征收管理制度的规定

实行计划生育是公民的法定义务，公民违反法律法规生育子女，应当承担一定的法律责任。对计划外生育子女的公民实行经济限制，是社会主义市场经济条件下国家推行计划生育的必要手段。计划外生育子女违反了国家有关公民生育子女数量的规定，客观上对国家经济和社会发展、资源利用、环境保护造成了影响，加重了社会经费投入的负担，法律规定应当征收社会抚养费。

《人口与计划生育法》第 41 条规定，不符合本法第 18 条规定生育子女的公民，应当依法缴纳社会抚养费。未在规定的期限内足额缴纳应当缴纳的社会抚养费的，自欠缴之日起，按照国家有关规定加收滞纳金；仍不缴纳的，由作出征收决定的计划生育行政部门依法向人民法院申请强制执行。

规定滞纳金制度，其目的是促进和保证社会抚养费征收足额到位，以补充有关社会事业的公共支出。

对于拒不缴纳社会抚养费及滞纳金的，由作出征收决定的计划生育行政部门依法向人民法院强制执行。对于不缴纳的行为只能申请人民法院强制执行，而不能由作出征收决定的计划生育行政部门自行执行。

国务院根据《人口与计划生育法》的授权，于 2002 年 8 月 2 日制定出台了《社会抚养费征收管理办法》，2002 年 9 月 1 日起施行。该办法对社会抚养费的征收对象、征收标准、征收主体、缴费方式、征收程序与管理等问题作出了原则规定。基于各地经济、社会发展状况不平衡等因素，《社会抚养费征收管理办法》规定，社会抚养费的具体征收、缴纳方式，由省、自治区、直辖市根据当地实际情况规定。

第三节　计划生育技术服务的法律规定

计划生育技术服务，是指通过手术、药物、工具、仪器、信息和其他手段，有目的地调节人的生育行为，并围绕生育、节育、不育开展相关的生殖保健服务。

《人口与计划生育法》不仅设专章对计划生育技术服务机构，从事计划生育技术服务的医疗、保健机构在提高出生人口素质、保障公民获得优质的计划生育技术服务和生殖保健服务、提高生殖健康水平方面的职责作出了规定，还向国务院授权，由国务院制定具体的管理

办法。2001 年 6 月 13 日,国务院公布了《计划生育技术服务管理条例》,自 2001 年 10 月 1 日起施行。

一、人民政府开展计划生育技术服务的职责规定

《人口与计划生育法》第 31 条规定,各级人民政府应当采取措施,保障公民享有计划生育技术服务,提高公民的生殖健康水平。

按照法律要求,各级人民政府应当积极采取措施,为育龄群众提供计划生育技术服务,提高公民生殖健康水平。

1. 免费提供计划生育技术服务　《人口与计划生育法》第 20 条规定,实行计划生育的育龄夫妻免费享受国家规定的基本项目的计划生育技术服务。所需经费,按照国家有关规定列入财政预算或者由社会保险予以保障。《计划生育技术服务管理条例》第 3 条第 3 款规定,国家向农村实行计划生育的育龄夫妻免费提供避孕、节育技术服务,所需经费由地方财政予以保障,中央财政对西部困难地区给予适当补助。

2. 建立健全计划生育技术服务网络　《人口与计划生育法》第 32 条明确规定,地方各级人民政府应当合理配置、综合利用卫生资源,建立、健全由计划生育技术服务机构和从事计划生育技术服务的医疗、保健机构组成的计划生育技术服务网络,改善技术服务设施和条件,提高技术服务水平。

3. 依靠科技进步开发新技术、新方法　《人口与计划生育法》、《计划生育技术服务管理条例》规定,国家依靠科技进步提高计划生育技术服务质量,鼓励研究、开发、引进和推广计划生育新技术、新药具。国务院计划生育行政部门定期编制并发布计划生育技术、药具目录,指导列入目录的计划生育技术、药具的推广和应用。

4. 建立婚前保健、孕产期保健制度　《人口与计划生育法》第 30 条规定,国家建立婚前保健、孕产期保健制度,防止或者减少出生缺陷,提高出生婴儿健康水平。

二、公民避孕方法知情选择权的规定

避孕方法的知情选择,就是国家通过提供计划生育和避孕方法的信息,介绍各种避孕方法的效果、优缺点,使需要采取避孕措施的育龄群众在充分了解避孕方法情况以及自身情况的基础上,自主、自愿而且负责任地作出决定,选择安全、有效、适宜的避孕措施。避孕方法的知情选择充分体现了计划生育技术服务以人为本、尊重人权的指导思想,其目的是提高避孕方法的普及率、及时率、有效率,提高育龄群众的生殖健康水平,是计划生育优质服务的核心内容。

为落实避孕方法知情选择权,《人口与计划生育法》第 19 条规定,实行计划生育,以避孕为主。国家创造条件,保障公民知情选择安全、有效、适宜的避孕节育措施。实施避孕节育手术,应当保证受术者的安全。《人口与计划生育法》第 20 条规定,育龄夫妻应当自觉落实计划生育避孕节育措施,接受计划生育技术服务指导,预防和减少非意愿妊娠。

但是,避孕方法的"知情选择"不是"随意选择",而是在国家指导和个人自愿相结合的基础上实现的。国务院发布的《计划生育技术服务管理条例》规定,计划生育技术服务实行国家指导和个人自愿相结合的原则,公民享有避孕方法的知情选择权。

国家指导就是国家通过规范的渠道,帮助群众充分了解各种现行避孕节育方法的安全

性、有效性、禁忌证、适应证以及自身的生理、心理特点。个人自愿就是在国家指导的基础上由群众自主选择适合自己的避孕节育方法。国家指导和个人自愿两者是统一的，不是对立的，应该紧密结合起来。

三、计划生育的育龄夫妻免费享受计划生育技术服务的规定

《人口与计划生育法》第 21 条规定，实行计划生育的育龄夫妻免费享受国家规定的基本项目的计划生育技术服务。根据国务院《计划生育技术服务管理条例》和国家计划生育委员会、财政部、卫生部和国家发展计划委员会的有关文件规定，免费提供的服务范围一般包括：避孕药具；孕情、环情监测；放置和取出宫内节育器及技术常规所规定的各项医学检查；人工流产术、引产术及技术常规所规定的各项医学检查；输卵管结扎术、输精管结扎术及技术常规所规定的各项医学检查；计划生育手术并发症诊治等。

四、计划生育技术服务网络构成的规定

《人口与计划生育法》第 32 条的规定，明确了计划生育技术服务网络由专门的计划生育技术服务机构和从事计划生育技术服务的医疗、保健机构组成。计划生育技术服务机构是直属计划生育行政部门管理的以计划生育技术服务为主要服务内容的各级计划生育科研院(所)、计划生育技术服务站(所、室)、指导中心或生殖健康服务中心。从事计划生育技术服务的医疗、保健机构是直属卫生行政部门管理的，内设开展计划生育技术服务的业务科室的各级综合医院、卫生院、门诊部以及妇幼保健院(站、所)。

五、计划生育技术服务内容的规定

计划生育技术服务的对象主要是健康的育龄人群。《人口与计划生育法》第 33 条规定，计划生育技术服务机构和从事计划生育技术服务的医疗、保健机构应当在各自的职责范围内，针对育龄人群开展人口与计划生育基础知识宣传教育，对已婚育龄妇女开展孕情检查、随访服务工作，承担计划生育、生殖保健的咨询、指导和技术服务。这一规定明确了计划生育技术服务机构和从事计划生育技术服务的医疗、保健机构的服务范围。

(一)开展人口与计划生育基础知识宣传教育

人口与计划生育基础知识宣传教育的内容应该包括：进行马克思主义人口基本理论的宣传教育；进行基本国情和基本国策的宣传教育；进行科学、文明、进步的婚育观的宣传教育；进行计划生育政策法规宣传教育；进行婚育科普知识的宣传教育等。

(二)对已婚育龄妇女开展孕情检查、随访服务工作

开展孕情检查服务，是落实“实行计划生育，以避孕为主”方针的有效方法。通过开展孕情检查服务，可以预防和减少非意愿妊娠。在开展孕情检查服务的同时，还可以为育龄妇女检查妇科疾病，提供生殖保健服务。做好随访服务工作，包括对避孕药具的使用和效果的随访，也包括对节育手术后的随访。随访可以预防和及早发现避孕药具的不良反应，使育龄妇女身体上的疾病得到及时的诊治，是计划生育技术服务工作不可缺少的工作环节。

(三)承担计划生育、生殖保健的咨询、指导和技术服务

计划生育、生殖保健的技术指导、咨询包括下列内容：

1. 生殖健康科普宣传、教育、咨询　生殖健康是人群健康状况的重要方面，也是国家实

行计划生育的重要目标之一。生殖健康科普宣传、教育、咨询的具体内容应涉及安全、满意、负责任的性生活，生育调节，母婴保健，优生优育等方面知识。

2.提供避孕药具及相关的指导、咨询、随访　避孕药具是育龄人群为避免怀孕采用的药物和器具，是较常采用的一类避孕方法。我国广泛应用的主要避孕药具种类有：宫内节育器、口服及注射用药物、皮下埋植剂、避孕套、外用杀精子药物等。我国的计划生育工作提倡以避孕为主，因此，计划生育技术服务机构和从事计划生育技术服务的医疗保健机构应该积极向育龄群众提供避孕药具及相关的指导、咨询、随访。

3.对已经施行避孕、节育手术和输卵（精）管复通手术的，提供相关的咨询、随访　施行避孕、节育手术和输卵（精）管复通手术后，有可能发生各种药物的不良反应或手术并发症，或者是服务对象对所采用的避孕措施心存疑虑，因此需要提供相关的咨询和随访，以最大限度地减少药物的不良反应和手术并发症的发生，消除服务对象的顾虑并尽量减少由于这种疑虑而诱发的心理障碍。

（四）承担计划生育医疗服务

县级以上城市从事计划生育技术服务的机构可以在批准的范围内开展下列与计划生育有关的临床医疗服务：

1.避孕和节育的医学检查　避孕和节育的医学检查是指通过各种临床检查手段，如妊娠试验、B型超声波检查，对育龄群众采用某种避孕节育措施的适应证和禁忌证、怀孕情况以及节育措施的有效性进行判断，目的是提高避孕、节育措施的有效性、安全性，减少各种不良反应、节育手术并发症以及意外妊娠的发生。避孕和节育的医学检查是计划生育技术服务的基本内容。

2.计划生育手术并发症和计划生育药具不良反应的诊断、治疗　计划生育手术并发症是指因实施计划生育手术直接导致相关疾病、组织器官损伤、功能障碍或残疾、死亡的情况。如实施输卵管绝育术导致的肠管损伤、伤口感染、慢性盆腔炎、肠粘连，人工流产导致的人流不全、羊水栓塞、出血、感染、子宫内膜异位症等。计划生育药具不良反应是指计划生育避孕药具在质量检验合格、正常用法和用量情况下引起的与使用目的无关的有害反应。这种反应不属于医疗事故和产品质量事故。常见的计划生育药具不良反应如使用避孕套过敏，服用短效避孕药后出现头晕、乏力、恶心、呕吐、不规则少量阴道流血等。

《人口与计划生育法》明确规定："实施避孕节育手术，应当保证受术者的安全。"为了保障实行计划生育的育龄群众的合法权益，开展计划生育手术和提供计划生育药具必须严格遵循有关技术规范，加强技术管理，尽量减少手术并发症和药具不良反应的发生。一旦发生计划生育手术并发症和药具不良反应，要本着实事求是的科学态度，认真负责地进行妥善处理，及时进行诊断和治疗，使其早日康复，以确保计划生育技术服务对象的健康安全。

3.施行避孕、节育手术和输卵（精）管复通手术　节育手术和输卵（精）管复通手术统称计划生育手术。节育手术是指宫内节育器放置术和取出术、女性节育术、男性节育术、人工终止妊娠术、皮下埋植术、皮下埋植剂取出术。输卵（精）管复通手术是指将人为断通或病理性断通的输卵（精）管重新连接并使其畅通的手术，属于整形手术。计划生育手术是群众实行计划生育的重要技术手段。

4.开展围绕生育、节育、不育的其他生殖保健项目　生育、节育、不育的其他生殖保健项目包含的范围较广，许多项目与医疗、保健机构的服务内容交叉，各项目的技术难度和风险相差较大。因此,《计划生育技术服务管理条例》规定,计划生育技术服务机构开展围绕生育、节育、不育的其他生殖保健的具体项目由国务院计划生育行政部门、卫生行政部门共同规定。

(五)开展计划生育技术服务质量监控

《计划生育技术服务管理条例》第 13 条规定,向公民提供的计划生育技术服务和药具应当安全、有效,符合国家规定的质量技术标准。《计划生育技术服务管理条例》第 17 条明确规定,从事计划生育技术服务的机构施行避孕、节育手术、特殊检查或者特殊治疗时,应当征得受术者本人同意,并保证受术者的安全。

《人口与计划生育法》第 35 条规定,严禁利用超声技术和其他技术手段进行非医学需要的胎儿性别鉴定;严禁非医学需要的选择性别的人工终止妊娠。因此,任何机构和个人不得进行非医学需要的胎儿性别鉴定或者选择性别的人工终止妊娠。

六、计划生育技术服务机构和人员的规定

从事计划生育技术服务的机构包括计划生育技术服务机构和从事计划生育技术服务的医疗、保健机构。

(一)计划生育技术服务机构的管理

1. 计划生育技术服务机构的审批　从事计划生育技术服务的机构,必须符合国务院计划生育行政部门规定的设置标准。

设立计划生育技术服务机构,由设区的市级以上地方人民政府计划生育行政部门批准,发给《计划生育技术服务机构执业许可证》,并在《计划生育技术服务机构执业许可证》上注明获准开展的计划生育技术服务项目。从事计划生育技术服务的医疗、保健机构,由县级以上地方人民政府卫生行政部门审查批准,在其《医疗机构执业许可证》上注明获准开展的计划生育技术服务项目,并向同级计划生育行政部门通报。乡、镇已有医疗机构的,不再新设立计划生育技术服务机构,但是,医疗机构内必须设有计划生育技术服务科(室),专门从事计划生育技术服务工作。乡、镇既有医疗机构,又有计划生育技术服务机构的,各自在批准的范围内开展计划生育技术服务工作。乡、镇没有医疗机构,需要设立计划生育技术服务机构的,应当依照规定从严审批。

2. 计划生育技术服务机构从事产前诊断和使用辅助生育技术的审批　计划生育技术服务机构从事产前诊断的,应当经省、自治区、直辖市人民政府计划生育行政部门同意后,由同级卫生行政部门审查批准,并报国务院计划生育行政部门和国务院卫生行政部门备案。

从事计划生育技术服务的机构使用辅助生育技术治疗不育症的,由省级以上人民政府卫生行政部门审查批准,并向同级计划生育行政部门通报。

3. 计划生育技术服务机构的监督管理　从事计划生育技术服务的机构的执业许可证明文件每 3 年由原批准机关校验一次;执业许可证明文件不得买卖、出借、出租,不得涂改、伪造;执业许可证明文件遗失的,应当自发现执业许可证明文件遗失之日起 30 日内向原发证机关申请补发。

从事计划生育技术服务的机构应当按照批准的业务范围和服务项目执业,并遵守有关法律、行政法规和国务院卫生行政部门制定的医疗技术常规和抢救与转诊制度。

县级以上地方人民政府计划生育行政部门应当对本行政区域内的计划生育技术服务工

作进行定期检查。

(二)计划生育技术服务人员的管理

计划生育技术服务人员中依据《计划生育技术服务管理条例》的规定从事与计划生育有关的临床服务人员,应当依照《执业医师法》和国家有关护士管理的规定,分别取得执业医师、执业助理医师、乡村医生或者护士的资格,并在依照条例设立的机构中执业。在计划生育技术服务机构执业的执业医师和执业助理医师应当依照执业医师法的规定向所在地县级以上地方人民政府卫生行政部门申请注册。

计划生育技术服务人员必须按照批准的服务范围、服务项目、手术术种从事计划生育技术服务,遵守与执业有关的法律、法规、规章、技术常规、职业道德规范和管理制度。

个体医疗机构不得从事计划生育手术。

第四节　流动人口计划生育工作管理的法律规定

一、流动人口计划生育工作的管理对象

流动人口是指现居住地不是户籍所在地,异地从事务工、经商等活动或者以生育为目的的异地居住,可能生育子女的已婚育龄人员,即已婚育龄流动人口。人口流动是社会发展的过程和趋势。由于流动人口的存在,加大了计划生育工作管理的难度。所以,对流动人口计划生育工作管理是计划生育工作的重要内容。

二、流动人口计划生育工作的管理机构

国务院计划生育行政管理部门负责全国流动人口计划生育管理工作。县级以上地方人民政府计划生育行政管理部门负责本行政区域内流动人口计划生育管理工作。《人口与计划生育法》第 14 条的规定,流动人口的计划生育工作由其户籍所在地和现居住地的人民政府共同负责管理,以现居住地为主。流动人口现居住地的地方人民政府负责对流动人口计划生育工作的日常管理,并将流动人口计划生育工作纳入当地计划生育管理工作当中。

三、流动人口计划生育的婚育证明

成年流动人口在离开户籍所在地前,应当凭合法的婚姻、身份证件,到当地县级人民政府计划生育行政管理部门或者乡(镇)人民政府、街道办事处办理婚育证明。

婚育证明的内容应当包括姓名、性别、年龄、婚姻状况、居民身份证号码、生育状况、落实节育措施状况、计划生育奖罚情况等。

成年流动人口到现居住地后,应当向现居住地的乡(镇)人民政府或者街道办事处交验婚育证明。现居住地的乡(镇)人民政府或者街道办事处查验婚育证明后,应当依照规定,对已婚育龄流动人口予以登记,并告知其接受当地乡(镇)人民政府、街道办事处的管理;婚育证明不完备的,应当要求补办。

令退还所收费用，给予警告，并处所收费用2倍以上5倍以下的罚款；情节严重的，并对该机构的正职负责人、直接负责的主管人员和其他直接责任人员给予降级或者撤职的行政处分。

6. 从事计划生育技术服务的机构违反本条例的规定，未经批准擅自扩大计划生育技术服务项目的，由原发证部门责令改正，给予警告，没收违法所得；违法所得5000元以上的，并处违法所得2倍以上5倍以下的罚款；没有违法所得或者违法所得不足5000元的，并处5000元以上2万元以下的罚款；情节严重的，并由原发证部门吊销计划生育技术服务的执业资格。

7. 从事计划生育技术服务的机构违反本条例的规定，使用没有依法取得相应的医师资格的人员从事与计划生育技术服务有关的临床医疗服务的，由县级以上人民政府卫生行政部门依据职权，责令改正，没收违法所得；违法所得3000元以上的，并处违法所得1倍以上3倍以下的罚款；没有违法所得或者违法所得不足3000元的，并处3000元以上5000元以下的罚款；情节严重的，并由原发证部门吊销计划生育技术服务的执业资格。

8. 从事计划生育技术服务的机构出具虚假证明文件，构成犯罪的，依法追究刑事责任；尚不构成犯罪的，由原发证部门责令改正，给予警告，没收违法所得；违法所得5000元以上的，并处违法所得2倍以上5倍以下的罚款；没有违法所得或者违法所得不足5000元的，并处5000元以上2万元以下的罚款；情节严重的，并由原发证部门吊销计划生育技术服务的执业资格。

9. 计划生育行政部门、卫生行政部门违反规定，批准不具备规定条件的计划生育技术服务机构或者医疗、保健机构开展与计划生育有关的临床医疗服务项目，或者不履行监督职责，或者发现违法行为不予查处，导致计划生育技术服务重大事故发生的，对该部门的正职负责人、直接负责的主管人员和其他直接责任人员给予降级或者撤职的行政处分；构成犯罪的，依法追究刑事责任。

三、违反《流动人口计划生育工作管理办法》的法律责任

1. 伪造、出卖或者骗取婚育证明的，由县级以上地方人民政府计划生育行政管理部门给予警告，可以并处1000元以下罚款；有违法所得的，没收违法所得，可以并处违法所得3倍以下的罚款；构成犯罪的，依法追究刑事责任。

2. 不按照规定办理婚育证明，经其现居住地的计划生育行政管理部门通知后，逾期仍拒不补办或者拒不交验婚育证明的，由其现居住地的县级以上地方人民政府计划生育行政管理部门给予警告，可以并处500元以下的罚款。

3. 拒绝为成年流动人口办理婚育证明或者为其出具假证明的，由当地县级以上地方人民政府计划生育行政管理部门责令改正，并可以建议有关部门对直接责任人员依法给予行政处分。

4. 县级以上地方人民政府公安、工商行政管理、劳动就业、卫生、房产管理等行政部门工作人员审批成年流动人口有关证件时，不查验婚育证明或者明知无婚育证明而予以批准的，依法给予行政处分。

5. 与已婚育龄流动人口形成劳动关系的用人单位和个人拒不履行流动人口计划生育管理职责的，由当地县级以上地方人民政府计划生育行政管理部门给予警告，可以并处1000元以下的罚款。

思考题

1.《人口与计划生育法》的立法指导思想和基本原则是什么？

2.计划生育技术服务的范围包括哪些内容？

3.在计划生育技术服务中各级政府的职责是什么？

第三篇
现代医学发展中的法律问题

第十八章　医学科学新技术引起的法律新问题

第一节　人工生殖技术的法律问题

一、人工生殖技术概述

人工生殖技术，又称人类辅助生殖技术，是指利用先进的仪器设备及其操作技术将精子注入卵子内，以达到人工授精怀孕的目的，替代人类自然生殖的某一环节或全部过程的技术方法。它包括人工授精、体外授精和无性生殖。

(一)人工授精

人工授精(artificial insemination，AI)是指运用人工技术将精子注入女性子宫内，以期达到受孕成功的一种方法。

人工授精根据提供的精液是否新鲜分为冻精液人工授精和鲜精液人工授精。根据精子的来源不同又可以分为夫精人工授精(artificial insemination using husband's semen，AIH)、供精人工授精(artificial insemination using semen from donors，AID)。夫精人工授精是指使用丈夫的精子所进行的人工授精，又称同源人工授精。如果丈夫的精子数较少，但活动度较好，可以采用夫精授精。如果丈夫的精子数太少，且无活动精子，或者丈夫患有遗传疾病不宜生育，在夫妻双方协商一致的情况下，可以采用第三者的供精授精，又称异源人工授精。但是，第三者的精子要经过严格检查，在确诊无传染病、性传播疾病等疾患，且血型也相配时方可使用。

由于人工授精成功率比较高，且这种方法既简便又经济，因此人工授精技术越来越被患有不孕症的家庭所接受。

1790 年，英国医师约翰·亨特为一位亚麻布制品商和他的妻子进行了世界上第一例夫精人工授精并获得成功。1884 年，美国费城的医生威廉·潘科斯特实施了世界上第一例捐精人工授精，在事先未征得当事人同意的情况下，用一个医学院学生的精子给一位服了镇静剂的妇女人工授精。1953 年,美国阿肯色大学医学中心的谢尔曼和伯奇联合发表了著名的《人类冷冻精子的生育能力》一文,报告了利用干冰冷冻精子并用于人工授精获得成功的实验,从而证明冷冻、复温后的人类精子能供正常受精,胚胎可以正常发育。随着冷冻精液技术的发展和男子不育症患者的增多,越来越多的供精人工授精技术应用到临床。但由于供精人工授精所需的精子来源有限,世界上出现了精子库。20 世纪 60 年代以来,美国、法国、英国、意大利等国家纷纷建立人类冷冻精子库,为人工授精的开展提供了更好的条件,人工授精被广泛运用。

(二)体外受精

体外授精(*in vitro* fertilization,IVF),又称体外受精—胚胎移植,是指从女性体内取出卵子,在器皿内培养后,加入经技术处理的精子,待卵子受精后,继续培养,到形成早期胚胎时,再转移到子宫内着床,发育成胚胎直至分娩的一种生殖技术。由于受孕过程的最早阶段发生在体外试管内,因此俗称"试管婴儿技术",用这种技术生育出来的婴儿称为"试管婴儿"。

体外受精不仅能解决女性不孕问题,给不育夫妇带来佳音,其研究本身还可能会更深刻地揭示人类遗传病的奥秘,甚至有可能引起避孕方法的革新。因此,体外受精对于开展人类胚胎学和遗传工程学的研究也具有十分重要的意义。英国妇产科专家斯特普托及胚胎学学家罗伯特·爱德华兹,用体外授精和胚胎移植技术,于 1978 年 7 月 25 日使人类历史上第一个试管婴儿路易斯·布朗成功诞生,这成为治疗人类不孕症的新的里程碑。体外受精技术发展很快,目前已发展到第四代,是世界上应用最广泛的辅助生殖技术。

(三)代孕生育

代孕生育是指运用夫妻自身的精子和卵子,经人工授精后请代孕母亲代为怀孕生育,或者夫妻只提供精子,借用代孕母亲的卵子授精,或采用他人的精子和卵子人工授精后,植入代孕母亲体内,在其代为生育后给付一定的报酬,俗称"借腹生子"。

代孕母亲是指代人妊娠的妇女。一般是指用他人的受精卵植入自己的子宫妊娠,或用自己的卵子人工授精后妊娠,分娩后将孩子交给委托人抚养的妇女。代孕母亲实际就是出借子宫(有些情况下还出借卵子)代替别人怀孕,其中可能涉及金钱交易,但有些也不涉及金钱交易。

二、人工生殖技术产生的法律问题

人工生殖技术是现代医学生物科学技术发展的产物。随着维护生命和创造生命的各种科学技术日新月异,这些技术在给人类带来科学进步的同时也给人类带来了许多社会、伦理和法律问题。因此,对人工生殖技术的应用既需要科学指导,更需要法律和伦理的规范和约束,才能使其更好地服务于人类。

除以夫妻双方精卵结合的人工授精一般不引起法律纠纷外,其余形式均可能引起抚养、继承等法律问题。如何确定人工生殖技术婴儿的法律地位?谁才是孩子的父母?这些均是卫生法学应当解决的问题。作为调整人们生活中相关权利义务关系的法律规范只有与时俱进,才能适应社会的发展。

(一)夫精人工授精(AIH)的法律问题及相关立法

由于精子来源仍然是丈夫,AIH 所生子女与生母之夫存在着自然血亲关系,被视为婚生子女一般没有问题。其法律问题主要是实行 AIH 是否必须经过丈夫同意以及 AIH 所产生的后代的法律地位如何。

一般情况下，夫妻双方一致同意人工授精，其所生子女并不会产生争议。但 AIH 是需夫妻双方一致同意还是一方就可以作出决定？尤其是在使用精子冷藏技术的情况下，丈夫始终未认可或中途更改同意决定时，这种改变是否有法律效力？其所生的子女的法律地位如何确认？

此外，丈夫死亡后出生的 AIH 子女的法律地位如何确认？夫亡后妻子利用丈夫遗留的冷冻精子实施 AIH 生育的子女是否为双方合法子女？是否同普遍意义上的婚生子女具有平等的权利？是否享有继承权？现行的法律都无法回答这些问题，而有待于今后立法和的司法实践的完善。

(二)供精人工授精(AID)的法律问题及相关立法

由于供精人工授精婴儿与生母之夫并无自然血亲关系的存在，从而引发了一系列法律问题。

1. 谁是 AID 婴儿的父亲　采用 AID 方法出生的婴儿可以说存在两个父亲：一个是生物学父亲(遗传学意义上的父亲)，即供精者；另一个是养育父亲(社会学意义上的父亲)，即生母之夫。但应以谁为其法律上的父亲呢？对此，大多数国家的法律都认为后者为合法的父亲，承担相应的权利和义务。养育父亲与婴儿虽无生物学上的血缘关系，但夫妻合意进行人工授精的行为，已表达了愿将婴儿作为夫妻双方共同子女的意思表示，因而应将养育父亲视为婴儿的合法父亲，从而否认供精者的父亲权利。法律规定夫妻合意进行人工授精的夫妇离婚后，养育父亲不能拒绝对 AID 出生子女履行抚养义务，AID 出生成年子女也不能拒绝履行赡养年老、无劳动能力的养育父亲。如 1972 年《美国统一亲子法》规定，在 AID 情形下，丈夫必须书面承诺并经夫妻双方签字，法律将丈夫视为胎儿的自然父亲对待。英国 1990 年通过的《人类受精与胚胎法》规定，妻经夫同意接受捐赠精子的人工授精，夫为人工生殖子女法律上的父亲。荷兰法律也规定供精者无权要回孩子。

2. AID 婴儿的法律地位　随着 AID 技术的广泛使用，法律也发生了相应的变化。各国对此问题的立法也不尽相同。但大多数国家认为，基于夫妻合意而出生的 AID 婴儿应被视为婚生子女。如果丈夫并未表示同意或根本就不知情，则他对婴儿有否认权。

(三)体外受精(IVF)的法律问题及相关立法

当试管婴儿在给不孕夫妇带来“礼物”的同时，也给人们带来了有关他们的婚姻关系和亲缘关系应当如何规定的法律话题。

1. 谁是 IVF 婴儿的父母　AID 提出谁是孩子父亲的问题同样适用于 IVF，但将同样的原则应用到卵子提供者身上，又产生了应当认定谁是婴儿的合法母亲的新问题。对此，各国法律一般认为生下婴儿的妇女应当是孩子的合法母亲。英国 1990 年的《人类授精和胚胎学》法案中规定，一个由植入体内的胚胎或精子和卵子而孕育孩子的妇女应被视为该孩子的母亲，而非其他妇女。所以，即便采用 IVF 技术出生的孩子(试管婴儿)与准备充当孩子养育父母的夫妇双方无任何遗传和血缘关系，仍应确定这对夫妇为孩子的合法父母。通过 IVF 所生子女是他们的婚生子女，享有婚生子女的一切权利。因为孩子的遗传学父母仅仅是分别提供了精子和卵子而已。

2. 受精卵和胚胎的法律地位和处置　受精卵和胚胎是不是人？“体外受精”是不是人体

试验？浪费胚胎是不是浪费生命？胚胎的销毁是否构成杀人？冷藏的“孤儿胚胎”法律地位应当如何确定？对此有两种截然不同的意见。一种意见认为是人，因此应该尊重他们，不应把他们作为工具、手段来使用，不应未经主人同意就处理掉他们。另一种意见认为受精卵和胚胎不是人，不应该具有同人一样的法律地位。我国对此尚无相关法律规定。据报道，美国有22个州的法律禁止胚胎研究。德国颁布的《胚胎保护法》规定禁止人胚胎研究，不允许用已死亡人的精子和卵子进行体外授精，而且除患有严重遗传疾病危险的人外，不允许提前鉴定胎儿的性别。对于胚胎的冷藏和保管，英国《人类授精和胚胎学》法案规定，配子的最长保管期为10年，胚胎保管期为5年。法国《生命科学与人权》法案规定，冷冻胚胎的保存期为5年。5年后，胚胎的亲生父母因死亡、离婚而不再成为夫妻后，必须对其进行销毁，但也可以转赠其他夫妇。世界各国法律都规定禁止商业性获取胚胎。

（四）代孕生育的法律问题及相关立法

由于“代孕生育”总是以金钱交易为基础，容易使代孕母亲与因此而出生的婴儿被视为商品。代孕生育在给不育夫妇带来孩子的同时，也产生了一系列相关的社会、伦理、法律问题。因供精、供卵、体外授精、代孕生育技术相结合，一个孩子可以有五个父母。两个父亲：供精者，养育者；三个母亲：供卵者、代孕母亲、养育者。那么，谁是孩子的父母？代孕生育的孩子质量如何保证？如何对“代孕母亲”进行有效监督？“代孕生育”是否把妇女看成生育的机器，是否是对妇女尊严的侵犯？各国法律又是如何规定的？

1. 谁是孩子的父母　世界各国法律规定不尽相同，主要有三种情况：第一，以遗传学为根据确定亲子关系。即提供精子和卵子的男女为婴儿的父母。第二，以生者为母。不论精子、卵子由谁提供，生育婴儿的妇女与其丈夫被推定为婴儿的父母。第三，按契约约定确定亲子关系。即代孕母亲所生的婴儿为委托方夫妇的子女。

2. 代孕是否合法　代孕母亲的出现存在以下法律争议：①代孕母亲代生婴儿的归属问题。有时代孕母亲出于母爱，舍不得将孩子给委托的夫妇，或者由于所生婴儿存在某种缺陷，双方都不愿承担该孩子的抚养责任。②存在出租子宫收取酬金的现象。有些情况下，代孕母亲以收取报酬为目的，出租子宫，被他人当作生育机器，侵犯妇女的尊严，同时婴儿被当作商品，侵犯了婴儿的人权。③有的母亲替女儿代孕，祖母替孙女代孕，导致婴儿在家庭中地位的微妙，破坏了现行的亲属关系制度，又使婚姻管理中对近亲婚配的限制处于尴尬境地。由于这些问题的存在，世界上不少国家立法禁止代孕母亲。

代孕生育的契约最早出现于美国。迄今，在美国委托“代孕生育”，实施“借腹生子”现象已经司空见惯。美国各州对“代孕生育”有不同的规定，有些州允许将“代孕生育”作为一种商业行为。当然，由此产生的社会问题、法律纠纷也时有发生。法国、德国、英国、瑞典、日本等国家则禁止进行这种医疗手术。法国1992年通过的《生物伦理法律草案》规定：“代孕生育”为非法行为，那些已代人怀孕的妇女生下的孩子只能归己所有，否则要追究其法律责任。德国《胚胎保护法》规定，受精卵只能由亲生母亲的子宫来孕育，如果植入其他妇女（代孕母亲）的子宫，医生和代理机构将受处罚。英国仅在治疗不孕症的条件下允许以此作为医疗的手段，1985年《代孕协议》法案明文规定禁止提供商业性代孕行为和刊登与代孕有关的广告行为，否则要进行刑事制裁。日本政府明确禁止“借腹生子”和“代理母亲”行为。瑞典认为，代孕母亲是违背法律基本原则的，代生协议无效。

三、我国人工生殖技术的立法

我国人工生殖技术的研究和应用比发达国家要晚，但发展相当迅速。1983 年，湖南医科大学生殖医学研究室首次用冷冻精液进行人工授精获得成功。1986 年，青岛医学院建立了我国第一座人工精子库。1988 年 3 月 10 日，我国第一例试管婴儿在北京医科大学第三附属医院顺利诞生。1990 年 3 月，我国第一个冷冻胚胎库在湖南医科大学建成。目前，我国开展生殖辅助技术已经相当广泛。

人工生殖技术的临床应用在治疗不孕症、改善夫妻关系、稳定家庭关系的同时，也给相关家庭带来父母角色多元化和亲属关系混乱的阴影，使户政管理对亲子身份的认定无所适从。而在人工授精和胚胎孕育中技术操作的失误与失控，更使我国医疗卫生行政管理面临一系列的新问题。

为保证我国人工生殖技术能够安全、有效和健康的发展，规范人工生殖技术的应用和管理，2001 年卫生部发布了《人类辅助生殖技术管理办法》、《人类精子库管理办法》，2003 年 10 月 1 日，卫生部又颁布了《人类辅助生殖技术规范》、《人类精子库基本标准和技术规范》和《人类辅助生殖技术和人类精子库伦理原则》。这些规定和办法确立了我国对人类辅助生殖技术和精子库技术实行的严格准入制度，规范了实施人工生殖技术的条件和程序，明确了我国人类辅助生殖技术的应用原则，并对人类精子库的管理和法律责任进行了规定。明确规定由卫生部主管全国人类辅助生殖技术应用和全国人类精子库的监督管理工作，县级以上地方人民政府卫生行政部门负责本行政区域内人类辅助生殖技术和人类精子库的日常监督管理。

(一)人类辅助生殖技术的规范化管理

1.人类辅助生殖技术的目的　《人类辅助生殖技术管理办法》规定，人类辅助生殖技术应以医疗为目的，并符合国家计划生育政策、伦理原则和有关法律规定。禁止以任何形式买卖配子、合子、胚胎。医疗机构和医务人员不得实施任何形式的代孕技术。

卫生部根据区域卫生规划、医疗需求和技术条件等实际情况，制定人类辅助生殖技术应用规划。

2.人类辅助生殖技术的审批　申请开展人类辅助生殖技术的医疗机构应当符合下列条件：①具有与开展技术相适应的卫生专业技术人员和其他专业技术人员。③具有与开展技术相适应的技术和设备。③设有医学伦理委员会。④符合卫生部制定的《人类辅助生殖技术规范》的要求。

申请开展人类辅助生殖技术的医疗机构应当向所在地省、自治区、直辖市人民政府卫生行政部门提交下列文件：①可行性报告。②医疗机构基本情况（包括床位数、科室设置情况、人员情况、设备和技术条件情况等）。③拟开展的人类辅助生殖技术的业务项目和技术条件、设备条件、技术人员配备情况。④开展人类辅助生殖技术的规章制度。⑤省级以上卫生行政部门规定提交的其他材料。

申请开展夫精人工授精技术的医疗机构，由省、自治区、直辖市人民政府卫生行政部门审查批准。对申请开展供精人工授精和体外受精一胚胎移植技术及其衍生技术的医疗机构，由省、自治区、直辖市人民政府卫生行政部门提出初审意见，卫生部审批。

批准开展人类辅助生殖技术的医疗机构应当按照《医疗机构管理条例》的有关规定，持省、自治区、直辖市人民政府卫生行政部门或者卫生部的批准证书到核发其医疗机构执业许可证的卫生行政部门办理变更登记手续。人类辅助生殖技术批准证书每 2 年校验一次，校验由原审批机关办理。校验合格的，可以继续开展人类辅助生殖技术；校验不合格的，收回其批准证书。

（二）我国人类辅助生殖技术的实施原则

1. 人类辅助生殖技术的应用应当在医疗机构中进行，并以医疗为目的，符合国家计划生育政策、伦理原则和有关法律规定。

2. 人类辅助生殖技术必须在经批准开展此项技术的医疗机构中实施，未经卫生行政部门批准，任何单位和个人不得实施人类辅助生殖技术。

3. 实施人类辅助生殖技术应当符合卫生部制定的《人类辅助生殖技术规范》的规定。

4. 禁止以任何形式买卖配子、合子、胚胎。

5. 医疗机构和医务人员不得实施任何形式的代孕技术。

6. 应当遵循知情同意原则，并签署知情同意书。涉及伦理问题的，应当提交医学伦理委员会讨论。

7. 实施供精人工授精和体外授精-胚胎移植技术及其各种衍生技术的医疗机构应当与卫生部批准的人类精子库签订供精协议，严禁私自采精。医疗机构在实施人类辅助生殖技术时应当索取精子检验合格证明。

8. 实施人类辅助生殖技术的医疗机构应当为当事人保密，不得泄漏有关信息。

9. 实施人类辅助生殖技术的医疗机构不得进行性别选择，法律法规另有规定的除外。

10. 实施人类辅助生殖技术的医疗机构应当建立健全技术档案管理制度。供精人工授精医疗行为方面的医疗技术档案和法律文书应当永久保存。

11. 实施人类辅助生殖技术的医疗机构应当对相关技术的人员进行医学业务和伦理学知识的培训。

（三）人类精子库的管理规定

人类精子库是以治疗不育症、预防遗传病和提供生殖保险等为目的，利用超低温冷冻技术，采集、检测、保存和提供精子的机构。

1. 人类精子库的审批　设置人类精子库应当经卫生部批准。申请设置人类精子库的医疗机构应当符合下列条件：①具有医疗机构执业许可证。②设有医学伦理委员会。③具有与采集、检测、保存和提供精子相适应的卫生专业技术人员。④具有与采集、检测、保存和提供精子相适应的技术和仪器设备。⑤具有对供精者进行筛查的技术能力。⑥应当符合卫生部制定的《人类精子库基本标准》。

申请设置人类精子库的医疗机构应当向所在地省、自治区、直辖市人民政府卫生行政部门提交下列资料：①设置人类精子库可行性报告。②医疗机构基本情况。③拟设置人类精子库的建筑设计平面图。④拟设置人类精子库将开展的技术业务范围、技术设备条件、技术人员配备情况和组织结构。⑤人类精子库的规章制度、技术操作手册等。⑥省级以上卫生行政部门规定的其他材料。

2. 精子的采集与提供　精子的采集与提供应当在经过批准的人类精子库中进行，未经批准，任何单位和个人不得从事精子的采集与提供活动。精子的采集与提供应当严格遵守国务院卫生行政部门制定的《人类精子库技术规范》和各项技术操作规程。供精者应当是年龄在 22～45 周岁之间的健康男性，且只能在一个人类精子库中供精。一个供精者的精子最多只能提供给 5 名妇女受孕。人类精子库应当对供精者进行健康检查和严格筛选，不得采集有遗传病家族史或者患遗传性疾病、精神病患者、传染病患者或者病源携带者、长期接触放射线和有害物质者、精液检查不合格者、其他严重器质性疾病患者等人员的精液。

精子库采集精子后，应当进行检验和筛查。精子冷冻 6 个月后，经过复检合格，方可向经卫生行政部门批准开展人类辅助生殖技术的医疗机构提供，并向医疗机构提交检验结果。未经检验或检验不合格的，不得向医疗机构提供。严禁精子库向医疗机构提供新鲜精子。严禁精子库向未经批准开展人类辅助生殖技术的医疗机构提供精子。

人类精子库工作人员应当向供精者说明精子的用途、保存方式以及可能带来的社会伦理等问题。人类精子库应当和供精者签署知情同意书。

人类精子库应当建立供精者档案，对供精者的详细资料和精子使用情况进行计算机管理并永久保存。人类精子库应当为供精者和受精者保密，未经供精者和受精者同意不得泄漏有关信息。

（四）法律责任

1.未经批准私自开展人类辅助生殖技术和设置人类精子库的非医疗机构，由县级以上人民政府卫生行政部门责令其停止执业活动，没收非法所得和药品、器械，并可以根据情节处以 1 万元以下的罚款。

2.未经批准擅自开展人类辅助生殖技术和设置人类精子库的医疗机构，根据《医疗机构管理条例》和《医疗机构管理条例实施细则》，由县级以上人民政府卫生行政部门予以警告、责令其改正，并可以根据情节处以 3000 元以下的罚款；情节严重的，吊销其《医疗机构执业许可证》。

3.开展人类辅助生殖技术的医疗机构违反《人类辅助生殖技术管理办法》，有下列行为之一的，由省、自治区、直辖市人民政府卫生行政部门给予警告、3 万元以下罚款，并给予有关责任人行政处分；构成犯罪的，依法追究刑事责任：

(1)买卖配子、合子、胚胎的。

(2)实施代孕技术的。

(3)使用不具有《人类精子库批准证书》机构提供的精子的。

(4)擅自进行性别选择的。

(5)实施人类辅助生殖技术档案不健全的。

(6)经指定技术评估机构检查技术质量不合格的。

(7)其他违反本办法规定的行为。

4.设置人类精子库的医疗机构违反《人类精子库管理办法》，有下列行为之一的，省、自治区、直辖市人民政府卫生行政部门给予警告、1 万元以下罚款，并给予有关责任人员行政处分；构成犯罪的，依法追究刑事责任：

(1)采集精液前，未按规定对供精者进行健康检查的。

(2)向医疗机构提供未经检验的精子的。

(3)向不具有人类辅助生殖技术批准证书的机构提供精子的。

(4)擅自进行性别选择的。

(5)经评估机构检查质量不合格的。

(6)其他违反本办法规定的行为。

第二节　基因工程与无性生殖的法律问题

一、基因工程概述

(一)基因及基因工程的概念

基因是生物的遗传密码,是控制生物性状的遗传物质的功能和结构单位。它是DNA(脱氧核糖核酸)上携带有遗传信息的功能片断,决定着生物的性状、生长与发育。

基因工程,又称基因拼接技术或DNA重组技术,是指采取类似工程设计的方法,按照人们的需要,通过一定的程序将具有遗传信息的基因在离体条件下进行剪接、组合、拼接,再把经过人工重组的基因转入宿主细胞大量复制,并使遗传信息在新的宿主细胞或个体中调整表达,产生出人类需要的基因产物或者改造、创造新的生物类型。

(二)国外基因工程立法及其进展

基因工程诞生于20世纪70年代。它从诞生起就引起了广泛的争议。当时,由于DNA重组技术前途未卜,人类担心基因工程的某些实验可能引起危险,有人认为重组体分子的建立及将其插入微生物或高等生物中可能创造出新的生物,终有一天人类会因此而毁灭自身。为控制基因工程发展,加强基因工程的安全管理,各国早在20世纪70年代中期就开始着手基因工程方面的立法。

1976年6月23日,美国国家卫生研究院被授权制定并公布了世界上第一个实验室基因工程应用法规《重组DNA分子实验准则》。此后,联邦德国、法国、英国、日本、澳大利亚等近30个国家分别制定了类似的法规。1980年后,美国政府对《重组DNA分子实验准则》进行了多次修正。各国政府也在实践的基础上,一次又一次地修改、放宽实验准则。

1982年以来,随着基因工程的产业化、商业化的进展,美国、日本及西欧一些国家,用基因工程生产的胰岛素、合成的人生长激素、乙型肝炎疫苗、组织血纤维蛋白溶酶原激活因子以及各种干扰素进入临床试验。由此,基因工程的潜在性危害也明显增加。为了防止重组DNA导致不测,一些西方国家和国际组织在重组DNA安全操作中制定了法规。1986年通过了《国际生物技术产业化准则》,日本、澳大利亚等国制定了更为具体的《重组DNA技术工业化准则》、《重组DNA技术制造药品的准则》等。1989年,联邦德国政府批准的《基因技术法草案》确定了国家对基因工程技术的监督地位。上述法规对这些国家基因工程技术的研究和应用起到了积极的推动作用。

(三)我国的基因工程立法

近年来,我国的生物技术发展较为迅猛,生物技术立法工作也在逐步推进,国家科学技术委员会于1993年12月24日发布了《基因工程安全管理办法》,对基因工程的适用范围、安全性评价、申报审批和安全控制措施等方面作了规定。为了有效保护和合理利用我国的人类遗传资源,加强人类基因的研究与开发,促进平等互利的国际合作和交流,1998年9月,经国务院批准,科学技术部、卫生部共同制定了《人类遗传资源管理暂行办法》。2000年,在联合国环境规划和全球环境基金的支持下,国家环保总局联合科技、农业等部门制定了《中国国家生物安全框架》，提出了我国生物安全的政策体系、法规体系和能力建设的国家框架。2001 年 6 月，国务院发布了《农业转基因生物安全管理条例》，随后，农业部又发布了与之相配套的《农业转基因生物安全评价管理办法》、《农业转基因生物进口安全管理办法》和《农业转基因生物标识管理办法》，并于 2002 年 3 月 20 日正式实施。上述法律及相关办法的制定与实施，表明我国生物转基因安全管理已初步进入规范化轨道，对促进我国生物技术的研究和开发，加强基因工程工作及人类遗传资源的安全管理，保障公众和基因工程工作人员的健康，防止环境污染，维护生态平衡，都具有极其重要的意义。

二、基因诊断和基因治疗中的法律问题

（一）基因诊断

基因诊断也称 DNA 诊断、DNA 探针技术或基因探针技术，是指通过分子生物学和分子遗传学的技术，直接检测出分子结构水平和表达水平是否异常，从而对疾病作出判断。凡是涉及遗传物质改变的疾病都可以进行基因诊断，基因诊断还能发现潜在的疾病因素。与传统诊断方法相比，基因诊断具有灵敏度高、适应性强、诊断范围广、可检测出正在成长的病原体或潜伏病原体等诸多优势。

最早的基因诊断是 1976 年凯恩等人进行的地中海贫血的产前诊断，经过 20 多年的发展，目前基因诊断已广泛应用于许多疾病的诊断，特别是在遗传病诊断方面成绩尤为显著。

基因诊断的医学意义是巨大的，但是，基因诊断和检测的广泛应用也面临着许多法律问题：①在产前基因诊断中，法律是否允许选择婴儿和设计婴儿？②医生是否有为诊断出遗传病的患者保密的义务？如果医生为患者保密，是否损害了患者配偶或未来子女的利益？如果医生泄密，影响了患者的婚姻、就业、保险和教育，医生是否应负法律责任？如何保护个人对其基因信息的隐私权？③基因诊断和检测的广泛应用是否会导致一种新的歧视——基因歧视？法律如何避免这一现象的出现？

由于一些通过基因诊断而查明遗传病的患者在社会上受到歧视，人们开始思考有关基因诊断的法律控制问题。因为从人权和人格尊严的角度，每个人的基因图谱都是个人的隐私。美国一些议员向美国议会提出了“人基因组隐私法”法案。突出了“非医疗急救和司法判案需要，遗传资料不得泄露”的内容，旨在保护人的隐私，维护人的尊严。

（二）基因治疗

基因治疗，简单而言就是用基因治病，是指用具有正常功能的基因置换或增补患者体内有缺陷的基因，从而达到治疗疾病的目的。由于基因治疗是一种高速发展的医学科学技术，随时都可能研发出新的方法，很难对其做出完整而权威的定义。

基因疗法是改变人体活细胞遗传物质的一种医学治疗方法，即通过基因诊断发现异常的基因后，用正常的基因代替异常基因，达到治疗目的。基因治疗一般分为体细胞基因治疗、生殖细胞基因治疗、增强基因工程和优生基因工程。基因治疗为人类有效治疗遗传疾病提供了光明的前景。

基因治疗作为一种全新的治疗方法，是医学领域的一个创新，它涉及改变人类的遗传物质，可能产生不可预知的严重后果，特别是生殖细胞基因治疗引起的临床改变可传递给受干预的后代，如果一旦产生人类不可预知的伤害，影响将是深远和永久的。在基因治疗面前，我们如何看待人类基因的多样性？谁有权改变人自身？基因治疗是一项费用昂贵的医疗技

术,哪些人有权享有这种技术?还涉及人体基因是否允许买卖等问题。因此,目前许多国家对基因治疗采取非常审慎的态度,从法律角度对此作出调整、规范和控制。1985 年,美国公布了《基因疗法实验准则》,对人类基因治疗实行有条件的开放。

1993 年,我国卫生部制定了《人的体细胞治疗和基因治疗临床研究质控要点》,强调对基因体细胞治疗的临床试验要在运作之前进行安全性论证、有效性评价和免疫学考虑,同时还应注意社会伦理影响。

三、人类基因组计划及法律规定

(一)人类基因组计划概述

基因组是含有所有遗传因子或生命活动信息的 DNA 链。20 世纪 80 年代中期,美国人率先提出了测绘和排序人类基因组计划。1989 年,美国成立了国家人类基因组研究中心,并于 1990 年正式启动。英国、日本、法国、德国和中国科学家先后加盟,六国科学家进行了广泛的科研合作。人类基因组计划旨在通过国际合作测定人类基因组全序列,破译人类全部遗传信息,使人类第一次在分子水平上全面认识自我。2000 年 6 月 26 日,六国 16 个中心联合宣布人类基因组"工作框架图"绘就,标志着人类科学史上又一个里程碑式的创举。

人类所有的疾病,或多或少都与基因有关,只有破译基因才能破译我们生老病死的一切秘密。人类基因组计划是人类认识自身、揭开生命奥秘、奠定 21 世纪医学及生物学发展基础的重大工程,其研究成果将对生命科学、人类健康、伦理道德、社会行为和相关产业产生极其深刻的影响。

为了防止人类基因技术在使用中发生偏移与失控,1997 年 11 月 11 日,联合国教科文组织(UNESCO)在第 29 届会议上一致通过了《世界人类基因组与人权宣言》,确立了以下四项基本原则:①维护人类的尊严与平等。②科学家研究自由。③促进人类和谐。④加强国际合作。

(二)我国人类遗传资源的管理立法

人类遗传资源是指含有人体基因组、基因及其产物的器官、组织、细胞、血液、制备物、重组脱氧核糖核酸(DNA)构件体等遗传材料及相关的信息资料。人类基因组计划研究结果表明,人类基因总数在 3.4 万至 3.5 万个之间,与预计的 10 万个左右的数目相差甚远。可见,人类基因资源具有极度的稀缺性。

我国人口众多,56 个民族形成了丰富的人类遗传资源,是研究人类基因组多样性和疾病易感性/抗性的不可多得的材料。但由于管理上的问题,在这一珍贵资源的采集、研究、开发中存在盲目、无序、流失的现象。为了有效保护和利用我国的人类遗传资源,加强人类遗传资源的管理,防止遗传资源的丢失,科技部、卫生部在 1998 年联合制定了《人类遗传资源管理暂行办法》。凡涉及我国人类遗传资源的采集、收集、研究、开发、买卖、出口、出境等活动,都必须遵守管理办法的规定,这是将我国人类遗传资源管理和人类基因研究开发纳入法制轨道的重要举措。

1. 分级管理,统一审批　国家对人类遗传资源实行分级管理,统一审批制度。办法规定对重要遗传家系和特定地区遗传资源实行申报登记制度,发现和持有重要遗传家系和特定地区遗传资源的单位或个人,应及时向有关部门报告。未经许可,任何单位和个人不得擅自采集、收集、买卖、出口、出境或以其他形式对外提供。

2. 管理机构　国务院科技部和卫生行政部门共同负责管理全国人类遗传资源，联合成立中国人类遗传资源管理办公室，负责日常工作。中国人类遗传资源管理办公室聘请有关专家组成专家组，参与拟定研究规划，协助审核国际合作项目，进行有关的技术评估和提供技术咨询。

3. 国际合作项目的申报与审批　凡涉及我国人类遗传资源的国际合作项目，须由中方合作单位办理报批手续。具体申报程序是：由中方合作单位填报申请书并附合同文本草案、人类遗传资源材料提供者及其亲属的知情同意证明及审批机关要求的其他材料。中央所属单位按隶属关系报国务院有关部门，非中央所属单位报所在地的地方主管部门，经上述部门初步审查同意后，向中国人类遗传资源管理办公室提出申请。

4. 研究开发项目的知识产权的处理　我国境内的人类遗传资源信息，包括重要遗传家系和特定地区遗传资源及其数据、资源、样本等。我国研究开发机构享有专属持有权，未经许可，不得向其他单位转让。获得上述信息的外方合作单位和个人未经许可不得公开、发表、申请专利或以其他形式向他人披露。

有关人类遗传资源的国际合作项目应当在遵循平等互利、诚实信用、共同参与、共享成果的原则基础上处理知识产权归属。合作研究开发成果属于专利保护范围的，应由双方共同申请专利，专利权归双方所有；合作研究开发产生的其他科技成果，其使用权、转让权和利益分享办法应由双方通过合作协议确定，所获利益按双方贡献大小分享。

5. 法律责任　有关单位和个人违反人类遗传资源管理办法的规定，视情节轻重，给予行政处罚直至追究法律责任。

四、无性生殖

(一)无性生殖的概念

无性生殖也称为“克隆”，克隆是英文 clone 的音译，是指生物体没有两性生殖细胞结合过程而是由同一个“祖先细胞”通过分裂方式繁殖而形成的纯细胞系，也就是一“群”“孙子”细胞。简言之，克隆就是生命的全息复制。

无性生殖简单说就是一种人工诱导的无性繁殖方式。但克隆与无性繁殖是不同的。无性繁殖是指不经过雌雄两性生殖细胞的结合，只由一个生物体产生后代的生殖方式，常见的有孢子生殖、出芽生殖和分裂生殖。由植物的根、茎、叶等经过压条或嫁接等方式产生新个体也叫无性繁殖。绵羊、猴子和牛等动物没有经过人工操作是不能进行无性繁殖的。科学家把人工遗传操作动物繁殖的过程叫作克隆，这门生物技术叫作克隆技术。

克隆的基本过程是先将含有遗传物质的供体细胞的细胞核移植到去除了细胞核的卵细胞中，利用微电流刺激等方法使两者融合为一体，然后促使这一新细胞分裂繁殖发育成胚胎。当胚胎发育到一定程度后，再被植入动物子宫中使动物怀孕，便可产下与提供细胞核者基因相同的动物。这一过程中如果对供体细胞进行基因改造，那么无性繁殖的动物后代基因就会发生相同的变化。

克隆技术不需要雌雄交配，不需要精子和卵子的结合，只需从动物身上提取一个单细胞，用人工的方法将其培养成胚胎，再将胚胎植入雌性动物体内，就可孕育出新的个体。这种以单细胞培养出来的克隆动物，具有与单细胞供体完全相同的特征，是单细胞供体的“复制品”。1997 年 2 月，英国科学家培养出了“克隆羊”多利的消息披露，标志着高级哺乳动物的无性生殖研究取得重大突破，立即引起全世界的关注。

(二)“克隆人”引发的法律问题

克隆技术的成功，被人们称为“历史性的事件，科学的创举”。克隆技术意味着人类可以利用动物身上的一个体细胞，产生出和这个动物完全相同的生命体，打破了千古不变的高级哺乳动物有性繁殖的自然规律，也意味着人类可以利用克隆技术来生产“克隆人”，可以用来“复制”人，由此引发了一场如何开展与应用克隆技术的全球性争论。对人类来说，克隆技术是悲是喜，是祸是福？如果克隆技术被用于“复制”像希特勒之类的战争狂人，那会给人类社会带来什么呢？即使是用于“复制”普通的人，也会带来一系列的伦理道德问题。如果把克隆技术应用于畜牧业生产，将会使优良牲畜品种的培育与繁殖发生根本性的变革。若将克隆技术用于基因治疗的研究，就极有可能攻克那些危及人类生命健康的癌症、艾滋病等顽疾。克隆技术犹如原子能技术，是一把双刃剑，剑柄掌握在人类手中。国际上普遍禁止对克隆人的研究，避免“克隆人”的出现，使克隆技术造福于人类社会。

人类是否应该通过法律禁止克隆人的出现？对此，产生了两种观点。主张禁止的观点认为：生殖崇拜是人类的一个古老情结，有性繁殖是高等生物繁衍生命的自然规律。克隆人以无性繁殖代替有性繁殖，这一程式化的制造人的生命方式是传统和现行生殖观念所不能接受的。因为克隆人将给社会带来以下危害：①造成人种退化。②冲击法律观。③带来社会动荡。④诱发社会失控。另一种观点认为：发现和发明是科学发展的动力。人类最终将会承认创设人的生命的方式不只有性繁殖一种，应该允许无性繁殖作为一种补充方式。两种方式所创造出来的都是人的生命，同样是神圣的。克隆技术对人类的危害可以通过法律对人体的克隆试验研究阶段和克隆人的诞生阶段的规范和控制而降低。

人的生命复制或无性生殖问题，不同于克隆技术在医学、农业等领域的运用，它将使人类面临巨大的伦理和法律挑战。

第一，从法律上讲，每个人都有自己的尊严和价值。如果允许用克隆的方法在实验室内去复制人或者大批量复制同一个人，人的尊严、价值和权利又从何体现？

第二，从家庭法律关系来说，任何人的出生或诞生都在其家庭关系乃至社会关系中具有明确的法律身份和地位。作为克隆人同样不能例外，应当确认其法律身份，且标准应是同一的。但是，人的复制完全违背了人类生育和人类亲亲关系的基本准则。它不仅完全改变了人类自然的通过男女结合的生育方式，而且使“亲亲关系是一种以婚姻和血缘为纽带的社会关系”发生根本动摇。

第三，人的死亡是一个法律事实，人一旦死亡，生命便不复存在。克隆人却产生这样一个法律问题：死人是否可以复制？复制的人是否是死去的人的延续？如果可以的话，死人的复制会使正常的或法律上的生与死的概念发生动摇与混乱。

因此，克隆人设想在全球遭到抵制。1997 年 11 月 1 日，联合国教科文组织在巴黎通过了指导基因研究的道德准则性文件《世界人类基因组与人权宣言》，要求禁止克隆人等“损害人类权利和尊严的科研行为”。在日内瓦举行的第 55 届世界卫生大会通过的决议中指出，运用无性繁殖技术复制人类“违背人的尊严和道德，因而必须严格禁止”。世界卫生组织认为，这种试验违背医学要保护人类尊严和从遗传学角度保证人类安全的基本准则。世界卫生组织表示，利用克隆技术制造完全相同的人的做法是不能接受的。但禁止克隆人并不意味着禁止利用克隆技术，因为该项技术能够为人类战胜癌症等疾病“生产”出所需要的抗体。

1998 年 1 月 12 日，法国、丹麦、芬兰等 19 个欧洲国家在巴黎签署了《禁止克隆人协议》，禁止用任何技术创造与任何生者或死者基因相似的人。

2005 年 3 月 8 日，联合国通过了《联合国关于人的克隆的宣言》，郑重宣告：

(1)会员国应当考虑采取一切必要的措施在应用生命科学方面保护人的生命。

(2)会员国应当考虑禁止违背人类尊严和对人的生命的保护的一切形式的人的克隆。

(3)会员国应当考虑采取必要的措施，禁止应用可能违背人的尊严的遗传工程技术。

(4)会员国应当考虑采取措施防止在应用生命科学方面剥削妇女。

(5)会员国应当考虑不延迟地通过并实施国内立法以落实上文(1)至(4)条。

(6)会员国也应当考虑在为包括生命科学在内的医学研究筹措资金时必须考虑到尤其是影响到发展中国家的艾滋病病毒/艾滋病、结核病和疟疾病等迫切的全球性问题。

克隆技术是人类科学技术史上的一大进步，具有突破性的意义。在我国，克隆技术也引起了社会各界的重视。我国虽然禁止开展克隆人的研究，但主张支持和保护科学家采用克隆技术探讨医学领域中的重大课题，也就是将治疗性克隆和生殖性克隆加以区别。2001 年 7 月，面对全人类都普遍关心的克隆人的社会、伦理、道德等问题，中法两国的生物学家、法学家、医学家、社会学家和哲学家决定联手合作，共同探讨研究对克隆人的立法，旨在为两国政府进行克隆人立法提出建议。2002 年 2 月 26 日，在联合国关于反对克隆人国际公约特设委员会举行的会议上，中国代表陈旭表示中国作为共同提案国积极支持尽早制定《禁止生殖性克隆人国际公约》。2002 年第九届全国人民代表大会第五次会议的代表们纷纷对克隆人问题表示关注，支持有关禁止生殖性克隆人的国际公约早日面世。

第三节　器官移植的法律问题

一、器官移植概述

(一)器官移植的概念

器官移植是指将一个器官整体或局部从一个个体通过手术等方法转移到另一个个体的过程。其目的是用来自供体的好的器官替代损坏的或功能丧失的器官，使本来难以康复的患者得以康复，以挽救垂危的生命。提供器官的一方为器官移植的供体，可以是在世的人，也可以是刚刚去世的人。接受器官的一方为器官移植的受者。

理论上，器官移植分为三大类：自体移植、同种移植和异种移植。临床上，器官移植包括脏器移植、组织移植和细胞移植三种类型。这三种类型不仅实施条件与难度相差甚远，而且在涉及伦理、法律上也有重大差别。脏器移植是当今器官移植的主体。另外，由于自体移植和异种移植不涉及供体权利的转移，较少发生法律问题，因而目前所说的移植一般仅指脏器移植，而且是同种异体器官移植，即用手术方法，切取一人体(活体或尸体)内的脏器，移植到另一人体内，替换其已损伤的、病态的或衰竭的器官。如我国《人体器官移植条例》第 2 条中规定，本条例所称人体器官移植，是指摘取人体器官捐献人具有特定功能的心脏、肺脏、肝脏、肾脏或者胰腺等器官的全部或者部分，将其植入受者身体以代替其病损器官的过程。

1954 年，世界上第一例同卵双生子之间肾移植在美国波士顿一家医院获得成功。肝移植、心脏移植也分别于1963年和1967年实现。目前,除了神经系统以外,医学技术几乎对人体内所有器官和组织都可以移植,但肾脏移植的应用最为广泛,存活率也最高。

(二)器官移植的意义

器官移植技术使许多本来难以康复的患者得以康复,使患有不治之症的患者有了生的希望和可能;同时,器官移植可以使有限的卫生资源发挥更大的效益,其社会意义是显而易见的。所以说,器官移植是20世纪以来医学领域中施行的一项具有划时代意义的新技术,它使人类改变传统的药物治疗等救治方法,使许多本来难以恢复健康的病人获得康复,使许多不治之症患者有了生的希望,为医学领域带来了革命性的变化。为了肯定这一医学成就给人类带来的贡献,1990年诺贝尔生理学和医学奖授予了1954年首例肾移植医生默里和20世纪60年代中期首例骨髓移植医生托马斯。此后又有两位从事人体器官移植研究的科学家获得该奖。

二、国外器官移植立法

器官移植技术涉及复杂的伦理、法律和社会问题。器官移植的法律问题大致包括:供体的来源和采集,器官的法律地位和性质,受体手术后的身份,异种器官移植,脑移植,人工器官等。为了解决供体来源问题,世界多数国家都通过立法保证器官来源的合法性,禁止器官买卖等商业化行为,对器官移植予以规范和管制。大致分为以下三类。

(一)自愿捐献

自愿捐献是指死者生前自愿或其家属自愿将死者器官捐献给受体。它采取完全主动自愿和知情同意(经宣传后同意决定捐献)两种原则。无论是完全自愿还是知情同意,都必须在真实的自愿基础上。如果死者生前明确表示死后不愿捐献器官,则他人无权摘除其器官。美国1968年通过的《统一组织捐献法》中规定:

(1)超过18岁的个人可以捐献其身体的全部或一部分用于教学、研究、治疗或移植。

(2)死者生前未作出捐献声明,也没有足够证据证明其反对的,其近亲属有权作出捐赠表示。

(3)如果死者生前已作出捐赠表示的,亲属或其他人除法律允许的特殊原因外,不得取消。

对于采集活体器官,许多国家的法律规定:

(1)必须优先考虑供体利益,并预料对供体的健康不会发生损害。

(2)该器官的移植足以挽救受体的生命或足以恢复或改善受体的健康状况。

(3)没有任何第三者压力,知情同意是必经程序。

(4)供体必须是已达法定年龄的成年人。

(二)推定同意

推定同意是指法律规定公民在生前未作出不愿意捐出器官表示的,都可被视为是同意捐献器官者,由政府授权的医务人员从尸体中采集所需组织和器官。推定同意原则是针对人口中大多数既未表示同意,又未表示反对的人提出的,有以下两种。

1.医师推定同意　医师推定同意是死者生前未表示反对捐献器官,医生就可推定其同意捐献而不必考虑亲属的意愿。法国、匈牙利、奥地利、瑞士、丹麦、新加坡等国采取这种做法。1987年新加坡颁布的《人体器官移植法》规定:所有新加坡公民和在新加坡长期居住的居民，年龄在21～60岁之间，在意外事件丧生后，如果死者生前没有不愿捐出肾脏表示的，都可推定为自愿捐赠者。采取这种方式既能大大增加可用于移植的器官的数量，又可避免因征求家属意见延误时间而影响移植质量。依据法国法律，如果死者生前未做出拒绝摘取器官的意思表示，为了治疗或科学研究目的，可以摘取器官，如系未成年人，应征得法定代理人的同意。

2.亲属推定同意　亲属推定同意要求医师在明确死者亲属无反对意见，同意捐献尸体或器官时才可实施。其优点是避免死者家属诉讼。芬兰、希腊、瑞典、挪威等国的法律采用了这种形式。但是，在实践中大部分医师在患者死亡后，仍会征求其亲属同意后才会摘取供者的器官或组织。

（三）器官商业化

器官商业化是指把病人与科学研究所需要的器官作为商品，同时以经济运行方式作为准则，建立器官交易市场。由于可供移植的器官严重供不应求，刺激和引发了商业化行为。曾一度出现器官捐赠者变相收费和医生收取介绍器官捐献者费用的事件。1983年，美国一名医生成立“国际肾脏交易所”，并且建议购买本国穷人的肾脏或从第三世界国家的贫民那里购买肾脏。这些买卖或变相买卖人体器官的做法是贫富两种截然相反的利益选择，受到了公众舆论的普遍谴责。有钱人买器官移植受益，穷人迫于贫困出卖器官，甚至损害生命。特别是随着网络的发展，大部分的器官买卖中，买卖双方彼此并不见面，众多的交易环节全部由器官贩子控制，交易网络往往跨越很多国家。国际人体器官交易黑市所交易的器官包括肝脏、肾脏等，每年的交易额更是成千上万。医学科学技术的发展给社会带来了新的不公正倾向。因此，世界卫生组织呼吁制定一个有关人体器官交易的全球性禁令，并敦促其成员国制定限制人体器官交易的法律，以保证医学科学研究及应用的正常秩序。

三、我国器官移植立法

（一）我国器官移植现状

我国器官移植始于20世纪50年代，与国外相比起步较晚但发展较快。现在国际上所有类型的器官移植手术在我国都能够施行。我国已由肾脏移植、肝脏移植、心和肺脏移植，发展到可以进行胰岛胰腺移植、脾脏移植、甲状旁腺移植、肾上腺移植，以及骨髓、胸腺、睾丸等移植。特别是肾脏移植达到世界先进水平，胰岛移植、胚胎器官移植等处于国际领先地位。我国在器官移植工作中，无论在手术方面还是在抗排斥反应的措施方面，都已达到世界先进水平。尽管如此，我国器官移植特别是大器官移植与发达国家相比，在移植例数、存活时间、生存质量上都有较大差距。究其原因，并不完全在于技术、药物等方面，在于：①供体的严重缺乏与质量低下。受风俗习惯和传统观念的影响，“身体发肤，受之父母，不敢毁伤，孝之始也”，形成“全尸而终”、“入土为安”的传统习惯，不愿意死后捐献身体组织和器官。②相关法律不够完善也是阻碍器官移植技术发展的根本因素。我国至今尚未公开颁布有关器官移植的法律法规，也未实行脑死亡标准，一些有可能移植的器官得不到合理合法采用。③管理不力。我国尚无覆盖全国的器官移植调配中心，使原本极少的器官资源的保存、分配、有效利用受到影响。④我国关于遗体捐赠方面的立法不完善，遗体捐赠体系的不健全，又使许多愿意在死后捐赠遗体的人捐赠无门，加剧了供体的缺乏。

1999年，第9次全国医学伦理学术年会讨论通过的《器官移植伦理原则》成为我国关于器官移植的第一个伦理性文件。该文件明确提出了我国器官移植的九大基本原则，规范了有关器官移植的道德行为，对推动我国关于器官移植的立法，进而保障和促进我国器官移植工作的健康发展都具有极为重要的意义。

（二）我国地方器官移植立法

器官移植立法涉及生命科学的发展、国家的文明水平和人民群众的健康，也反映了社会的伦理选择和国家法制建设的进程。目前，我国虽然尚无统一的有关器官移植的法律法规，但为了解决实践中出现的问题，某些地方法规已相继出台。随着《上海市遗体捐献条例》（2000 年 3 月 1 日起施行）、《广州市志愿捐献遗体管理暂行办法》（2001 年 1 月 5 日制定）、我国第一部器官移植地方法规《深圳经济特区人体器官捐献移植条例》（2003 年 10 月 1 日起施行）及《贵阳市捐献遗体和角膜办法》的相继出台，2007 年 3 月 21 日国务院第 171 次常务会议通过了《人体器官移植条例》，并于 2007 年 5 月 1 日起施行。这是我国第一部全国性的人体器官移植法规。

（三）《人体器官移植条例》的主要内容

《人体器官移植条例》共 5 章 32 条，分总则、人体器官移植的捐献、人体器官的移植、法律责任和附则。条例明确规定，任何组织或者个人不得以任何形式买卖人体器官，不得从事与买卖人体器官有关的活动。国务院卫生行政部门负责全国人体器官移植的监督管理工作；县级以上地方人民政府卫生行政部门负责本行政区域人体器官移植的监督管理工作；各级红十字会依法参与人体器官捐献的宣传等工作。

1.人体器官捐献的法律规定。

（1）人体器官捐献应当遵循自愿、无偿的原则。公民享有捐献或者不捐献其人体器官的权利；任何组织或者个人不得强迫、欺骗或者利诱他人捐献人体器官；捐献人体器官的公民应当具有完全民事行为能力；公民捐献其人体器官应当有书面形式的捐献意愿，对已经表示捐献其人体器官的意愿，有权予以撤销；公民生前表示不同意捐献其人体器官的，任何组织或者个人不得捐献、摘取该公民的人体器官；公民生前未表示不同意捐献其人体器官的，该公民死亡后，其配偶、成年子女、父母可以以书面形式共同表示同意捐献该公民人体器官的意愿。

（2）任何组织或者个人不得摘取未满 18 周岁公民的活体器官用于移植。

（3）活体器官的接受人限于活体器官捐献人的配偶、直系血亲或者三代以内旁系血亲，或者有证据证明与活体器官捐献人存在因帮扶等形成亲情关系的人员。

2.人体器官移植的法律规定。

（1）医疗机构从事人体器官移植，应当具备下列条件：有与从事人体器官移植相适应的执业医师和其他医务人员；有满足人体器官移植所需要的设备、设施；有由医学、法学、伦理学等方面专家组成的人体器官移植技术临床应用与伦理委员会，该委员会中从事人体器官移植的医学专家不超过委员人数的 1/4；有完善的人体器官移植质量监控等管理制度。

（2）医疗机构及其医务人员从事人体器官移植，应当遵守伦理原则和人体器官移植技术管理规范。

（3）实施人体器官移植手术的医疗机构及其医务人员应当对人体器官捐献人进行医学检查，对接受人因人体器官移植感染疾病的风险进行评估，并采取措施，降低风险。

（4）在摘取活体器官前或者尸体器官捐献人死亡前，负责人体器官移植的执业医师应当向所在医疗机构的人体器官移植技术临床应用与伦理委员会提出摘取人体器官审查申请。人体器官移植技术临床应用与伦理委员会不同意摘取人体器官的，医疗机构不得作出摘取人体器官的决定，医务人员不得摘取人体器官。

(5)摘取尸体器官，应当在依法判定尸体器官捐献人死亡后进行。从事人体器官移植的医务人员不得参与捐献人的死亡判定。

(6)从事人体器官移植的医疗机构实施人体器官移植手术，不得收取或者变相收取所移植人体器官的费用。

(7)申请人体器官移植手术患者的排序，应当符合医疗需要，遵循公平、公正和公开的原则。

(8)从事人体器官移植的医务人员应当对人体器官捐献人、接受人和申请人体器官移植手术的患者的个人资料保密。

《人体器官移植条例》遵循了世界公认的医学伦理准则和世界卫生组织关于人体器官移植的指导原则，借鉴了国外相关立法的经验，与国际通行做法保持一致。条例对于规范人体器官移植管理，保证医疗质量和医疗安全，维护器官捐献者、患者、医疗机构及医务人员的合法权利，均具有重要意义。

第四节　脑死亡的法律问题

一、脑死亡概述

人的生命活动的表现形式很多，其中呼吸和心跳是最容易观察和测定的两种方式。因此，自古以来，死亡标准被心肺功能停止的传统观念垄断，心肺功能完全丧失一直是判断死亡的标准。我国2000多年前的《黄帝内经》称："脉短、气绝，死。"但是，自20世纪五六十年代以来，随着人工呼吸器和心肺复苏术的开发与普及，以及心脏移植技术的发展，导致某些心肺功能的停止是可逆的，从而使其失去了作为死亡标准的权威性地位，把心肺功能作为生命最本质的特征和死亡的传统判断标准受到了现代生物医学发展的挑战。于是，人们开始重新认识死亡的定义和标准，一种被医学界认为更加科学的脑死亡概念和脑死亡标准应运而生。

二、脑死亡的概念和标准

(一)死亡与脑死亡的概念

死亡是自然人和生物生命活动的终止，是人和生物必须经历的客观现象。自然人的死亡同他(她)的出生、成长一样既司空见惯，又不是完全孤立的个体事件。因此，科学地、准确地确定一个人的死亡时间，在医学上、法律上都具有极为重要的现实意义。

《中国大百科全书》中死亡的定义是："自然人生命的终止，人体生理机能逐渐衰减以至完全停止的过程。"20世纪50年代美国著名的《布莱克法律词典》将死亡定义为："血液循环完全停止，呼吸、脉搏停止。"

脑死亡则是指包括大脑、小脑、脑干在内的全部机能完全而不可逆的停止，即全脑死亡。

脑死亡原发于脑组织严重外伤或脑的原发性疾病，其特征是脑功能不可逆地全部丧失，它同心跳和呼吸停止一样，是自然人生命现象的终止，是个体死亡的一种类型。

(二)确立脑死亡的意义

脑死亡概念的提出是对死亡标准的重新认识，是生物医学技术发展的必然结果，其意义主要体现在以下几个方面。

1.有利于科学地确定死亡，维护人的生命价值和尊严　传统的死亡标准有其局限性，对于一些因服毒、溺水或冻死的患者，特别是服用中枢神经抑制剂自杀的假死者，运用心跳呼吸停止作为死亡的标准，很难鉴别假死状态，往往放弃抢救时机。也有大量脑死亡者由于仍有心跳、呼吸，被认为具有生命现象，医务人员不遗余力地抢救。脑死亡标准的确立，为真死与假死的鉴别提出了科学依据，从而更好地维护人的生命尊严，更好地尊重人的生命价值。

2.有利于开展器官移植　器官移植技术的发展，需要大量的新鲜组织脏器拯救那些因某一器官患有严重病态或损伤、衰竭的病人。在适宜的新鲜供体严重短缺的现状下，依靠先进的科学技术维持脑死亡者的呼吸和循环功能，使之可能成为医学上最理想的器官移植的供体以及天然的、极好的人体器官和组织的储存库。医生可以根据移植的需要，从容地做好各项移植准备工作后，适时摘取供体器官，从而提高器官移植的成功率。脑死亡的确立为一大批新鲜供体的摘取提供了合法条件。

3.有利于医疗资源的合理利用　在脑死亡尚未被法律所承认的国家，医务人员对脑死亡者往往要运用先进仪器和昂贵的药物做出积极抢救，造成经济、人力和精神上的巨大浪费，给有限的医疗资源造成极大的压力。现代医疗行为的目的并不是盲目地延长毫无价值的生物意义上的生命，更不是延长人类痛苦的死亡过程。确定脑死亡的标准，可以适时终止对脑死亡者的医疗措施，缩短死者的死亡过程，减少因无效抢救而造成的巨大浪费，把有限的医疗卫生资源用于那些需要治疗而又能够达到预期效果的病人身上，在减轻社会负担的同时也减轻脑死亡者亲属的精神和经济负担。

4.有利于法律的正确实施　死亡不仅是一个医学概念，而且是一个法律概念。死亡对于法律的适用具有绝对重要的意义。各国的民事法律、刑事法律的许多规定都涉及人的死亡问题。如死亡决定民事权利的终止，继承的开始，婚姻关系的消灭，保险金、赔偿金的取得，刑事责任的免除以及诸如合伙、代理等民事法律关系的变更和终止。随着医学科学技术的不断进步，传统的死亡标准已日益显现出局限性。因此，脑死亡标准的确立，可以更加科学、准确地判断一个人的死亡时间，以利于正确适用法律，公平合理地处理某些案件。

(三)脑死亡的标准

脑死亡的标准最早见于1968年美国哈佛医学院死亡定义审查特别委员会发表的一份报告，该报告第一次正式把脑死亡作为判断死亡的又一标准。其主要内容是：①不可逆深度昏迷，无感应性和反应性。②自主运动和呼吸停止。③脑干反射消失。④脑电波平直。

上述状况在24小时内反复测试结果无变化，就可宣告该人死亡。但有两种情况除外：①体温过低(小于32.2℃)。②刚服过巴比妥药物等中枢神经系统抑制剂的病例。

此后，世界各国先后提出30余种关于脑死亡的诊断标准，综合起来有三个部分：①自主呼吸停止。②临床症状病人瞳孔散大，各种反射消失。③利用药品和器械对脑死亡进行验证。上述标准与“哈佛标准”没有多大区别。因此，目前世界上大多数国家还是采用哈佛医学院的诊断标准。

三、国外有关脑死亡立法

芬兰是世界上第一个在法律上确立脑死亡的国家。此后，美国的堪萨斯州在 1970 年通过了《死亡和死亡定义法》。1983 年，美国医学会、美国律师协会、美国统一州法律督察全国会议以及医学和生物学行为研究伦理学问题总统委员建议各州采纳以下条款："任何人患有呼吸和循环不可逆停止或大脑全部功能不可逆丧失就是死人。死亡的确定必须符合公认的医学标准。"上述条款实际上是让传统死亡概念、标准和脑死亡概念、标准并存，避免了人们对死亡定义可能产生的误会。随后，加拿大、阿根廷、瑞典、澳大利亚、奥地利、希腊、意大利、英国、法国、西班牙、波多黎各等 10 多个国家也先后制定了脑死亡法律，承认脑死亡是宣布死亡的依据。比利时、德国、印度、爱尔兰、荷兰、新西兰、南非、韩国、瑞士和泰国等 10 个国家和地区虽然法律没有明文规定，但临床上已经承认脑死亡状态并用来作为宣布死亡的依据。

为了保证和提高脑死亡诊断的准确性，防止偏差，有的国家规定，脑死亡诊断应由 2 名内科医生作出，且同器官移植无关联。也有国家规定，脑死亡的确定，应由两名医生独立进行检查，得出相同结论，或需经上级医生的核准；必要时，还需神经内科、神经外科、麻醉科以及脑电图专家会诊，无异议时方可确定脑死亡。

四、我国脑死亡立法的现状与研究

我国医学界从 1980 年开始探讨脑死亡问题，老一辈医学家多年来一直呼吁脑死亡立法。但是，由于受我国文化传统、宗教的影响，医学技术发展状况不平衡，人们对脑死亡的认识还很模糊，在短期内，要使全社会对脑死亡标准达成共识是不可能的。我国目前尚未制定出一部统一的、正式的、具有法律权威的脑死亡标准。为了配合国家立法需要，国家卫生部组织专家审定在技术层面上起草的脑死亡判定标准和技术规范。2004 年 5 月，在中华医学会第 7 届全国神经病学学术会议上，我国《脑死亡判定标准（成人）》和《脑死亡判定技术规范》已经通过医学专家审定。但由于脑死亡是医学界提出的判定死亡的一种方式，与现行判定死亡的标准不同。制定脑死亡判定标准和技术规范与实施脑死亡判定是两件不同的事情，实施脑死亡判定必须以相应的法律规范为前提，目前医疗机构还不能据此来实施脑死亡判定，也就是说，上述标准和规范只有通过立法程序生效并公布后才能实施。

随着医学科学的发展，通过法律确定脑死亡的标准，已成为十分现实和迫切的需要。由于脑死亡立法对中国司法界是个新课题，中国人接受脑死亡的概念会有个过程。

（一）法律应允许两种死亡标准并存

根据我国的具体国情，确立传统死亡标准和脑死亡标准同时并存的制度。传统死亡标准虽有缺陷，但其观念已根深蒂固。特别是在我国广大农村和边远贫困地区医疗条件比较落后的情况下，传统死亡标准仍是判定死亡的有效标准。当医疗条件和设备达到一定程度时，再采用脑死亡标准。法律允许心跳呼吸停止和脑死亡两种死亡标准同时并存，民众选择死亡标准时可选择其中之一或两者，允许有个逐步认识的过程。

（二）学界要做好脑死亡立法的准备

脑死亡立法要按一定的法律程序来进行，学界要做好几个方面的准备。第一，制定脑死亡诊断标准。借鉴美国哈佛标准，结合中国医疗实践的具体情况，制定严格的、具体的适合中国国情的脑死亡标准。第二，确立脑死亡立法的技术规范。第三，拟订脑死亡立法的管理程序和管理办法。

第五节　安乐死的法律问题

一、安乐死概述

"安乐死"一词源自希腊语 euthanasia，原意为安宁而轻松地死亡或无痛苦地死亡。古希腊所理解的安乐死是一种哲学的而非医学的概念。

在现代社会，安乐死是一个颇富争议的命题，其定义也存在着争论。美国医学会认为，安乐死的通常定义是："出于仁慈的原因以相对迅速的并且无痛的方式造成不治之症和病痛患者死亡的行为。"《中国大百科全书》对安乐死的定义是："对于现代医学无可救药的逼近死亡的病人，医生在患者本人真诚委托的前提下，为减少病人难以忍受的剧烈痛苦，可以采取措施提前结束病人的生命。"

现代意义上的安乐死是指为结束不治之症患者的痛苦，采用科学方法对人的死亡过程进行调节，使死亡状态安乐化，以维护人的死亡尊严。安乐死是一种死亡过程中的良好状态和为达到这种状态而采取的方法，它并不是死亡的原因。

二、国外安乐死的立法与实践

安乐死的实践早在史前时代就已存在。在古希腊罗马，允许病人结束自己生命，并可请外人助死。17 世纪，弗兰西斯·培根在他的著作中多次提到"无痛致死术"。到 20 世纪 30 年代，欧美许多国家都有人积极提倡安乐死，只是由于德国纳粹的介入，使得安乐死声名狼藉。到了 20 世纪六七十年代，随着医学生物科学技术的发展，销声匿迹的安乐死又成为医学界、法律界以及公众关注的热点。由于安乐死不仅涉及伦理、哲学、医学等方面的问题，还涉及人们对死亡的看法和理解，更会引发一系列的法律后果。在世界上绝大部分国家，安乐死仍然是法律的禁区。即使在曾经立法允许安乐死的国家，也存在着激烈而强大的批评和反对声音，这在一定程度上导致国家关于安乐死问题的法律和政策体现出朝令夕改的不稳定性。因此，迄今为止，人们对安乐死仍褒贬不一。支持安乐死的人看重生命的内容和方式，认为安乐死可以减轻病人痛苦，当病人因垂死而遭受病痛的折磨，感到生不如死时，死亡比生存对他们更人道。这样，既可以减轻病人家属的精神痛苦和经济负担，又可以节省有限的医药资源，使之发挥更大的效用。他们提倡医学的根本任务是提升人的生死品质，在基本实现优生的前提下，医学也必须实现人的优死。反对安乐死的人认为，安乐死不仅与医生的职责相冲突，而且还可能被滥用，成为病人配偶、子女等亲属为了减轻自己的负担，或为了瓜分遗产等其他原因变相杀人的借口。但经过半个多世纪的争论，时至今日，赞成安乐死的呼声愈来愈高。尽管如此，对于安乐死是否要制定法律予以保护，绝大多数国家持慎重态度。

1. 荷兰　荷兰议会在 1993 年 2 月 9 日就通过了关于安乐死的法案，允许医生在严格的条件下，可以对病人实施安乐死。2001 年，荷兰议会上院正式通过安乐死法案，成为世界上第一个把安乐死合法化的国家，也是迄今为止在安乐死方面最前卫的举措。该法案规定，患不治之症的病人，在考虑成熟后，应自愿提出结束生命的书面请求，主治医生则应向患者详细陈述实际病情和后果预测，并由另一名医生协助诊断和确诊，最后实施“安乐死”。法案还规定实施“安乐死”的手段必须是医学方法。

2. 澳大利亚　1995 年 5 月 25 日，澳大利亚北部地区议会通过了世界上第一部安乐死法——《晚期病人权利法》，并于 1996 年 7 月 1 日在一片争议声中生效。但由于反对势力十分强大，效果不佳。1996 年 12 月，联邦众议院以压倒性多数通过终止这部安乐死的提案。1997 年 3 月，澳大利亚联邦参议院经过辩论，推翻了《晚期病人权利法》。

3. 美国　1976 年，加利福尼亚州州长签署了《自然死亡法》，这是美国第一部成文的被动安乐死法。当前，美国大部分州都通过了《死亡权利法案》，要求医生尊重患者安乐死的愿望，但到目前为止，主动安乐死在美国大部分地区仍属非法行为。只有俄勒冈州于 1994 年通过一项法律，允许内科医生在特定条件下协助患者自杀。

4. 日本　日本是通过法律判例给予安乐死有条件地认可，成为亚洲第一个在法律上有条件地承认安乐死的国家。

三、我国安乐死现状及立法思考

目前，我国现行的国家法律未对安乐死加以认可。然而，安乐死案件却多次出现，在发生纠纷无相关法律调整的情况下，全国人民代表大会的部分代表先后数次提出议案，建议制定安乐死法。由于安乐死是一种具有特殊意义的死亡类型，它既是一个复杂的医学、法学问题，又是一个极为敏感的社会、伦理问题。因此，全国人民代表大会法制工作委员会及国务院卫生行政部门在经过反复研究后认为，综合社会环境、文化背景、伦理传统、法制环境等方面而言，我国当前对安乐死立法的条件尚不成熟，但可以促请有关部门积极研究这一课题，为安乐死立法作准备。

思考题

1. 什么是人类辅助生殖技术？包括哪几种情况？我国的立法是如何规范人类辅助生殖技术的？

2. 什么是器官移植？器官移植有什么意义？我国《人体器官移植条例》的主要内容有哪些？

3. 什么是脑死亡？脑死亡的标准有哪些？我国目前脑死亡的立法状况如何？

4. 什么是安乐死？安乐死的分类包括哪几种情况？目前安乐死在我国是否合法？

附录　我国相关卫生法律法规原文

中华人民共和国执业医师法

（1998年6月26日第九届全国人民代表大会常务委员会第三次会议通过，
中华人民共和国主席令第5号公布，自1999年5月1日起施行）

第一章　总　则

第一条　为了加强医师队伍的建设，提高医师的职业道德和业务素质，保障医师的合法权益，保护人民健康，制定本法。

第二条　依法取得执业医师资格或者执业助理医师资格，经注册在医疗、预防、保健机构中执业的专业医务人员，适用本法。

本法所称医师，包括执业医师和执业助理医师。

第三条　医师应当具备良好的职业道德和医疗执业水平，发扬人道主义精神，履行防病治病、救死扶伤、保护人民健康的神圣职责。

全社会应当尊重医师。医师依法履行职责，受法律保护。

第四条　国务院卫生行政部门主管全国的医师工作。

县级以上地方人民政府卫生行政部门负责管理本行政区域内的医师工作。

第五条　国家对在医疗、预防、保健工作中做出贡献的医师，给予奖励。

第六条　医师的医学专业技术职称和医学专业技术职务的评定、聘任，按照国家有关规定办理。

第七条　医师可以依法组织和参加医师协会。

第二章　考试和注册

第八条　国家实行医师资格考试制度。医师资格考试分为执业医师资格考试和执业助理医师资格考试。

医师资格统一考试的办法，由国务院卫生行政部门制定。医师资格考试由省级以上人民政府卫生行政部门组织实施。

第九条　具有下列条件之一的，可以参加执业医师资格考试：

（一）具有高等学校医学专业本科以上学历，在执业医师指导下，在医疗、预防、保健机构中试用期满1年的。

(二)取得执业助理医师执业证书后,具有高等学校医学专科学历,在医疗、预防、保健机构中工作满2年的;具有中等专业学校医学专业学历,在医疗、预防、保健机构中工作满五年的。

第十条 具有高等学校医学专科学历或者中等专业学校医学专业学历,在执业医师指导下,在医疗、预防、保健机构中试用期满1年的,可以参加执业助理医师资格考试。

第十一条 以师承方式学习传统医学满3年或者经多年实践医术确有专长的,经县级以上人民政府卫生行政部门确定的传统医学专业组织或者医疗、预防、保健机构考核合格并推荐,可以参加执业医师资格或者执业助理医师资格考试。考试的内容和办法由国务院卫生行政部门另行制定。

第十二条 医师资格考试成绩合格,取得执业医师资格或者执业助理医师资格。

第十三条 国家实行医师执业注册制度。

取得医师资格的,可以向所在地县级以上人民政府卫生行政部门申请注册。

除有本法第十五条规定的情形外,受理申请的卫生行政部门应当自收到申请之日起30日内准予注册,并发给由国务院卫生行政部门统一印制的医师执业证书。

医疗、预防、保健机构可以为本机构中的医师集体办理注册手续。

第十四条 医师经注册后,可以在医疗、预防、保健机构中按照注册的执业地点、执业类别、执业范围执业,从事相应的医疗、预防、保健业务。

未经医师注册取得执业证书,不得从事医师执业活动。

第十五条 有下列情形之一的,不予注册:

(一)不具有完全民事行为能力的;

(二)因受刑事处罚,自刑罚执行完毕之日起至申请注册之日止不满2年的;

(三)受吊销医师执业证书行政处罚,自处罚决定之日起至申请注册之日止不满2年的;

(四)有国务院卫生行政部门规定不宜从事医疗、预防、保健业务的其他情形的。

受理申请的卫生行政部门对不符合条件不予注册的,应当自收到申请之日起30日内书面通知申请人,并说明理由。申请人有异议的,可以自收到通知之日起15日内,依法申请复议或者向人民法院提起诉讼。

第十六条 医师注册后有下列情形之一的,其所在的医疗、预防、保健机构应当在30日内报告准予注册的卫生行政部门,卫生行政部门应当注销注册,收回医师执业证书:

(一)死亡或者被宣告失踪的;

(二)受刑事处罚的;

(三)受吊销医师执业证书行政处罚的;

(四)依照本法第三十一条规定暂停执业活动期满,再次考核仍不合格的;

(五)中止医师执业活动满2年的;

(六)有国务院卫生行政部门规定不宜从事医疗、预防、保健业务的其他情形的。

被注销注册的当事人有异议的,可以自收到注销注册通知之日起15日内,依法申请复议或者向人民法院提起诉讼。

第十七条 医师变更执业地点、执业类别、执业范围等注册事项的,应当到准予注册的卫生行政部门依照本法第十三条的规定办理变更注册手续。

第十八条 中止医师执业活动2年以上以及有本法第十五条规定情形消失的,申请重新执业,应当由本法第三十一条规定的机构考核合格,并依照本法第十三条的规定重新注册。

第十九条 申请个体行医的执业医师,须经注册后在医疗、预防、保健机构中执业满五年,并按照国家有关规定办理审批手续;未经批准,不得行医。

县级以上地方人民政府卫生行政部门对个体行医的医师,应当按照国务院卫生行政部门的规定,经常监督检查,凡发现有本法第十六条规定的情形的,应当及时注销注册,收回医师执业证书。

第二十条 县级以上地方人民政府卫生行政部门应当将准予注册和注销注册的人员名单予以公告,并由省级人民政府卫生行政部门汇总,报国务院卫生行政部门备案。

第三章　执业规则

第二十一条 医师在执业活动中享有下列权利:

(一)在注册的执业范围内,进行医学诊查、疾病调查、医学处置、出具相应的医学证明文件,选择合理的医疗、预防、保健方案;

(二)按照国务院卫生行政部门规定的标准,获得与本人执业活动相当的医疗设备基本条件;

(三)从事医学研究、学术交流,参加专业学术团体;

(四)参加专业培训,接受继续医学教育;

(五)在执业活动中,人格尊严、人身安全不受侵犯;

(六)获取工资报酬和津贴,享受国家规定的福利待遇;

(七)对所在机构的医疗、预防、保健工作和卫生行政部门的工作提出意见和建议,依法参与所在机构的民主管理。

第二十二条 医师在执业活动中履行下列义务:

(一)遵守法律、法规,遵守技术操作规范;

(二)树立敬业精神,遵守职业道德,履行医师职责,尽职尽责为患者服务;

(三)关心、爱护、尊重患者,保护患者的隐私;

(四)努力钻研业务,更新知识,提高专业技术水平;

(五)宣传卫生保健知识,对患者进行健康教育。

第二十三条 医师实施医疗、预防、保健措施,签署有关医学证明文件,必须亲自诊查、调查,并按照规定及时填写医学文书,不得隐匿、伪造或者销毁医学文书及有关资料。

医师不得出具与自己执业范围无关或者与执业类别不相符的医学证明文件。

第二十四条 对急危患者,医师应当采取紧急措施进行诊治;不得拒绝急救处置。

第二十五条 医师应当使用经国家有关部门批准使用的药品、消毒药剂和医疗器械。

除正当诊断治疗外,不得使用麻醉药品、医疗用毒性药品、精神药品和放射性药品。

第二十六条 医师应当如实向患者或者其家属介绍病情,但应注意避免对患者产生不利后果。

医师进行实验性临床医疗,应当经医院批准并征得患者本人或者其家属同意。

第二十七条 医师不得利用职务之便,索取、非法收受患者财物或者牟取其他不正当利益。

第二十八条　遇有自然灾害、传染病流行、突发重大伤亡事故及其他严重威胁人民生命健康的紧急情况时，医师应当服从县级以上人民政府卫生行政部门的调遣。

第二十九条　医师发生医疗事故或者发现传染病疫情时，应当按照有关规定及时向所在机构或者卫生行政部门报告。

医师发现患者涉嫌伤害事件或者非正常死亡时，应当按照有关规定向有关部门报告。

第三十条　执业助理医师应当在执业医师的指导下，在医疗、预防、保健机构中按照其执业类别执业。

在乡、民族乡、镇的医疗、预防、保健机构中工作的执业助理医师，可以根据医疗诊治的情况和需要，独立从事一般的执业活动。

第四章　考核和培训

第三十一条　受县级以上人民政府卫生行政部门委托的机构或者组织应当按照医师执业标准，对医师的业务水平、工作成绩和职业道德状况进行定期考核。

对医师的考核结果，考核机构应当报告准予注册的卫生行政部门备案。

对考核不合格的医师，县级以上人民政府卫生行政部门可以责令其暂停执业活动3个月至6个月，并接受培训和继续医学教育。暂停执业活动期满，再次进行考核，对考核合格的，允许其继续执业；对考核不合格的，由县级以上人民政府卫生行政部门注销注册，收回医师执业证书。

第三十二条　县级以上人民政府卫生行政部门负责指导、检查和监督医师考核工作。

第三十三条　医师有下列情形之一的，县级以上人民政府卫生行政部门应当给予表彰或者奖励：

(一)在执业活动中，医德高尚，事迹突出的；

(二)对医学专业技术有重大突破，做出显著贡献的；

(三)遇有自然灾害、传染病流行、突发重大伤亡事故及其他严重威胁人民生命健康的紧急情况时，救死扶伤、抢救诊疗表现突出的；

(四)长期在边远贫困地区、少数民族地区条件艰苦的基层单位努力工作的；

(五)国务院卫生行政部门规定应当予以表彰或者奖励的其他情形的。

第三十四条　县级以上人民政府卫生行政部门应当制定医师培训计划，对医师进行多种形式的培训，为医师接受继续医学教育提供条件。

县级以上人民政府卫生行政部门应当采取有力措施，对在农村和少数民族地区从事医疗、预防、保健业务的医务人员实施培训。

第三十五条　医疗、预防、保健机构应当按照规定和计划保证本机构医师的培训和继续医学教育。

县级以上人民政府卫生行政部门委托的承担医师考核任务的医疗卫生机构，应当为医师的培训和接受继续医学教育提供和创造条件。

第五章　法律责任

第三十六条　以不正当手段取得医师执业证书的，由发给证书的卫生行政部门予以吊销；对负有直接责任的主管人员和其他直接责任人员，依法给予行政处分。

第三十七条 医师在执业活动中，违反本法规定，有下列行为之一的，由县级以上人民政府卫生行政部门给予警告或者责令暂停6个月以上1年以下执业活动；情节严重的，吊销其执业证书；构成犯罪的，依法追究刑事责任：

（一）违反卫生行政规章制度或者技术操作规范，造成严重后果的；

（二）由于不负责任延误急危患者的抢救和诊治，造成严重后果的；

（三）造成医疗责任事故的；

（四）未经亲自诊查、调查，签署诊断、治疗、流行病学等证明文件或者有关出生、死亡等证明文件的；

（五）隐匿、伪造或者擅自销毁医学文书及有关资料的；

（六）使用未经批准使用的药品、消毒药剂和医疗器械的；

（七）不按照规定使用麻醉药品、医疗用毒性药品、精神药品和放射性药品的；

（八）未经患者或者其家属同意，对患者进行实验性临床医疗的；

（九）泄露患者隐私，造成严重后果的；

（十）利用职务之便，索取、非法收受患者财物或者牟取其他不正当利益的；

（十一）发生自然灾害、传染病流行、突发重大伤亡事故以及其他严重威胁人民生命健康的紧急情况时，不服从卫生行政部门调遣的；

（十二）发生医疗事故或者发现传染病疫情，患者涉嫌伤害事件或者非正常死亡，不按照规定报告的。

第三十八条 医师在医疗、预防、保健工作中造成事故的，依照法律或者国家有关规定处理。

第三十九条 未经批准擅自开办医疗机构行医或者非医师行医的，由县级以上人民政府卫生行政部门予以取缔，没收其违法所得及其药品、器械，并处10万元以下的罚款；对医师吊销其执业证书；给患者造成损害的，依法承担赔偿责任；构成犯罪的，依法追究刑事责任。

第四十条 阻碍医师依法执业，侮辱、诽谤、威胁、殴打医师或者侵犯医师人身自由、干扰医师正常工作、生活的，依照治安管理处罚条例的规定处罚；构成犯罪的，依法追究刑事责任。

第四十一条 医疗、预防、保健机构未依照本法第十六条的规定履行报告职责，导致严重后果的，由县级以上人民政府卫生行政部门给予警告；并对该机构的行政负责人依法给予行政处分。

第四十二条 卫生行政部门工作人员或者医疗、预防、保健机构工作人员违反本法有关规定，弄虚作假、玩忽职守、滥用职权、徇私舞弊，尚不构成犯罪的，依法给予行政处分；构成犯罪的，依法追究刑事责任。

第六章　附　则

第四十三条 本法颁布之日前按照国家有关规定取得医学专业技术职称和医学专业技术职务的人员，由所在机构报请县级以上人民政府卫生行政部门认定，取得相应的医师资格。其中在医疗、预防、保健机构中从事医疗、预防、保健业务的医务人员，依照本法规定的条件，由所在机构集体核报县级以上人民政府卫生行政部门，予以注册并发给医师执业证书。具体办法由国务院卫生行政部门会同国务院人事行政部门制定。

第四十四条　计划生育技术服务机构中的医师，适用本法。

第四十五条　在乡村医疗卫生机构中向村民提供预防、保健和一般医疗服务的乡村医生，符合本法有关规定的，可以依法取得执业医师资格或者执业助理医师资格；不具备本法规定的执业医师资格或者执业助理医师资格的乡村医生，由国务院另行制定管理办法。

第四十六条　军队医师执行本法的实施办法，由国务院、中央军事委员会依据本法的原则制定。

第四十七条　境外人员在中国境内申请医师考试、注册、执业或者从事临床示教、临床研究等活动的，按照国家有关规定办理。

第四十八条　本法自 1999 年 5 月 1 日起施行。

中华人民共和国侵权责任法(节选)

(2009 年 12 月 26 日第十一届全国人民代表大会常务委员会第十二次会议通过，中华人民共和国主席令第 21 号公布，自 2010 年 7 月 1 日起施行)

第七章　医疗损害责任

第五十四条　患者在诊疗活动中受到损害，医疗机构及其医务人员有过错的，由医疗机构承担赔偿责任。

第五十五条　医务人员在诊疗活动中应当向患者说明病情和医疗措施。需要实施手术、特殊检查、特殊治疗的，医务人员应当及时向患者说明医疗风险、替代医疗方案等情况，并取得其书面同意；不宜向患者说明的，应当向患者的近亲属说明，并取得其书面同意。

医务人员未尽到前款义务，造成患者损害的，医疗机构应当承担赔偿责任。

第五十六条　因抢救生命垂危的患者等紧急情况，不能取得患者或者其近亲属意见的，经医疗机构负责人或者授权的负责人批准，可以立即实施相应的医疗措施。

第五十七条　医务人员在诊疗活动中未尽到与当时的医疗水平相应的诊疗义务，造成患者损害的，医疗机构应当承担赔偿责任。

第五十八条　患者有损害，因下列情形之一的，推定医疗机构有过错：

(一)违反法律、行政法规、规章以及其他有关诊疗规范的规定；

(二)隐匿或者拒绝提供与纠纷有关的病历资料；

(三)伪造、篡改或者销毁病历资料。

第五十九条　因药品、消毒药剂、医疗器械的缺陷，或者输入不合格的血液造成患者损害的，患者可以向生产者或者血液提供机构请求赔偿，也可以向医疗机构请求赔偿。患者向医疗机构请求赔偿的，医疗机构赔偿后，有权向负有责任的生产者或者血液提供机构追偿。

第六十条　患者有损害，因下列情形之一的，医疗机构不承担赔偿责任：

(一)患者或者其近亲属不配合医疗机构进行符合诊疗规范的诊疗；

(二)医务人员在抢救生命垂危的患者等紧急情况下已经尽到合理诊疗义务；

(三)限于当时的医疗水平难以诊疗。

前款第一项情形中，医疗机构及其医务人员也有过错的，应当承担相应的赔偿责任。

第六十一条　医疗机构及其医务人员应当按照规定填写并妥善保管住院志、医嘱单、检验报告、手术及麻醉记录、病理资料、护理记录、医疗费用等病历资料。

患者要求查阅、复制前款规定的病历资料的，医疗机构应当提供。

第六十二条　医疗机构及其医务人员应当对患者的隐私保密。泄露患者隐私或者未经患者同意公开其病历资料，造成患者损害的，应当承担侵权责任。

第六十三条　医疗机构及其医务人员不得违反诊疗规范实施不必要的检查。

第六十四条　医疗机构及其医务人员的合法权益受法律保护。干扰医疗秩序，妨害医务人员工作、生活的，应当依法承担法律责任。

中华人民共和国传染病防治法

（1989年2月21日第七届全国人民代表大会常务委员会第六次会议通过，
2004年8月28日第十届全国人民代表大会常务委员会第十一次会议修订，
中华人民共和国主席令第17号公布，自2004年12月1日起施行）

第一章　总　则

第一条　为了预防、控制和消除传染病的发生与流行，保障人体健康和公共卫生，制定本法。

第二条　国家对传染病防治实行预防为主的方针，防治结合、分类管理、依靠科学、依靠群众。

第三条　本法规定的传染病分为甲类、乙类和丙类。

甲类传染病是指：鼠疫、霍乱。

乙类传染病是指：传染性非典型肺炎、艾滋病、病毒性肝炎、脊髓灰质炎、人感染高致病性禽流感、麻疹、流行性出血热、狂犬病、流行性乙型脑炎、登革热、炭疽、细菌性和阿米巴性痢疾、肺结核、伤寒和副伤寒、流行性脑脊髓膜炎、百日咳、白喉、新生儿破伤风、猩红热、布鲁氏菌病、淋病、梅毒、钩端螺旋体病、血吸虫病、疟疾。

丙类传染病是指：流行性感冒、流行性腮腺炎、风疹、急性出血性结膜炎、麻风病、流行性和地方性斑疹伤寒、黑热病、包虫病、丝虫病，除霍乱、细菌性和阿米巴性痢疾、伤寒和副伤寒以外的感染性腹泻病、手足口病。

上述规定以外的其他传染病，根据其暴发、流行情况和危害程度，需要列入乙类、丙类传染病的，由国务院卫生行政部门决定并予以公布。

第四条　对乙类传染病中传染性非典型肺炎、炭疽中的肺炭疽和人感染高致病性禽流感，采取本法所称甲类传染病的预防、控制措施。其他乙类传染病和突发原因不明的传染病需要采取本法所称甲类传染病的预防、控制措施的，由国务院卫生行政部门及时报经国务院批准后予以公布、实施。

省、自治区、直辖市人民政府对本行政区域内常见、多发的其他地方性传染病，可以根据情况决定按照乙类或者丙类传染病管理并予以公布，报国务院卫生行政部门备案。

第五条　各级人民政府领导传染病防治工作。

县级以上人民政府制定传染病防治规划并组织实施，建立健全传染病防治的疾病预防控制、医疗救治和监督管理体系。

第六条　国务院卫生行政部门主管全国传染病防治及其监督管理工作。县级以上地方人民政府卫生行政部门负责本行政区域内的传染病防治及其监督管理工作。

县级以上人民政府其他部门在各自的职责范围内负责传染病防治工作。

军队的传染病防治工作，依照本法和国家有关规定办理，由中国人民解放军卫生主管部门实施监督管理。

第七条 各级疾病预防控制机构承担传染病监测、预测、流行病学调查、疫情报告以及其他预防、控制工作。

医疗机构承担与医疗救治有关的传染病防治工作和责任区域内的传染病预防工作。城市社区和农村基层医疗机构在疾病预防控制机构的指导下，承担城市社区、农村基层相应的传染病防治工作。

第八条 国家发展现代医学和中医药等传统医学，支持和鼓励开展传染病防治的科学研究，提高传染病防治的科学技术水平。

国家支持和鼓励开展传染病防治的国际合作。

第九条 国家支持和鼓励单位和个人参与传染病防治工作。各级人民政府应当完善有关制度，方便单位和个人参与防治传染病的宣传教育、疫情报告、志愿服务和捐赠活动。

居民委员会、村民委员会应当组织居民、村民参与社区、农村的传染病预防与控制活动。

第十条 国家开展预防传染病的健康教育。新闻媒体应当无偿开展传染病防治和公共卫生教育的公益宣传。

各级各类学校应当对学生进行健康知识和传染病预防知识的教育。

医学院校应当加强预防医学教育和科学研究，对在校学生以及其他与传染病防治相关人员进行预防医学教育和培训，为传染病防治工作提供技术支持。

疾病预防控制机构、医疗机构应当定期对其工作人员进行传染病防治知识、技能的培训。

第十一条 对在传染病防治工作中做出显著成绩和贡献的单位和个人，给予表彰和奖励。

对因参与传染病防治工作致病、致残、死亡的人员，按照有关规定给予补助、抚恤。

第十二条 在中华人民共和国领域内的一切单位和个人，必须接受疾病预防控制机构、医疗机构有关传染病的调查、检验、采集样本、隔离治疗等预防、控制措施，如实提供有关情况。疾病预防控制机构、医疗机构不得泄露涉及个人隐私的有关信息、资料。

卫生行政部门以及其他有关部门、疾病预防控制机构和医疗机构因违法实施行政管理或者预防、控制措施，侵犯单位和个人合法权益的，有关单位和个人可以依法申请行政复议或者提起诉讼。

第二章　传染病预防

第十三条 各级人民政府组织开展群众性卫生活动，进行预防传染病的健康教育，倡导文明健康的生活方式，提高公众对传染病的防治意识和应对能力，加强环境卫生建设，消除鼠害和蚊、蝇等病媒生物的危害。

各级人民政府农业、水利、林业行政部门按照职责分工负责指导和组织消除农田、湖区、河流、牧场、林区的鼠害与血吸虫危害，以及其他传播传染病的动物和病媒生物的危害。

铁路、交通、民用航空行政部门负责组织消除交通工具以及相关场所的鼠害和蚊、蝇等病媒生物的危害。

第十四条 地方各级人民政府应当有计划地建设和改造公共卫生设施，改善饮用水卫生条件，对污水、污物、粪便进行无害化处置。

第十五条 国家实行有计划的预防接种制度。国务院卫生行政部门和省、自治区、直辖市人民政府卫生行政部门，根据传染病预防、控制的需要，制定传染病预防接种规划并组织实施。用于预防接种的疫苗必须符合国家质量标准。

国家对儿童实行预防接种证制度。国家免疫规划项目的预防接种实行免费。医疗机构、疾病预防控制机构与儿童的监护人应当相互配合，保证儿童及时接受预防接种。具体办法由国务院制定。

第十六条　国家和社会应当关心、帮助传染病病人、病原携带者和疑似传染病病人，使其得到及时救治。任何单位和个人不得歧视传染病病人、病原携带者和疑似传染病病人。

传染病病人、病原携带者和疑似传染病病人，在治愈前或者在排除传染病嫌疑前，不得从事法律、行政法规和国务院卫生行政部门规定禁止从事的易使该传染病扩散的工作。

第十七条　国家建立传染病监测制度。

国务院卫生行政部门制定国家传染病监测规划和方案。省、自治区、直辖市人民政府卫生行政部门根据国家传染病监测规划和方案，制定本行政区域的传染病监测计划和工作方案。

各级疾病预防控制机构对传染病的发生、流行以及影响其发生、流行的因素，进行监测；对国外发生、国内尚未发生的传染病或者国内新发生的传染病，进行监测。

第十八条　各级疾病预防控制机构在传染病预防控制中履行下列职责：

（一）实施传染病预防控制规划、计划和方案；

（二）收集、分析和报告传染病监测信息，预测传染病的发生、流行趋势；

（三）开展对传染病疫情和突发公共卫生事件的流行病学调查、现场处理及其效果评价；

（四）开展传染病实验室检测、诊断、病原学鉴定；

（五）实施免疫规划，负责预防性生物制品的使用管理；

（六）开展健康教育、咨询，普及传染病防治知识；

（七）指导、培训下级疾病预防控制机构及其工作人员开展传染病监测工作；

（八）开展传染病防治应用性研究和卫生评价，提供技术咨询。

国家、省级疾病预防控制机构负责对传染病发生、流行以及分布进行监测，对重大传染病流行趋势进行预测，提出预防控制对策，参与并指导对暴发的疫情进行调查处理，开展传染病病原学鉴定，建立检测质量控制体系，开展应用性研究和卫生评价。

设区的市和县级疾病预防控制机构负责传染病预防控制规划、方案的落实，组织实施免疫、消毒、控制病媒生物的危害，普及传染病防治知识，负责本地区疫情和突发公共卫生事件监测、报告，开展流行病学调查和常见病原微生物检测。

第十九条　国家建立传染病预警制度。

国务院卫生行政部门和省、自治区、直辖市人民政府根据传染病发生、流行趋势的预测，及时发出传染病预警，根据情况予以公布。

第二十条　县级以上地方人民政府应当制定传染病预防、控制预案，报上一级人民政府备案。

传染病预防、控制预案应当包括以下主要内容：

（一）传染病预防控制指挥部的组成和相关部门的职责；

（二）传染病的监测、信息收集、分析、报告、通报制度；

（三）疾病预防控制机构、医疗机构在发生传染病疫情时的任务与职责；

(四)传染病暴发、流行情况的分级以及相应的应急工作方案;

(五)传染病预防、疫点疫区现场控制,应急设施、设备、救治药品和医疗器械以及其他物资和技术的储备与调用。

地方人民政府和疾病预防控制机构接到国务院卫生行政部门或者省、自治区、直辖市人民政府发出的传染病预警后,应当按照传染病预防、控制预案,采取相应的预防、控制措施。

第二十一条 医疗机构必须严格执行国务院卫生行政部门规定的管理制度、操作规范,防止传染病的医源性感染和医院感染。

医疗机构应当确定专门的部门或者人员,承担传染病疫情报告、本单位的传染病预防、控制以及责任区域内的传染病预防工作;承担医疗活动中与医院感染有关的危险因素监测、安全防护、消毒、隔离和医疗废物处置工作。

疾病预防控制机构应当指定专门人员负责对医疗机构内传染病预防工作进行指导、考核,开展流行病学调查。

第二十二条 疾病预防控制机构、医疗机构的实验室和从事病原微生物实验的单位,应当符合国家规定的条件和技术标准,建立严格的监督管理制度,对传染病病原体样本按照规定的措施实行严格监督管理,严防传染病病原体的实验室感染和病原微生物的扩散。

第二十三条 采供血机构、生物制品生产单位必须严格执行国家有关规定,保证血液、血液制品的质量。禁止非法采集血液或者组织他人出卖血液。

疾病预防控制机构、医疗机构使用血液和血液制品,必须遵守国家有关规定,防止因输入血液、使用血液制品引起经血液传播疾病的发生。

第二十四条 各级人民政府应当加强艾滋病的防治工作,采取预防、控制措施,防止艾滋病的传播。具体办法由国务院制定。

第二十五条 县级以上人民政府农业、林业行政部门以及其他有关部门,依据各自的职责负责与人畜共患传染病有关的动物传染病的防治管理工作。

与人畜共患传染病有关的野生动物、家畜家禽,经检疫合格后,方可出售、运输。

第二十六条 国家建立传染病菌种、毒种库。

对传染病菌种、毒种和传染病检测样本的采集、保藏、携带、运输和使用实行分类管理,建立健全严格的管理制度。

对可能导致甲类传染病传播的以及国务院卫生行政部门规定的菌种、毒种和传染病检测样本,确需采集、保藏、携带、运输和使用的,须经省级以上人民政府卫生行政部门批准。具体办法由国务院制定。

第二十七条 对被传染病病原体污染的污水、污物、场所和物品,有关单位和个人必须在疾病预防控制机构的指导下或者按照其提出的卫生要求,进行严格消毒处理;拒绝消毒处理的,由当地卫生行政部门或者疾病预防控制机构进行强制消毒处理。

第二十八条 在国家确认的自然疫源地计划兴建水利、交通、旅游、能源等大型建设项目的,应当事先由省级以上疾病预防控制机构对施工环境进行卫生调查。建设单位应当根据疾病预防控制机构的意见,采取必要的传染病预防、控制措施。施工期间,建设单位应当设专人负责工地上的卫生防疫工作。工程竣工后,疾病预防控制机构应当对可能发生的传染病进行监测。

第二十九条 用于传染病防治的消毒产品、饮用水供水单位供应的饮用水和涉及饮用水卫生安全的产品，应当符合国家卫生标准和卫生规范。

饮用水供水单位从事生产或者供应活动，应当依法取得卫生许可证。

生产用于传染病防治的消毒产品的单位和生产用于传染病防治的消毒产品，应当经省级以上人民政府卫生行政部门审批。具体办法由国务院制定。

第三章　疫情报告、通报和公布

第三十条　疾病预防控制机构、医疗机构和采供血机构及其执行职务的人员发现本法规定的传染病疫情或者发现其他传染病暴发、流行以及突发原因不明的传染病时，应当遵循疫情报告属地管理原则，按照国务院规定的或者国务院卫生行政部门规定的内容、程序、方式和时限报告。

军队医疗机构向社会公众提供医疗服务，发现前款规定的传染病疫情时，应当按照国务院卫生行政部门的规定报告。

第三十一条　任何单位和个人发现传染病病人或者疑似传染病病人时，应当及时向附近的疾病预防控制机构或者医疗机构报告。

第三十二条　港口、机场、铁路疾病预防控制机构以及国境卫生检疫机关发现甲类传染病病人、病原携带者、疑似传染病病人时，应当按照国家有关规定立即向国境口岸所在地的疾病预防控制机构或者所在地县级以上地方人民政府卫生行政部门报告并互相通报。

第三十三条　疾病预防控制机构应当主动收集、分析、调查、核实传染病疫情信息。接到甲类、乙类传染病疫情报告或者发现传染病暴发、流行时，应当立即报告当地卫生行政部门，由当地卫生行政部门立即报告当地人民政府，同时报告上级卫生行政部门和国务院卫生行政部门。

疾病预防控制机构应当设立或者指定专门的部门、人员负责传染病疫情信息管理工作，及时对疫情报告进行核实、分析。

第三十四条　县级以上地方人民政府卫生行政部门应当及时向本行政区域内的疾病预防控制机构和医疗机构通报传染病疫情以及监测、预警的相关信息。接到通报的疾病预防控制机构和医疗机构应当及时告知本单位的有关人员。

第三十五条　国务院卫生行政部门应当及时向国务院其他有关部门和各省、自治区、直辖市人民政府卫生行政部门通报全国传染病疫情以及监测、预警的相关信息。

毗邻的以及相关的地方人民政府卫生行政部门，应当及时互相通报本行政区域的传染病疫情以及监测、预警的相关信息。

县级以上人民政府有关部门发现传染病疫情时，应当及时向同级人民政府卫生行政部门通报。

中国人民解放军卫生主管部门发现传染病疫情时，应当向国务院卫生行政部门通报。

第三十六条　动物防疫机构和疾病预防控制机构，应当及时互相通报动物间和人间发生的人畜共患传染病疫情以及相关信息。

第三十七条　依照本法的规定负有传染病疫情报告职责的人民政府有关部门、疾病预防控制机构、医疗机构、采供血机构及其工作人员，不得隐瞒、谎报、缓报传染病疫情。

第三十八条　国家建立传染病疫情信息公布制度。

国务院卫生行政部门定期公布全国传染病疫情信息。省、自治区、直辖市人民政府卫生行政部门定期公布本行政区域的传染病疫情信息。

传染病暴发、流行时，国务院卫生行政部门负责向社会公布传染病疫情信息，并可以授权省、自治区、直辖市人民政府卫生行政部门向社会公布本行政区域的传染病疫情信息。

公布传染病疫情信息应当及时、准确。

第四章 疫情控制

第三十九条 医疗机构发现甲类传染病时，应当及时采取下列措施：

(一)对病人、病原携带者，予以隔离治疗，隔离期限根据医学检查结果确定；

(二)对疑似病人，确诊前在指定场所单独隔离治疗；

(三)对医疗机构内的病人、病原携带者、疑似病人的密切接触者，在指定场所进行医学观察和采取其他必要的预防措施。

拒绝隔离治疗或者隔离期未满擅自脱离隔离治疗的，可以由公安机关协助医疗机构采取强制隔离治疗措施。

医疗机构发现乙类或者丙类传染病病人，应当根据病情采取必要的治疗和控制传播措施。

医疗机构对本单位内被传染病病原体污染的场所、物品以及医疗废物，必须依照法律、法规的规定实施消毒和无害化处置。

第四十条 疾病预防控制机构发现传染病疫情或者接到传染病疫情报告时，应当及时采取下列措施：

(一)对传染病疫情进行流行病学调查，根据调查情况提出划定疫点、疫区的建议，对被污染的场所进行卫生处理，对密切接触者，在指定场所进行医学观察和采取其他必要的预防措施，并向卫生行政部门提出疫情控制方案；

(二)传染病暴发、流行时，对疫点、疫区进行卫生处理，向卫生行政部门提出疫情控制方案，并按照卫生行政部门的要求采取措施；

(三)指导下级疾病预防控制机构实施传染病预防、控制措施，组织、指导有关单位对传染病疫情的处理。

第四十一条 对已经发生甲类传染病病例的场所或者该场所内的特定区域的人员，所在地的县级以上地方人民政府可以实施隔离措施，并同时向上一级人民政府报告；接到报告的上级人民政府应当即时作出是否批准的决定。上级人民政府作出不予批准决定的，实施隔离措施的人民政府应当立即解除隔离措施。

在隔离期间，实施隔离措施的人民政府应当对被隔离人员提供生活保障；被隔离人员有工作单位的，所在单位不得停止支付其隔离期间的工作报酬。

隔离措施的解除，由原决定机关决定并宣布。

第四十二条 传染病暴发、流行时，县级以上地方人民政府应当立即组织力量，按照预防、控制预案进行防治，切断传染病的传播途径，必要时，报经上一级人民政府决定，可以采取下列紧急措施并予以公告：

(一)限制或者停止集市、影剧院演出或者其他人群聚集的活动；

(二)停工、停业、停课；

(三)封闭或者封存被传染病病原体污染的公共饮用水源、食品以及相关物品；

（四）控制或者扑杀染疫野生动物、家畜家禽；

（五）封闭可能造成传染病扩散的场所。

上级人民政府接到下级人民政府关于采取前款所列紧急措施的报告时，应当即时作出决定。

紧急措施的解除，由原决定机关决定并宣布。

第四十三条　甲类、乙类传染病暴发、流行时，县级以上地方人民政府报经上一级人民政府决定，可以宣布本行政区域部分或者全部为疫区；国务院可以决定并宣布跨省、自治区、直辖市的疫区。县级以上地方人民政府可以在疫区内采取本法第四十二条规定的紧急措施，并可以对出入疫区的人员、物资和交通工具实施卫生检疫。

省、自治区、直辖市人民政府可以决定对本行政区域内的甲类传染病疫区实施封锁；但是，封锁大、中城市的疫区或者封锁跨省、自治区、直辖市的疫区，以及封锁疫区导致中断干线交通或者封锁国境的，由国务院决定。

疫区封锁的解除，由原决定机关决定并宣布。

第四十四条　发生甲类传染病时，为了防止该传染病通过交通工具及其乘运的人员、物资传播，可以实施交通卫生检疫。具体办法由国务院制定。

第四十五条　传染病暴发、流行时，根据传染病疫情控制的需要，国务院有权在全国范围或者跨省、自治区、直辖市范围内，县级以上地方人民政府有权在本行政区域内紧急调集人员或者调用储备物资，临时征用房屋、交通工具以及相关设施、设备。

紧急调集人员的，应当按照规定给予合理报酬。临时征用房屋、交通工具以及相关设施、设备的，应当依法给予补偿；能返还的，应当及时返还。

第四十六条　患甲类传染病、炭疽死亡的，应当将尸体立即进行卫生处理，就近火化。患其他传染病死亡的，必要时，应当将尸体进行卫生处理后火化或者按照规定深埋。

为了查找传染病病因，医疗机构在必要时可以按照国务院卫生行政部门的规定，对传染病病人尸体或者疑似传染病病人尸体进行解剖查验，并应当告知死者家属。

第四十七条　疫区中被传染病病原体污染或者可能被传染病病原体污染的物品，经消毒可以使用的，应当在当地疾病预防控制机构的指导下，进行消毒处理后，方可使用、出售和运输。

第四十八条　发生传染病疫情时，疾病预防控制机构和省级以上人民政府卫生行政部门指派的其他与传染病有关的专业技术机构，可以进入传染病疫点、疫区进行调查、采集样本、技术分析和检验。

第四十九条　传染病暴发、流行时，药品和医疗器械生产、供应单位应当及时生产、供应防治传染病的药品和医疗器械。铁路、交通、民用航空经营单位必须优先运送处理传染病疫情的人员以及防治传染病的药品和医疗器械。县级以上人民政府有关部门应当做好组织协调工作。

第五章　医疗救治

第五十条　县级以上人民政府应当加强和完善传染病医疗救治服务网络的建设，指定具备传染病救治条件和能力的医疗机构承担传染病救治任务，或者根据传染病救治需要设置传染病医院。

第五十一条 医疗机构的基本标准、建筑设计和服务流程,应当符合预防传染病医院感染的要求。

医疗机构应当按照规定对使用的医疗器械进行消毒;对按照规定一次使用的医疗器具,应当在使用后予以销毁。

医疗机构应当按照国务院卫生行政部门规定的传染病诊断标准和治疗要求,采取相应措施,提高传染病医疗救治能力。

第五十二条 医疗机构应当对传染病病人或者疑似传染病病人提供医疗救护、现场救援和接诊治疗,书写病历记录以及其他有关资料,并妥善保管。

医疗机构应当实行传染病预检、分诊制度;对传染病病人、疑似传染病病人,应当引导至相对隔离的分诊点进行初诊。医疗机构不具备相应救治能力的,应当将患者及其病历记录复印件一并转至具备相应救治能力的医疗机构。具体办法由国务院卫生行政部门规定。

第六章　监督管理

第五十三条 县级以上人民政府卫生行政部门对传染病防治工作履行下列监督检查职责:

(一)对下级人民政府卫生行政部门履行本法规定的传染病防治职责进行监督检查;

(二)对疾病预防控制机构、医疗机构的传染病防治工作进行监督检查;

(三)对采供血机构的采供血活动进行监督检查;

(四)对用于传染病防治的消毒产品及其生产单位进行监督检查,并对饮用水供水单位从事生产或者供应活动以及涉及饮用水卫生安全的产品进行监督检查;

(五)对传染病菌种、毒种和传染病检测样本的采集、保藏、携带、运输、使用进行监督检查;

(六)对公共场所和有关单位的卫生条件和传染病预防、控制措施进行监督检查。

省级以上人民政府卫生行政部门负责组织对传染病防治重大事项的处理。

第五十四条 县级以上人民政府卫生行政部门在履行监督检查职责时,有权进入被检查单位和传染病疫情发生现场调查取证,查阅或者复制有关的资料和采集样本。被检查单位应当予以配合,不得拒绝、阻挠。

第五十五条 县级以上地方人民政府卫生行政部门在履行监督检查职责时,发现被传染病病原体污染的公共饮用水源、食品以及相关物品,如不及时采取控制措施可能导致传染病传播、流行的,可以采取封闭公共饮用水源、封存食品以及相关物品或者暂停销售的临时控制措施,并予以检验或者进行消毒。经检验,属于被污染的食品,应当予以销毁;对未被污染的食品或者经消毒后可以使用的物品,应当解除控制措施。

第五十六条 卫生行政部门工作人员依法执行职务时,应当不少于两人,并出示执法证件,填写卫生执法文书。

卫生执法文书经核对无误后,应当由卫生执法人员和当事人签名。当事人拒绝签名的,卫生执法人员应当注明情况。

第五十七条 卫生行政部门应当依法建立健全内部监督制度,对其工作人员依据法定职权和程序履行职责的情况进行监督。

上级卫生行政部门发现下级卫生行政部门不及时处理职责范围内的事项或者不履行职

责的，应当责令纠正或者直接予以处理。

第五十八条　卫生行政部门及其工作人员履行职责，应当自觉接受社会和公民的监督。单位和个人有权向上级人民政府及其卫生行政部门举报违反本法的行为。接到举报的有关人民政府或者其卫生行政部门，应当及时调查处理。

第七章　保障措施

第五十九条　国家将传染病防治工作纳入国民经济和社会发展计划，县级以上地方人民政府将传染病防治工作纳入本行政区域的国民经济和社会发展计划。

第六十条　县级以上地方人民政府按照本级政府职责负责本行政区域内传染病预防、控制、监督工作的日常经费。

国务院卫生行政部门会同国务院有关部门，根据传染病流行趋势，确定全国传染病预防、控制、救治、监测、预测、预警、监督检查等项目。中央财政对困难地区实施重大传染病防治项目给予补助。

省、自治区、直辖市人民政府根据本行政区域内传染病流行趋势，在国务院卫生行政部门确定的项目范围内，确定传染病预防、控制、监督等项目，并保障项目的实施经费。

第六十一条　国家加强基层传染病防治体系建设，扶持贫困地区和少数民族地区的传染病防治工作。

地方各级人民政府应当保障城市社区、农村基层传染病预防工作的经费。

第六十二条　国家对患有特定传染病的困难人群实行医疗救助，减免医疗费用。具体办法由国务院卫生行政部门会同国务院财政部门等部门制定。

第六十三条　县级以上人民政府负责储备防治传染病的药品、医疗器械和其他物资，以备调用。

第六十四条　对从事传染病预防、医疗、科研、教学、现场处理疫情的人员，以及在生产、工作中接触传染病病原体的其他人员，有关单位应当按照国家规定，采取有效的卫生防护措施和医疗保健措施，并给予适当的津贴。

第八章　法律责任

第六十五条　地方各级人民政府未依照本法的规定履行报告职责，或者隐瞒、谎报、缓报传染病疫情，或者在传染病暴发、流行时，未及时组织救治、采取控制措施的，由上级人民政府责令改正，通报批评；造成传染病传播、流行或者其他严重后果的，对负有责任的主管人员，依法给予行政处分；构成犯罪的，依法追究刑事责任。

第六十六条　县级以上人民政府卫生行政部门违反本法规定，有下列情形之一的，由本级人民政府、上级人民政府卫生行政部门责令改正，通报批评；造成传染病传播、流行或者其他严重后果的，对负有责任的主管人员和其他直接责任人员，依法给予行政处分；构成犯罪的，依法追究刑事责任：

（一）未依法履行传染病疫情通报、报告或者公布职责，或者隐瞒、谎报、缓报传染病疫情的；

（二）发生或者可能发生传染病传播时未及时采取预防、控制措施的；

（三）未依法履行监督检查职责，或者发现违法行为不及时查处的；

(四)未及时调查、处理单位和个人对下级卫生行政部门不履行传染病防治职责的举报的;

(五)违反本法的其他失职、渎职行为。

第六十七条 县级以上人民政府有关部门未依照本法的规定履行传染病防治和保障职责的,由本级人民政府或者上级人民政府有关部门责令改正,通报批评;造成传染病传播、流行或者其他严重后果的,对负有责任的主管人员和其他直接责任人员,依法给予行政处分;构成犯罪的,依法追究刑事责任。

第六丨八条 疾病预防控制机构违反本法规定,有下列情形之一的,由县级以上人民政府卫生行政部门责令限期改正,通报批评,给予警告;对负有责任的主管人员和其他直接责任人员,依法给予降级、撤职、开除的处分,并可以依法吊销有关责任人员的执业证书;构成犯罪的,依法追究刑事责任:

(一)未依法履行传染病监测职责的;

(二)未依法履行传染病疫情报告、通报职责,或者隐瞒、谎报、缓报传染病疫情的;

(三)未主动收集传染病疫情信息,或者对传染病疫情信息和疫情报告未及时进行分析、调查、核实的;

(四)发现传染病疫情时,未依据职责及时采取本法规定的措施的;

(五)故意泄露传染病病人、病原携带者、疑似传染病病人、密切接触者涉及个人隐私的有关信息、资料的。

第六十九条 医疗机构违反本法规定,有下列情形之一的,由县级以上人民政府卫生行政部门责令改正,通报批评,给予警告;造成传染病传播、流行或者其他严重后果的,对负有责任的主管人员和其他直接责任人员,依法给予降级、撤职、开除的处分,并可以依法吊销有关责任人员的执业证书;构成犯罪的,依法追究刑事责任:

(一)未按照规定承担本单位的传染病预防、控制工作、医院感染控制任务和责任区域内的传染病预防工作的;

(二)未按照规定报告传染病疫情,或者隐瞒、谎报、缓报传染病疫情的;

(三)发现传染病疫情时,未按照规定对传染病病人、疑似传染病病人提供医疗救护、现场救援、接诊、转诊的,或者拒绝接受转诊的;

(四)未按照规定对本单位内被传染病病原体污染的场所、物品以及医疗废物实施消毒或者无害化处置的;

(五)未按照规定对医疗器械进行消毒,或者对按照规定一次使用的医疗器具未予销毁,再次使用的;

(六)在医疗救治过程中未按照规定保管医学记录资料的;

(七)故意泄露传染病病人、病原携带者、疑似传染病病人、密切接触者涉及个人隐私的有关信息、资料的。

第七十条 采供血机构未按照规定报告传染病疫情,或者隐瞒、谎报、缓报传染病疫情,或者未执行国家有关规定,导致因输入血液引起经血液传播疾病发生的,由县级以上人民政府卫生行政部门责令改正,通报批评,给予警告;造成传染病传播、流行或者其他严重后果的,对负有责任的主管人员和其他直接责任人员,依法给予降级、撤职、开除的处分,并可以依法吊销采供血机构的执业许可证;构成犯罪的,依法追究刑事责任。

非法采集血液或者组织他人出卖血液的，由县级以上人民政府卫生行政部门予以取缔，没收违法所得，可以并处10万元以下的罚款；构成犯罪的，依法追究刑事责任。

第七十一条　国境卫生检疫机关、动物防疫机构未依法履行传染病疫情通报职责的，由有关部门在各自职责范围内责令改正，通报批评；造成传染病传播、流行或者其他严重后果的，对负有责任的主管人员和其他直接责任人员，依法给予降级、撤职、开除的处分；构成犯罪的，依法追究刑事责任。

第七十二条　铁路、交通、民用航空经营单位未依照本法的规定优先运送处理传染病疫情的人员以及防治传染病的药品和医疗器械的，由有关部门责令限期改正，给予警告；造成严重后果的，对负有责任的主管人员和其他直接责任人员，依法给予降级、撤职、开除的处分。

第七十三条　违反本法规定，有下列情形之一，导致或者可能导致传染病传播、流行的，由县级以上人民政府卫生行政部门责令限期改正，没收违法所得，可以并处5万元以下的罚款；已取得许可证的，原发证部门可以依法暂扣或者吊销许可证；构成犯罪的，依法追究刑事责任：

(一)饮用水供水单位供应的饮用水不符合国家卫生标准和卫生规范的；

(二)涉及饮用水卫生安全的产品不符合国家卫生标准和卫生规范的；

(三)用于传染病防治的消毒产品不符合国家卫生标准和卫生规范的；

(四)出售、运输疫区中被传染病病原体污染或者可能被传染病病原体污染的物品，未进行消毒处理的；

(五)生物制品生产单位生产的血液制品不符合国家质量标准的。

第七十四条　违反本法规定，有下列情形之一的，由县级以上地方人民政府卫生行政部门责令改正，通报批评，给予警告，已取得许可证的，可以依法暂扣或者吊销许可证；造成传染病传播、流行以及其他严重后果的，对负有责任的主管人员和其他直接责任人员，依法给予降级、撤职、开除的处分，并可以依法吊销有关责任人员的执业证书；构成犯罪的，依法追究刑事责任：

(一)疾病预防控制机构、医疗机构和从事病原微生物实验的单位，不符合国家规定的条件和技术标准，对传染病病原体样本未按照规定进行严格管理，造成实验室感染和病原微生物扩散的；

(二)违反国家有关规定，采集、保藏、携带、运输和使用传染病菌种、毒种和传染病检测样本的；

(三)疾病预防控制机构、医疗机构未执行国家有关规定，导致因输入血液、使用血液制品引起经血液传播疾病发生的。

第七十五条　未经检疫出售、运输与人畜共患传染病有关的野生动物、家畜家禽的，由县级以上地方人民政府畜牧兽医行政部门责令停止违法行为，并依法给予行政处罚。

第七十六条　在国家确认的自然疫源地兴建水利、交通、旅游、能源等大型建设项目，未经卫生调查进行施工的，或者未按照疾病预防控制机构的意见采取必要的传染病预防、控制措施的，由县级以上人民政府卫生行政部门责令限期改正，给予警告，处5000元以上3万元以下的罚款；逾期不改正的，处3万元以上10万元以下的罚款，并可以提请有关人民政府依据职责权限，责令停建、关闭。

第七十七条 单位和个人违反本法规定，导致传染病传播、流行，给他人人身、财产造成损害的，应当依法承担民事责任。

第九章 附 则

第七十八条 本法中下列用语的含义：

（一）传染病病人、疑似传染病病人：指根据国务院卫生行政部门发布的《中华人民共和国传染病防治法规定管理的传染病诊断标准》，符合传染病病人和疑似传染病病人诊断标准的人；

（二）病原携带者：指感染病原体无临床症状但能排出病原体的人；

（三）流行病学调查：指对人群中疾病或者健康状况的分布及其决定因素进行调查研究，提出疾病预防控制措施及保健对策；

（四）疫点：指病原体从传染源向周围播散的范围较小或者单个疫源地；

（五）疫区：指传染病在人群中暴发、流行，其病原体向周围播散时所能波及的地区；

（六）人畜共患传染病：指人与脊椎动物共同罹患的传染病，如鼠疫、狂犬病、血吸虫病等；

（七）自然疫源地：指某些可引起人类传染病的病原体在自然界的野生动物中长期存在和循环的地区；

（八）病媒生物：指能够将病原体从人或者其他动物传播给人的生物，如蚊、蝇、蚤类等；

（九）医源性感染：指在医学服务中，因病原体传播引起的感染；

（十）医院感染：指住院病人在医院内获得的感染，包括在住院期间发生的感染和在医院内获得出院后发生的感染，但不包括入院前已开始或者入院时已处于潜伏期的感染。医院工作人员在医院内获得的感染也属医院感染；

（十一）实验室感染：指从事实验室工作时，因接触病原体所致的感染；

（十二）菌种、毒种：指可能引起本法规定的传染病发生的细菌菌种、病毒毒种；

（十三）消毒：指用化学、物理、生物的方法杀灭或者消除环境中的病原微生物；

（十四）疾病预防控制机构：指从事疾病预防控制活动的疾病预防控制中心以及与上述机构业务活动相同的单位；

（十五）医疗机构：指按照《医疗机构管理条例》取得医疗机构执业许可证，从事疾病诊断、治疗活动的机构。

第七十九条 传染病防治中有关食品、药品、血液、水、医疗废物和病原微生物的管理以及动物防疫和国境卫生检疫，本法未规定的，分别适用其他有关法律、行政法规的规定。

第八十条 本法自 2004 年 12 月 1 日起施行。

中华人民共和国精神卫生法

（2012年10月26日第十一届全国人民代表大会常务委员会第二十九次会议通过，
中华人民共和国主席令第62号公布，自2013年5月1日起施行）

第一章　总　则

第一条　为了发展精神卫生事业，规范精神卫生服务，维护精神障碍患者的合法权益，制定本法。

第二条　在中华人民共和国境内开展维护和增进公民心理健康、预防和治疗精神障碍、促进精神障碍患者康复的活动，适用本法。

第三条　精神卫生工作实行预防为主的方针，坚持预防、治疗和康复相结合的原则。

第四条　精神障碍患者的人格尊严、人身和财产安全不受侵犯。

精神障碍患者的教育、劳动、医疗以及从国家和社会获得物质帮助等方面的合法权益受法律保护。

有关单位和个人应当对精神障碍患者的姓名、肖像、住址、工作单位、病历资料以及其他可能推断出其身份的信息予以保密；但是，依法履行职责需要公开的除外。

第五条　全社会应当尊重、理解、关爱精神障碍患者。

任何组织或者个人不得歧视、侮辱、虐待精神障碍患者，不得非法限制精神障碍患者的人身自由。

新闻报道和文学艺术作品等不得含有歧视、侮辱精神障碍患者的内容。

第六条　精神卫生工作实行政府组织领导、部门各负其责、家庭和单位尽力尽责、全社会共同参与的综合管理机制。

第七条　县级以上人民政府领导精神卫生工作，将其纳入国民经济和社会发展规划，建设和完善精神障碍的预防、治疗和康复服务体系，建立健全精神卫生工作协调机制和工作责任制，对有关部门承担的精神卫生工作进行考核、监督。

乡镇人民政府和街道办事处根据本地区的实际情况，组织开展预防精神障碍发生、促进精神障碍患者康复等工作。

第八条　国务院卫生行政部门主管全国的精神卫生工作。县级以上地方人民政府卫生行政部门主管本行政区域的精神卫生工作。

县级以上人民政府司法行政、民政、公安、教育、人力资源社会保障等部门在各自职责范围内负责有关的精神卫生工作。

第九条　精神障碍患者的监护人应当履行监护职责，维护精神障碍患者的合法权益。

禁止对精神障碍患者实施家庭暴力，禁止遗弃精神障碍患者。

第十条　中国残疾人联合会及其地方组织依照法律、法规或者接受政府委托，动员社会力量，开展精神卫生工作。

村民委员会、居民委员会依照本法的规定开展精神卫生工作，并对所在地人民政府开展的精神卫生工作予以协助。

国家鼓励和支持工会、共产主义青年团、妇女联合会、红十字会、科学技术协会等团体依法开展精神卫生工作。

第十一条 国家鼓励和支持开展精神卫生专门人才的培养，维护精神卫生工作人员的合法权益，加强精神卫生专业队伍建设。

国家鼓励和支持开展精神卫生科学技术研究，发展现代医学、我国传统医学、心理学，提高精神障碍预防、诊断、治疗、康复的科学技术水平。

国家鼓励和支持开展精神卫生领域的国际交流与合作。

第十二条 各级人民政府和县级以上人民政府有关部门应当采取措施，鼓励和支持组织、个人提供精神卫生志愿服务，捐助精神卫生事业，兴建精神卫生公益设施。

对在精神卫生工作中做出突出贡献的组织、个人，按照国家有关规定给予表彰、奖励。

第二章　心理健康促进和精神障碍预防

第十三条 各级人民政府和县级以上人民政府有关部门应当采取措施，加强心理健康促进和精神障碍预防工作，提高公众心理健康水平。

第十四条 各级人民政府和县级以上人民政府有关部门制定的突发事件应急预案，应当包括心理援助的内容。发生突发事件，履行统一领导职责或者组织处置突发事件的人民政府应当根据突发事件的具体情况，按照应急预案的规定，组织开展心理援助工作。

第十五条 用人单位应当创造有益于职工身心健康的工作环境，关注职工的心理健康；对处于职业发展特定时期或者在特殊岗位工作的职工，应当有针对性地开展心理健康教育。

第十六条 各级各类学校应当对学生进行精神卫生知识教育；配备或者聘请心理健康教育教师、辅导人员，并可以设立心理健康辅导室，对学生进行心理健康教育。学前教育机构应当对幼儿开展符合其特点的心理健康教育。

发生自然灾害、意外伤害、公共安全事件等可能影响学生心理健康的事件，学校应当及时组织专业人员对学生进行心理援助。

教师应当学习和了解相关的精神卫生知识，关注学生心理健康状况，正确引导、激励学生。地方各级人民政府教育行政部门和学校应当重视教师心理健康。

学校和教师应当与学生父母或者其他监护人、近亲属沟通学生心理健康情况。

第十七条 医务人员开展疾病诊疗服务，应当按照诊断标准和治疗规范的要求，对就诊者进行心理健康指导；发现就诊者可能患有精神障碍的，应当建议其到符合本法规定的医疗机构就诊。

第十八条 监狱、看守所、拘留所、强制隔离戒毒所等场所，应当对服刑人员，被依法拘留、逮捕、强制隔离戒毒的人员等，开展精神卫生知识宣传，关注其心理健康状况，必要时提供心理咨询和心理辅导。

第十九条 县级以上地方人民政府人力资源社会保障、教育、卫生、司法行政、公安等部门应当在各自职责范围内分别对本法第十五条至第十八条规定的单位履行精神障碍预防义务的情况进行督促和指导。

第二十条 村民委员会、居民委员会应当协助所在地人民政府及其有关部门开展社区心理健康指导、精神卫生知识宣传教育活动，创建有益于居民身心健康的社区环境。

乡镇卫生院或者社区卫生服务机构应当为村民委员会、居民委员会开展社区心理健康指导、精神卫生知识宣传教育活动提供技术指导。

第二十一条 家庭成员之间应当相互关爱，创造良好、和睦的家庭环境，提高精神障碍预防意识；发现家庭成员可能患有精神障碍的，应当帮助其及时就诊，照顾其生活，做好看护管理。

第二十二条 国家鼓励和支持新闻媒体、社会组织开展精神卫生的公益性宣传，普及精神卫生知识，引导公众关注心理健康，预防精神障碍的发生。

第二十三条 心理咨询人员应当提高业务素质，遵守执业规范，为社会公众提供专业化的心理咨询服务。

心理咨询人员不得从事心理治疗或者精神障碍的诊断、治疗。

心理咨询人员发现接受咨询的人员可能患有精神障碍的，应当建议其到符合本法规定的医疗机构就诊。

心理咨询人员应当尊重接受咨询人员的隐私，并为其保守秘密。

第二十四条 国务院卫生行政部门建立精神卫生监测网络，实行严重精神障碍发病报告制度，组织开展精神障碍发生状况、发展趋势等的监测和专题调查工作。精神卫生监测和严重精神障碍发病报告管理办法，由国务院卫生行政部门制定。

国务院卫生行政部门应当会同有关部门、组织，建立精神卫生工作信息共享机制，实现信息互联互通、交流共享。

第三章 精神障碍的诊断和治疗

第二十五条 开展精神障碍诊断、治疗活动，应当具备下列条件，并依照医疗机构的管理规定办理有关手续：

（一）有与从事的精神障碍诊断、治疗相适应的精神科执业医师、护士；

（二）有满足开展精神障碍诊断、治疗需要的设施和设备；

（三）有完善的精神障碍诊断、治疗管理制度和质量监控制度。

从事精神障碍诊断、治疗的专科医疗机构还应当配备从事心理治疗的人员。

第二十六条 精神障碍的诊断、治疗，应当遵循维护患者合法权益、尊重患者人格尊严的原则，保障患者在现有条件下获得良好的精神卫生服务。

精神障碍分类、诊断标准和治疗规范，由国务院卫生行政部门组织制定。

第二十七条 精神障碍的诊断应当以精神健康状况为依据。

除法律另有规定外，不得违背本人意志进行确定其是否患有精神障碍的医学检查。

第二十八条 除个人自行到医疗机构进行精神障碍诊断外，疑似精神障碍患者的近亲属可以将其送往医疗机构进行精神障碍诊断。对查找不到近亲属的流浪乞讨疑似精神障碍患者，由当地民政等有关部门按照职责分工，帮助送往医疗机构进行精神障碍诊断。

疑似精神障碍患者发生伤害自身、危害他人安全的行为，或者有伤害自身、危害他人安全的危险的，其近亲属、所在单位、当地公安机关应当立即采取措施予以制止，并将其送往医疗机构进行精神障碍诊断。

医疗机构接到送诊的疑似精神障碍患者，不得拒绝为其作出诊断。

第二十九条 精神障碍的诊断应当由精神科执业医师作出。

医疗机构接到依照本法第二十八条第二款规定送诊的疑似精神障碍患者，应当将其留院，立即指派精神科执业医师进行诊断，并及时出具诊断结论。

第三十条 精神障碍的住院治疗实行自愿原则。

诊断结论、病情评估表明，就诊者为严重精神障碍患者并有下列情形之一的，应当对其实施住院治疗：

(一)已经发生伤害自身的行为，或者有伤害自身的危险的；

(二)已经发生危害他人安全的行为，或者有危害他人安全的危险的。

第三十一条 精神障碍患者有本法第三十条第二款第一项情形的，经其监护人同意，医疗机构应当对患者实施住院治疗；监护人不同意的，医疗机构不得对患者实施住院治疗。监护人应当对在家居住的患者做好看护管理。

第三十二条 精神障碍患者有本法第三十条第二款第二项情形，患者或者其监护人对需要住院治疗的诊断结论有异议，不同意对患者实施住院治疗的，可以要求再次诊断和鉴定。

依照前款规定要求再次诊断的，应当自收到诊断结论之日起 3 日内向原医疗机构或者其他具有合法资质的医疗机构提出。承担再次诊断的医疗机构应当在接到再次诊断要求后指派 2 名初次诊断医师以外的精神科执业医师进行再次诊断，并及时出具再次诊断结论。承担再次诊断的执业医师应当到收治患者的医疗机构面见、询问患者，该医疗机构应当予以配合。

对再次诊断结论有异议的，可以自主委托依法取得执业资质的鉴定机构进行精神障碍医学鉴定；医疗机构应当公示经公告的鉴定机构名单和联系方式。接受委托的鉴定机构应当指定本机构具有该鉴定事项执业资格的 2 名以上鉴定人共同进行鉴定，并及时出具鉴定报告。

第三十三条 鉴定人应当到收治精神障碍患者的医疗机构面见、询问患者，该医疗机构应当予以配合。

鉴定人本人或者其近亲属与鉴定事项有利害关系，可能影响其独立、客观、公正进行鉴定的，应当回避。

第三十四条 鉴定机构、鉴定人应当遵守有关法律、法规、规章的规定，尊重科学，恪守职业道德，按照精神障碍鉴定的实施程序、技术方法和操作规范，依法独立进行鉴定，出具客观、公正的鉴定报告。

鉴定人应当对鉴定过程进行实时记录并签名。记录的内容应当真实、客观、准确、完整，记录的文本或者声像载体应当妥善保存。

第三十五条 再次诊断结论或者鉴定报告表明，不能确定就诊者为严重精神障碍患者，或者患者不需要住院治疗的，医疗机构不得对其实施住院治疗。

再次诊断结论或者鉴定报告表明，精神障碍患者有本法第三十条第二款第二项情形的，其监护人应当同意对患者实施住院治疗。监护人阻碍实施住院治疗或者患者擅自脱离住院治疗的，可以由公安机关协助医疗机构采取措施对患者实施住院治疗。

在相关机构出具再次诊断结论、鉴定报告前，收治精神障碍患者的医疗机构应当按照诊疗规范的要求对患者实施住院治疗。

第三十六条　诊断结论表明需要住院治疗的精神障碍患者，本人没有能力办理住院手续的，由其监护人办理住院手续；患者属于查找不到监护人的流浪乞讨人员的，由送诊的有关部门办理住院手续。

精神障碍患者有本法第三十条第二款第二项情形，其监护人不办理住院手续的，由患者所在单位、村民委员会或者居民委员会办理住院手续，并由医疗机构在患者病历中予以记录。

第三十七条　医疗机构及其医务人员应当将精神障碍患者在诊断、治疗过程中享有的权利，告知患者或者其监护人。

第三十八条　医疗机构应当配备适宜的设施、设备，保护就诊和住院治疗的精神障碍患者的人身安全，防止其受到伤害，并为住院患者创造尽可能接近正常生活的环境和条件。

第三十九条　医疗机构及其医务人员应当遵循精神障碍诊断标准和治疗规范，制定治疗方案，并向精神障碍患者或者其监护人告知治疗方案和治疗方法、目的以及可能产生的后果。

第四十条　精神障碍患者在医疗机构内发生或者将要发生伤害自身、危害他人安全、扰乱医疗秩序的行为，医疗机构及其医务人员在没有其他可替代措施的情况下，可以实施约束、隔离等保护性医疗措施。实施保护性医疗措施应当遵循诊断标准和治疗规范，并在实施后告知患者的监护人。

禁止利用约束、隔离等保护性医疗措施惩罚精神障碍患者。

第四十一条　对精神障碍患者使用药物，应当以诊断和治疗为目的，使用安全、有效的药物，不得为诊断或者治疗以外的目的使用药物。

医疗机构不得强迫精神障碍患者从事生产劳动。

第四十二条　禁止对依照本法第三十条第二款规定实施住院治疗的精神障碍患者实施以治疗精神障碍为目的的外科手术。

第四十三条　医疗机构对精神障碍患者实施下列治疗措施，应当向患者或者其监护人告知医疗风险、替代医疗方案等情况，并取得患者的书面同意；无法取得患者意见的，应当取得其监护人的书面同意，并经本医疗机构伦理委员会批准：

（一）导致人体器官丧失功能的外科手术；

（二）与精神障碍治疗有关的实验性临床医疗。

实施前款第一项治疗措施，因情况紧急查找不到监护人的，应当取得本医疗机构负责人和伦理委员会批准。

禁止对精神障碍患者实施与治疗其精神障碍无关的实验性临床医疗。

第四十四条　自愿住院治疗的精神障碍患者可以随时要求出院，医疗机构应当同意。

对有本法第三十条第二款第一项情形的精神障碍患者实施住院治疗的，监护人可以随时要求患者出院，医疗机构应当同意。

医疗机构认为前两款规定的精神障碍患者不宜出院的，应当告知不宜出院的理由；患者或者其监护人仍要求出院的，执业医师应当在病历资料中详细记录告知的过程，同时提出出院后的医学建议，患者或者其监护人应当签字确认。

对有本法第三十条第二款第二项情形的精神障碍患者实施住院治疗，医疗机构认为患者可以出院的，应当立即告知患者及其监护人。

医疗机构应当根据精神障碍患者病情，及时组织精神科执业医师对依照本法第三十条第二款规定实施住院治疗的患者进行检查评估。评估结果表明患者不需要继续住院治疗的，医疗机构应当立即通知患者及其监护人。

第四十五条 精神障碍患者出院，本人没有能力办理出院手续的，监护人应当为其办理出院手续。

第四十六条 医疗机构及其医务人员应当尊重住院精神障碍患者的通讯和会见探访者等权利。除在急性发病期或者为了避免妨碍治疗可以暂时性限制外，不得限制患者的通讯和会见探访者等权利。

第四十七条 医疗机构及其医务人员应当在病历资料中如实记录精神障碍患者的病情、治疗措施、用药情况、实施约束、隔离措施等内容，并如实告知患者或者其监护人。患者及其监护人可以查阅、复制病历资料；但是，患者查阅、复制病历资料可能对其治疗产生不利影响的除外。病历资料保存期限不得少于 30 年。

第四十八条 医疗机构不得因就诊者是精神障碍患者，推诿或者拒绝为其治疗属于本医疗机构诊疗范围的其他疾病。

第四十九条 精神障碍患者的监护人应当妥善看护未住院治疗的患者，按照医嘱督促其按时服药、接受随访或者治疗。村民委员会、居民委员会、患者所在单位等应当依患者或者其监护人的请求，对监护人看护患者提供必要的帮助。

第五十条 县级以上地方人民政府卫生行政部门应当定期就下列事项对本行政区域内从事精神障碍诊断、治疗的医疗机构进行检查：

(一)相关人员、设施、设备是否符合本法要求；

(二)诊疗行为是否符合本法以及诊断标准、治疗规范的规定；

(三)对精神障碍患者实施住院治疗的程序是否符合本法规定；

(四)是否依法维护精神障碍患者的合法权益。

县级以上地方人民政府卫生行政部门进行前款规定的检查，应当听取精神障碍患者及其监护人的意见；发现存在违反本法行为的，应当立即制止或者责令改正，并依法作出处理。

第五十一条 心理治疗活动应当在医疗机构内开展。专门从事心理治疗的人员不得从事精神障碍的诊断，不得为精神障碍患者开具处方或者提供外科治疗。心理治疗的技术规范由国务院卫生行政部门制定。

第五十二条 监狱、强制隔离戒毒所等场所应当采取措施，保证患有精神障碍的服刑人员、强制隔离戒毒人员等获得治疗。

第五十三条 精神障碍患者违反治安管理处罚法或者触犯刑法的，依照有关法律的规定处理。

第四章 精神障碍的康复

第五十四条 社区康复机构应当为需要康复的精神障碍患者提供场所和条件，对患者进行生活自理能力和社会适应能力等方面的康复训练。

第五十五条 医疗机构应当为在家居住的严重精神障碍患者提供精神科基本药物维持治疗，并为社区康复机构提供有关精神障碍康复的技术指导和支持。

社区卫生服务机构、乡镇卫生院、村卫生室应当建立严重精神障碍患者的健康档案，对在家居住的严重精神障碍患者进行定期随访，指导患者服药和开展康复训练，并对患者的监护人进行精神卫生知识和看护知识的培训。县级人民政府卫生行政部门应当为社区卫生服务机构、乡镇卫生院、村卫生室开展上述工作给予指导和培训。

第五十六条　村民委员会、居民委员会应当为生活困难的精神障碍患者家庭提供帮助，并向所在地乡镇人民政府或者街道办事处以及县级人民政府有关部门反映患者及其家庭的情况和要求，帮助其解决实际困难，为患者融入社会创造条件。

第五十七条　残疾人组织或者残疾人康复机构应当根据精神障碍患者康复的需要，组织患者参加康复活动。

第五十八条　用人单位应当根据精神障碍患者的实际情况，安排患者从事力所能及的工作，保障患者享有同等待遇，安排患者参加必要的职业技能培训，提高患者的就业能力，为患者创造适宜的工作环境，对患者在工作中取得的成绩予以鼓励。

第五十九条　精神障碍患者的监护人应当协助患者进行生活自理能力和社会适应能力等方面的康复训练。

精神障碍患者的监护人在看护患者过程中需要技术指导的，社区卫生服务机构或者乡镇卫生院、村卫生室、社区康复机构应当提供。

第五章　保障措施

第六十条　县级以上人民政府卫生行政部门会同有关部门依据国民经济和社会发展规划的要求，制定精神卫生工作规划并组织实施。

精神卫生监测和专题调查结果应当作为制定精神卫生工作规划的依据。

第六十一条　省、自治区、直辖市人民政府根据本行政区域的实际情况，统筹规划，整合资源，建设和完善精神卫生服务体系，加强精神障碍预防、治疗和康复服务能力建设。

县级人民政府根据本行政区域的实际情况，统筹规划，建立精神障碍患者社区康复机构。

县级以上地方人民政府应当采取措施，鼓励和支持社会力量举办从事精神障碍诊断、治疗的医疗机构和精神障碍患者康复机构。

第六十二条　各级人民政府应当根据精神卫生工作需要，加大财政投入力度，保障精神卫生工作所需经费，将精神卫生工作经费列入本级财政预算。

第六十三条　国家加强基层精神卫生服务体系建设，扶持贫困地区、边远地区的精神卫生工作，保障城市社区、农村基层精神卫生工作所需经费。

第六十四条　医学院校应当加强精神医学的教学和研究，按照精神卫生工作的实际需要培养精神医学专门人才，为精神卫生工作提供人才保障。

第六十五条　综合性医疗机构应当按照国务院卫生行政部门的规定开设精神科门诊或者心理治疗门诊，提高精神障碍预防、诊断、治疗能力。

第六十六条　医疗机构应当组织医务人员学习精神卫生知识和相关法律、法规、政策。

从事精神障碍诊断、治疗、康复的机构应当定期组织医务人员、工作人员进行在岗培训，更新精神卫生知识。

县级以上人民政府卫生行政部门应当组织医务人员进行精神卫生知识培训，提高其识别精神障碍的能力。

第六十七条 师范院校应当为学生开设精神卫生课程；医学院校应当为非精神医学专业的学生开设精神卫生课程。

县级以上人民政府教育行政部门对教师进行上岗前和在岗培训，应当有精神卫生的内容，并定期组织心理健康教育教师、辅导人员进行专业培训。

第六十八条 县级以上人民政府卫生行政部门应当组织医疗机构为严重精神障碍患者免费提供基本公共卫生服务。

精神障碍患者的医疗费用按照国家有关社会保险的规定由基本医疗保险基金支付。医疗保险经办机构应当按照国家有关规定将精神障碍患者纳入城镇职工基本医疗保险、城镇居民基本医疗保险或者新型农村合作医疗的保障范围。县级人民政府应当按照国家有关规定对家庭经济困难的严重精神障碍患者参加基本医疗保险给予资助。人力资源社会保障、卫生、民政、财政等部门应当加强协调，简化程序，实现属于基本医疗保险基金支付的医疗费用由医疗机构与医疗保险经办机构直接结算。

精神障碍患者通过基本医疗保险支付医疗费用后仍有困难，或者不能通过基本医疗保险支付医疗费用的，民政部门应当优先给予医疗救助。

第六十九条 对符合城乡最低生活保障条件的严重精神障碍患者，民政部门应当会同有关部门及时将其纳入最低生活保障。

对属于农村五保供养对象的严重精神障碍患者，以及城市中无劳动能力、无生活来源且无法定赡养、抚养、扶养义务人，或者其法定赡养、抚养、扶养义务人无赡养、抚养、扶养能力的严重精神障碍患者，民政部门应当按照国家有关规定予以供养、救助。

前两款规定以外的严重精神障碍患者确有困难的，民政部门可以采取临时救助等措施，帮助其解决生活困难。

第七十条 县级以上地方人民政府及其有关部门应当采取有效措施，保证患有精神障碍的适龄儿童、少年接受义务教育，扶持有劳动能力的精神障碍患者从事力所能及的劳动，并为已经康复的人员提供就业服务。

国家对安排精神障碍患者就业的用人单位依法给予税收优惠，并在生产、经营、技术、资金、物资、场地等方面给予扶持。

第七十一条 精神卫生工作人员的人格尊严、人身安全不受侵犯，精神卫生工作人员依法履行职责受法律保护。全社会应当尊重精神卫生工作人员。

县级以上人民政府及其有关部门、医疗机构、康复机构应当采取措施，加强对精神卫生工作人员的职业保护，提高精神卫生工作人员的待遇水平，并按照规定给予适当的津贴。精神卫生工作人员因工致伤、致残、死亡的，其工伤待遇以及抚恤按照国家有关规定执行。

第六章 法律责任

第七十二条 县级以上人民政府卫生行政部门和其他有关部门未依照本法规定履行精神卫生工作职责，或者滥用职权、玩忽职守、徇私舞弊的，由本级人民政府或者上一级人民政府有关部门责令改正，通报批评，对直接负责的主管人员和其他直接责任人员依法给予警告、记过或者记大过的处分；造成严重后果的，给予降级、撤职或者开除的处分。

第七十三条 不符合本法规定条件的医疗机构擅自从事精神障碍诊断、治疗的，由县级以上人民政府卫生行政部门责令停止相关诊疗活动，给予警告，并处 5000 元以上 1 万元以下罚款，有违法所得的，没收违法所得；对直接负责的主管人员和其他直接责任人员依法给予或者责令给予降低岗位等级或者撤职、开除的处分；对有关医务人员，吊销其执业证书。

第七十四条　医疗机构及其工作人员有下列行为之一的，由县级以上人民政府卫生行政部门责令改正，给予警告；情节严重的，对直接负责的主管人员和其他直接责任人员依法给予或者责令给予降低岗位等级或者撤职、开除的处分，并可以责令有关医务人员暂停1个月以上6个月以下执业活动：

（一）拒绝对送诊的疑似精神障碍患者作出诊断的；

（二）对依照本法第三十条第二款规定实施住院治疗的患者未及时进行检查评估或者未根据评估结果作出处理的。

第七十五条　医疗机构及其工作人员有下列行为之一的，由县级以上人民政府卫生行政部门责令改正，对直接负责的主管人员和其他直接责任人员依法给予或者责令给予降低岗位等级或者撤职的处分；对有关医务人员，暂停6个月以上1年以下执业活动；情节严重的，给予或者责令给予开除的处分，并吊销有关医务人员的执业证书：

（一）违反本法规定实施约束、隔离等保护性医疗措施的；

（二）违反本法规定，强迫精神障碍患者劳动的；

（三）违反本法规定对精神障碍患者实施外科手术或者实验性临床医疗的；

（四）违反本法规定，侵害精神障碍患者的通讯和会见探访者等权利的；

（五）违反精神障碍诊断标准，将非精神障碍患者诊断为精神障碍患者的。

第七十六条　有下列情形之一的，由县级以上人民政府卫生行政部门、工商行政管理部门依据各自职责责令改正，给予警告，并处5000元以上1万元以下罚款，有违法所得的，没收违法所得；造成严重后果的，责令暂停6个月以上1年以下执业活动，直至吊销执业证书或者营业执照：

（一）心理咨询人员从事心理治疗或者精神障碍的诊断、治疗的；

（二）从事心理治疗的人员在医疗机构以外开展心理治疗活动的；

（三）专门从事心理治疗的人员从事精神障碍的诊断的；

（四）专门从事心理治疗的人员为精神障碍患者开具处方或者提供外科治疗的。

心理咨询人员、专门从事心理治疗的人员在心理咨询、心理治疗活动中造成他人人身、财产或者其他损害的，依法承担民事责任。

第七十七条　有关单位和个人违反本法第四条第三款规定，给精神障碍患者造成损害的，依法承担赔偿责任；对单位直接负责的主管人员和其他直接责任人员，还应当依法给予处分。

第七十八条　违反本法规定，有下列情形之一，给精神障碍患者或者其他公民造成人身、财产或者其他损害的，依法承担赔偿责任：

（一）将非精神障碍患者故意作为精神障碍患者送入医疗机构治疗的；

（二）精神障碍患者的监护人遗弃患者，或者有不履行监护职责的其他情形的；

（三）歧视、侮辱、虐待精神障碍患者，侵害患者的人格尊严、人身安全的；

（四）非法限制精神障碍患者人身自由的；

（五）其他侵害精神障碍患者合法权益的情形。

第七十九条　医疗机构出具的诊断结论表明精神障碍患者应当住院治疗而其监护人拒

绝,致使患者造成他人人身、财产损害的,或者患者有其他造成他人人身、财产损害情形的,其监护人依法承担民事责任。

第八十条 在精神障碍的诊断、治疗、鉴定过程中,寻衅滋事,阻挠有关工作人员依照本法的规定履行职责,扰乱医疗机构、鉴定机构工作秩序的,依法给予治安管理处罚。

违反本法规定,有其他构成违反治安管理行为的,依法给予治安管理处罚。

第八十一条 违反本法规定,构成犯罪的,依法追究刑事责任。

第八十二条 精神障碍患者或者其监护人、近亲属认为行政机关、医疗机构或者其他有关单位和个人违反本法规定侵害患者合法权益的,可以依法提起诉讼。

第七章 附 则

第八十三条 本法所称精神障碍,是指由各种原因引起的感知、情感和思维等精神活动的紊乱或者异常,导致患者明显的心理痛苦或者社会适应等功能损害。

本法所称严重精神障碍,是指疾病症状严重,导致患者社会适应等功能严重损害、对自身健康状况或者客观现实不能完整认识,或者不能处理自身事务的精神障碍。

本法所称精神障碍患者的监护人,是指依照民法通则的有关规定可以担任监护人的人。

第八十四条 军队的精神卫生工作,由国务院和中央军事委员会依据本法制定管理办法。

第八十五条 本法自 2013 年 5 月 1 日起施行。

医疗事故处理条例

（2002 年 2 月 20 日国务院第 55 次常务会议通过，中华人民共和国国务院令第 351 号公布，自 2002 年 9 月 1 日起施行）

第一章　总　则

第一条　为了正确处理医疗事故，保护患者和医疗机构及其医务人员的合法权益，维护医疗秩序，保障医疗安全，促进医学科学的发展，制定本条例。

第二条　本条例所称医疗事故，是指医疗机构及其医务人员在医疗活动中，违反医疗卫生管理法律、行政法规、部门规章和诊疗护理规范、常规，过失造成患者人身损害的事故。

第三条　处理医疗事故，应当遵循公开、公平、公正、及时、便民的原则，坚持实事求是的科学态度，做到事实清楚、定性准确、责任明确、处理恰当。

第四条　根据对患者人身造成的损害程度，医疗事故分为四级：

一级医疗事故：造成患者死亡、重度残疾的；

二级医疗事故：造成患者中度残疾、器官组织损伤导致严重功能障碍的；

三级医疗事故：造成患者轻度残疾、器官组织损伤导致一般功能障碍的；

四级医疗事故：造成患者明显人身损害的其他后果的。

具体分级标准由国务院卫生行政部门制定。

第二章　医疗事故的预防与处置

第五条　医疗机构及其医务人员在医疗活动中，必须严格遵守医疗卫生管理法律、行政法规、部门规章和诊疗护理规范、常规，恪守医疗服务职业道德。

第六条　医疗机构应当对其医务人员进行医疗卫生管理法律、行政法规、部门规章和诊疗护理规范、常规的培训和医疗服务职业道德教育。

第七条　医疗机构应当设置医疗服务质量监控部门或者配备专（兼）职人员，具体负责监督本医疗机构的医务人员的医疗服务工作，检查医务人员执业情况，接受患者对医疗服务的投诉，向其提供咨询服务。

第八条　医疗机构应当按照国务院卫生行政部门规定的要求，书写并妥善保管病历资料。

因抢救急危患者，未能及时书写病历的，有关医务人员应当在抢救结束后 6 小时内据实补记，并加以注明。

第九条　严禁涂改、伪造、隐匿、销毁或者抢夺病历资料。

第十条　患者有权复印或者复制其门诊病历、住院志、体温单、医嘱单、化验单（检验报告）、医学影像检查资料、特殊检查同意书、手术同意书、手术及麻醉记录单、病理资料、护理记录以及国务院卫生行政部门规定的其他病历资料。

患者依照前款规定要求复印或者复制病历资料的，医疗机构应当提供复印或者复制服务并在复印或者复制的病历资料上加盖证明印记。复印或者复制病历资料时，应当有患者在场。

医疗机构应患者的要求，为其复印或者复制病历资料，可以按照规定收取工本费。具体收费标准由省、自治区、直辖市人民政府价格主管部门会同同级卫生行政部门规定。

第十一条 在医疗活动中，医疗机构及其医务人员应当将患者的病情、医疗措施、医疗风险等如实告知患者，及时解答其咨询。但是，应当避免对患者产生不利后果。

第十二条 医疗机构应当制定防范、处理医疗事故的预案，预防医疗事故的发生，减轻医疗事故的损害。

第十三条 医务人员在医疗活动中发生或者发现医疗事故、可能引起医疗事故的医疗过失行为或者发生医疗事故争议的，应当立即向所在科室负责人报告，科室负责人应当及时向本医疗机构负责医疗服务质量监控的部门或者专(兼)职人员报告；负责医疗服务质量监控的部门或者专(兼)职人员接到报告后，应当立即进行调查、核实，将有关情况如实向本医疗机构的负责人报告，并向患者通报、解释。

第十四条 发生医疗事故的，医疗机构应当按照规定向所在地卫生行政部门报告。

发生下列重大医疗过失行为的，医疗机构应当在 12 小时内向所在地卫生行政部门报告：

(一)导致患者死亡或者可能为二级以上的医疗事故；

(二)导致 3 人以上人身损害后果；

(三)国务院卫生行政部门和省、自治区、直辖市人民政府卫生行政部门规定的其他情形。

第十五条 发生或者发现医疗过失行为，医疗机构及其医务人员应当立即采取有效措施，避免或者减轻对患者身体健康的损害，防止损害扩大。

第十六条 发生医疗事故争议时，死亡病例讨论记录、疑难病例讨论记录、上级医师查房记录、会诊意见、病程记录应当在医患双方在场的情况下封存和启封。封存的病历资料可以是复印件，由医疗机构保管。

第十七条 疑似输液、输血、注射、药物等引起不良后果的，医患双方应当共同对现场实物进行封存和启封，封存的现场实物由医疗机构保管；需要检验的，应当由双方共同指定的、依法具有检验资格的检验机构进行检验；双方无法共同指定时，由卫生行政部门指定。

疑似输血引起不良后果，需要对血液进行封存保留的，医疗机构应当通知提供该血液的采供血机构派员到场。

第十八条 患者死亡，医患双方当事人不能确定死因或者对死因有异议的，应当在患者死亡后 48 小时内进行尸检；具备尸体冻存条件的，可以延长至 7 日。尸检应当经死者近亲属同意并签字。

尸检应当由按照国家有关规定取得相应资格的机构和病理解剖专业技术人员进行。承担尸检任务的机构和病理解剖专业技术人员有进行尸检的义务。

医疗事故争议双方当事人可以请法医病理学人员参加尸检，也可以委派代表观察尸检过程。拒绝或者拖延尸检，超过规定时间，影响对死因判定的，由拒绝或者拖延的一方承担责任。

第十九条　患者在医疗机构内死亡的，尸体应当立即移放太平间。死者尸体存放时间一般不得超过 2 周。逾期不处理的尸体，经医疗机构所在地卫生行政部门批准，并报经同级公安部门备案后，由医疗机构按照规定进行处理。

第三章　医疗事故的技术鉴定

第二十条　卫生行政部门接到医疗机构关于重大医疗过失行为的报告或者医疗事故争议当事人要求处理医疗事故争议的申请后，对需要进行医疗事故技术鉴定的，应当交由负责医疗事故技术鉴定工作的医学会组织鉴定；医患双方协商解决医疗事故争议，需要进行医疗事故技术鉴定的，由双方当事人共同委托负责医疗事故技术鉴定工作的医学会组织鉴定。

第二十一条　设区的市级地方医学会和省、自治区、直辖市直接管辖的县(市)地方医学会负责组织首次医疗事故技术鉴定工作。省、自治区、直辖市地方医学会负责组织再次鉴定工作。

必要时，中华医学会可以组织疑难、复杂并在全国有重大影响的医疗事故争议的技术鉴定工作。

第二十二条　当事人对首次医疗事故技术鉴定结论不服的，可以自收到首次鉴定结论之日起 15 日内向医疗机构所在地卫生行政部门提出再次鉴定的申请。

第二十三条　负责组织医疗事故技术鉴定工作的医学会应当建立专家库。

专家库由具备下列条件的医疗卫生专业技术人员组成：

(一)有良好的业务素质和执业品德；

(二)受聘于医疗卫生机构或者医学教学、科研机构并担任相应专业高级技术职务 3 年以上。

符合前款第(一)项规定条件并具备高级技术任职资格的法医可以受聘进入专家库。

负责组织医疗事故技术鉴定工作的医学会依照本条例规定聘请医疗卫生专业技术人员和法医进入专家库，可以不受行政区域的限制。

第二十四条　医疗事故技术鉴定，由负责组织医疗事故技术鉴定工作的医学会组织专家鉴定组进行。

参加医疗事故技术鉴定的相关专业的专家，由医患双方在医学会主持下从专家库中随机抽取。在特殊情况下，医学会根据医疗事故技术鉴定工作的需要，可以组织医患双方在其他医学会建立的专家库中随机抽取相关专业的专家参加鉴定或者函件咨询。

符合本条例第二十三条规定条件的医疗卫生专业技术人员和法医有义务受聘进入专家库，并承担医疗事故技术鉴定工作。

第二十五条　专家鉴定组进行医疗事故技术鉴定，实行合议制。专家鉴定组人数为单数，涉及的主要学科的专家一般不得少于鉴定组成员的二分之一；涉及死因、伤残等级鉴定的，并应当从专家库中随机抽取法医参加专家鉴定组。

第二十六条　专家鉴定组成员有下列情形之一的，应当回避，当事人也可以以口头或者书面的方式申请其回避：

(一)是医疗事故争议当事人或者当事人的近亲属的；

(二)与医疗事故争议有利害关系的；

(三)与医疗事故争议当事人有其他关系，可能影响公正鉴定的。

第二十七条 专家鉴定组依照医疗卫生管理法律、行政法规、部门规章和诊疗护理规范、常规，运用医学科学原理和专业知识，独立进行医疗事故技术鉴定，对医疗事故进行鉴别和判定，为处理医疗事故争议提供医学依据。

任何单位或者个人不得干扰医疗事故技术鉴定工作，不得威胁、利诱、辱骂、殴打专家鉴定组成员。

专家鉴定组成员不得接受双方当事人的财物或者其他利益。

第二十八条 负责组织医疗事故技术鉴定工作的医学会应当自受理医疗事故技术鉴定之日起 5 日内通知医疗事故争议双方当事人提交进行医疗事故技术鉴定所需的材料。

当事人应当自收到医学会的通知之日起 10 日内提交有关医疗事故技术鉴定的材料、书面陈述及答辩。医疗机构提交的有关医疗事故技术鉴定的材料应当包括下列内容：

（一）住院患者的病程记录、死亡病例讨论记录、疑难病例讨论记录、会诊意见、上级医师查房记录等病历资料原件；

（二）住院患者的住院志、体温单、医嘱单、化验单（检验报告）、医学影像检查资料、特殊检查同意书、手术同意书、手术及麻醉记录单、病理资料、护理记录等病历资料原件；

（三）抢救急危患者，在规定时间内补记的病历资料原件；

（四）封存保留的输液、注射用物品和血液、药物等实物，或者依法具有检验资格的检验机构对这些物品、实物作出的检验报告；

（五）与医疗事故技术鉴定有关的其他材料。

在医疗机构建有病历档案的门诊、急诊患者，其病历资料由医疗机构提供；没有在医疗机构建立病历档案的，由患者提供。

医患双方应当依照本条例的规定提交相关材料。医疗机构无正当理由未依照本条例的规定如实提供相关材料，导致医疗事故技术鉴定不能进行的，应当承担责任。

第二十九条 负责组织医疗事故技术鉴定工作的医学会应当自接到当事人提交的有关医疗事故技术鉴定的材料、书面陈述及答辩之日起 45 日内组织鉴定并出具医疗事故技术鉴定书。

负责组织医疗事故技术鉴定工作的医学会可以向双方当事人调查取证。

第三十条 专家鉴定组应当认真审查双方当事人提交的材料，听取双方当事人的陈述及答辩并进行核实。

双方当事人应当按照本条例的规定如实提交进行医疗事故技术鉴定所需要的材料，并积极配合调查。当事人任何一方不予配合，影响医疗事故技术鉴定的，由不予配合的一方承担责任。

第三十一条 专家鉴定组应当在事实清楚、证据确凿的基础上，综合分析患者的病情和个体差异，作出鉴定结论，并制作医疗事故技术鉴定书。鉴定结论以专家鉴定组成员的过半数通过。鉴定过程应当如实记载。

医疗事故技术鉴定书应当包括下列主要内容：

（一）双方当事人的基本情况及要求；

（二）当事人提交的材料和负责组织医疗事故技术鉴定工作的医学会的调查材料；

（三）对鉴定过程的说明；

（四）医疗行为是否违反医疗卫生管理法律、行政法规、部门规章和诊疗护理规范、常规；

（五）医疗过失行为与人身损害后果之间是否存在因果关系；

（六）医疗过失行为在医疗事故损害后果中的责任程度；

（七）医疗事故等级；

（八）对医疗事故患者的医疗护理医学建议。

第三十二条　医疗事故技术鉴定办法由国务院卫生行政部门制定。

第三十三条　有下列情形之一的，不属于医疗事故：

（一）在紧急情况下为抢救垂危患者生命而采取紧急医学措施造成不良后果的；

（二）在医疗活动中由于患者病情异常或者患者体质特殊而发生医疗意外的；

（三）在现有医学科学技术条件下，发生无法预料或者不能防范的不良后果的；

（四）无过错输血感染造成不良后果的；

（五）因患方原因延误诊疗导致不良后果的；

（六）因不可抗力造成不良后果的。

第三十四条　医疗事故技术鉴定，可以收取鉴定费用。经鉴定，属于医疗事故的，鉴定费用由医疗机构支付；不属于医疗事故的，鉴定费用由提出医疗事故处理申请的一方支付。鉴定费用标准由省、自治区、直辖市人民政府价格主管部门会同同级财政部门、卫生行政部门规定。

第四章　医疗事故的行政处理与监督

第三十五条　卫生行政部门应当依照本条例和有关法律、行政法规、部门规章的规定，对发生医疗事故的医疗机构和医务人员作出行政处理。

第三十六条　卫生行政部门接到医疗机构关于重大医疗过失行为的报告后，除责令医疗机构及时采取必要的医疗救治措施，防止损害后果扩大外，应当组织调查，判定是否属于医疗事故；对不能判定是否属于医疗事故的，应当依照本条例的有关规定交由负责医疗事故技术鉴定工作的医学会组织鉴定。

第三十七条　发生医疗事故争议，当事人申请卫生行政部门处理的，应当提出书面申请。申请书应当载明申请人的基本情况、有关事实、具体请求及理由等。

当事人自知道或者应当知道其身体健康受到损害之日起1年内，可以向卫生行政部门提出医疗事故争议处理申请。

第三十八条　发生医疗事故争议，当事人申请卫生行政部门处理的，由医疗机构所在地的县级人民政府卫生行政部门受理。医疗机构所在地是直辖市的，由医疗机构所在地的区、县人民政府卫生行政部门受理。

有下列情形之一的，县级人民政府卫生行政部门应当自接到医疗机构的报告或者当事人提出医疗事故争议处理申请之日起7日内移送上一级人民政府卫生行政部门处理：

（一）患者死亡；

（二）可能为二级以上的医疗事故；

（三）国务院卫生行政部门和省、自治区、直辖市人民政府卫生行政部门规定的其他情形。

第三十九条　卫生行政部门应当自收到医疗事故争议处理申请之日起10日内进行审查，作出是否受理的决定。对符合本条例规定，予以受理，需要进行医疗事故技术鉴定的，应当自作出受理决定之日起5日内将有关材料交由负责医疗事故技术鉴定工作的医学会组织鉴定并书面通知申请人；对不符合本条例规定，不予受理的，应当书面通知申请人并说明理由。

当事人对首次医疗事故技术鉴定结论有异议，申请再次鉴定的，卫生行政部门应当自收到申请之日起7日内交由省、自治区、直辖市地方医学会组织再次鉴定。

第四十条 当事人既向卫生行政部门提出医疗事故争议处理申请，又向人民法院提起诉讼的，卫生行政部门不予受理；卫生行政部门已经受理的，应当终止处理。

第四十一条 卫生行政部门收到负责组织医疗事故技术鉴定工作的医学会出具的医疗事故技术鉴定书后，应当对参加鉴定的人员资格和专业类别、鉴定程序进行审核；必要时，可以组织调查，听取医疗事故争议双方当事人的意见。

第四十二条 卫生行政部门经审核，对符合本条例规定作出的医疗事故技术鉴定结论，应当作为对发生医疗事故的医疗机构和医务人员作出行政处理以及进行医疗事故赔偿调解的依据；经审核，发现医疗事故技术鉴定不符合本条例规定的，应当要求重新鉴定。

第四十三条 医疗事故争议由双方当事人自行协商解决的，医疗机构应当自协商解决之日起7日内向所在地卫生行政部门作出书面报告，并附具协议书。

第四十四条 医疗事故争议经人民法院调解或者判决解决的，医疗机构应当自收到生效的人民法院的调解书或者判决书之日起7日内向所在地卫生行政部门作出书面报告，并附具调解书或者判决书。

第四十五条 县级以上地方人民政府卫生行政部门应当按照规定逐级将当地发生的医疗事故以及依法对发生医疗事故的医疗机构和医务人员作出行政处理的情况，上报国务院卫生行政部门。

第五章　医疗事故的赔偿

第四十六条 发生医疗事故的赔偿等民事责任争议，医患双方可以协商解决；不愿意协商或者协商不成的，当事人可以向卫生行政部门提出调解申请，也可以直接向人民法院提起民事诉讼。

第四十七条 双方当事人协商解决医疗事故的赔偿等民事责任争议的，应当制作协议书。协议书应当载明双方当事人的基本情况和医疗事故的原因、双方当事人共同认定的医疗事故等级以及协商确定的赔偿数额等，并由双方当事人在协议书上签名。

第四十八条 已确定为医疗事故的，卫生行政部门应医疗事故争议双方当事人请求，可以进行医疗事故赔偿调解。调解时，应当遵循当事人双方自愿原则，并应当依据本条例的规定计算赔偿数额。

经调解，双方当事人就赔偿数额达成协议的，制作调解书，双方当事人应当履行；调解不成或者经调解达成协议后一方反悔的，卫生行政部门不再调解。

第四十九条 医疗事故赔偿，应当考虑下列因素，确定具体赔偿数额：

（一）医疗事故等级；

（二）医疗过失行为在医疗事故损害后果中的责任程度；

（三）医疗事故损害后果与患者原有疾病状况之间的关系。

不属于医疗事故的，医疗机构不承担赔偿责任。

第五十条　医疗事故赔偿，按照下列项目和标准计算：

（一）医疗费：按照医疗事故对患者造成的人身损害进行治疗所发生的医疗费用计算，凭据支付，但不包括原发病医疗费用。结案后确实需要继续治疗的，按照基本医疗费用支付；

（二）误工费：患者有固定收入的，按照本人因误工减少的固定收入计算，对收入高于医疗事故发生地上一年度职工年平均工资 3 倍以上的，按照 3 倍计算；无固定收入的，按照医疗事故发生地上一年度职工年平均工资计算；

（三）住院伙食补助费：按照医疗事故发生地国家机关一般工作人员的出差伙食补助标准计算；

（四）陪护费：患者住院期间需要专人陪护的，按照医疗事故发生地上一年度职工年平均工资计算；

（五）残疾生活补助费：根据伤残等级，按照医疗事故发生地居民年平均生活费计算，自定残之月起最长赔偿 30 年；但是，60 周岁以上的，不超过 15 年；70 周岁以上的，不超过 5 年；

（六）残疾用具费：因残疾需要配置补偿功能器具的，凭医疗机构证明，按照普及型器具的费用计算；

（七）丧葬费：按照医疗事故发生地规定的丧葬费补助标准计算；

（八）被扶养人生活费：以死者生前或者残疾者丧失劳动能力前实际扶养且没有劳动能力的人为限，按照其户籍所在地或者居所地居民最低生活保障标准计算。对不满 16 周岁的，扶养到 16 周岁。对年满 16 周岁但无劳动能力的，扶养 20 年；但是，60 周岁以上的，不超过 15 年；70 周岁以上的，不超过 5 年；

（九）交通费：按照患者实际必需的交通费用计算，凭据支付；

（十）住宿费：按照医疗事故发生地国家机关一般工作人员的出差住宿补助标准计算，凭据支付；

（十一）精神损害抚慰金：按照医疗事故发生地居民年平均生活费计算。造成患者死亡的，赔偿年限最长不超过 6 年；造成患者残疾的，赔偿年限最长不超过 3 年。

第五十一条　参加医疗事故处理的患者近亲属所需交通费、误工费、住宿费，参照本条例第五十条的有关规定计算，计算费用的人数不超过 2 人。

医疗事故造成患者死亡的，参加丧葬活动的患者的配偶和直系亲属所需交通费、误工费、住宿费，参照本条例第五十条的有关规定计算，计算费用的人数不超过 2 人。

第五十二条　医疗事故赔偿费用，实行一次性结算，由承担医疗事故责任的医疗机构支付。

第六章　罚　则

第五十三条　卫生行政部门的工作人员在处理医疗事故过程中违反本条例的规定，利用职务上的便利收受他人财物或者其他利益，滥用职权，玩忽职守，或者发现违法行为不予查处，造成严重后果的，依照刑法关于受贿罪、滥用职权罪、玩忽职守罪或者其他有关罪的规定，依法追究刑事责任；尚不够刑事处罚的，依法给予降级或者撤职的行政处分。

第五十四条　卫生行政部门违反本条例的规定，有下列情形之一的，由上级卫生行政部门给予警告并责令限期改正；情节严重的，对负有责任的主管人员和其他直接责任人员依法给予行政处分：

（一）接到医疗机构关于重大医疗过失行为的报告后，未及时组织调查的；

（二）接到医疗事故争议处理申请后，未在规定时间内审查或者移送上一级人民政府卫生行政部门处理的；

（三）未将应当进行医疗事故技术鉴定的重大医疗过失行为或者医疗事故争议移交医学会组织鉴定的；

（四）未按照规定逐级将当地发生的医疗事故以及依法对发生医疗事故的医疗机构和医务人员的行政处理情况上报的；

（五）未依照本条例规定审核医疗事故技术鉴定书的。

第五十五条　医疗机构发生医疗事故的，由卫生行政部门根据医疗事故等级和情节，给予警告；情节严重的，责令限期停业整顿直至由原发证部门吊销执业许可证，对负有责任的医务人员依照刑法关于医疗事故罪的规定，依法追究刑事责任；尚不够刑事处罚的，依法给予行政处分或者纪律处分。

对发生医疗事故的有关医务人员，除依照前款处罚外，卫生行政部门并可以责令暂停6个月以上1年以下执业活动；情节严重的，吊销其执业证书。

第五十六条　医疗机构违反本条例的规定，有下列情形之一的，由卫生行政部门责令改正；情节严重的，对负有责任的主管人员和其他直接责任人员依法给予行政处分或者纪律处分：

（一）未如实告知患者病情、医疗措施和医疗风险的；

（二）没有正当理由，拒绝为患者提供复印或者复制病历资料服务的；

（三）未按照国务院卫生行政部门规定的要求书写和妥善保管病历资料的；

（四）未在规定时间内补记抢救工作病历内容的；

（五）未按照本条例的规定封存、保管和启封病历资料和实物的；

（六）未设置医疗服务质量监控部门或者配备专（兼）职人员的；

（七）未制定有关医疗事故防范和处理预案的；

（八）未在规定时间内向卫生行政部门报告重大医疗过失行为的；

（九）未按照本条例的规定向卫生行政部门报告医疗事故的；

（十）未按照规定进行尸检和保存、处理尸体的。

第五十七条　参加医疗事故技术鉴定工作的人员违反本条例的规定，接受申请鉴定双方或者一方当事人的财物或者其他利益，出具虚假医疗事故技术鉴定书，造成严重后果的，依照刑法关于受贿罪的规定，依法追究刑事责任；尚不够刑事处罚的，由原发证部门吊销其执业证书或者资格证书。

第五十八条　医疗机构或者其他有关机构违反本条例的规定，有下列情形之一的，由卫生行政部门责令改正，给予警告；对负有责任的主管人员和其他直接责任人员依法给予行政处分或者纪律处分；情节严重的，由原发证部门吊销其执业证书或者资格证书：

（一）承担尸检任务的机构没有正当理由，拒绝进行尸检的；

（二）涂改、伪造、隐匿、销毁病历资料的。

第五十九条　以医疗事故为由，寻衅滋事、抢夺病历资料，扰乱医疗机构正常医疗秩序和医疗事故技术鉴定工作，依照刑法关于扰乱社会秩序罪的规定，依法追究刑事责任；尚不够刑事处罚的，依法给予治安管理处罚。

第七章　附　则

第六十条　本条例所称医疗机构，是指依照《医疗机构管理条例》的规定取得《医疗机构执业许可证》的机构。

县级以上城市从事计划生育技术服务的机构依照《计划生育技术服务管理条例》的规定开展与计划生育有关的临床医疗服务，发生的计划生育技术服务事故，依照本条例的有关规定处理；但是，其中不属于医疗机构的县级以上城市从事计划生育技术服务的机构发生的计划生育技术服务事故，由计划生育行政部门行使依照本条例有关规定由卫生行政部门承担的受理、交由负责医疗事故技术鉴定工作的医学会组织鉴定和赔偿调解的职能；对发生计划生育技术服务事故的该机构及其有关责任人员，依法进行处理。

第六十一条　非法行医，造成患者人身损害，不属于医疗事故，触犯刑律的，依法追究刑事责任；有关赔偿，由受害人直接向人民法院提起诉讼。

第六十二条　军队医疗机构的医疗事故处理办法，由中国人民解放军卫生主管部门会同国务院卫生行政部门依据本条例制定。

第六十三条　本条例自2002年9月1日起施行。1987年6月29日国务院发布的《医疗事故处理办法》同时废止。本条例施行前已经处理结案的医疗事故争议，不再重新处理。

护士条例

（2008年1月23日国务院第206次常务会议通过，中华人民共和国国务院令第517号公布，自2008年5月12日起施行）

第一章 总 则

第一条 为了维护护士的合法权益，规范护理行为，促进护理事业发展，保障医疗安全和人体健康，制定本条例。

第二条 本条例所称护士，是指经执业注册取得护士执业证书，依照本条例规定从事护理活动，履行保护生命、减轻痛苦、增进健康职责的卫生技术人员。

第三条 护士人格尊严、人身安全不受侵犯。护士依法履行职责，受法律保护。

全社会应当尊重护士。

第四条 国务院有关部门、县级以上地方人民政府及其有关部门以及乡（镇）人民政府应当采取措施，改善护士的工作条件，保障护士待遇，加强护士队伍建设，促进护理事业健康发展。

国务院有关部门和县级以上地方人民政府应当采取措施，鼓励护士到农村、基层医疗卫生机构工作。

第五条 国务院卫生主管部门负责全国的护士监督管理工作。

县级以上地方人民政府卫生主管部门负责本行政区域的护士监督管理工作。

第六条 国务院有关部门对在护理工作中做出杰出贡献的护士，应当授予全国卫生系统先进工作者荣誉称号或者颁发白求恩奖章，受到表彰、奖励的护士享受省部级劳动模范、先进工作者待遇；对长期从事护理工作的护士应当颁发荣誉证书。具体办法由国务院有关部门制定。

县级以上地方人民政府及其有关部门对本行政区域内做出突出贡献的护士，按照省、自治区、直辖市人民政府的有关规定给予表彰、奖励。

第二章 执业注册

第七条 护士执业，应当经执业注册取得护士执业证书。

申请护士执业注册，应当具备下列条件：

（一）具有完全民事行为能力；

（二）在中等职业学校、高等学校完成国务院教育主管部门和国务院卫生主管部门规定的普通全日制3年以上的护理、助产专业课程学习，包括在教学、综合医院完成8个月以上护理临床实习，并取得相应学历证书；

（三）通过国务院卫生主管部门组织的护士执业资格考试；

（四）符合国务院卫生主管部门规定的健康标准。

护士执业注册申请，应当自通过护士执业资格考试之日起3年内提出；逾期提出申请的，除应当具备前款第（一）项、第（二）项和第（四）项规定条件外，还应当在符合国务院卫生主管部门规定条件的医疗卫生机构接受3个月临床护理培训并考核合格。

护士执业资格考试办法由国务院卫生主管部门会同国务院人事部门制定。

第八条　申请护士执业注册的，应当向拟执业地省、自治区、直辖市人民政府卫生主管部门提出申请。收到申请的卫生主管部门应当自收到申请之日起20个工作日内做出决定，对具备本条例规定条件的，准予注册，并发给护士执业证书；对不具备本条例规定条件的，不予注册，并书面说明理由。

护士执业注册有效期为5年。

第九条　护士在其执业注册有效期内变更执业地点的，应当向拟执业地省、自治区、直辖市人民政府卫生主管部门报告。收到报告的卫生主管部门应当自收到报告之日起7个工作日内为其办理变更手续。护士跨省、自治区、直辖市变更执业地点的，收到报告的卫生主管部门还应当向其原执业地省、自治区、直辖市人民政府卫生主管部门通报。

第十条　护士执业注册有效期届满需要继续执业的，应当在护士执业注册有效期届满前30日向执业地省、自治区、直辖市人民政府卫生主管部门申请延续注册。收到申请的卫生主管部门对具备本条例规定条件的，准予延续，延续执业注册有效期为5年；对不具备本条例规定条件的，不予延续，并书面说明理由。

护士有行政许可法规定的应当予以注销执业注册情形的，原注册部门应当依照行政许可法的规定注销其执业注册。

第十一条　县级以上地方人民政府卫生主管部门应当建立本行政区域的护士执业良好记录和不良记录，并将该记录记入护士执业信息系统。

护士执业良好记录包括护士受到的表彰、奖励以及完成政府指令性任务的情况等内容。护士执业不良记录包括护士因违反本条例以及其他卫生管理法律、法规、规章或者诊疗技术规范的规定受到行政处罚、处分的情况等内容。

第三章　权利和义务

第十二条　护士执业，有按照国家有关规定获取工资报酬、享受福利待遇、参加社会保险的权利。任何单位或者个人不得克扣护士工资，降低或者取消护士福利等待遇。

第十三条　护士执业，有获得与其所从事的护理工作相适应的卫生防护、医疗保健服务的权利。从事直接接触有毒有害物质、有感染传染病危险工作的护士，有依照有关法律、行政法规的规定接受职业健康监护的权利；患职业病的，有依照有关法律、行政法规的规定获得赔偿的权利。

第十四条　护士有按照国家有关规定获得与本人业务能力和学术水平相应的专业技术职务、职称的权利；有参加专业培训、从事学术研究和交流、参加行业协会和专业学术团体的权利。

第十五条　护士有获得疾病诊疗、护理相关信息的权利和其他与履行护理职责相关的权利，可以对医疗卫生机构和卫生主管部门的工作提出意见和建议。

第十六条　护士执业，应当遵守法律、法规、规章和诊疗技术规范的规定。

第十七条　护士在执业活动中，发现患者病情危急，应当立即通知医师；在紧急情况下为抢救垂危患者生命，应当先行实施必要的紧急救护。

护士发现医嘱违反法律、法规、规章或者诊疗技术规范规定的，应当及时向开具医嘱的医师提出；必要时，应当向该医师所在科室的负责人或者医疗卫生机构负责医疗服务管理的人员报告。

第十八条 护士应当尊重、关心、爱护患者，保护患者的隐私。

第十九条 护士有义务参与公共卫生和疾病预防控制工作。发生自然灾害、公共卫生事件等严重威胁公众生命健康的突发事件，护士应当服从县级以上人民政府卫生主管部门或者所在医疗卫生机构的安排，参加医疗救护。

第四章 医疗卫生机构的职责

第二十条 医疗卫生机构配备护士的数量不得低于国务院卫生主管部门规定的护士配备标准。

第二十一条 医疗卫生机构不得允许下列人员在本机构从事诊疗技术规范规定的护理活动：

（一）未取得护士执业证书的人员；

（二）未依照本条例第九条的规定办理执业地点变更手续的护士；

（三）护士执业注册有效期届满未延续执业注册的护士。

在教学、综合医院进行护理临床实习的人员应当在护士指导下开展有关工作。

第二十二条 医疗卫生机构应当为护士提供卫生防护用品，并采取有效的卫生防护措施和医疗保健措施。

第二十三条 医疗卫生机构应当执行国家有关工资、福利待遇等规定，按照国家有关规定为在本机构从事护理工作的护士足额缴纳社会保险费用，保障护士的合法权益。

对在艰苦边远地区工作，或者从事直接接触有毒有害物质、有感染传染病危险工作的护士，所在医疗卫生机构应当按照国家有关规定给予津贴。

第二十四条 医疗卫生机构应当制定、实施本机构护士在职培训计划，并保证护士接受培训。

护士培训应当注重新知识、新技术的应用；根据临床专科护理发展和专科护理岗位的需要，开展对护士的专科护理培训。

第二十五条 医疗卫生机构应当按照国务院卫生主管部门的规定，设置专门机构或者配备专(兼)职人员负责护理管理工作。

第二十六条 医疗卫生机构应当建立护士岗位责任制并进行监督检查。

护士因不履行职责或者违反职业道德受到投诉的，其所在医疗卫生机构应当进行调查。经查证属实的，医疗卫生机构应当对护士做出处理，并将调查处理情况告知投诉人。

第五章 法律责任

第二十七条 卫生主管部门的工作人员未依照本条例规定履行职责，在护士监督管理工作中滥用职权、徇私舞弊，或者有其他失职、渎职行为的，依法给予处分；构成犯罪的，依法追究刑事责任。

第二十八条 医疗卫生机构有下列情形之一的，由县级以上地方人民政府卫生主管部门依据职责分工责令限期改正，给予警告；逾期不改正的，根据国务院卫生主管部门规定的护士配备标准和在医疗卫生机构合法执业的护士数量核减其诊疗科目，或者暂停其6个月以上1年以下执业活动；国家举办的医疗卫生机构有下列情形之一、情节严重的，还应当对负有责任的主管人员和其他直接责任人员依法给予处分：

（一）违反本条例规定，护士的配备数量低于国务院卫生主管部门规定的护士配备标准的；

（二）允许未取得护士执业证书的人员或者允许未依照本条例规定办理执业地点变更手续、延续执业注册有效期的护士在本机构从事诊疗技术规范规定的护理活动的。

第二十九条　医疗卫生机构有下列情形之一的，依照有关法律、行政法规的规定给予处罚；国家举办的医疗卫生机构有下列情形之一、情节严重的，还应当对负有责任的主管人员和其他直接责任人员依法给予处分：

（一）未执行国家有关工资、福利待遇等规定的；

（二）对在本机构从事护理工作的护士，未按照国家有关规定足额缴纳社会保险费用的；

（三）未为护士提供卫生防护用品，或者未采取有效的卫生防护措施、医疗保健措施的；

（四）对在艰苦边远地区工作，或者从事直接接触有毒有害物质、有感染传染病危险工作的护士，未按照国家有关规定给予津贴的。

第三十条　医疗卫生机构有下列情形之一的，由县级以上地方人民政府卫生主管部门依据职责分工责令限期改正，给予警告：

（一）未制定、实施本机构护士在职培训计划或者未保证护士接受培训的；

（二）未依照本条例规定履行护士管理职责的。

第三十一条　护士在执业活动中有下列情形之一的，由县级以上地方人民政府卫生主管部门依据职责分工责令改正，给予警告；情节严重的，暂停其6个月以上1年以下执业活动，直至由原发证部门吊销其护士执业证书：

（一）发现患者病情危急未立即通知医师的；

（二）发现医嘱违反法律、法规、规章或者诊疗技术规范的规定，未依照本条例第十七条的规定提出或者报告的；

（三）泄露患者隐私的；

（四）发生自然灾害、公共卫生事件等严重威胁公众生命健康的突发事件，不服从安排参加医疗救护的。

护士在执业活动中造成医疗事故的，依照医疗事故处理的有关规定承担法律责任。

第三十二条　护士被吊销执业证书的，自执业证书被吊销之日起2年内不得申请执业注册。

第三十三条　扰乱医疗秩序，阻碍护士依法开展执业活动，侮辱、威胁、殴打护士，或者有其他侵犯护士合法权益行为的，由公安机关依照治安管理处罚法的规定给予处罚；构成犯罪的，依法追究刑事责任。

第六章　附　则

第三十四条　本条例施行前按照国家有关规定已经取得护士执业证书或者护理专业技术职称、从事护理活动的人员，经执业地省、自治区、直辖市人民政府卫生主管部门审核合格，换领护士执业证书。

本条例施行前，尚未达到护士配备标准的医疗卫生机构，应当按照国务院卫生主管部门规定的实施步骤，自本条例施行之日起3年内达到护士配备标准。

第三十五条 本条例自2008年5月12日起施行。